安徽省教育厅人文社会科学重点项目（SK2015A362）
安徽师范大学学术著作出版基金项目（2015xcb03）
安徽师范大学博士科研启动基金项目（2014bsqdjj04）
安徽师范大学马克思主义学院著作出版资金项目

论荀辑要

刘桂荣◎编著

安徽师范大学出版社
·芜湖·

责任编辑：潘 安
装帧设计：润一文化

图书在版编目(CIP)数据

论荀辑要 / 刘桂荣编著. —芜湖:安徽师范大学出版社,2016.10
ISBN 978-7-5676-2415-3(2017.9重印)

Ⅰ.①论… Ⅱ.①刘… Ⅲ.①儒家 ②《荀子》-研究 Ⅳ.①B222.65

中国版本图书馆CIP数据核字(2016)第036164号

LUN XUN JIYAO

论荀辑要

刘桂荣 编著

出版发行：安徽师范大学出版社
芜湖市九华南路189号安徽师范大学花津校区 邮政编码:241002
网 址：http://www.ahnupress.com/
发 行 部：0553-3883578 5910327 5910310(传真) E-mail:asdcbsfxb@126.com
印 刷：虎彩印艺股份有限公司
版 次：2016年10月第1版
印 次：2017年9月第2次印刷
规 格：787 mm×1092 mm 1/16
印 张：20.25
字 数：364千
书 号：ISBN 978-7-5676-2415-3
定 价：60.50元

目　　录

第一编　荀子行年

一、汪中《荀卿子年表》①

赵	齐	秦	楚	本书列传
惠文王元年 以公子胜为相,封平原君。	湣王二十六年	昭王九年	顷襄王元年	
二年	二十七年	十年	二年	
三年	二十八年	十一年	三年 怀王卒于秦,秦归其丧。	
四年	二十九年	十二年	四年	
五年	三十年	十三年	五年	
六年	三十一年	十四年	六年	
七年	三十二年	十五年	七年 迎妇于秦,秦楚复平。	
八年	三十三年	十六年	八年	
九年	三十四年	十七年	九年	
十年	三十五年	十八年	十年	
十一年	三十六年	十九年	十一年	
十二年	三十七年	二十年	十二年	
十三年	三十八年 灭宋。	二十一年	十三年	《王伯篇》:齐湣用强齐,中足以举宋。
十四年	三十九年	二十二年	十四年 与秦昭王好会于宛,结和亲。	
十五年	四十年 燕、秦、赵、魏、韩兵破我济上,王走莒。	二十三年	十五年	《仲尼篇》:湣王毁于五国。 《王伯篇》:燕、赵起而攻之,若振槁然,身死国亡,为天下大戮。

① 汪中.述学[M].沈阳:辽宁教育出版社,2000:80－86.收入本书时形式略有改动。

续表

赵	齐	秦	楚	本书列传
十六年	襄王元年	二十四年	十六年 与秦昭王好会于鄢，秋，复会于穰。	《列传》：齐襄王时，荀卿最为老师。齐尚修列大夫之缺，而荀卿三为祭酒焉。
十七年	二年	二十五年	十七年	
十八年	三年	二十六年	十八年	
十九年	四年	二十七年	十九年 秦伐我，割上庸。汉北地予秦。	
二十年	五年 田单杀燕骑劫。	二十八年	二十年	《议兵篇》：齐之田单，世俗所谓善用兵者。燕能并齐而不能凝也，故田单夺之。
二十一年	六年	二十九年	二十一年 秦拔我郢，烧夷陵，王东保于陈。	《议兵篇》：秦师至而鄢、郢举，若振槁然。
二十二年	七年	三十年	二十二年	
二十三年	八年	三十一年	二十三年	
二十四年	九年	三十二年	二十四年	
二十五年	十年	三十三年	二十五年	
二十六年	十一年	三十四年	二十六年	
二十七年	十二年	三十五年	二十七年 复于秦平，入太子为质于秦。	《强国篇》：今楚父死焉，至是乃使仇人役也。 《仲尼篇》：楚六千里而为仇人役。
二十八年	十三年	三十六年	二十八年	
二十九年	十四年	三十七年	二十九年	
三十年	十五年	三十八年	三十年	
三十一年	十六年	三十九年	三十一年	
三十二年	十七年	四十年	三十二年	
三十三年	十八年	四十一年 拜范雎为相，封以应，号为应侯。	三十三年	《儒效篇》载秦昭王与荀卿答问之语。 《强国篇》载应侯与荀卿答问之语。

续表

赵	齐	秦	楚	本书列传
孝成王元年 秦拔赵三城。平原君相。	十九年	四十二年	三十四年	《议兵篇》:临武君与孙卿子议兵于赵孝成王前。又秦四世有胜,又李斯问孙卿子曰"秦四世有胜",皆谓孝公至昭王。
二年	王建元年	四十三年	三十五年	
三年	二年	四十四年	三十六年	
四年	三年	四十五年	考烈王元年 春申君为相。	
五年	四年	四十六年	二年	
六年	五年	四十七年	三年	
七年	六年	四十八年	四年	
八年	七年	四十九年	五年	
九年 秦围邯郸,魏信陵君夺晋鄙兵。平原君求救于楚,楚使春申君与魏救赵,却秦,存邯郸。	八年	五十年	六年 《楚世家》:六年,秦围邯郸,赵告急于楚,楚遣将军景阳救赵。七年,至新中,秦兵去。 《春申君传》:四年,秦破赵之长平军四十余万。五年,围邯郸,邯郸告急于楚,楚使春申君将兵往救之,秦兵亦去。 案:六年围邯郸,《传》作五年,误。	《议兵篇》:韩之上地方数百里,完全富足而趋赵,赵不能凝也,故秦夺之。 《臣道篇》:平原君之于赵也,可谓辅矣。信陵君之于魏也,可谓弼矣。又争然后善,戾然后功,出死无私,致忠而公者,是之谓通忠之顺,信陵君似之矣。
十年 秦兵罢。	九年	五十一年	七年	
十一年	十年	五十二年	八年 以荀卿为兰陵令。	《列传》:齐人或谗荀卿,荀卿乃适楚,而春申君以为兰陵令。

续表

赵	齐	秦	楚	本书列传
十二年	十一年	五十三年	九年 徙于钜阳。	
十三年	十二年	五十四年	十年	
十四年	十三年	五十五年	十一年	
十五年 平原君卒。	十四年	五十六年 孝文王元年 庄襄王元年	十二年	
十六年	十五年	二年	十三年	
十七年	十六年	三年	十四年	
十八年	十七年	始皇元年	十五年 春申君徙封于吴。	
十九年	十八年	二年	十六年	《李斯列传》:斯辞荀卿西入秦,会庄襄王卒,乃求为秦相吕不韦舍人。
二十年	十九年	三年	十七年	
二十一年	二十年	四年	十八年	
悼襄王元年	二十一年	五年	十九年	
二年	二十二年	六年	二十年	
三年	二十三年	七年	二十一年	
四年	二十四年	八年	二十二年 王东徙寿春。	
五年	二十五年	九年	二十三年	
六年	二十六年	十年	二十四年	
七年	二十七年	十一年	二十五年 李园杀春申君。	《列传》:春申君死而荀卿废,因家兰陵,列著数万言,卒葬兰陵。

谨据本书及《史记》、刘向叙,考定其文曰:荀子,赵人,名况,年五十始游学来齐,则当湣王之季,故传云田骈之属皆已死也。又云及襄王时而荀卿最为老师,盖复国之后,康庄旧人惟卿在也。襄王之十八年,当秦昭王四十一年,秦封范雎为应侯。《儒效》《强国》篇有昭王、应侯答问,则自齐襄王十八年以后荀卿去齐游秦也。其明年,赵孝成王元年,本书荀卿与临武君议兵赵孝成王前,则荀子入秦不遇复归赵也。后十一年,当齐王建十

年，为楚考烈王八年，楚相黄歇以荀卿为兰陵令。本传云：齐人或谗荀卿，荀卿乃适楚，而春申君以为兰陵令，则当王建初年。荀卿复自赵来齐，故曰“三为祭酒”，是时春申君封于淮北，兰陵乃其属邑，故以卿为令。后八年，春申君徙封于吴，而荀卿为令如故。又十二年，考烈王卒，李园杀春申君，尽灭其族。本传云：春申君死而荀卿废，因家兰陵。列著数万言而卒，因葬兰陵。荀卿之卒，不知何年。《尧问篇》云：“孙卿迫于乱世，鳝于严刑，上无贤主，下遇暴秦。”《盐铁论·毁学篇》：“方李斯之相秦也，始皇任之，人臣无二，然而荀卿为之不食，睹其罹不测之祸也。”据《李斯传》，斯之相在秦并天下之后，距春申君之死十八年，距齐湣王之死六十四年，是时荀卿盖百余岁矣。荀卿生于赵，游于齐，尝一入秦而仕于楚，卒葬于楚，故以四国为经。托始于赵惠文王、楚顷襄王之元，终于春申君之死，凡六十年。庶论世之君子得其梗概云尔。

刘向《叙录》：“卿以齐宣王时来游稷下，后仕楚，春申君死而卿废。”《史记·六国年表》载春申君之死上距宣王之末凡八十七年。《史记》称“卿年五十始游齐”，则春申君死之年，卿年当一百三十七矣。晁公武《郡斋读书志》谓《史记》所云“年五十”为“年十五”之讹，然颜之推《家训·勉学篇》“荀卿五十始来游学”，之推所见《史记》古本已如此，未可遽以为讹字也。且汉之张苍，唐之曹宪，皆百有余岁。何独于卿而疑之？

荀子归赵，疑当孝成王九年、十年时，故《臣道篇》亟称平原、信陵之功，是时信陵故在赵也。以信陵君之好士，得之于毛公、薛公，而失之于荀卿，惜夫！

《韩非子·难四篇》：“燕王哙贤子之而非荀卿，故身死为惨。”荀子游燕，在游齐之前，事仅见此。

本书《强国篇》荀子说齐相国曰：“今巨楚县吾前，大燕鳅吾后，劲魏钩吾右，西壤之不绝若绳，楚人则乃有襄贲、开阳以临吾左，是一国作谋，三国必起而乘我。如是，则齐必断而为四三，国若假城耳。”其言正当湣王之世。湣王再攻破燕、魏，留楚太子横，以割下东国，故荀卿为是言。其后五国伐齐，燕入临菑，楚、魏共取淮北，卒如荀卿言。荀子之为齐，与乐毅之为燕谋伐齐，所见正同，岂可谓儒者无益于人国乎？此齐相为薛公田文，故曰“相国上则得专主，下则得专国。”《王伯篇》云：“权谋日行而国不免危削，綦之而亡，齐湣、薛公是也。”荀卿之为是言者。疾田文之不能用士也。

二、梁启超《荀卿之年代及行历》①

前二九三(齐湣王三十一年) 假定是年荀卿年十五,始游学于齐。

前二八六(齐湣王三十八年) 是年齐灭宋。

前二八五(齐湣王三十九年) 荀卿有《说齐相书》,见本书《强国篇》。说既不行,遂去齐适楚。

前二八四至二六八(齐襄王元年至十七年) 荀卿复游齐,三为祭酒,当在此十余年间。

前二六七(齐襄王十八年)(秦昭王四十一年) 是年秦以范雎为相,号为应侯。本书《儒效篇》与秦昭王问答,《强国篇》与应侯问答,皆当在本年以后。

前二六六(赵孝成王元年) 本书《议兵篇》与孝成王及临武君问答,皆当在本年以后。(临武君姓名无考,《叙录》指为孙膑,恐非是,其年代不相及也。)

前二六二(楚考烈王元年) 是年春申君相楚。

前二五五(楚考烈王八年) 假定是年荀卿五十三岁,是年春申君以卿为兰陵令。《列传》言:"齐人或谗孙卿,孙卿乃适楚。"去齐适楚之年难确考。要当在本年以前也。《战国策》又言春申君客谗孙卿,卿去楚适赵,赵以为上卿。事当在本年以后。其见秦昭王及赵孝成王,疑皆在兰陵令去职之后。

前二四六(秦始皇元年) 《史记·李斯列传》言:"斯辞荀卿入秦,会庄襄王卒。"事当在此一两年间。

前二三六(秦始皇十一年)(楚考烈王二十五年) 是年李园杀春申君。荀卿遂废居兰陵。假定是年荀卿七十二岁。(据《战国策》及刘向《叙录》,荀卿似尝两度为兰陵令。其第二次任职,当在本年之前数年间。)

前二一三(秦始皇三十四年) 是年李斯相秦。是年荀卿若尚生存,则假定为九十五岁。

---

① 梁启超. 荀卿及《荀子》[M]//罗根泽. 古史辨:第四册. 北京:景山书社,1933:108-109.

三、胡适《荀子略传》[①]

荀子名况,字卿,赵人。曾游学于齐国,后来又游秦《强国篇》应侯问入秦何见。按应侯作相当赵孝成王初年,又游赵《议兵篇》孙卿议兵于赵孝成王前。(赵孝成王当西历前二六五至前二四五年),末后到楚。那时春申君当国,使荀卿作兰陵令此事据《史记·年表》在楚考烈王八年(前二五五)。春申君死后前二三八,荀卿遂在兰陵住家,后来遂死在兰陵。

荀卿生死的年代,最难确定。请看王先谦《荀子集解》所录诸家的争论,便可见了。最可笑的是刘向的《孙卿书序》。刘向说荀卿曾与孙膑议兵。孙膑破魏在前三四一年。到春申君死时,荀卿至少是一百三四十岁了。又刘向与诸家都说荀卿当齐襄王时最为老师。襄王即位在前二八三年,距春申君死时还有四十五年。荀卿死在春申君之后,大约在前二三〇年左右。即使他活了八十岁,也不能在齐襄王时便“最为老师”了。我看这种种错误纷争,都由于《史记》的《孟子荀卿列传》。如今且把这一段《史记》钞在下面:

荀卿,赵人。年五十,始来游学于齐。驺衍[之术,迂大而闳辩。奭也文具难施。淳于髡久与处,时有得善言。故齐人颂曰:“谈天衍,雕龙奭,炙毂过髡。”]田骈之属皆已死齐襄王时,而荀卿最为老师。齐尚修列大夫之缺,而荀卿三为祭酒焉。……

这段文字有两个易于误人之处,(一)荀卿“来游学于齐”以下,忽然夹入驺衍、驺奭、淳于髡三个人的事实,以致刘向误会了,以为荀卿五十岁游齐,正在稷下诸先生正盛之时刘向《序》上称“方齐宣王威王之时”,下称“是时荀卿年五十始来游学”。不知这一段不相干的事实,乃是上文论“齐有三驺子”一节的错简。本文当作“驺衍、田骈之属……”那些荒谬的古文家,不知这一篇《孟子荀卿列传》最多后人添插的材料如末段记墨翟的二十四字文理不通,或是后人加入的,却极力夸许这篇文字,文气变化不测,突兀神奇,还把他选来当古文读,说这是太史公的笔法,岂不可笑!(二)本文的“齐襄王时”四个字,当连

① 胡适.中国哲学史大纲:卷上[M].北京:商务印书馆,1926:303-305.

上文，读“驺衍、田骈之属皆已死齐襄王时”。那些荒谬的人，不通文法，把这四字连下文，读成“齐襄王时，而荀卿最为老师”。不知这四字在文法上是一个“状时的读”；状时的读，与所状的本句，决不可用“而”字隔开，隔开便不通了。古人也知这一段可疑，于是把“年五十”改为“年十五”谢墉校，依《风俗通》改如此，不知本文说的“年五十始来游学”，这个“始”字含有来迟了的意思。若是“年十五”，决不必用“始”字了。

所以依我看来，荀卿游齐，大概在齐襄王之后，所以说他“年五十始来游学于齐，驺衍、田骈之属皆已死齐襄王时，而荀卿最为老师”。这文理很明显，并且与荀卿一生事迹都相合。如今且作一年表如下：

西历前（二六五至二六〇）	荀卿年五十游齐。
同（二六〇至二五五）	入秦，见秦昭王及应侯。
同（二六〇至二五〇）	游赵，见孝成王。
同（二五〇至二三八）	游楚，为兰陵令。
同（二三〇左右）	死于兰陵。

至于《盐铁论》所说，荀卿至李斯作丞相时才死，那更不值得驳了李斯作丞相在前二一三年。当齐襄王死后五十二年了。

四、游国恩《荀子年表》[①]

西历前	荀子年	传记的事实
三一四	一	荀子生。
三〇〇	十五	始游学于齐。
二八五	三十	为齐祭酒。说齐相;适楚。
二八四	三一	五国伐齐,湣王被杀。
二八二	三三	襄王复国。荀子再为祭酒。
二六六	四九	去齐游秦,见昭王及应侯。
二六五	五十	去秦归赵。
二六二	五三	黄歇相楚,封春申君。
二六一	五四	与临武君议兵。
二六〇	五五	由赵至齐,三为祭酒。
二五五	六十	适楚,春申君以为兰陵令。
二五四	六一	适赵。
二五三	六二	返楚,复为兰陵令。
二三八	七七	春申君死,荀子废。
二一八	九七	李斯相秦,荀子为之不食。
二一七	九八	荀子卒。

① 游国恩. 荀卿考[M]//罗根泽. 古史辨:第四册. 北京:景山书社,1933:103-04.

五、罗根泽《荀子年表》①

公元前	中国纪元	与荀卿有关之列国君王	荀卿游历事迹及与荀卿有关事迹
三一六年	周慎靓五年	燕王哙五年	燕王哙让国于其臣子之。《韩非子·难三篇》称:“燕王哙咸子之而非孙卿,故身死为僇。”盖不可信?
三一二年	周赧王三年	赵武灵王十四年	荀卿约于是年前后生于赵。
三〇六年	九年	秦昭王元年	
二九九年	十六年	赵武灵王二十七年卒	
二九八年	十七年	赵惠文王元年	赵以公子胜为相,封平原君。
二七六年	三十九年	魏安釐王元年	魏封公子无忌为信陵君。
二六六年	四十九年	秦昭王四十一年	秦以范雎为相,封应侯。荀卿入秦见昭王及应侯,当在是年后。在秦不久,即返赵。
二六五年	五十年	赵孝成王元年	
二六四年	五十一年	齐王建元年	荀卿至齐,三为祭酒,当在是年后。其至齐时,年已五十岁。
二六二年	五十三年	楚考烈王元年	楚以黄歇为相,封春申君。
二五七年	五十八年	秦昭王五十年 赵孝成王九年 楚考烈王六年 魏安釐王廿年	秦围赵都邯郸,楚春申君、魏信陵君救赵,秦解围去。
二五六年	五十九年卒		
二五五年	秦昭王五十二年	楚考烈王八年	周亡。秦相应侯称病请归相印,秦昭王以蔡泽代为相。齐人或谗荀卿,荀卿适楚,楚相春申君以为兰陵令。

① 罗根泽. 荀卿游历考[M]// 罗根泽. 古史辨:第四册. 北京:景山书社,1933:134－136.

续表

公元前	中国纪元	与荀卿有关之列国君王	荀卿游历事迹及与荀卿有关事迹
二五一年	五十六年卒		
二五〇年	秦孝文王元年卒	赵孝成王十六年	荀卿自楚返赵，与临武君议兵于赵孝成王前，当在是年前后之数年间。
二四九年	秦庄襄王元年		
二四七年	三年卒		《史记·李斯传》："斯从荀卿学帝王之术，辞卿西入秦，会庄襄王卒，乃求为吕不韦舍人。"
二四六年	秦始皇元年		
二四五年	二年	赵孝成王廿一年卒	荀卿自赵返楚再为兰陵令，当在是年前。
二三八年	九年	楚考烈王廿五年卒	楚李园杀春申君，荀卿废居兰陵，年已七十四五岁矣。
二二一年	二十六年	齐王建四十四年	秦虏齐王建，统一天下。秦始皇本纪，是年称李斯为廷尉。
二一九年	二十八年		《秦始皇本纪》，是年称李斯为卿。
二一三年	三十四年		《秦始皇本纪》，是年称李斯为相。《盐铁论·毁学篇》称："李斯相秦，始皇任之，人臣无二，而荀卿为之不食。"盖不可信？

六、郭志坤《荀子生平简表》[①]

公元前315年 1岁 荀子生于赵国。
公元前300年 15岁 荀子始游学于齐。
公元前285年 30岁 荀子为齐祭酒。谏说齐相不听,离齐适楚。
公元前284年 31岁 五国伐齐,湣王被杀。
公元前282年 33岁 荀子复游齐,再为祭酒。
公元前266年 49岁 荀子应聘去秦考察,见昭王及应侯。
公元前265年 50岁 荀子去秦回齐。
公元前262年 53岁 楚以黄歇为相,封春申君。
公元前261年 54岁 荀子去赵与临武君议兵。
公元前260年 55岁 荀子由赵至齐,三为祭酒。
公元前257年 58岁 秦围赵都邯郸,楚魏救赵。
公元前255年 60岁 荀子遭谗言而被迫离齐去楚,春申君以为兰陵令。
公元前254年 61岁 荀子在楚受谗,又离楚适赵。
公元前253年 62岁 荀子返楚,复为兰陵令。
公元前247年 68岁 李斯告辞荀子,西行入秦,为吕不韦舍人。
公元前238年 77岁 春申君死,荀子废居兰陵。
公元前221年 94岁 秦俘齐王建,秦始皇统一天下,李斯为秦廷尉。
公元前218年 97岁 李斯相秦,荀子为之不食。
公元前217年 98岁 荀子卒于楚国。

案:荀子生卒及行历,仅见《史记·孟子荀卿列传》及刘向《孙卿叙录》,然而语焉不详,疑窦颇多。其中主要在荀子游学于齐在50岁还是15岁,差异颇大。其他零散资料,且为孤证,难以成说,因此各家歧说,无一定论。

胡适在《中国古代哲学史》中指出:荀子年五十游齐,约在公元前265年至公元前260年,公元前230年左右死于兰陵。

① 郭志坤.荀学论稿[M].上海:三联书店,1991:3-4.

游国恩认为荀子生于公元前314年，卒于公元前217年。

梁启超认为荀子生年假定公元前307年，卒年为公元前213年，即年约为95岁。

钱穆在《荀卿考》中指出，荀子生年为公元前340年，卒年为公元前245年以前。

罗根泽认为荀子生年为公元前316年，卒年为公元前213年。

马积高在《荀学源流》中认为，荀子可能生于前335年左右，卒在前235年前后。

郭志坤认为荀子生年为公元前315年，卒年为公元前217年。

刘庭尧编《后圣荀子》中认为，荀子生于赵武灵王十三年（前313），卒于楚幽王八年（前230）。

廖名春《荀子新探》认为司马迁和刘向所说的"年五十始来游学于齐"没错，但刘向所说的"在齐宣王威王之时"却有误，应为"齐宣王闵王（湣王、愍王）之时"，这样推算荀子出生于公元前336年；荀子入秦的时间，应在前266年与前262年之间，具体一点可能在前264年左右；公元前236年辞世。

梁涛[1]等也认为荀子50岁游学于齐，经过考证，认为荀子约生于周显王三十三年、韩昭侯二十二年（前336）；周慎靓王五年、燕王哙五年（前316），荀子约于此时来燕；周赧王二十九年、齐湣王十五年（前286），荀子50岁，游学于齐；周赧王三十年、齐湣王十六年（前285），荀子离开齐国前往楚国；周赧王三十七年、齐襄王六年、燕惠王一年（前278），荀子57岁，由楚国回到齐国；周赧王四十九年、齐襄王十八年、秦昭王四十一年（前266），荀子游秦；周赧王五十年、赵孝成王一年（前265），荀子71岁，在赵国"议兵"；周赧王五十八年、齐王建八年（前257），荀子来到齐国，说齐相；秦昭王五二年、齐王建十年、楚考烈王八年（前255），荀子81岁，适楚为兰陵令；秦始皇九年（前238）荀子废居兰陵，不久去世。

---

① 梁涛．荀子行年新考[J]．陕西师范大学学报：哲学社会科学版，2000（4）：77－82．

第二编　论荀辑注

一、先唐时期论荀辑注

《荀子·尧问》

为说者曰:"孙卿不及孔子。"是不然。孙卿迫于乱世,鳝于严刑;上无贤主,下遇暴秦;礼义不行,教化不成;仁者绌约,天下冥冥;行全刺之,诸侯大倾。当是时也,知者不得虑,能者不得治,贤者不得使。故君上蔽而无睹,贤人距而不受。然则,孙卿怀将圣之心,蒙佯狂之色,视天下以愚。《诗》曰:"既明且哲,以保其身。"此之谓也。是其所以名声不白,徒与不众,光辉不博也。

今之学者,得孙卿之遗言余教,足以为天下法式表仪。所存者神,所过者化。观其善行,孔子弗过,世不详察,云非圣人,奈何!天下不治,孙卿不遇时也。德若尧、禹,世少知之;方术不用,为人所疑。其知至明,循道正行,足以为纪纲。

呜呼!贤哉!宜为帝王。天地不知,善桀、纣,杀贤良。比干剖心,孔子拘匡,接舆避世,箕子佯狂,田常为乱,阖闾擅强。为恶得福,善者有殃。今为说者又不察其实,乃信其名。时世不同,誉何由生?不得为政,功安能成?志修德厚,孰谓不贤乎!

案:杨倞、钱穆等都认为《尧问》篇当为荀子弟子所作。日本学者物双松认为,此篇"虽弟子辞,然先秦古文也"。《尧问》是《荀子》的末篇,全书的终篇,记述了"孙卿及不及孔子"的话题。这大概是历史上第一篇肯定荀子大儒形象的文献。这位荀门弟子为其师辩护:荀子虽未如周公、孔子般一展"大儒之效"(有具体可指的功业成效与显赫声名),但以荀子其人之"志修德厚""其知至明,循道正行,足以为纪纲",表现出一个"大儒"应有的"效验"。这位荀门弟子认为其师生不逢时,以致无法以功业名声实证这一"大儒之效":"时世不同,誉何由生?不得为政,功安能成?"但是荀子的遗言余教,"足以为天下法式表仪","孰谓不贤乎"!

司马迁[1]《孟子荀卿列传》

荀卿，赵人。年五十始来游学于齐。驺衍之术迂大而闳辩；奭也文具难施；淳于髡久与处，时有得善言。故齐人颂曰："谈天衍，雕龙奭，炙毂过髡。"田骈之属皆已死齐襄王时，而荀卿最为老师。齐尚修列大夫之缺，而荀卿三为祭酒焉。齐人或谗荀卿，荀卿乃适楚，而春申君以为兰陵令。春申君死而荀卿废，因家兰陵。李斯尝为弟子，已而相秦。荀卿疾浊世之政，亡国乱君相属，不遂大道而营于巫祝，信禨祥，鄙儒小拘，如庄周等又滑稽乱俗，于是推儒、墨、道德之行事兴坏，序列著数万言而卒。因葬兰陵。

《儒林列传》

自孔子卒后，七十子之徒散游诸侯，大者为师傅卿相，小者友教士大夫，或隐而不见。故子路居卫，子张居陈，澹台子羽居楚，子夏居西河，子贡终于齐。如田子方、段干木、吴起、禽滑厘之属，皆受业于子夏之伦，为王者师。是时独魏文侯好学，后陵迟以至于始皇。天下并争于战国，儒术既绌焉，然齐鲁之间，学者独不废也。于威、宣之际，孟子、荀卿之列，咸遵夫子之业而润色之，以学显于当世。

案：这是后人研究荀子的极为有限的材料，因其文简约，故荀子生平行历等多有歧异，难有定论。司马迁叙述了荀子五十岁以后，在齐"游学"（讲学议政）、在楚游宦（为兰陵令）、著书终老兰陵的游历事迹，呈现了荀子先通后穷的境遇，借此烘托荀子的大儒风范。"年五十""最为老师""三为祭酒"，合写荀子的"老师"形象。叙述荀子在齐所受的礼遇之后，转而叙及他被谗适楚，短暂担任兰陵令后于此居家终老，书写穷通际遇，据以烘托荀子的大儒形象。荀子既"嫉"（痛恶）当时政局混乱，乱君亡国不断发生，不遵行治国常道，反而经营巫祝祈神的小道，相信这些小道可以致福去祸、趋吉避凶；又痛恶世俗儒者鄙陋拘谨，背离孔门的大儒之效，无法真正传述儒家之道，而"庄周等"诸子，则是能言善道，"持之有故，言之成理"，但实质上"欺惑愚众"，淆乱世俗，于是探究、批判"儒、墨、道德"诸子的治国效能，加以申论、著述，"成一家之言"。司马迁论述了荀子著述行道在儒道之争学术脉络中的意义。在《儒林列传》中，则论述战国中晚期"儒术既绌"情况下，孟、荀"咸遵夫子之业而润色之，以学显于当世"，二人并为一代大儒。司马迁首次确定了孟荀齐名、排名之例。

---

① 司马迁（前145或前135—前86），字子长，中国古代著名的史学家和文学家。他撰写的《史记》被公认是中国史书的典范，因此被后世尊称为史迁、太史公。

刘向[①]《孙卿书录》

护左都水使者光禄大夫臣向言，所校雠中孙卿书凡三百二十二篇，以相校，除复重二百九十篇，定著三十二篇，皆以定杀青简，书可缮写。

孙卿，赵人，名况。方齐宣王威王之时，聚天下贤士于稷下，尊宠之，若邹衍、田骈、淳于髡之属甚众，号曰列大夫，皆世所称，咸作书刺世。是时孙卿有秀才，年五十，始来游学，诸子之事，皆以为非先王之法也。孙卿善为《诗》《礼》《易》《春秋》，至齐襄王时，孙卿最为老师，齐向修列大夫之缺，而孙卿三为祭酒焉。齐人或谗孙卿，乃适楚，楚相春申君以为兰陵令。人或谓春申君曰："汤以七十里，文王以百里，孙卿贤者也，今与之百里地，楚其危乎？"春申君谢之。孙卿去之赵，后客或谓春申君曰："伊尹去夏入殷，殷王而夏亡，管仲去鲁入齐，鲁弱而齐强。故贤者所在，君尊国安。今孙卿天下贤人，所去之国，其不安乎？"春申君使人聘孙卿。孙卿遗春申君书。刺楚国，因为歌赋以遗春申君，春申君恨，复固谢孙卿，孙卿乃行，复为兰陵令。春申君死而孙卿废，因家兰陵。李斯尝为弟子，已而相秦，及韩非号韩子，又浮丘伯，皆受业为名儒。

孙卿之应聘于诸侯，见秦昭王，昭王方喜战伐，而孙卿以三王之法说之，及秦相应侯皆不能用也。至赵，与孙膑议兵赵孝成王前，孙膑为变诈之兵，孙卿以王兵能之，不能对也，卒不能用。孙卿道守礼义，行应绳墨，安贫贱。孟子者，亦大儒，以人之性善，孙卿后孟子百余年。孙卿以为人性恶，故作《性恶》一篇，以非孟子。苏秦、张仪以邪道说诸侯，以大贵显。孙卿退而笑之曰："夫不以其道进者，必不以其道亡。"

至汉兴，江都相董仲舒亦大儒，作书美孙卿。孙卿卒不用于世，老于兰陵，疾浊世之政，亡国乱君相属，不遂大道而营乎巫祝，信机祥，鄙儒小拘，如庄周等又滑稽乱俗，于是推儒、墨、道德之行事兴坏，序列著数万言而卒，葬兰陵。而赵亦有公孙龙为"坚白""同异"之辞，处子之言，魏有李悝，尽地力之教，楚有尸子、长庐子、芋子，皆著书，然非先王之法也，皆不循孔氏之术，惟孟轲、孙卿为能尊仲尼。兰陵多善为学，盖以孙卿也。长老至今称之曰："兰陵人喜字为卿，盖以法孙卿也。"孟子、孙卿、董先生皆小五伯，以为仲尼之门，五尺童子皆羞称五伯。如人君能用孙卿，庶几于王，然世终莫能用，而六国之君残灭，秦国大乱，卒以亡。

---

① 刘向（约前77—前6），字更生、子政，西汉经学家、目录学家、文学家。治《春秋谷梁传》。曾校阅皇家藏书，撰成《别录》，为我国最早的目录学著作。著有《新序》《说苑》《列女传》等。

观孙卿之书，其陈王道甚易行，疾世莫能用。其言悽怆，甚可痛也！呜呼！使斯人卒终于闾巷，而功业不得见于世，哀哉！可为贾涕。其书比于记传，可以为法。谨第录。臣向昧死上言。

护左都水使者光禄大夫臣向言，所校雠中孙卿书录。

案：刘向在《史记》列传之外，增添材料，补了一些荀子学术事业的叙述。刘向在孟荀并列之后加上董仲舒，具有揭示孟、荀、董一脉相承的儒学系谱的用意。他是以记叙"六艺之教"的儒林系谱作为主轴，显示《荀子》的通经致用、阐述王道的官学典范，荀子虽仍是大儒形象，但更类似"经师"。

扬雄[①]《法言·君子》

"诸子者，以其知异于孔子也；孟子异乎？不异。"

或曰："孙卿非数家之书，侻也；至于子思、孟轲，诡哉！"曰："吾于孙卿，与见同门而异户也，惟圣人为不异。"

案："侻"，符合。李轨注："弹驳数家，侻合于教。"

扬雄认为，荀子较之孔孟，在思想上还是有一定分别的。他认为孟子思想"不异"于圣人，而荀子则有所出入，这就开启了后世"扬孟抑荀"、尊孟子为"亚圣"的先河。

班固[②]《汉书·楚元王传》

赞曰：仲尼称："材难不其然欤！"自孔子后，缀文之士众矣，唯孟轲、孙况、董仲舒、司马迁、刘向、扬雄，此数公者，皆博物洽闻，通达古今，其言有补于世。传曰"圣人不出，其间必有命世者焉"，岂近是乎？

《汉书·儒林传》

仲尼既没，七十子之徒散游诸侯，大者为卿相师傅，小者友教士大夫，或隐而不见。故子张居陈，澹台子羽居楚，子夏居西河，子贡终于齐。如田子方、段干木、吴起、禽滑厘之属，皆受业于子夏之伦，为王者师。是时，独魏文侯好学。天下并争于战国，儒术既黜焉，然齐鲁之间学者犹弗废，至于威、宣之际，孟子、孙卿之列咸遵夫子之业而润色之，以学显于当世。

---

① 扬雄(前53—18)，字子云，蜀郡成都(今四川成都)人。西汉学者、辞赋家、语言学家，著有《太玄》《法言》《方言》《训纂篇》等。

② 班固(32—92)，字孟坚，扶风安陵(今陕西咸阳)人，东汉史学家，文学家，整理《白虎通义》，撰写《汉书》。

《汉书·艺文志》

春秋之后，周道寖坏，聘问歌咏不行于列国，学《诗》之士逸在布衣，而贤人失志之赋作矣。大儒孙卿及楚臣屈原，虽谗忧国，皆作赋以风，咸有恻隐古诗之义。

案：班固将荀子视为“七十子之徒”，并与孟子并列，继承了司马迁的论述，代表了当时对荀子的看法。

应劭[①]《风俗通义·穷通》

孙况，齐威、宣王之时，聚天下贤士于稷下，尊宠之，若邹衍、田骈、淳于髡之属甚众，号曰列大夫，皆世所称，咸作书刺世。是时，孙卿有秀才，年十五，始来游学。诸子之事，皆以为非先王之法也。孙卿善为《诗》《礼》《易》《春秋》，至襄王时，而孙卿最为老师，齐尚循列大夫之缺，而孙卿三为祭酒焉。齐人或谗孙卿，乃适楚，楚相春申君以为兰陵令，人或谓春申君：“汤以七十里，文王以百里，孙卿贤者也，今与之百里地，楚其危乎！”春申君谢之，孙卿去之，游赵，应聘于秦。是时，七国交争，尚于权诈；而孙卿守礼义，贵术籍，虽见穷摈，而犹不黜其志，作书数十篇，疾浊世之政，国乱君危相属，不遵大道，而营乎巫祝，信禨祥，苏秦、张仪以邪道说诸侯，以大贵显，随而笑之曰：“夫不以其道进者，必不以其道亡。”又小五伯，以为仲尼之门，羞称其功。后客或谓春申君曰：“伊尹去夏入殷，殷王而夏衰；管仲去鲁入齐，鲁弱而齐强。故贤者所在，君尊国安；今孙况天下贤人，所去之国，其不安乎？”春申君使请孙况，况遗春申君书，刺楚国，因为歌赋，以遗春申君；春申君恨，复固谢孙卿，因不得已，乃行，复为兰陵令焉。

案：在这则材料中，应劭提出荀子“年十五，始来游学”，引起后世对荀子生卒年的分歧。后晁公武《郡斋读书志》亦云：“《史记》所云年五十岁，为十五岁之讹。”

刘昼《刘子·九流》[②]

儒者，晏婴、子思、孟轲、荀卿之类也。顺阴阳之性，明教化之本，游心于六艺，留情于五常，厚葬文服，重乐有命，祖述尧舜，宪章文武，宗师仲尼，以尊敬其道。然而薄者流广文繁，难可穷究也。

案：《刘子》又题《新论》、《刘子新论》，最早著录见之于《隋书·经籍志》。《隋

---

① 应劭（约153—196），字仲远，东汉学者，博学多识，平生著作11种136卷，现存《汉官仪》《风俗通义》等。

② 刘昼．刘子校释[M]．傅亚庶，校释．北京：中华书局，1998:520.

书·经籍志》子部杂家类在杨伟《时务论》条下有:“梁有《刘子》十卷,亡。”未署作者姓氏,新旧《唐书》均署“刘勰撰”。宋人刘克庄《后村大全集》引唐代张鷟《朝野佥载》云:“《刘子》书,咸以为刘勰所撰,乃渤海刘昼所制。昼无位,博学有才,窃取其名,人莫知也。”陈振孙《直斋书录解题》引唐代袁孝政《刘子注·序》云:“昼伤已不遇,天下陵迟,播迁江表,故作此书。时人莫知,谓为刘勰、刘歆、刘孝标作。”余嘉锡等主张刘昼,王重民等力主刘勰。众说纷纭。

怀疑或否定刘勰著《刘子》的主要理由有四:(1)史传不载;(2)刘勰长于佛理,《刘子》归心道教,志趣迥殊;(3)《刘子》关于“北音”起源的说法同《文心雕龙》不一致;(4)《刘子》的卷数和文章风格与《文心雕龙》不相同。肯定《刘子》是刘昼所撰的理由有:(1)唐人早有此说;(2)《刘子》某些篇章言论同刘昼不遇的身世吻合,和刘昼撰的《高才不遇传》本意相同;(3)刘昼诋佛而不非老庄,正同《刘子》归心道教相同。

肯定刘勰著《刘子》者所提出的理由是:(1)敦煌遗书《随身宝》已有“《刘子》刘协注”,《杂抄》卷中有《九流》篇,下并注云“事在《刘子》第五十五章”正与《刘子·九流》篇同,足证《唐书》“刘勰撰”之说;(2)以“其言类《文心雕龙》,定为勰撰”;(3)文体与《文心雕龙》正类,“其可征不疑”。他们否定刘昼撰《刘子》的理由是:(1)史传不载;(2)刘昼“未尝播迁江表,与袁孝政之《序》不符”;(3)史载刘昼文风“言甚古拙,与此书之缛丽轻稿亦不合”;(4)《隋书》“凡注中梁有今亡者,皆阮氏旧有(按:指梁阮孝绪《七录》)”。此《刘子》见载《七录》,刘昼年方10岁或11岁,因而“此《刘子》似非刘昼”所著。

这段论述是在班固《汉书·艺文志》论儒的基础上对儒者的概括,孟荀并举。《刘子》将道、儒作为九流(九家)之首。

皇甫谧[①]《三都赋序》

玄晏先生曰:……孙卿、屈原之属,遗文炳然,辞义可观,存其所感,咸有古诗之意。皆因文以寄其心,托理以全其制,赋之首也。及宋玉之徒,淫文放发,言过于实,夸竞之兴,体失之渐,风雅之则,于是乎乖。

---

① 皇甫谧(215—282),幼名静,字士安,自号玄晏先生。安定朝那人。一生以著述为业,在医学史和文学史上都负有盛名,编撰《针灸甲乙经》《历代帝王世纪》《高士传》《逸士传》《列女传》《元晏先生集》等书。

裴頠[1]《崇有论》

惟班固著难，未足折其情；孙卿、扬雄，大体抑之，犹偏有所许。

案：班固曾作《难庄论》。荀子作《天论》和《解蔽》，扬雄在《法言》的《问道》和《君子》中对老庄之言有过批评，但都还是有所赞许的。这里将荀子与扬雄并称。

刘勰[2]《文心雕龙·诠赋篇》

赋也者，受命于诗人，拓宇于《楚辞》也。于是荀况《礼》《智》，宋玉《风》《钓》，爰锡名号，与诗画境，六义附庸，蔚成大国。遂客主以首引，极声貌以穷文。斯盖别诗之原始，命赋之厥初也。

《文心雕龙·才略篇》

荀况学宗，而象物名赋，文质相称，固巨儒之情也。

萧绎[3]《金楼子》

楚人畏荀卿之出境，汉氏追匡衡之入界，是知儒道实有可尊！

案：梁孝元帝由荀子而思及儒道之尊贵，由此可见其对荀子亦甚为尊敬与推崇。

颜之推[4]《颜氏家训·文章》

自子游、子夏、荀况、孟轲、枚乘、贾谊、苏武、张衡、左思之俦，有盛名而免过患者，时复闻之，……

《颜氏家训·勉学》

人有坎壈，失于盛年，犹当晚学，不可自弃。孔子云："五十以学《易》，可以无大过矣。"魏武、袁遗，老而弥笃，此皆少学而至老不倦也。曾子七十乃学，名闻天下；荀卿五十，始来游学，犹为硕儒。公孙弘四十余，方读

---

① 裴頠(267—300)，字逸民，西晋哲学家。著有《崇有论》，《晋书》把它完全载入裴頠的传中。

② 刘勰(约465—520)，字彦和，祖籍山东莒县，著名文学理论家、批评家。著有《文心雕龙》。

③ 萧绎(508—555)，即南朝梁元帝。文学家、学者、书画家。字世诚，小字七符，自号金楼子，南兰陵人。著有《汉书注》115卷、《内典博要》100卷、《周易讲疏》10卷、《老子讲疏》4卷、《金楼子》10卷、《怀旧志》9卷等，撰文集52卷、小集10卷。不少著作实出于门下文人之手，但也表明他对文学和学术的重视。文集久佚，明张溥辑有《梁元帝集》，收入《汉魏六朝百三名家集》。《金楼子》有清知不足斋丛书本。

④ 颜之推(529—595)，字介，传世著作有《颜氏家训》和《还冤志》等。

《春秋》，以此遂登丞相；硃云亦四十，始学《易》《论语》；皇甫谧二十，始受《孝经》《论语》：皆终成大儒，此并早迷而晚寤也。世人婚冠未学，便称迟暮，因循面墙，亦为愚耳。幼而学者，如日出之光，老而学者，如秉烛夜行，犹贤乎瞑目而无见者也。

《晋书·傅玄传》

玄初作内篇成，子咸以示司空王沈。沈与玄书曰："省足下所著书，言富理济，经纶政体，存重儒教，足以塞杨、墨之流遁，齐孙、孟于往代。每开卷，未尝不叹息也。'不见贾生，自以过之，乃今不及'，信矣！"

《北史》卷八十四

尧、舜、汤、武居帝王之位，垂至德以敦其风；孔、墨、荀、孟禀圣贤之资，弘正道以励其俗。

徐干《〈中论〉序》

予以荀卿子、孟轲，怀亚圣之才，着一家之法，继明圣人之业，皆以姓名自书，犹至于今，厥字不传。原思其故，皆由战国之世，乐贤者寡，同时之人，不早记录。

君（徐干）以为，纵横之世，乃先圣之所厄困也，岂况吾徒哉？有讥孟轲不度其量，拟圣行道，传食诸侯，深美颜渊、荀卿之行。故绝迹山谷，幽居研几，用思深妙，以发疾疢，伏延年会，上公拨乱，正路始辟。

《中论·审大臣》

昔荀卿生乎战国之际，而有睿哲之才，祖述尧、舜，宪章文、武，宗师仲尼，明拨乱之道，然而列国之君以为迂阔，不达时变，终莫之肯用也。至于游说之士，谓其邪术，率其徒党，而名震乎诸侯。所如之国，靡不尽礼郊迎，拥篲先驱，受爵赏为上客者，不可胜数也。故名、实之不相当也，其所从来尚矣。何世无之？天下有道，然后斯物废矣。

仲长敖[①]《覈性赋》

赵荀卿著书，言人性之恶。弟子李斯、韩非顾而相谓曰："夫子之言性恶当矣，未详才之善否何如？愿闻其说。"荀卿曰："天地之间，兆族罗列，

① 仲长敖，西晋人，生卒年及生平事迹均无考。

同禀气质，无有区别。裸虫三百，人最为恶。爪牙皮毛，不足自卫，惟赖诈伪，迭相嚼啮。总而言之，少尧多桀，但见商鞅，不闻稷契。父子兄弟，殊情异计；君臣朋友，志乖怨结；邻国乡党，务相吞噬；台隶僮竖，唯盗唯窃。面从背违，意与口戾；言如饴蜜，心如蛮厉；未知胜负，便相陵蔑。正路莫践，竞赴斜辙。利害交争，岂顾宪制？怀仁抱义，只受其毙。周孔徒劳，名教虚设。蠢尔一概，智不相绝。推此而谈，孰痴孰黠？……"荀卿之言未终，韩非越席起舞，李斯击节长歌，其辞曰："行生有极，嗜欲莫限。达鼻耳，开口眼。纳众恶，距群善，方寸地，九折坂。……"多谢悠悠子，悟之亦不晚。

案："覈"乃查对、审查之意，见题知义，仲长敖此赋意在审查、检视人性。仲氏假借荀子与弟子的问答，对荀子的性恶论进行发挥、阐释，极言世事人性之险恶卑劣，远超荀子与韩非之言。

在《覈性赋》中，仲长敖对荀子人性论做了许多歪曲，这主要表现在：其一，他将《荀子·王制》提倡的"人最为天下贵"的人贵论歪曲为"裸虫三百，人最为劣"的人劣论；其二，他将荀子性恶礼伪相互配合的完整理论系统割裂为只有性恶而无礼伪的片面理论，这样，荀子的人性就变成了一个无礼义助其提升的光秃秃的恶，这显然不是荀子的本意；其三，他将荀子的性恶论与李斯、韩非相联系，认为李斯、韩非皆因受到荀子性恶论的影响而走向法家，这为后来的一些宋儒将弟子之过归罪于荀子性恶论提供了理论源头。赋中李斯、韩非对荀子言："夫子之言性恶当矣"，其实，这亦说明仲长敖并未深及法家人性论之精髓，法家并非视人性为恶，至于韩非对荀子人性论的评价，单从相关文本中亦未见其有任何褒贬态度，因此，仲长敖在此赋中虚构的对话故事，无论从历史事实上还是从思想脉络的关联上，都是经不起推敲的。

二、唐宋五代时期论荀辑注

魏徵[①]论荀

《周礼》，公旦所载，《诗》《书》仲尼所述，虽纲纪颓缺，而节制具焉。荀、孟陈之于前，董、贾伸之于后，遗谈余义，可举而行。(《文中子》附录《录唐太宗与房魏论礼乐事》)

颜师古[②]《汉书·艺文志》注

本曰荀卿，避宣帝讳，故曰孙。

案：颜师古注《汉书》，乃疑诸书之称荀子为“孙卿”，为汉人自改。汉宣帝讳“询”，与“荀”同音，颜氏此说，谓汉宣帝以前，本无“孙卿”之称，宣帝以后，人始如此称荀子：宣帝以后所著之书自不必言，即西汉所传先秦典籍，凡称“孙卿”者，亦皆汉人所窜改。颜氏既为此说，司马贞《史记索隐》从之，至唐代后期，遂成定论。时人著述征引，多径称荀子、荀卿而少称孙卿。唐德宗贞元十七年，杜佑上《通典》于朝廷，其卷十七《选举五》中云“通《礼记》《尚书》《论语》《孝经》之外，更通《道德》诸经，通《元经》《孟子》《荀卿子》《吕氏春秋》《管子》《墨子》《韩子》，谓茂才”，则至迟唐德宗贞元十七年时，荀子之书亦已改名《荀卿子》。此后杨倞于宪宗元和年间注释荀子之书，则径称《荀子》。此下直至清乾隆年间，永瑢等人撰《四库全书总目提要》，犹用颜师古之说。后顾炎武《日知录》认为“汉人不避嫌名”，而谢墉在《荀子》序中更有详论。顾炎武认为：“荀之为孙，如孟卯之为芒卯、司徒之为申徒，语旨之转也。”谢墉也说：“盖荀音同孙，语遂移易，如荆卿在卫，人谓之庆卿，而之燕，人谓之荆卿。又如张良为韩信都，《潜夫论》云：‘信都者，司徒也，俗音不正曰信都，或曰申徒或曰胜屠，然其本一司徒耳。’然则荀之为孙，正如

---

① 魏徵(580—643)，字玄成，封郑国公，谥文贞，为凌烟阁二十四功臣之一，以直谏敢言著称，是中国史上最负盛名的谏臣，所上《谏太宗十思疏》《十渐不克终疏》，在当时和后世都有重要影响。

② 颜师古(581—645)，名籀，字师古，隋唐以字行，故称颜师古。生于京兆万年，祖籍琅琊临沂。经学家、语言文字学家、历史学家，名儒颜之推之孙。长于文字训诂、声韵、校勘之学，研究《汉书》专家，有《汉书序》《急就章注》《匡谬正俗》等。

此比。”他们都认为荀子之称孙卿，乃“语音移易”所致。

李延寿[①]《北史》卷八十四“列传第七十二孝行”

令狐德棻[②]《周书》卷四十六“列传第三十八孝义”

……是以尧舜汤武，居帝王之位，垂至德以敦其风。孔、墨、荀、孟禀圣贤之资，弘正道以励其俗，观其所由，在此而已矣……

卢照邻[③]

昔文王既没，道不在于兹乎？尼父克生，礼尽归于是矣。其后荀卿、孟子，服儒者之褒衣。（《驸马都尉乔君集序》）

游、夏之门，时有荀卿、孟子。（《南阳公集序》）

李筌[④]《太白阴经·善师篇》

经曰：兵非道德仁义者，虽伯有天下，君子不取。周德既衰，诸侯自作礼乐，专征伐，始于鲁隐公，齐以技击强，魏以武卒奋，秦以锐士胜。说者以孙、吴为宗，唯荀卿明于王道而非之。谓：齐之技击是亡国之兵，魏之武卒是危国之兵，秦之锐士是干赏蹈利之兵。至于齐桓、晋文之师，可谓入其域而有节制矣。故齐之技击，不可遇魏之武卒；魏之武卒，不可敌秦之锐士；秦之锐士，不可当桓文之节制；桓文之节制，不可当汤武之仁义。故曰：“善师者不阵，善阵者不战，善战者不败，善败者不亡。”

案：李筌对荀子兵论甚为欣赏，他赞扬《议兵》篇中提倡的“仁人之兵”思想，认为用兵应以仁义道德为其依归，在用兵论上继承了荀子思想。

---

① 李延寿，生卒年不详。唐代史学家，今河南安阳市人。贞观年间兼修国史，曾参加过官修的《隋书》《五代史志》（即《经籍志》）、《晋书》及当朝国史的修撰，还独立撰成《南史》《北史》和《太宗政典》（已佚）。

② 令狐德棻（583—666），唐初政治家，史学家。宜州华原（今陕西铜川）人。多次参加官书的编写，最大贡献为编修《周书》。

③ 卢照邻（约636—695后），唐代诗人，字升之，自号幽忧子，作品有《卢升之集》7卷和《幽忧子集》7卷，《全唐诗》收其诗2卷，傅璇琮著有《卢照邻杨炯简谱》。

④ 李筌，道教思想理论家，政治军事理论家，隐士。号达观子，唐陇西人。生卒年不详，约活动于唐玄宗至肃宗时。著作有《〈阴符经〉注疏》3卷，《骊山母传阴符玄义》《青囊括》各1卷，《太白阴经》《中台志》《阃外春秋》《六壬大玉帐歌》各10卷，《孙子注》2卷等。

李华[1]《李遐叔文集·质文论》

愚以为将求致理，始于学习经史。《左氏》、《国语》、《尔雅》、孟、荀等家，辅佐五经者也。及药石之方，行于天下，考试仕进者宜用之。其余百家之说、谶纬之书，存而不用。至于丧制之缛，祭礼之繁，不可备举者，宜省之，考求简易中于人心者以行之，是可以淳风俗而不泥于坦明之路矣。

皎然[2]《答郑方回》

独禅外念人，中夜不成定。顾我憔悴容，泽君阳春咏。词贞思且逸，琼彩何晖映。如聆云和音，况睹声名盛。琴语掩为闻，山心声宜听。是时寒光澈，万境澄以净。高秋日月清，中气天地正。远情偶兹夕，道用增寥敻。思君处虚空，一操不可更。时美城北徐，家承谷口郑。轩车未有辙，蒿兰且同径。庄生诫近名，夫子罕言命。是以耕楚田，旷然殊独行。萎蕤鸾凤彩，特达珪璋性。通隐嘉黄绮，高儒重荀孟。世污我未起，道蹇吾犹病。逸翮思冥冥，潜鳞乐游泳。宗师许学外，恨不逢孔圣。说诗迷颓靡，偶俗伤趋竞。此道谁共诠，因君情欲罄。

独孤及[3]《毗陵集》附录

且曰：后世虽有作者，六籍其不可及已。荀、孟朴而少文，屈、宋华而无根，有以取正其贾生、史迁、班孟坚云尔，吾子可以共学。

权德舆[4]

荀况、孟轲，修道著书，本于仁义，经术之枝派也。(《比部郎中崔君元翰集序》)

自孔门恨、商之后，荀况、孟轲，宪章六籍。(《唐故通议大夫梓州诸军

---

① 李华(715—766)，唐代诗人、散文家。字遐叔，赵郡赞皇(今河北元氏)人。开元进士，其文与萧颖士齐名，世称“萧李”。其诗辞采流丽。原有集，已散佚，后人辑有《李遐叔文集》。

② 皎然，唐代诗僧。生卒年不详。俗姓谢，字清昼。南朝谢灵运十世孙。活动于大历、贞元年间，有诗名。他的《诗式》为当时诗格一类作品中较有价值的一部。其诗清丽闲淡，多为赠答送别、山水游赏之作。

③ 独孤及(725—777)，唐朝散文家，字至之，河南洛阳人。集30卷，内诗3卷，今编诗2卷。

④ 权德舆(759—818)，字载之，唐代文学家。卒谥文，后人称为权文公。《新唐书·艺文志》著录其《童蒙集》10卷，又《文集》50卷、《制集》50卷。《童蒙集》《制集》已佚。清代嘉庆时朱刊《权载之文集》50卷。

事梓州刺史上柱国权公文集序》)

案：唐诗中常见有将荀子与孟子并称，并且荀卿居孟轲之前，由此可见唐人对荀子之态度。

《隋书·经籍志·子部》

儒者，所以助人君明教化者也。圣人之教，非家至而户说，故有儒者宣而明之。其大抵本于仁义及五常之道，黄帝、尧、舜、禹、汤、文、武，咸由此则。……仲尼祖述前代，修正六经，三千之徒，并受其义。至于战国，孟轲、子思、荀卿之流，宗而师之，各有著述，发明其指。

《隋书·儒林传》

儒之为教大矣，其利物博矣。笃父子，正君臣，尚忠节，重仁义，贵廉让，贱贪鄙，开政化之本源，凿生民之耳目，百王损益，一以贯之。虽世或污隆，而斯文不坠，经邦致治，非一时也。涉其流者，无禄而富；怀其道者，无位而尊。故仲尼顿挫于鲁君，孟轲抑扬于齐后，荀卿见珍于强楚，叔孙取贵于隆汉。

韩愈[1]《读荀》

始吾读孟轲书，然后知孔子之道尊，圣人之道易行，王易王，霸易霸也，以为孔子之徒没，尊圣人者，孟氏而已。晚得扬雄书，益尊信孟氏，因雄书而孟氏益尊，则雄者亦圣人之徒欤？

圣人之道，不传于世，周之衰，好事者各以其说干时君，纷纷籍籍相乱，六经与百家之书错杂，然老师大儒犹在。火于秦，黄老于汉，其存而醇者，孟轲氏而止耳，扬雄氏而止耳。

及得荀氏书，于是又知有荀氏者也。考其辞，时若不粹，要其归，与孔子异者鲜矣，抑犹在轲雄之间乎？

孔子删诗书，笔削春秋，合于道者著之，离于道者黜去之，故诗书春秋无疵。余欲削荀氏之不合者，附于圣人之籍，亦孔子之志欤？

孟氏，醇乎醇者也；荀与扬，大醇而小疵。

《原道》

博爱之谓仁，行而宜之之谓义，由是而之焉之谓道，足乎己而无待于外之谓德。仁与义为定名，道与德为虚位。故道有君子小人，而德有凶有

---

① 韩愈(768—824)，字退之，晚年任吏部侍郎，又称韩吏部。卒谥文，世称韩文公。著作有《昌黎先生集》。

吉。老子之小仁义，非毁之也，其见者小也。坐井而观天，曰天小者，非天小也。彼以煦煦为仁，孑孑为义，其小之也则宜。其所谓道，道其所道，非吾所谓道也。其所谓德，德其所德，非吾所谓德也。凡吾所谓道德云者，合仁与义言之也，天下之公言也。老子之所谓道德云者，去仁与义言之也，一人之私言也。

周道衰，孔子没，火于秦，黄老于汉，佛于晋、魏、梁、隋之间。其言道德仁义者，不入于杨，则归于墨；不入于老，则归于佛。入于彼，必出于此。入者主之，出者奴之；入者附之，出者污之。噫！后之人其欲闻仁义道德之说，孰从而听之？老者曰："孔子，吾师之弟子也。"佛者曰："孔子，吾师之弟子也。"为孔子者，习闻其说，乐其诞而自小也，亦曰"吾师亦尝师之"云尔。不惟举之于口，而又笔之于其书。噫！后之人虽欲闻仁义道德之说，其孰从而求之？

甚矣，人之好怪也，不求其端，不讯其末，惟怪之欲闻。古之为民者四，今之为民者六。古之教者处其一，今之教者处其三。农之家一，而食粟之家六。工之家一，而用器之家六。贾之家一，而资焉之家六。奈之何民不穷且盗也？

古之时，人之害多矣。有圣人者立，然后教之以相生相养之道。为之君，为之师。驱其虫蛇禽兽，而处之中土。寒然后为之衣，饥然后为之食。木处而颠，土处而病也，然后为之宫室。为之工以赡其器用，为之贾以通其有无，为之医药以济其夭死，为之葬埋祭祀以长其恩爱，为之礼以次其先后，为之乐以宣其湮郁，为之政以率其怠倦，为之刑以锄其强梗。相欺也，为之符、玺、斗斛、权衡以信之。相夺也，为之城郭甲兵以守之。害至而为之备，患生而为之防。今其言曰："圣人不死，大盗不止。剖斗折衡，而民不争。"呜呼！其亦不思而已矣。如古之无圣人，人之类灭久矣。何也？无羽毛鳞介以居寒热也，无爪牙以争食也。

是故君者，出令者也；臣者，行君之令而致之民者也；民者，出粟米麻丝，作器皿，通货财，以事其上者也。君不出令，则失其所以为君；臣不行君之令而致之民，则失其所以为臣；民不出粟米麻丝，作器皿，通货财，以事其上，则诛。今其法曰，必弃而君臣，去而父子，禁而相生相养之道，以求其所谓清净寂灭者。呜呼！其亦幸而出于三代之后，不见黜于禹、汤、文、武、周公、孔子也。其亦不幸而不出于三代之前，不见正于禹、汤、文、武、周公、孔子也。

帝之与王，其号虽殊，其所以为圣一也。夏葛而冬裘，渴饮而饥食，其事虽殊，其所以为智一也。今其言曰：“曷不为太古之无事”？”是亦责冬之裘者曰：“曷不为葛之之易也？”责饥之食者曰：“曷不为饮之之易也？”传曰：“古之欲明明德于天下者，先治其国；欲治其国者，先齐其家；欲齐其家者，先修其身；欲修其身者，先正其心；欲正其心者，先诚其意。”然则古之所谓正心而诚意者，将以有为也。今也欲治其心而外天下国家，灭其天常，子焉而不父其父，臣焉而不君其君，民焉而不事其事。孔子之作《春秋》也，诸侯用夷礼则夷之，进于中国则中国之。经曰：“夷狄之有君，不如诸夏之亡。”《诗》曰：“戎狄是膺，荆舒是惩。”今也举夷狄之法，而加之先王之教之上，几何其不胥而为夷也？

夫所谓先王之教者，何也？博爱之谓仁，行而宜之之谓义。由是而之焉之谓道。足乎己无待于外之谓德。其文：《诗》、《书》、《易》、《春秋》；其法：礼、乐、刑、政；其民：士、农、工、贾；其位：君臣、父子、师友、宾主、昆弟、夫妇；其服：麻、丝；其居：宫、室；其食：粟米、果蔬、鱼肉。其为道易明，而其为教易行也。是故以之为己，则顺而祥；以之为人，则爱而公；以之为心，则和而平；以之为天下国家，无所处而不当。是故生则得其情，死则尽其常。效焉而天神假，庙焉而人鬼飨。曰：“斯道也，何道也？”曰：“斯吾所谓道也，非向所谓老与佛之道也。尧以是传之舜，舜以是传之禹，禹以是传之汤，汤以是传之文、武、周公，文、武、周公传之孔子，孔子传之孟轲，轲之死，不得其传焉。荀与扬也，择焉而不精，语焉而不详。由周公而上，上而为君，故其事行。由周公而下，下而为臣，故其说长。然则如之何而可也？曰：“不塞不流，不止不行。人其人，火其书，庐其居。明先王之道以道之，鳏寡孤独废疾者有养也。其亦庶乎其可也！”

案：韩愈是中国文化转折时期的关键人物，对于儒家道统的建立和传承有很大贡献。韩愈确立儒学道统的宣言是《原道》一文。但在《读荀》中可看出他在儒家传统中对扬雄和荀子的重视，已经流露出要确立儒学道统的端倪，使儒学发展的脉络更加清晰。

从《读荀》中可以看出，韩愈通过阅读孟子之书才知道孔子儒道的重要，后来读了扬雄的书，以为传播儒学道统的就是孟子和扬雄。后来又看到荀子的书，考察其中的论述，虽然有不纯粹的地方，但主要内容和大的方面与孔子不同的地方很少，从而论定其“犹在轲雄之间”。这个判断说明：从时间顺序上看，荀子在孟子和扬雄之间；从对儒学道统的贡献来看，荀子也在孟子和扬雄之间。这就充分肯定了荀子之学的价值，而对于排斥荀子的学术观点给予驳斥。韩愈还曾想对荀子之书进行删削，使之与《五经》一样成为儒家经典。可见韩愈想要建立儒家道统的思想在此时已经奠定。

韩愈本着司马迁《史记》中叙列诸子时独以孟、荀标目之旨，将荀子与孟子相提并论，且将荀子媲美孟子，正如他在《进学解》中所说："昔者孟轲好辩，孔道以明，辙环天下，卒老于行；荀卿守正，大论是弘，逃谗于楚，废死兰陵。是二儒者，吐辞为经，举足为法，绝类离伦，优入圣域，其遇于世何如也?"他先将孟子提升到了一个新高度，纳入儒学的道统，使之与孔子并称，并对于二人在儒学道统上的地位给予简明的确定，"孟轲好辩，孔道以明"，是说孟子到处论辩，使孔子道统学说显扬天下；"荀卿守正，大论是弘"，是说荀子守住舆论阵地，使儒学的理论得以弘扬光大。

韩愈在《原道》中提出了一个"道统"的授受体系，陈寅恪先生曾经指出，韩愈的"道统"说一方面是受了《孟子》卒章的启发，一方面也受到了禅宗传法世系的影响。在这个道统中，荀子的评价没有《读荀》中那样高了，孟子是他所承认的最后一位传人。宋儒所乐道的"道统"的形态即由此而来，从某种程度上说，宋儒是通过韩愈认识孟子的。中唐以后，在战乱和异端思想的双重打击下，汉代儒学建立的以纲常礼教外在力量制约人们行为的伦理政治体系，已趋于解体。所以，韩愈等已开始比较重视个体内在修养，寻求重构儒学政治体系的可能性。将外在社会政治结构的基础建立在个体心性自觉的基础之上，这正是宋代儒学的发展方向。因此，韩愈对荀子的评价意味着某种历史转换的开始。以"醇"来评论，反映的是将内心道德心性形上化、本体化，从而将整个政治文化秩序系之于这个内在性根源的基本理路的转换。

《送孟东野序》

人声之精者为言，文辞之于言，又其精也，尤择其善鸣者而假之鸣。其在唐、虞，咎陶、禹，其善鸣者也，而假以鸣。夔弗能以文辞鸣，又自假于《韶》以鸣。夏之时，五子以其歌鸣。伊尹鸣殷，周公鸣周。凡载于《诗》《书》六艺，皆鸣之善者也。周之衰，孔子之徒鸣之，其声大而远。《传》曰："天将以夫子为木铎。"其弗信矣乎？其末也，庄周以其荒唐之词鸣。楚，大国也，其亡也，以屈原鸣。臧孙辰、孟轲、荀卿，以道鸣者也。杨朱、墨翟、管夷吾、晏婴、老聃、申不害、韩非、慎到、田骈、邹衍、尸佼、孙武、张仪、苏秦之属，皆以其术鸣。秦之兴，李斯鸣之：汉之时，司马迁、相如、扬雄，最其善鸣者也：其下魏晋氏，鸣者不及于古，然亦未尝绝也。就其善者，其声清以浮，其节数以急，其辞淫以哀，其志弛以肆。其为言也，乱杂而无章。将天丑其德莫之顾邪？何为乎不鸣其善鸣者也？

《进学解》

昔者孟轲好辩，孔道以明，辙环天下，卒老于行。荀卿守正，大论是弘，逃谗于楚，废死兰陵。是二儒者，吐辞为经，举足为法，绝类离伦，优入圣域，其遇于世何如也？

案：韩愈对荀子的评价，有着“荀不及孟”与“荀孟同尊”两种态度，而且这两种态度不是前后阶段的，而是交织在一起，此消彼长，纠结缠绕。通常，韩愈在论及自身与时人的现实境遇时，往往采取荀孟同尊的态度，这体现在其《送孟东野序》及《进学解》中；而在论及儒家应对佛老的挑战时，往往采取荀不及孟的态度，这体现在《原道》及《与孟尚书书》等文中。

《原性》

性也者，与生俱生也；情也者，接于物而生也。性之品有三，而其所以为性者五；情之品有三，而其所以为情者七。曰何也？曰性之品有上、中、下三。上焉者，善焉而已矣；中焉者，可导而上下也；下焉者，恶焉而已矣。其所以为性者五：曰仁、曰礼、曰信、曰义、曰智。上焉者之于五也，主于一而行于四；中焉者之于五也，一不少有焉，则少反焉，其于四也混；下焉者之于五也，反于一而悖于四。性之于情视其品。情之品有上、中、下三，其所以为情者七：曰喜、曰怒、曰哀、曰惧、曰爱、曰恶、曰欲。上焉者之于七也，动而处其中；中焉者之于七也，有所甚，有所亡，然而求合其中者也；下焉者之于七也，亡与甚，直情而行者也。情之于性视其品。

孟子之言性曰：人之性善；荀子之言性曰：人之性恶；扬子之言性曰：人之性善恶混。夫始善而进恶，与始恶而进善，与始也混而今也善恶，皆举其中而遗其上下者也，得其一而失其二者也。叔鱼之生也，其母视之，知其必以贿死；杨食我之生也，叔向之母闻其号也，知必灭其宗；越椒之生也，子文以为大戚，知若敖氏之鬼不食也。人之性果善乎？后稷之生也，其母无灾，其始匍匐也，则岐岐然、嶷嶷然；文王之在母也，母不忧，既生也，傅不勤，既学也，师不烦。人之性果恶乎？尧之朱、舜之均、文王之管蔡，习非不善也，而卒为奸；瞽瞍之舜、鲧之禹，习非不恶也，而卒为圣。人之性善恶果混乎？故曰：三子之言性也，举其中而遗其上下者也，得其一而失其二者也。曰：然则性之上下者，其终不可移乎？曰：上之性，就学而易明；下之性，畏威而寡罪。是故上者可教，而下者可制也。其品则孔子谓不移也。

曰：今之言性者异于此，何也？曰：今之言者，杂佛老而言也。杂佛老而言也者，奚言而不异！

案:这是韩愈为申述儒家性情论以对抗佛教心性论而作。韩愈先谈及人性的由来、情的产生、性情的关系、五性说、七情说等问题,进而批判孟子性善论、荀子性恶论和扬雄性善恶混论,最后批判杂佛老而言性者。他发挥董仲舒的理论,第一次明确提出"性之品有三":上品性善,生来具有仁、义、礼、智、信五种道德;中品五德有所欠缺,性可善可恶;下品五德都不具备,性恶。同时还认为人有喜、怒、哀、惧、爱、恶、欲七情,情亦有三品:上品七情控制适中;中品七情或多或少,"有所甚,有所亡";下品则"亡与甚直情而行"。情与性的品级正相对应。

其实,韩愈对"性"的理解是接近于荀子的,将"性"理解为"生而有"的本能、本性,再将"情"指为受外界刺激而生的"情感",即所谓"七情"。然而,这样的"性"与"情"在一开始定义之下,已与孟子的"性"与"情"有别。《原性》承认人可以有适当的情欲,反对佛教的灭情见性主张,在当时具有积极的意义。但他认为性"与生俱生",上、下品都是"不移",是先验论的观点。

李翱在《复性书》中,发展了韩愈的性三品说,阐述了性善情恶的人性论。他认为人性本是善的,而情则是恶的。也就是说,人之所以能成为圣人,是因为人的本性是善的;人性之所以迷惑不清,是因为人的情欲是恶的。同时,他又认为性情是不可分的,情是性所派生的,性是情的基础,性与情是互相依存、互相作用而存在的。因此,要恢复人本来的善性,就必须做到去情。复性去情的性情一元论,是李翱人性论的理论基础。李翱发挥《中庸》学说,援佛入儒,为后世儒家所继承;其所阐述的性命之学,开宋明理学的先河。

附:李翱[①]《复性书》

上

人之所以为圣人者,性也,人之所以惑其性者,情也。喜、怒、哀、惧、爱、恶、欲,七者皆情之所为也。情既昏,性斯匿矣。非性之过也,七者循环而交来,故性不能充也。水之浑也,其流不清;火之烟也,其光不明。非水火清明之过,沙不浑,流斯清矣,烟不郁,光斯明矣。情不作,性斯充矣,性与情不相无也。

虽然,无性则情无所生矣。是情由性而生,情不自情,因性而情,性不自性,由情以明。性者,天之命也,圣人得之而不惑者也;情者,性之动也,百姓溺之而不能知其本者也。圣人者,岂其无情耶?圣人者,寂然不动,不往而到,不言而神,不耀而光,制作参乎天地,变化合乎阴阳,虽有情也,未尝有情也。然则百姓者,岂其无性耶? 百姓之性与圣人之性弗差也,虽然,情之所昏,交相攻伐,未始有

---

① 李翱(772—841),字习之,追随韩愈,曾阐释韩愈关于"道"的观念,强调文以明道。他还主张反佛、"复性",发挥《中庸》"天命之谓性"的思想,主张性善情恶说,认为成为圣人的根本途径是复性。作《复性书》三篇,论述"性命之源"等问题。他的思想为后来道学的发展奠定了基础。

穷,故虽终身而不自睹其性焉。火之潜于山石林木之中,非不火也;江河淮济之未流而潜于山,非不泉也。石不敲,木不磨,则不能烧其山林而燥万物;泉之源弗疏,则不能为江为河,为淮为济,东汇大壑,浩浩荡荡,为弗测之深。情之动静弗息,则不能复其性而烛天地,为不极之明。

故圣人者,人之先觉者也。觉则明,否则惑,惑则昏,明与昏谓之不同。明与昏性本无有,则同与不同皆离矣。夫明者所以对昏,昏既灭,则明亦不立矣。是故诚者,圣人之性也,寂然不动,广大清明,照乎天地,感而遂通天下之故,行止语默,无不处于极也。复其性者贤人,循之而不已者也,不已则能归其源矣。《易》曰:"夫圣人者,与天地合其德,日月合其明,四时合其序,鬼神合其吉凶,先天而天不违,后天而奉天时。天且勿违,而况于人乎?况于鬼神乎?"此非自外得者也,能尽其性而已矣。子思曰:"惟天下至诚为能尽其性。能尽其性,则能尽人之性;能尽人之性,则能尽物之性;能尽物之性,则可以赞天地之化育;可以赞天地之化育,则可以与天地参矣。其次致曲,曲能有诚,诚则形,形则著,著则明,明则动,动则变,变则化,唯天下至诚为能化。"圣人知人之性皆善,可以循之不息而至于圣也,故制礼以节之,作乐以和之。安于和乐,乐之本也;动而中礼,礼之本也。故在车则闻鸾和之声,行步则闻佩玉之音,无故不废琴瑟,视听言行,循礼法而动,所以教人忘嗜欲而归性命之道也。道者至诚而不息者也,至诚而不息则虚,虚而不息则明,明而不息则照天地而无遗,非他也,此尽性命之道也。哀哉!人皆可以及乎此,莫之止而不为也,不亦惑耶?

昔者圣人以之传于颜子,颜子得之,拳拳不失,不远而复其心,三月不违仁。子曰:"回也其庶乎,屡空。"其所以未到于圣人者一息耳,非力不能也,短命而死故也。其余升堂者,盖皆传也,一气之所养,一雨之所膏,而得之者各有浅深,不必均也。子路之死也,石乞、孟黡以戈击之,断缨,子路曰:"君子死,冠不免。"结缨而死。由非好勇而无惧也,其心寂然不动故也。曾子之死也,曰:"吾何求焉,吾得正而毙焉,斯已矣。"此正性命之言也。子思,仲尼之孙,得其祖之道,述《中庸》四十七篇,以传于孟轲。轲曰"我四十不动心",轲之门人达者公孙丑、万章之徒,盖传之矣。遭秦灭书,《中庸》之不焚者,一篇存焉。于是此道废缺,其教授者,惟节文、章句、威仪、击剑之术相师焉,性命之源,则吾弗能知其所传矣。道之极于剥也必复,吾岂复之时耶?

吾自六岁读书,但为词句之学,志于道者四年矣,与人言之,未尝有是我者也。南观涛江,入于越,而吴郡陆参存焉,与之言之,陆参曰:"子之言,尼父之心也。东方如有圣人焉,不出乎此也,南方如有圣人焉,亦不出乎此也。惟子行之不息而已矣。"於戏!性命之书虽存,学者莫能明,是故皆入于庄、列、老、释。不知者,谓夫子之徒不足以穷性命之道,信之者皆是也。有问于我,我以吾之所知而传焉，遂书于书，以开诚明之源，而缺绝废弃不扬之道，几可以传于时，命曰《复性书》，以理其心，以传乎其人。於戏！夫子复生，不废吾言矣。

中

或问曰："人之昏也久矣，将复其性者，必有渐也，敢问其方。"曰："弗虑弗思，情则不生，情既不生，乃为正思。正思者，无虑无思也。《易》曰：'天下何思何虑。'又曰：'闲邪存其诚。'《诗》曰：'思无邪。'"

曰："已矣乎？"曰："未也，此斋戒其心者也，犹未离于静焉。有静必有动，有动必有静，动静不息，是乃情也。《易》曰：'吉凶悔吝，生于动者也。'焉能复其性耶？"

曰："如之何？"曰："方静之时，知心无思者，是斋戒也。知本无有思，动静皆离，寂然不动者，是至诚也。《中庸》曰：'诚则明矣。'《易》曰：'天下之动，贞夫一者也。'"

问曰："不虑不思之时，物格于外，情应于内，如之何而可止也？以情止情，其可乎？"曰："情者，性之邪也，知其为邪，邪本无有。心寂然不动，邪思自息。惟性明照，邪何所生？如以情止情，是乃大情也，情互相止，其有已乎？《易》曰：'颜氏之子，其殆庶几乎？有不善未尝不知，知之未尝复行也。'《易》曰：'远复，无悔，元吉。'"

问曰："本无有思，动静皆离。然则声之来也，其不闻乎？物之形也，其不见乎？"曰："不睹不闻，是非人也，视听昭昭而不起于见闻者，斯可矣。无不知也，无弗为也。其心寂然，光照天地，是诚之明也。《大学》曰：'致知在格物。'《易》曰：'易无思也，无为也，寂然不动，感而遂通天下之故。非天下之至神，其孰能与于此？'"

曰："敢问'致知在格物'何谓也？"曰："物者，万物也，格者，来也，至也。物至之时，其心昭昭然明辨焉，而不应于物者，是致知也，是知之至也。知至故意诚，意诚故心正，心正故身修，身修而家齐，家齐而国理，国理而天下平。此所以能参天地者也。《易》曰：'与天地相似，故不违；知周乎万物，而道济天下，故不过；旁行而不流，乐天知命，故不忧；安土敦乎仁，故能爱；范围天地之化而不过，曲成万物而不遗，通乎昼夜之道而知，故神无方而易无体。一阴一阳之谓道。'此之谓也。"

曰："生为我说《中庸》。"曰："不出乎前矣。"

曰："我未明也，敢问何谓'天命之谓性'？"曰："人生而静，天之性也，性者，天之命也。"

"'率性之谓道'何谓也？"曰："率，循也，循其源而反其性者，道也。道也者，至诚也；至诚者，天之道也。诚者，定也，不动也。"

"'修道之谓教'何谓也？"曰："教也者，人之道也，择善而固执之者也。修是道而归其本者明也。教也者,则可以教天下矣,颜子其人也。‘道也者,不可须臾离也,可离非道也。’说者曰:其心不可须臾动焉故也。动则远矣,非道也。变化无方,未始离于不动故也。‘是故君子戒慎乎其所不睹,恐惧乎其所不闻,莫见乎隐,莫显乎微,故君子慎其独也。’说者曰:‘不睹之睹,见莫大焉,不闻之闻,闻莫甚焉。’其心一动,是不睹之睹,不闻之闻也,其复之不远矣。故君子慎其独,慎其独者,守其中也。”

问曰:“昔之注解《中庸》者,与生之言皆不同,何也?”曰:“彼以事解者也,我以心通者也。”

曰:“彼亦通于心乎?”曰:“吾不知也。”

曰:“如生之言,修之一日,则可以至于圣人乎?”曰:“十年扰之,一日止之,而求至焉,是孟子所谓以杯水而救一车薪之火也。甚哉!止而不息必诚,诚而不息则明,明与诚终岁不违,则能终身矣。造次必于是,颠沛必于是,则可以希于至矣。故《中庸》曰:‘至诚无息,不息则久,久则征,征则悠远,悠远则博厚,博厚则高明。博厚所以载物也,高明所以覆物也,悠久所以成物也。博厚配地,高明配天,悠久无疆。如此者,不见而章,不动而变,无为而成,天地之道,可一言而尽也。”

问曰:“凡人之性,犹圣人之性欤?”曰:“桀、纣之性,犹尧、舜之性也。其所以不睹其性者,嗜欲好恶之所昏也,非性之罪也。”

曰:“为不善者非性耶?”曰:“非也,乃情所为也。情有善有不善,而性无不善焉。孟子曰:‘人无有不善,水无有不下。夫水,搏而跃之,可使过颡;激而行之,可使在山。是岂水之性哉,其所以导引之者然也。人之性皆善,其不善亦犹是也。’”

问曰:“尧舜岂不有情耶?”曰:“圣人至诚而已矣。尧舜之举十六相,非喜也。流共工,放驩兜,殛鲧,窜三苗,非怒也。中于节而已矣。其所以皆中节者,设教于天下故也。《易》曰:‘知变化之道者,其知神之所为乎?’《中庸》曰:‘喜怒哀乐之未发谓之中,发而皆中节谓之和。中也者,天下之大本也;和也者,天下之达道也;致中和,天地位焉,万物育焉。’《易》曰:‘唯深也,故能通天下之志;唯几也,故能成天下之务;唯神也,故不疾而速,不行而至。’圣人之谓也。”

问曰:“人之性犹圣人之性,嗜欲爱憎之心,何因而生也?”曰:“情者,妄也,邪也。邪与妄则无所因矣。妄情灭息,本性清明,周流六虚,所以谓之能复其性也。《易》曰:‘乾道变化,各正性命。’《论语》曰:‘朝闻道,夕死可矣。’能正性命故也。”

问曰:“情之所昏,性即灭矣,何以谓之犹圣人之性也?”

曰:“水之性清澈,其浑之者沙泥也。方其浑也,性岂遂无有耶?久而不动,沙泥自沉。清明之性,鉴于天地,非自外来也。故其浑也,性本勿失,及其复也,性亦不生。人之性,亦犹水之性也。"

问曰:"人之性本皆善,而邪情昏焉,敢问圣人之性,将复为嗜欲所浑乎?"

曰:"不复浑矣。情本邪也,妄也,邪妄无因,人不能复。圣人既复其性矣,知情之为邪,邪既为明所觉矣,觉则无邪,邪何由生也?伊尹曰:'天之道,以先知觉后知,先觉觉后觉者也。予天民之先觉者也,予将以此道觉此民也,非予觉之而谁也?'如将复为嗜欲所浑,是尚不自觉者也,而况能觉后人乎?"

曰:"敢问死何所之耶?"

曰:"圣人之所明书于策者也,《易》曰'原始反终',故知死生之说,'精气为物,游魂为变',是故知鬼神之情状,斯尽之矣。子曰:'未知生,焉知死?'然则原其始而反其终,则可以尽其生之道。生之道既尽,则死之说不学而自通矣。此非所急也,子修之不息,其自知之,吾不可以章章然言且书矣。"

下

昼而作,夕而休者,凡人也。作乎作者,与万物皆作;休乎休者,与万物皆休。吾则不类于凡人,昼无所作,夕无所休。作非吾作也,作有物;休非吾休也,休有物。作耶休耶?二者皆离而不存。予之所存者,终不亡且离矣。人之不力于道者,昏不思也。天地之间,万物生焉,人之于万物,一物也,其所以异于禽兽虫鱼者,岂非道德之性全乎哉?受一气而成形,一为物而一为人,得之甚难也。生乎世,又非深长之年也。以非深长之年,行甚难得之身,而不专专于大道,肆其心之所为,则其所以自异于禽兽虫鱼者亡几矣。昏而不思,其昏也终不明矣。吾之生二十有九年矣,思十九年时如朝日也,思九年时亦如朝日也。人之受命,其长者不过七十、八十年、九十年,百年者则稀矣。当百年之时,而视乎九年时也,与吾此日之思于前也,远近其能大相悬耶?其又能远于朝日之时耶?然则人之生也,虽享百年,若雷电之惊相激也,若风之飘而旋也,可知矣。况千百人而无一及百年之年者哉!故吾之终日志于道德,犹惧未及也。彼肆其心之所为者,独何人耶!

赵匡[1]《举人条例》

其有通《礼记》《尚书》《论语》《孝经》之外,更通《道德》诸经、通《元经》《孟子》《荀卿子》《吕氏春秋》《管子》《墨子》《韩子》,谓之茂才举,达观之士,既知经学,兼有诸子之学,取其所长,舍其偏滞,则于理道,无不该矣。

---

①赵匡,生卒年不详,唐经学家,字伯循,师从啖助,曾补订啖助所撰《春秋集传》和《春秋统例》,并自撰《春秋阐微纂类义疏》,他的遗说保存在陆淳《春秋集传纂例》中,清马国翰《玉函山房辑佚书》另辑存1卷。

皇甫湜[①]《孟荀言性论》

孟子曰人之性善，荀卿曰其善者伪也，是于圣人皆一偏之论也。推而言之，性之品有三，下愚中人上智是也。圣人言性之品亦有三，可上可下不移是也。黄帝生而神灵，纫而徇齐。文王在母不忧，在师不烦。后稷不坼不副，克岐克嶷，之谓上智矣。齐桓公以管仲辅之则理，以易牙辅之则乱。子夏出见纷华而悦，入闻仁义而乐之，谓中人矣。越椒之生熊虎之状，叔鱼之生溪壑之心，谓下愚矣。是故有生而恶者，得称性善乎哉？有生而善者，得称性恶乎哉？故曰，孟子、荀卿之言，其于圣人皆一偏之说也。穷理尽性，唯圣人能之，宜乎微言绝而异端作，大义乖而一偏之说行。孟子大儒也，荀卿亦大儒也，是岂特开异门故持曲辨哉？盖思有所未至，明有所不周耳。即二子之说，原其始而要其终，其于辅教化尊仁义，亦殊趍而一致异流而同源也。何以明之。孟子以恻隐之心，人皆有之；是非之心，人皆有之。性之生善，由水之趍下，物诱于外，情动于中，然后恶之焉。是劝人汰心源返天理者也。荀卿曰人之生不知尊亲长，习于教然后知焉。人之初不知礼让，长习于教，然后知焉。是劝人黜嗜欲，求良善也。一则举本以推末，一则自叶而流根，故曰二子之说，殊趍而一致，异流而同源也。虽然孟子之心以人之性皆如尧舜，未至者斯勉矣。荀卿之言以人之性皆如桀跖，则不及者斯怠矣。书曰，惟人最灵，记曰人生而静，感于物而动，则轲之言合经为多，益故为尤乎。

林宝[②]《元和姓纂》

楚令尹孙叔敖及荀况并为孙氏。

案：自唐初颜师古注《汉书》，最迟至唐德宗时，荀子以避汉宣帝讳而称孙卿已为当时学者之普遍意见。林宝宪宗时人，犹在德宗之后，若别无所据，不当故与师古作对而撰此条。荀氏族内自有谱牒记其世系，荀伯子所撰《荀氏家传》唐时尚存，林宝犹及见之，《姓纂》此条或亦据荀伯子《家传》。而颜师古于荀子本无特别之兴趣，仅因其书著录于《艺文志》，故于注《汉书》时，略一提及而已。《家传》之类本非学者必读之书，颜师古又不是谱牒学专家，故于《家传》及荀氏之谱牒，

---

① 皇甫湜(777—835)，字持正，唐睦州新安人，师从韩愈，有《皇甫先生文集》传世。今传有《皇甫持正文集》6卷，文30多篇。

② 林宝，唐中期济南人。唐元和宪宗七年(812)，由当时的宰相授权编辑供朝廷用的《元和姓纂》，"因案据经籍，穷究旧史，诸家图牒，无不参详，凡二十旬，纂成十卷"。唐代至今，林宝是公认的谱牒专家。

并未搜求考校，而以后世避讳说附会，致有此误。

杨倞[1]《荀子注》序

昔周公稽古三五之道，损益夏、殷之典，制礼作乐，以仁义理天下，其德化刑政存乎《诗》。至于幽、厉失道，始变风变雅作矣。平王东迁，诸侯力政，逮五霸之后，则王道不绝如线。故仲尼定礼乐，作《春秋》，然后三代遗风弛而复张，而无时无位，功烈不得被于天下，但门人传述而已。陵夷至于战国，于是申、商苛虐，孙、吴变诈，以族论罪，杀人盈城。谈说者又以慎、墨、苏、张为宗，则孔氏之道几乎息矣，有志之士所为痛心疾首也！故孟轲阐其前，荀卿振其后。观其立言指事，根极理要，敷陈往古，掎挈当世，拨乱兴理，易于反掌，真名世之士，王者之师。又其书亦所以羽翼六经，增光孔氏，非徒诸子之言也。盖周公制作之，仲尼祖述之，荀、孟赞成之，所以腾固王道，至深至备，虽春秋之四夷交侵，战国之三纲弛绝，斯道竟不坠矣。

倞以末宦暇，颇窥篇籍，窃感炎黄之风未洽于圣代，谓荀、孟有功于时政，尤所耽慕。而《孟子》有赵氏《章句》，汉代亦尝立博士，传习不绝，故今之君子多好其书。独《荀子》未有注解，亦复编简烂脱，传写谬误，虽好事者时亦览之，至于文义不通，屡掩卷焉。夫理晓则惬心，文舛则忤意。未知者谓异端不览，览者以脱误不终，所以荀氏之书千载而未光焉。辄用申抒鄙思，敷寻义理。其所征据，则博求诸书。但以古今字殊，齐、楚言异，事资参考，不得不广，或取偏傍相近，声类相通，或字少增加，文重刊削，或求之古字，或征诸方言，加以孤陋寡俦，愚昧多蔽，穿凿之责，于何可逃！曾未足粗明先贤之旨，适增其芜秽耳。盖以自备省览，非敢传之将来。以文字繁多，故分旧十二卷三十二篇为二十卷，又改《孙卿新书》为《荀子》。其篇第亦颇有移易，使以类相从云。

时岁在戊戌，大唐睿圣文武皇帝元和十三年十二月也。

案：杨倞认为，《荀子》和《孟子》对当时的时政做出过同样大的贡献，但《孟子》一书传习不绝，历代都有人为之作注。而《荀子》却被人冷落，至使该书残缺不全，个别传抄也有许多谬误之处，文意不通现象到处可见。不了解该书的思想实质的人称它为异端，而想研究该书的人则由于它残缺、脱误现象而有始无终，不能得其要领。所以《荀子》一书多年来被埋没而未见天日。基于这种情况，为

---

① 杨倞，唐宪宗年间人，杨汝士之子，大理评事。著《荀子注》一书，是现今流传《荀子》的最早注本。

了使《荀子》重见天日而传于后世,他则将该书的文字词句进行了订正和注释,并尽力讲清该书的义理,使后人便于对它进行研究。

杨倞的注本,首先将原名《孙卿子》改为《荀子》,继而对原篇目顺序进行了必要的调整。如:《成相第八》改为第二十五;《礼论第一十三》改为第十九;《宥坐第一十四》改为第二十八;《子道第二十五》改为第二十九;《性恶第二十六》改为第二十三;《法行第二十七》改为第三十;《哀公第二十八》改为第三十一;《大略第二十九》改为第二十七;《尧门第三十》改为第三十二;《君子第三十一》改为第二十四;《赋篇第三十二》改为第二十六。32篇文章分为20卷,使内容相近或同类之文归于同一卷。

对于原文,杨倞则首先进行文字的订正和词句的核查披漏,对难懂之字给予标音,对难解之句给予注释,使后人对《荀子》一书能较顺利地读懂,恰当准确地理解其内容。杨倞的注释比较简明易懂,基本上揭示了《荀子》原意。《荀子注》一书是现存最早的《荀子》注本,注释颇详,为后人所承,清代王先谦的《荀子集解》全录了该注。

杜牧[①]《三子言性辨》

孟子言人性善,荀子言人性恶,杨子言人性善恶混。

曰喜、曰哀、曰惧、曰恶、曰欲、曰爱、曰怒,夫七者情也,情出于性也。夫七情中,爱者怒者,生而自能。是二者性之根,恶之端也。

乳儿见乳,必拿求,不得即啼,是爱与怒与儿俱生也,夫岂知其五者焉。既壮,而五者随而生焉。或有或亡,或厚或薄,至于爱、怒,曾不须臾与乳儿相离,而至于壮也。

君子之性,爱怒淡然,不出于道。中人可以上下者,有爱拘于礼,有怒惧于法也。世有礼法,其有逾者,不敢恣其情;世无礼法,亦随而炽焉。至于小人,虽有礼法而不能制,爱则求之,求之不得即怒,怒则乱。故曰爱、怒者,性之本,恶之端,与乳儿俱生,相随而至于壮也。

凡言性情之善者,多引舜、禹;言不善者,多引丹朱、商均。夫舜、禹二君子,生人以来,如二君子者凡有几人?不可引以为喻。丹朱、商均为尧、舜子,夫生于尧、舜之世,被其化,皆为善人,况生于其室,亲为父子!蒸不能润,灼不能热,是其恶与尧、舜之善等耳。天止一日月耳,言光明者,岂

① 杜牧(803—852),字牧之,一字樊川,晚唐著名诗人和古文家。擅长五言古诗和七律。曾任中书舍人(中书省别名紫微省),人称杜紫微。其诗英发俊爽,多切经世之物,在晚唐成就颇高,世人称为"小杜"。

可引以为喻！人之品类，可与上下者众，可与上下之性，爱怒居多。爱、怒者，恶之端也。荀言人之性恶，比于二子，荀得多矣。

《论相》

吕公善相，言女吕后当大贵，宜以配季。季后为天子，吕后复称制天下，王吕氏子弟，悉以大国。隋文帝相工来和辈数人，亦言当为帝者，后篡窃，果得之。诚相法之不谬矣。当秦末，吕氏大族也，周末，杨氏为八柱国，公侯相袭久矣，一旦以一女、一男子偷窃位号，不三二十年间，壮老婴儿，皆不得其死。不知一女子为吕氏之福邪，为祸邪？一男子为杨氏之祸邪，为福邪？得一时之贵，灭百世之族，彼知相法者，当曰此必为吕氏、杨氏之祸，乃可为善相人矣。今断一指得四海，凡人不欲为，况以一女子、一男子易一族哉？余读荀卿《非相》，因感吕氏、杨氏，知卿为大儒矣。

案：汉代思想家提出性三品说，韩愈《原性》提出性分三品、情分五品的观点，李翱的《复性书》基于性善情恶、性情对立主张恢复性的本来面目，杜牧的《三子言性辨》批评孟子的性善论与扬雄的性善恶混说，从与生俱来的爱与怒出发论证人性本恶，皇甫湜的《孟荀言性论》则批评孟子的性善说与荀子的性恶说，力主性三品说。北宋初年，司马光的《善恶混辨》推崇扬雄的善恶混说，王安石的《性情》《杨孟》《原性》《性说》等篇章在回顾先前人性论的基础上，突出性三品与性情相应的观点。

陆龟蒙[①]《村夜二篇》

江上冬日短，裴回草堂暝。鸿当绝塞来，客向孤村病。绵绵起归念，咽咽兴微咏。菊径月方高，橘斋霜已并。盘餐蔬粟粗，史籍签牌盛。目冷松桂寒，耳喧儿女竞。开瓶浮蚁绿，试笔秋毫劲。昼户亦重关，寒屏递相映。诗从骚雅得，字向铅椠正。遇敌舞蛇矛，逢谈捉犀柄。无名升甲乙，有志扶荀孟。守道希昔贤，为文通古圣。幽忧废长剑，憔悴惭清镜。只会鱼鸟情，讵知时俗性。浮虚多徇势，老懒图历聘。既不务人知，空余乐天命。吾家在田野，家事苦辽敻。耕稼一以微，囷仓自然罄。愁襟风叶乱，独坐灯花迸。明发成浩歌，谁能少倾听？

世既贱文章，归来事耕稼。伊人著农道，我亦赋田舍。所悲劳者苦，敢用词为诧。只效刍牧言，谁防轻薄骂。嘻今居宠禄，各自矜雄霸。堂上考华钟，门前伫高驾。纤洪动丝竹，水陆供鲙炙。小雨静楼台，微风动兰麝。吹嘘川可倒，眄睐花争姹。万户膏血穷，一筵歌舞价。安知勤播植，

① 陆龟蒙（？—881），字鲁望，自号江湖散人、甫里先生，又号天随子，晚唐文学家、诗人。

卒岁无闲暇。种以春鳸初，获从秋隼下。专专望穜稑，搰搰条桑柘。日晏腹未充，霜繁体犹裸。平生守仁义，所疾唯狙诈。上诵周孔书，沈溟至酣藉。岂无致君术，尧舜不上下。岂无活国方，颇牧齐教化。蛟龙任干死，云雨终不借。羿臂束如囚，徒劳夸善射。才能诮箕斗，辩可移嵩华。若与甿辈量，饥寒殆相亚。长吟倚清瑟，孤愤生遥夜。自古有遗贤，吾容偏称谢。

《甫里集·大儒评》

世以孟轲氏、荀卿子为大儒，观其书不悖孔子之道，非儒而何？然李斯尝学于荀卿，入秦乎始皇帝，并天下用，为左丞相。一旦诱诸生，聚而坑之，复下禁曰："天下敢有藏百家语，诣守尉烧之；偶语诗书者弃市。"昔孔子之于弟子也，自仲由、冉求已下，皆言其可使之才，且其仁则曰不知也。斯闻孔子之道于荀卿，位至丞相，是行其道得其志者也，反焚灭诗书，坑杀儒士，为不仁也甚矣！不知不仁，孰谓况贤？知而传之以道，是昧观听也。虽斯具五刑，而荀卿得称大儒乎？吾以为不如孟轲。

案：陆龟蒙将李斯所犯焚书坑儒等过错归罪于荀子，认为如果荀子看不出李斯是不仁之人，还把儒道传给他，最终反而戕害儒道，这说明荀子并非贤人；如果荀子知道李斯是不仁之人而传之以道，这就更证明了荀子的过错。无论是哪一种可能，都可以断定荀子不是什么大儒，无法与孟子比肩。对此，与陆龟蒙同时的林慎思却认为："是师其运动也，清浊岂由于荀卿乎？"

林慎思[1]《伸蒙子·由天》

赵女有巧饰容者，越女见之，谓倾国之态难移矣，岂知习之而反自胜邪？郢人有善调歌者，巴人闻之，谓贯珠之音可夺矣，岂知习之而反不及邪？且颜容喉舌天然也，妍丑清浊岂有同乎？盖以齐庄运动，不得无师矣。仲尼昔师于老氏也，后设其教则大于老氏焉，是师其齐庄也，妍丑岂由于老氏乎？韩非、李斯昔师于荀卿也，后行其道则反于荀卿焉，是师其运动也，清浊岂由于荀卿乎？若使人有能否可褒责其师也，则妍丑清浊亦可移于人，不由天矣。

---

①林慎思(844—880)，字虔中，号伸蒙子，世居长乐县崇贤乡钦平里鸿山(今长乐市潭头镇大宏村)。林慎思是福建历史上第一位状元，也是福建历史上第一位思想家。他的思想博采儒、道、法诸家，而独成一家之言。他的政治观宗儒家，历史进化论承袭法家，自然观与荀子相通，又从道家吸取了朴素的辩证法思想。传世著作有《伸蒙子》3卷，《续孟子》2卷。

柳开[1]《东郊野夫传》

野夫家苦贫，无继夕之粮，无顺时之服。年始十五六，学为章句。越明年，赵先生指以韩文，野夫遂家得而诵读之。当是时，天下无言古者，野夫复以其幼，而莫有与同其好者焉，但朝暮不释于手，日渐自解之。先大夫见其酷嗜此书，任其所为，亦不责可不可于时矣。迨年几冠，先大夫以称讳，野夫深得其韩文之要妙，下笔将学其为文。诸父有于故里浮屠复浴室者，令野夫为记以试之。野夫时卧疾中，授其言期望矣。一旦，征笺墨于病榻，出辞以作之，文无点窜而成。家人以为异事，遂腾闻于外之好事者，咸曰："不可当矣！"复有怒而笑之者曰："痴妄儿！"言将我独复其古，家何恣容乎？聒聒然大遍于人口矣。诸父兄闻之，惧其实不誉于时也，诫以从俗为急务。野夫略不动意，益坚古心，惟谈孔、孟、荀、扬、王、韩以为企迹，咸以为得狂疾矣。后日有制作出于时，众或有下之者。

乾德戊辰中，遂著《东郊书》百篇，大以机谲为尚，功将余半，一旦悉出焚之，曰："先师所不许者也。吾本习经耳，反杂家流乎？"众闻之，益谓不可测度矣。厚以化俗为意焉，凡所与往还者，悉归其指诏，亦以为轲、雄之徒也。捧书请益者咸云："韩之下二百年，今有子矣。"野夫每报之曰："不敢避是，愿尽力焉。"或曰："子无害其谦之光乎？"对曰："当仁而不让者，正在此矣。"或问退之、子厚优劣，野夫曰："文近而道不同。"或人不谕，野夫曰："吾祖多释氏，于以不迨韩也。"

开宝初，又著《东郊野史传》九十篇。或曰："子何以作《野史》？"对曰："野夫之所职也。"或曰："何谓《野史》？"对曰："在其国吏之外不书者，吾书为《野史》也。"或曰："子于司马氏、班氏、范氏三家何如也？"对曰："司马氏疏略而该辩，泛乱而宏远；班氏辞雅而典正，奇简而采摘；下乎范氏，不迨二家也，多俗气矣。吾之所述，居二家之良者。"或曰："将何用乎？"对曰："用之，即有用于世；否，虽先师之书，为长物耳！用不用在于世，吾何知哉？"

野夫以古之人不能究天地之真，海之容纳，经之所出，乃作《天辨》《海说》《经解》三篇，大能摭其事而证其非，昔贤之所不能及者也。以而所著文章，与韩渐异，取六经以为式。或曰："子何始尚而今弃之？"对曰："孟、荀、扬、韩，圣人之徒也，将升先师之堂，入乎室，必由之；未能者，或取一家

[1] 柳开(947—1000)，原名肩愈，字绍先(一作绍元)，号东郊野夫；后改名开，字仲涂，号补亡先生，大名(今属河北)人，北宋散文家，提倡韩愈、柳宗元的散文，以复兴古道、述作经典自命。反对宋初的华靡文风，为宋代古文运动倡导者。作品文字质朴，然有枯涩之病，有《河东先生集》。

以往，可及矣。吾以是耳，汝辈有能如吾，可至矣。”野夫时年始二十有四。后二年，别立传以书焉，号曰补亡先生也。

智圆[①]《赠林逋[②]处士》

深居猿鸟共忘机，荀孟才华鹤氅衣。满砌落花春病起，一湖明月夜渔归。风摇野水青蒲短，雨过闲园紫蕨肥。尘土满床书万卷，玄纁何日到松扉。

《闲居篇·辨荀卿子》

仲尼既没，异端丛起，正道焚如，天下生民不归杨则归墨。惟孟轲、荀卿子著书以明乎圣道，周游以说其时君，志在黜霸而跻王也，驱浇而归淳也。虽道不见用，而空言垂世，俾百代之下知去邪崇正，尊仁义，贵礼乐，有履而行者，则王道可复焉。故世谓大儒者必以荀、孟配而称之。陆鲁望以李斯学于荀卿，入秦为丞相，佞始皇，乃焚书坑儒，反责荀子不知斯之不仁而传其道，是昧于观听，因谓荀子之不贤，非大儒也。予谓陆言之失也。果以斯之不仁知况之不贤者，唐虞、周公皆圣人也，而子有丹朱、商均之不肖，弟有管叔、蔡叔之不仁，岂以子弟之不肖不仁而谓勋华、姬旦非圣耶？果为圣也，则安可以李之不仁责荀之不贤耶？或曰：唐虞知子之不肖，遂禅位于舜、禹，岂比夫荀子不察斯之不仁而传道耶？曰：禅位与传道岂类乎！夫传道者，教诲之也；禅位者，授其名器也。虞舜之于朱、均也，岂无教诲乎？知不肖而不教者，岂曰圣人乎？倘荀子有位而传乎斯者，可责之为不贤也；教诲而责之，无乃不可乎！仲尼曰“与其进也”，孟子曰“来而不距(拒)”，此谓教诲之道也。或曰：李斯何人也，受况之教诲，而不仁至是乎？曰：下愚也。虽受其教诲，而以仁义礼乐止为饰奸之具耳，践而行之不可也；及其得志于秦，焚书坑儒，又何怪也？仲尼曰“唯上智与下愚不移”，盖言下愚虽曰闻仁义，不可使之贤也，其李斯之谓欤！鲁望诬荀亦已甚矣，因辨之。

---

① 智圆(976—1023)，北宋浙江钱塘孤山玛瑙院僧。俗姓徐，一说姓陈，钱塘人。字无外，别号中庸子。他与著名处士林逋为近邻好友，经常诗词酬答。他能诗善文，七言律诗写得尤其好。著有《闲居编》等。

② 林逋(967—1028)，字君复，是北宋初著名的处士、诗人，钱塘人。隐居于西湖孤山，种梅养鹤，终身不仕，也不婚娶，人们称其为“梅妻鹤子”，卒谥“和靖先生”。

孔道辅[①]《五贤堂记》

五星所以纬天，五岳所以镇地，五贤所以辅圣，万象虽列，非五星之运，不能成岁功。众山虽广，非五岳之大，不能成厚德。诸子虽博，非五贤之文，不能成正道。由是三才之理具，万物之情得。故圣人与天地并，高卑设位，道在其中矣。所以尊君德，安国纪，治万物，立人极，皆斯道也。然天地有否开，日月有薄蚀，圣人之道有屯塞。若天地否，则圣人建大中之道开泰之。苟圣人之道壅，则五贤迭起而辅导之。先圣没当战伐世，法令机祥，巫祝之弊亨，杨墨之迂诞，庄列之恢诡，穷圣汩常，三驺孙田术胜于时，则我圣人大道为异端破之，不容于世也。而孟、荀继作，及述唐虞之业，序仁义道德之原。俾诸子变怪不轨之势息，圣人之教复振，其功甚大矣。后至汉室圮缺，扬子恶诸子知舛，诋訾圣人，独能怀二帝三王之迹以讥时。著书以尊大圣，使古道昭昭不泯者，扬之力也。两汉之后，皇纲弛紊，六代丧乱，文章散靡。妖狂之风，荡然无革。文中子澄其源，兆兴王之运；韩文公制其末，广遵道之旨。致圣教益光显，夷夏归正道。虽诸子饶课愦惑，欲攘其法，戕其教，榛其涂，芜其说，弗可得已。然贤者违世矫俗，能去难者盖寡矣。孟不免齐梁之困，臧仓之毁；荀不免齐人之谗，楚国之废；扬不免刘歆之侮，投阁之患；王不免隋氏之抑，群公之沮；韩不免潮阳之窜，皇甫之谮。其间或讥其作经，或短其修史，彼徒能毁之，弗顾己之弗逮也。达者以爵位为虚器，太过者人犹嫉之。况抱道德富仁义立终古之名，宁无恶乎?天地虽否，无伤于体；日月虽食，无伤于明。圣贤虽困，无损于道。得其时则尧舜禹汤之为君，皋夔伊吕之为臣，功济当世也；非其时则孔圣之无位，五贤之不遇，道行于后世矣。亦犹岁旱则泽之益甘，夕暗则烛之益明，世乱则贤者益固。历代以斯为难也。孔圣之道否，则五贤振起之。今五贤湮蔽，振之者无闻焉。道辅道不及前哲，而以中正于帝，幸不见黜而与进，冀以贤者必辅于时，跻于古，以兹为胜矣。方事亲，守故国，为儒者荣：尝谓伏生之徒。徒以训诂传功象，设于祖堂东西序；而五贤立言，排邪说，翊大道，非诸子所能跂及，反不及配阙孰甚焉。因建堂事，收五贤所著书，图其仪，叙先儒之时荐。庶几识者登是堂，观是像，览是书，肃然改容，知圣贤之道尽在此矣。

① 孔道辅(987—1040)，字延鲁、原鲁，孔子的第44世孙。1016年(大中祥符九年)，任大理寺丞兼知仙源县，他上奏真宗，请加扩建孔庙。真宗允准，并合命道辅主其事。乃大扩圣庙旧制，增广殿庭廊庑360间。

孙复[①]《上孔给事书》

自夫子殁，诸儒学其道，得其门而入者，鲜矣。惟孟轲氏、荀卿氏、扬雄氏、王通氏、韩愈氏而已。彼五贤者，天俾夹辅于夫子者也。……一贤殁，一贤出，羽之翼之，垂诸无穷，此天之意也。

吾之所谓道者，尧、舜、禹、汤、文、武、周公、孔子之道也，孟轲、荀卿、扬雄、王通、韩愈之道也。

石介[②]《答欧阳永叔书》

古之圣人大儒，有周公，有孔子，有孟轲，有荀卿，有扬雄，有文中子，有吏部。

道始于伏羲，而成终于孔子。……噫！伏羲氏、神农氏、黄帝氏、少昊氏、颛顼氏、高辛氏、唐尧氏、虞舜氏、禹、汤、文、武、周公、孔子者，十有四圣人，孔子为圣人之至。噫！孟轲氏、荀况氏、扬雄氏、王通氏、韩愈氏五贤人，吏部为贤人之卓。…… 孔子之作《春秋》，自圣人以来未有也。吏部《原道》《原仁》《原毁》《行难》《禹问》《佛骨表》《争臣论》，自诸子以来未有也。呜呼！至矣！

《救说》

道大坏，由一人存之。……周室衰，诸侯僭，道大坏也，孔子存之。孔子殁，杨墨作，道大坏也，孟子存之。战国盛，仪秦起，道大坏也，荀况存之。汉祚微，王莽篡，道大坏也，扬雄存之。七国弊，王纲圮，道大坏也，文中子存之。齐梁来，佛老炽，道大坏也，吏部存之。

案：宋初大儒孙复和石介等人在继承韩愈提出的从尧至孟子的传道谱系的同时，也着力对其有所发展，最显著的特点就是在孟子之后将荀子、扬雄、王通、韩愈一并列入其中。孙复将从尧至孔子看作道之传承的一个阶段，又将孟子至韩愈看作接续孔子的道之传承的另一个阶段。较之孙复，石介排定的传道谱系从伏羲开始，在尧之前增加了6位传道人物，并认为伏羲至孔子的14位传道人物为“圣人”，在孔子之后的传道人物则有孟子、荀子、扬雄、王通、韩愈。可见，石介亦将荀子列入儒家道统，并且石介注意到孙复将孔子前后的道统划分为两个传道阶段的倾向，更进一步将孔子前后的传道人物做了区分：伏羲至孔子为14圣人，孔子之后的孟、荀、扬、王、韩则为“五贤人”。在这五贤人之中，石介最为尊奉

---

① 孙复(992—1057)，字明复、富春，北宋人。因长期居泰山讲学，人称“泰山先生”。

② 石介(1005—1045)，字守道、公操，北宋初理学家，宋理学先驱，与胡瑗、孙复合称为“宋初三先生”。读书于徂徕山(泰安城东南)，世称徂徕先生。有《徂徕石先生文集》20卷。

韩愈,并将其地位置于孟子之上,称其为“贤人而卓”,这与孙复的最尊孟子稍有不同。就孟子与荀子的地位而言,石介甚至有将荀子置于孟子之上的思想潜质,他说:“今视钟、王、虞、柳辈,其道、其德孰与荀、孟诸儒、皋夔众臣胜哉!”

欧阳修[①]《居士集·郑荀改名序》

三代之衰,学废而道不明,然后诸子出。自老子厌周之乱,用其小见,以为圣人之术止于此,始非仁义而诋圣智。诸子因之,益得肆其异说。至于战国荡而不反,然后山渊、齐秦、坚白、异同之论兴,圣人之学几乎其息。最后,荀卿子独用《诗》《书》之言,贬异扶正,著书以非诸子,尤以劝学为急。荀卿,楚人,尝以学干诸侯。不用,退老兰陵,楚人尊之。及战国平,三代《诗》《书》未尽出。汉诸大儒贾生、司马迁之徒,莫不尽用荀卿子。盖其为说,最近于圣人而然也。

荥阳郑昊,少为诗赋。举进士已中第,遂弃之曰:“此不足学也。”始从先生长者学问,慨然有好古不及之意。郑君年尚少,而性淳明,辅以强力之志,得其是者而师焉,无不至也。将更其名,数以请,予使之自择,遂改曰荀。于是又见其志之果也。夫荀卿者,未尝亲见圣人,徒读其书而得之。然自子思、孟子已下,意皆轻之。使其与游、夏并进于孔子之门,吾不知其先后也。世之学者,苟如荀卿,可谓学矣,而又进焉,则孰能御哉!余既嘉君善自择而慕焉,因为之字曰叔希,且以勖其成焉。

《本论》(下)

昔荀卿子之说,以为人性本恶,著书一篇,以持其论,见《荀子》本篇。予始爱之,及见世人之归佛者,然后知荀卿之说谬焉。甚矣,人之性善也。彼为佛者,弃其父子,绝其夫妇,于人之性甚戾,又有蚕食虫蠹之弊,然而民皆相率而归焉者,以佛有为善之说故也。呜呼,诚使吾民晓然知礼义之为善,则安知不相率而从哉?

韩琦[②]《五贤赞》

余既新夫子之官,乃绘诸弟子及左氏而下释经诸儒于东西序,又图孟、荀、扬、王、韩五贤于书楼之北壁,遣人自国庠得前人所撰孔子弟子暨释经诸儒之赞,

---

① 欧阳修(1007—1072),字永叔,号醉翁、六一居士,谥号文忠,绵州人,唐宋八大家之一,且在政治上负有盛名。

② 韩琦(1008—1075),字稚圭,号赣叟,相州安阳(今河南安阳)人。北宋政治家、词人,有《安阳集》50卷。他在《策问》中说:“孔子没,能传其道者,孟、荀、扬、王、韩五贤而已矣。”

署于其侧。独五贤者无赞焉。诸生欲其速备也,亟请鄙文以补之。余惜其缺,诺焉而不敢让。既而叹曰:“夫五贤者,圣人之亚,学者之师。诸生姑欲速一时之备,使余不暇求当世能文者为之辞,而辄易言之。世且讥我,诸生岂爱我哉?”虽然,孔、孟之道,尧、舜之德,而途巷之人,亦能称诵之,同推其善而已矣。知我者宜恕焉。

至和元年,知并州时作

诸子之兴,实自周季。各持其言,求售于世。六国好权,遂甘其说。或嵬而师,或琐而位。吾道日昏,斯文将坠。时则荀卿,力攘众伪。述数万言,以见其志。区判儒墨,统维仁义。时或用焉,至王则易。文公之篇,论亦云至。始考其辞,若不醇粹。及其要归,鲜与孔异。虽小疵焉,道则奚累? 轲、雄之间,在我无愧。

贾同[①]《责荀》

荀况死旧矣,其言存于书,亦圣人仁义礼乐之谈也。然其作《非十二子篇》,则它嚣、魏牟首之,陈仲、史鳝次之,墨翟、宋钘又次之,慎到、田骈又次之,惠施、邓析又次之,而子思、孟轲亦末其数,为十二焉。而各序其道于下,谓子思、孟轲则曰:“略法先王而不知其统,然而才极志大,闻见杂博。案往旧道说,谓之五行。甚僻而无类,幽隐而无说,闭约而不解。案饰其辞而祗敬之曰:此先君之言也。子思唱之,孟轲和之,世俗之讲师瞀儒,嚾嚾然不知其所非也,遂受而传之,以为仲尼、子游为兹厚于后世。是则子思、孟轲之罪也。”又序其后,以为道之正者,曰仲尼、子弓之义,以务息十二子说。如是而天下之害除,人之事毕矣。其处子思、孟轲也,何如是之无谓乎?今《礼记·中庸》之篇存者,子思之述也。今《孟子》十四篇者,孟轲之述也。其言道,则孔氏而下,未有似之者也。今以荀之书比之,而又出其后,则庶几学之未能似之,微得其具体矣,故唐韩愈但侪之扬子云而已。今反其若是,吾甚见其无谓也。又上十二子为六偶者,咸均道而言之也,则子弓者,亦道均于仲尼乎? 岂有圣人如仲尼,而独言不垂于后世,事不显于当时乎? 何仲尼之徒未尝称之,而泯灭若是乎? 此又甚无谓也。

且夫仲尼之道,孟轲学而行之,吾谓未有能出之者也。而荀亦以学仲尼之道,而反以孟比十子为十二,而复云云。此所谓是尧而非舜者也。荀

---

① 贾同,原名罔,字公疏,宋代临淄人。中进士,宋真宗赐名同,字希德。门人谥称“存道先生”。著有《山东野录》7篇,《谏书》4篇。

非舜，则尧亦未足信矣。而曰仲尼、子弓者，吾不知子弓者何如人也，而荀谓仲尼者何如人也。噫！吾观此，吾不信荀也，故作《责荀》以示来者。

苏洵[①]《上欧阳内翰第二书》

自孔子没百有余年而孟子生，孟子之后数十年而至荀卿子，荀卿子后乃稍阔远二百余年，而扬雄称于世，扬雄之死不得其继，千有余年而后属之韩愈氏。韩愈氏没三百年矣，不知天下之将谁与也。且以一能称以一善书者，皆不可忽。则其多称而屡书者，其为人宜尤可贵重。奈何数千年之间，四人而无加，此其人宜何如也？天下病无斯人，天下而有斯人也，宜何以待之？

《崇文总目》[②]卷二《杂史类》

周礼，天子诸侯皆有史官。晋之《乘》，楚之《梼杌》，考其纪事，为法不同。至于衰周，七国交侵，各尊其主，是非多异，寻亦磨灭，其存无几。若乃史官失职，畏怯回隐，则游谈处士亦必各记其说，以伸所怀。然自司马迁之多闻，当其作《史记》，必上采《帝系》《世本》，旁及战国荀卿所录，以成其书，则诸家之说可不备存乎。

司马光[③]《善恶混辨》

孟子以为人性善，其不善者，外物诱之也。荀子以为人性恶，其善者，圣人教之也。是皆得其偏而遗其大体也。夫性者，人之所于天以生者也，善与恶必兼而有之。是故虽圣人不能无恶，虽愚人不能无善，其所受多少之间则殊矣。善至多而恶至少，则为圣人，恶至多而善至少，则为愚人，善恶相半，则为中人。圣人之恶不能胜其善，愚人之善不能胜其恶，不胜，则从而亡矣。故曰"惟上智与下愚不移"。虽然，不学则善日消而恶日滋，学焉则恶日消而善日滋，故曰"惟圣罔念作狂，惟狂克念作圣"。必曰圣人无

---

① 苏洵(1009—1066)，字明允，北宋文学家，四川眉山人，唐宋八大家之一。有《嘉佑集》。

② 宋仁宗景佑元年命翰林学士张观、李淑、宋祁等校定整理三馆与秘阁藏书，去芜存菁、刊其讹舛，编成书目，不久又命翰林学士王尧臣、欧阳修等人校正条目，讨论撰次，又仿唐代《开元群书四部录》，编列书目。历七年，至庆历元年七月成书60卷。庆历元年(1041年)十二月，由翰林学士王尧臣上奏，赐名崇文总目，是中国现存最早的一部国家书目(已残缺)。

③ 司马光(1019—1086)，字君实、迂叟，北宋政治家、史学家、散文家，陕州夏县人，编撰《资治通鉴》，著有《司马文正公集》。

恶，则安用学矣？必曰愚人无善，则安用教矣？譬之于田，稻粱藜莠，相与并生，善治田者，耘其藜莠而养其稻粱，不善治田者反之……故扬子以谓人之性善恶混，混者善恶杂处于身中之谓也，顾人择而修之何如耳！修其善则为善人，修其恶则为恶人，斯理也岂不晓然明白哉！如孟子之言，所谓长善者也，如荀子之言，所谓去恶者也。扬子则兼之矣。韩文公解扬子之言，以为始也混，而今也善恶，亦非知扬子者也。

案：司马光尊荀而疑孟。他的“疑孟”一是有意与王安石的“尊孟”反其道而行之，二是因尊崇扬雄而非孟子。还有一个原因就是适应社会时代的需要而严辨以君臣之义为核心的等级名分观念和制度。一方面，他对《孟子》中对君主的任何“无理”极其不满，大加辩驳，极力维护君主的至上权威；另一方面，他对荀子的礼学思想表示极度的认同。他在《资治通鉴》的起首就大发议论：“臣光曰：臣闻天之职莫大于礼，礼莫大于分，分莫大于名。何谓礼？纪纲是也。何谓分？君臣是也。何谓名？公侯卿大夫是也。”此语简直就是《荀子》的翻版。

王安石[①]《荀卿论》

杨、墨之道，未尝不称尧、舜也，未尝皆不合于尧、舜也。然而孟子之所以疾之若是其至者，盖其言出入于道而已矣。荀卿之书，备仁义忠信之道，具礼乐刑政之纪，上祖尧、舜，下法周、孔，岂不美哉！然后世之名，遂配孟子，则非所宜矣。夫尧、舜、周、孔之道，亦孟子之道也。孟子之道，亦尧、舜、周、孔之道也。荀卿能知尧、舜、周、孔之道，而乃以孟子杂于杨朱、墨翟之间，则何知彼而愚于此乎？昔墨子之徒亦誉尧、舜而非桀、纣，岂不至当哉！然礼乐者，尧、舜之所尚也，乃欲非而弃之，然则徒能尊其空名尔，乌能知其所以尧、舜乎？荀卿之尊尧、舜、周、孔，亦诚知所尊矣。然孟子者，尧、舜、周、孔之徒也，乃以杂于杨朱、墨翟而并非之。是岂异于誉尧、舜而非礼乐者耶？昔者圣贤之著书也，将以昭道德于天下，而揭教化于后世尔。岂可以托尊圣贤之空名，而信其邪谬之说哉！今有人于此，杀其兄弟，戮其子弟，而能尽人子之道以事其父母，则是岂得不为罪人耶？荀卿之尊尧、舜、周、孔而非孟子，则亦近乎此矣。昔告子以为性犹杞柳也，义犹桮棬也。孟子曰：“率天下之人而祸仁义者，必子之言夫。”夫杞柳之为桮棬，是戕其性而后可以为也。盖孟子以谓人之为仁义，非戕其性而后可

① 王安石（1021—1086），字介甫，晚号半山，谥号“文”，世称王文公，自号临川先生。宋神宗执政之时，王安石任宰相，曾发动改革，史称“王安石变法”。著有《临川先生文集》，现有《王临川集》《临川集拾遗》等。

为,故以告子之言为祸仁义矣。荀卿以为人之性恶,则岂非所谓祸仁义者哉?顾孟子之生,不在荀卿之后焉尔。使孟子出其后,则辞而辟之矣。

《周公》

甚哉!荀卿之好妄也。载周公之言曰:“吾所执贽而见者十人,还贽而相见者三十人,貌执者百有余人,欲言而请毕事千有余人。”是诚周公之所为,则何周公之小也!夫圣人为政于天下也。初若无为于天下,而天下卒以无所不治者,其法诚修也。故三代之制,立庠于党,立序于遂,立学于国,而尽其道以为养贤教士之法,是士之贤虽未及用者,而固无不见尊养者矣。此则周公待士之道也。诚若荀卿之言,则春申孟尝之行乱世之事也,岂足为周公乎!且圣世之士各有其业,讲道习艺患日之不足,岂暇于游公卿之门哉!彼游公卿之门,求公卿之礼者,皆战国之奸民,而毛遂侯嬴之徒也。荀卿生于乱世,不能考论先王之法,著之天下,而惑于乱世之俗,遂以为圣世之士亦若是而已,亦已过也。且周公之所礼者大贤与?则周公岂唯执贽见之而已,固当荐之天子,而共天位也。如其不贤,不足与共天位,则周公如何其与之为礼也?子产听郑国之政,以其乘舆济人于溱洧。孟子曰:“惠而不知为政。”盖君子之为政,立善法于天下,则天下治。立善法于一国,则一国治。如其不能立法而欲人人悦之,则日亦不足矣。使周公知为政,则宜立学校之法于天下矣。不知立学校,而徒能劳身以待天下之士,则不唯力有所不足,而势亦有所不得。(周公亦可谓愚也。)又曰,仰禄之士犹可骄,正身之士不可骄也。夫君子之不骄,虽暗室不敢自慢,岂为其人之仰禄而可以骄乎?呜呼!所谓君子者,贵其能不易乎世也。荀卿生于乱世而遂以乱世之事量圣人。后世之士尊荀卿以为大儒,而继孟子者,吾不之信矣。

《荀卿》

荀卿载孔子之言曰:“‘由,智者若何?仁者若何?’子路曰:‘智者使人知己,仁者使人爱己。’子曰:‘可谓士矣。’子曰:‘赐,智者若何?仁者若何?’子贡曰:‘智者知人,仁者爱人。’子曰:‘可谓士君子矣。’子曰:‘回,智者若何?仁者若何?’颜渊曰:‘智者知己,仁者爱己。’子曰:‘可谓明君子矣。’”是诚孔子之言欤?吾知其非也。夫能近见而后能远察,能利狭而后能泽广,明天下之理也。故古之欲知人者,必先求知己,欲爱人者,必先求爱己,此亦理之所必然,而君子之所不能易者也。请以事之近而天下之所共知者谕之。今有人于此,不能见太山于咫尺之内者,则虽天下之至愚,知其不能察秋毫于百步之外也,盖不能见于近,则不能察于远明矣。

而荀卿以谓知己者贤于知人者，是犹能察秋毫于百步之外者为不若见太山于咫尺之内者之明也。今有人于此，食不足以厌其腹，衣不足以周其体者，则虽天下之至愚，知其不能以赡足乡党也，盖不能利于狭，则不能泽于广明矣。而荀卿以谓爱己者贤于爱人者，是犹以赡足乡党为不若食足以厌腹、衣足以周体者之富也。由是言之，荀卿之言，其不察理已甚矣。故知己者，智之端也，可推以知人也；爱己者，仁之端也，可推以爱人也。夫能尽智仁之道，然后能使人知己、爱己，是故能使人知己、爱己者，未有不能知人、爱人者也。能知人、爱人者，未有不能知己、爱己者也。今荀卿之言，一切反之，吾是以知其非孔子之言，而为荀卿之妄矣。杨子曰："自爱，仁之至也。"盖言能自爱之道则足以爱人耳，非谓不能爱人而能爱己者也。噫，古之人爱人不能爱己者有之矣，然非吾所谓爱人，而墨翟之道也。若夫能知人而不能知己者，亦非吾所谓知人矣。

郑獬[①]《郧溪集·读荀孟》

孟子之法先王，荀子之法后王，二子未为偏论也。孟子之法先王，必法其是者而去其非是者。荀子之法后王，亦必法其是者而去其非是者。俱法其是，又何先后之异哉？据其时而言，则唐、虞、商、周俱欲其民之仁寿，俱欲其贤不肖之辨，是先王与后王俱可以为法也。唐虞以禅，商周以兵；唐虞建官百，商周数倍之；唐虞以质，商周极其文。礼乐、正朔、器服、名数各不同，是先王后王又未可以为法也。盖孟子见当世之戕贼仁义，谓古之为仁义者无出于尧舜，故其言必以尧舜为法。荀子犄其论，特为孟子而发也，乃有私意矣。必格以圣人，则无先王无后王，惟择其是者取之云耳。孔子曰："行夏之时，乘商之辂，服周之冕，乐则韶舞。"孔子之于正朔与乐则法先王，于辂冕则法后王。不用虞夏之辂冕，别亦不法先王，不用商周之时正朔与舞，则亦不法后王，又何先后之同乎？予以谓二子法虽不同，亦必俱法其是者也。因迁就之，使合于一。又折之以孔子之言，庸非通乎？

① 郑獬（1022—1072），字毅夫，号云谷，虔化人，江西宁都梅江镇西门人，因祖父前往湖北安陆经商，便寄居于此。宋皇佑壬辰科举人，癸巳状元及第。善诗文，《宋史》称其"词章豪伟峭整，流辈莫敢望"。所著《郧溪集》30卷，《觥记注》《幻云居诗稿》各一卷并行于世。

吕陶[①]《净德集·荀卿论》

天下之物理，其始若不可究，其终必有归。星之所经躔次舍，合散犯守纷错陵乱，莫得而息，然所统者，北辰也。水之东西曲折，源长派广，聚为四渎，离为百川，荡溢泛滥，莫得而测，然所赴者，海也。途之远而上下险艰易直，或向秦蜀，或通吴楚，舟车人迹，莫得而穷，然所会者中国也。一言而可以尽天下之物理者，盖知其归也。言乎规则，天下之圆者不能遗矣；言乎矩则，天下之方者不能遗矣。方圆者，归于规矩而已者。道德仁义者，其微发于神明，其著极于万物，幽及于鬼神，明见于礼乐，笼络万世之前，驰骋千载之外，弛张变化，于天地同其归，可得而知欤？以宗主言之，则止乎圣人也；以法度言之，则存乎皇极也。总其大分而言之，则谓之名教也。名教者，虽无知不肖之人可以纳诸其中，而贤智才能之士不可出乎其外也。豪说侈论又安得而过乎。仲尼尝谓"博学于文，约之以礼，可以弗畔"，其称道前古之君，则以尧为巍巍荡荡，舜为恭已而治，禹为无间然。卫灵公问陈，则对以俎豆；子贡欲弃信，则答以去兵。夫以天纵之圣，生知于道，则固能放言高议，恢其端于无垠，神其用于不测，谓天下之治，皆出于我矣，而乃曰"以礼约文则可以弗畔"，而又推尊尧舜禹之善。如此，夫以彷徨天下，欲伸其道以济斯民之心，则固宜举一切便利之事，求合于时，然后得奋其志矣。乃以问陈答礼，贵信贱兵，其言之不苟，则又如此，得非以道德仁义之大分，归于名教，而不苟越其外乎。名教之不可越，故博学者必约以礼，尧舜禹必为后世之所推尊，君子之言必无所苟也。孟子奔走战国，开说诸侯，而善必称尧舜，政必陈三代，养生送死，必得其详，其迹虽类迂阔，其心则仲尼无异焉。惜乎荀卿之不出于此，而务为豪说侈论，往往越于名教之外，而不知其归也。为仁义礼乐之宗，主万世仰而师之者，圣人也。荀卿曰：尧舜，跖其性耳。又曰，礼乐生于圣人之伪，则万世安所师乎。为二帝三王之法度，万世推而仿之者，皇极也。荀卿曰，有治人无治法，又曰欲观先王之迹则于后王，彼治而无法，不本于先王而本于后王，则万世安所仿乎。失其宗主，忘其法度，则必越于名教之外也。越于名教之外，则何为而不妄哉。斯言也，未足以适当时天下之用，而足以启后世天下之害也。立说好异，夸辨太过，而不知其归矣夫。

---

① 吕陶(1028—1104)，字元钧，眉州彭山(今属四川)人。著有《净德集》60卷。

程颢程颐[①]《二程遗书·论荀》

荀卿才高，其过多。扬雄才短，其过少。韩子称其“大醇”，非也。若二子，可谓大驳矣。然韩子责人甚恕。

韩退之言孟子醇乎醇，此言极好，非见得孟子意，亦道不到。其言荀、扬大醇小疵则非也。荀子极偏驳，只一句性恶，大本已失。

有学不至而言至者，循其言亦可以入道。荀子曰：“真积力久则入。”杜预曰：“优而柔之，使自求之，餍而饫之，使自趋之。”管子曰：“思之思之，又重思之。思之而不通，鬼神将通之。非鬼神之力也，精神之极也。”此三者循其言皆可以入道，而荀子、管子、杜预初不能及此。

荀子，悖圣人者也，故列孟子于十二子。

荀卿才高学陋，以礼为伪，以性为恶，不见圣贤，虽曰遵子弓，然而时相去甚远。圣人之道至卿不传。

苏轼[②]《荀卿论》

尝读《孔子世家》，观其言语文章，循循莫不有规矩，不敢放言高论，言必称先王，然后知圣人忧天下之深也。茫乎不知其畔岸，而非远也；浩乎不知其津涯，而非深也。其所言者，匹夫匹妇之所共知；而所行者，圣人有所不能尽也。呜呼！是亦足矣。使后世有能尽吾说者，虽为圣人无难，而不能者，不失为寡过而已矣。

子路之勇，子贡之辩，冉有之智，此三者，皆天下之所谓难能而可贵者

---

① 程颢（1032—1085），字伯淳，学者称明道先生。世居中山，后从开封徙河南。北宋哲学家、教育家、诗人，北宋理学的奠基者。他提出“天者理也”和“只心便是天，尽之便知性”的命题，认为“仁者浑然与物同体，义礼知信皆仁也”，识得此理，便须“以诚敬存之”，倡导“传心”说，承认“天地万物之理，无独必有对”。程颐（1033—1107），字正叔，北宋洛阳伊川人，人称伊川先生，北宋理学家和教育家。为程颢之胞弟，与程颢共创“洛学”，为理学奠定了基础。幼承家学熏陶，其政治思想颇受父亲的影响，推举其父反对王安石新法乃“独公一人”，又说程颢对荆公（王安石）之说，“意多不合，事出必论列”，极加称许。

② 苏轼（1037—1101），字子瞻、和仲，号东坡居士，诗、词、赋、散文、书法和绘画均成就极高，是中国文学艺术史上罕见的全才。诗文有《东坡七集》，词有《东坡乐府》等。清代王文浩有《苏文忠公诗编注集成》。

也。然三子者，每不为夫子之所悦。颜渊默然不见其所能，若无以异于众人者，而夫子亟称之。且夫学圣人者，岂必其言之云尔哉？亦观其意之所向而已。夫子以为后世必有不能行其说者矣，必有窃其说而为不义者矣。是故其言平易正直，而不敢为非常可喜之论，要在于不可易也。

昔者常怪李斯事荀卿，既而焚灭其书，大变古先圣王之法，于其师之道，不啻若寇仇。及今观荀卿之书，然后知李斯之所以事秦者皆出于荀卿，而不足怪也[①]。

荀卿者，喜为异说而不让，敢为高论而不顾者也[②]。其言愚人之所惊，小人之所喜也。子思、孟轲，世之所谓贤人君子也。荀卿独曰："乱天下者，子思、孟轲也。"天下之人，如此其众也；仁人义士，如此其多也。荀卿独曰："人性恶。桀、纣，性也。尧、舜，伪也。"由是观之，意其为人必也刚愎不逊，而自许太过。彼李斯者，又特甚者耳。

今夫小人之为不善，犹必有所顾忌，是以夏、商之亡，桀、纣之残暴，而先王之法度、礼乐、刑政，犹未至于绝灭而不可考者，是桀、纣犹有所存而不敢尽废也。彼李斯者，独能奋而不顾，焚烧夫子之六经，烹灭三代之诸侯，破坏周公之井田，此亦必有所恃者矣。彼见其师历诋天下之贤人，以自是其愚，以为古先圣王皆无足法者。不知荀卿特以快一时之论，而荀卿亦不知其祸之至于此也。

其父杀人报仇，其子必且行劫。荀卿明王道，述礼乐，而李斯以其学乱天下，其高谈异论有以激之也。孔、孟之论，未尝异也，而天下卒无有及者。苟天下果无有及者，则尚安以求异为哉！

---

① 对于此说，清儒为荀子正名。姚鼐说："苏子瞻谓李斯以荀卿之学乱天下，是不然……斯非行其学也，趋时而已……行其学而害秦者商鞅也。"(《惜抱轩全集·李斯论》)祁骏佳说："世传焚书起于李斯，而因归咎荀卿，不知韩非已先有是说矣……然则斯祖非，而非又祖鞅，其说由来渐矣。"(《遯翁随笔》卷上)章梫认为韩非、李斯并未得到荀子的真传，他说："韩非、李斯皆荀子之徒，而其末也，流为法家。刘向曰：法出于理官，及刻者为之专任刑法而致于残害。要之，不善学礼之所至也，乌足以归罪荀卿？"(《一山文存》卷六，《校荀子跋》)

② 清傅山赞扬孟子不是着眼于他的"醇乎醇"，而是说他敢于立异。而敢于立异，正是宋人(特别是苏轼)挞伐荀子的基本依据。所以马积高得出这样的结论："傅氏虽未专论荀子，但实际上却反驳了宋人对荀子的批评。虽不如李贽将'孟、荀'倒过来反潮流，但在思想性上却是一脉相承的。这代表着清初学术思想界一种极为可贵的倾向。清代后来一些学者逐渐由治经转向兼治子书，由专尊孟转而亦尊荀，虽不一定是受到傅氏的启发，却是他这种观点的延续和发展。"(《荀学源流》，第292页。)

《荀子疏谬》

荀子有云："青出于蓝，而青于蓝，冰生于水，而寒于水。"故世之言弟子胜师者，辄以此为口实。此无异醉梦中语。青，即蓝也。冰，即水也。今酿米以为酒，杀羊豕以为膳羞，而曰"酒甘于米，膳羞美于羊豕"，虽儿童必皆笑之。而荀卿乃以为辩，信其醉梦颠倒之言。至以性为恶，其疏谬，大率皆此类也。

《子思论》

昔者夫子之文章，非有意于为文，是以未尝立论也。所可得而言者，唯其归于至当，斯以为圣人而已矣。

夫子之道，可由而不可知，可言而不可议。此其不争为区区之论，以开是非之端，是以独得不废，以与天下后世为仁义礼乐之主。夫子既没，诸子之欲为书以传于后世者，其意皆存乎为文，汲汲乎惟恐其汩没而莫吾知也，是故皆喜立论。论立而争起。自孟子之后，至于荀卿、扬雄，皆务为相攻之说，其余不足数者纷纭于天下。

嗟夫，夫子之道，不幸而有老聃、庄周、杨朱、墨翟、田骈、慎到、申不害、韩非之徒，各持其私说以攻乎其外，天下方将惑之，而未知其所适从。奈何其弟子门人，又内自相攻而不决。千载之后，学者愈众，而夫子之道益晦而不明者，由此之故欤？

昔三子之争，起于孟子。孟子曰："人之性善。"是以荀子曰："人之性恶。"而扬子又曰："人之性，善恶混。"孟子既已据其善，是故荀子不得不出于恶。人之性有善恶而已，二子既已据之，是以扬子亦不得不出于善恶混也。为论不求其精，而务以为异于人，则纷纷之说，未可以知其所止。

且夫夫子未尝言性也，盖亦尝言之矣，而未有必然之论也。孟子之所谓性善者，皆出于其师子思之书。子思之书，皆圣人之微言笃论。孟子得之而不善用之，能言其道而不知其所以为言之名，举天下之大，而必之以性善之论，昭昭乎自以为的于天下，使天下之过者，莫不欲援弓而射之。故夫二子之为异论者，皆孟子之过也。

若夫子思之论则不然，曰："夫妇之愚，可以与知焉。及其至也，虽圣人亦有所不知焉。夫妇之不肖，可以能行焉。及其至也，虽圣人亦有所不能焉。"圣人之道，造端乎夫妇之所能行，而极乎圣人之所不能知。造端乎夫妇之所能行，是以天下无不可学，而极乎圣人之所不能知，是以学者不知其所穷。夫如是，则恻隐足以为仁，而仁不止于恻隐；羞恶足以为义，而义不止于羞恶。此不亦孟子之所以为性善之论欤！子思论圣人之道出于天下之所能行，而孟子论天下之人皆可以行圣人之道，此无以异者。而子思取必于圣人之道，孟子取必于天下之人。故夫后世之异议皆出于孟子。而子思之论，天下同是而莫或非焉。然后知子思之善为论也。

附《孟轲论》

昔者仲尼自卫反鲁，网罗三代之旧闻，盖经礼三百，曲礼三千，终年不能究其说。夫子谓子贡曰："赐，尔以吾为多学而识之者欤?非也，予一贯之。"天下苦其难而莫之能用也，不知夫子之有以贯之也。是故尧、舜、禹、汤、文、武、周公之法度礼乐刑政，与当世之贤人君子百氏之收，百工之技艺，九州之内，四海之外，九夷八蛮之事，荒忽诞谩而不可考者，杂然皆列乎胸中，而有卓然不可乱者，此固有以一之也。是以博学而不乱，深思而不惑，非天下之至精，其孰能与于此?盖尝求之于六经，至于《诗》与《春秋》之际，而后知圣人之首，始终本末，各有条理。夫正化之本，始于天下之易行。天下固知有父子正化之本，始于天下之易行。天下固知有父子也，父子不相贼，而足以为孝矣。天下固知有兄弟也，兄弟不相夺，而足以为悌矣。孝悌足而王道备，此固非有深远而难见，勤苦而难行者也。故《诗》之为教也，使人歌舞佚乐，无所不至，要在于不失正焉而已矣。虽然，圣人固有所甚畏也。一失容者，礼之所由废也。一失言者，义之所由亡也。君臣之相攘，上下之相残，天下大乱，未尝不始于此道。是故《春秋》力争于毫厘之间，而深明乎疑似之际，截然其有所. 必不可为也。不观于《诗》，无以见王道之易。不观于《春秋》，无以知王政之难。

自孔子没，诸子各以所闻著书，而皆不得其源流，故其言无有统要，若孟子，可谓深于《诗》而长于《春秋》者矣。其道始于至粗，而极于至精。充乎天地，放乎四海，而毫厘有所计。至宽而不可犯，至密而不可察，此其中必有所守，而后世或未之见也。

且孟子尝有言矣："人能充其无欲害人之心，而仁不可胜用也。人能充其无欲为穿窬之心，而义不可胜用也。士未可以言而言，是以言餂之也。可以言而不言，是以不言餂之也。是皆穿窬之类也。"唯其不为穿窬也，而义至于不可胜用。唯其未可以言而言、可以言而不言也，而其罪遂至于穿窬。故曰：其道始于至粗，而极于至精。充乎天地，放乎四海，而毫厘有所必计。呜呼，此其所以为孟子欤!后之观孟子者，无观之他，亦观诸此而已矣。

晁补之[1]《鸡肋集·北京国子监奉诏封孟荀扬韩告先圣文》

维元丰七年月日，河南府左军巡判官，充北京国子监教授晁补之，奉诏

① 晁补之(1053—1110)，字无咎，号归来子，北宋时期著名文学家，济州巨野人。

封孟、荀、扬、韩告至圣文宣王孔子，其文曰：

昔周失厥道，纪纲用微。惟时夫子，杲杲出日。……自时百家，蜂午并作。承孟氏后，荀况、扬雄。降秦终汉，教用不陨。俾夫子道，炳然复彰。魏晋而还，文事滋落。学不为已，其舌肆好。猗欤韩愈，始以文显。厦屋将覆，勇于敢扶。唐三百年，斯人惟伟。天启我宋，咸秩无文。追求四贤，崇以爵号。从夫子后，不瑕有光。更千万年，学者咸仰。今有司承诏，封孟轲为邹国公，与兖国公同配食。荀况为兰陵伯，扬雄为成都伯，韩愈为昌黎伯，并从祀。谨撰！吉日以告！尚飨！

《鸡肋集·诏封孟荀扬韩告先师文》

维元丰七年月日，河南左军巡判官充北京国子监教授晁补之，谨以清酌庶羞之奠，敢昭告于先师兖国公曰：

我夫子有徒三千，惟公好学，未达一间，爰有孟氏闻而知之，与公异时，合若符节。孟氏既没，荀扬嗣兴，是三大儒，吐词为经，末流至唐，篆刻是骛。有贤韩氏，奋而学古，达道之塞，于儒有功，微言赖兹，不绝如线。粤宋七世，咸秩无文，卷龙鷩冕，曰公若伯，从我夫子，兴吾先师，洋洋俱传，百世不熄。今有司承诏，封孟子为邹国公，配食文宣王；荀子为兰陵伯，杨子为成都伯，韩子为昌黎伯，并从祀。谨撰！吉日以告，尚飨！

案：元丰七年，"诏自今春秋释奠，以邹国公孟轲配食文宣王，设位于兖国公之次。荀况、扬雄、韩愈以世次，从祀于21贤之间，并封伯爵。况，兰陵；雄，成都；愈，昌黎。"荀子与孟子、扬雄、韩愈等封爵并入祀孔庙，其在儒家道统中的地位得到政府的认可并尊崇。虽然自汉唐以来"孟荀"并称的局面发生了一些改变（孟子封公爵而荀子封伯爵），但此次奉祀对于荀子及其学说在中国学术思想史上仍然具有划时代的意义。

周行己[1]《浮沚集·孟荀扬文中四子是非》

问天下之所难知者，非是非之难知也，似是而非者难知也，似非而是者难知也。孟轲之书七篇，力陈仁义之说，而或者疑其说时君以汤武之事。荀况之书三十二篇，深明大儒之效，而或者疑其有性恶之论。扬雄之作《法言》，采掇孔孟学行之意，或者疑其著剧秦美新之书。王通之为中说，规模《论语》答问之义，或者疑其房杜诸子无所称述。此四书者，与五经诸

① 周行己（1067—1125），字恭叔，世称浮沚先生。祖籍瑞安县。从学于陆佃、龚原"新学"，元佑二年（1087）改从太学博士吕大临"关学"。五年（1090）又赴洛阳师从程颐受学。一生著作颇丰，有《浮沚文集》16卷，《后集》3卷，《易讲义》及《礼纪讲义》等。

史并行于世，学者之所习也。考其言与其人，其似是而非耶，其似非而是耶？明以复我，使不陷于邪说，以应朝廷之令，不亦善乎？

史浩[1]《鄮峰真隐漫录·荀子性恶》

荀卿性恶之论，谓“不待习而能者，性也；待习而后能者，伪也”，故以桀纣为是而尧舜为非。夫性者，善恶俱泯之谓也。以桀纣为性是，犹指田之禾黍待殖而生，稂莠不待殖而生，道以田为专毓稂莠，过矣。胡不自二者未生时观之。今人乍见孺子将入于井，非纳交要誉之心，怵惕恻隐油然而生，一念之善，夫岂待习而能乎？虽然，人虽无不善，若谓善即是性，则是指禾黍以为田，其失与卿等也。

钱佃[2]《校荀子跋》

右《荀卿子书》，杨倞注，凡三十二篇，为二十卷，并刘向篇目。旧尝患此书无善本，求之国子监，并未尝版行。比集诸家所藏，得二浙、西蜀本凡四，增寡同异，莫适取正，末乃于庐陵学官藏书中得元丰国子监刻者，遂取以为据。然犹有谬误，用诸本参校，凡是正一百五十有四字；其有疑而未决者，并世俗所习熟而未定。如“青出于蓝而青于蓝”者，监本所出而文义或非；如“美善相乐”者，皆不敢没其实，著之卷末，又一百二十有六条。虽未敢以为尽善，然耳目所及，此已特为精好，谨刻之江西计台，俾学者得以考订而诵习焉。

淳熙八年六月丙午吴郡钱佃谨识

案：关于钱佃翻刻《荀子》，《直斋书录解题》云：“淳熙中，钱佃耕道用元丰监本参校，刊之江西漕司，其同异著之篇末，凡二百二十六条，视他本最为完善。”

南宋初年国子监尚未刻有《荀子》，于是钱佃利用漕司公帑开刻《荀子》，按《荀子考异跋》云“比集诸家所藏”方得到二浙西蜀本四种，后又于庐陵学官藏书中得到元丰国子监刻本，以元丰监本为底本相互参校重刻了一部《荀子》，“虽未敢以为尽善，然耳目所及，此已特为精好，谨刻之江西计台，俾学者得以考订而诵

① 史浩(1106—1194)，字直翁，号真隐。明州鄞县(今浙江宁波)人，南宋政治家、词人。历仕高宗、孝宗、光宗三朝，至太保，太师，赐谥文惠、忠定，配享孝宗庙庭。为昭勋阁二十四功臣之一。

② 钱佃(1121—?)，字仲耕，南宋绍兴常熟人，有《易解》10卷，《词科类要》20卷，《文集》20卷。刻印过《荀子杨注》20卷，自撰《荀子考异》1卷，《扬子法言注》13卷，《音义》1卷，《孟子》7卷，《文中子》10卷。

习焉。"钱佃刻本历来备受版本目录学家重视，尤其是钱佃所参校的"二浙西蜀本，为耕道所见，今皆无可访得"，足见其版本价值。《直斋书录解题》即称"视他本最为完善"，钱曾《读书敏求记》亦附和云："此特为精好"，与吕夏卿重校本(即监本)"可称双璧"。但钱佃翻刻本并非尽善，前人已有驳议，《礼部集·书荀子后》云："今考之则文字讹舛甚多"，顾广圻亦认为："指同时建浙蜀诸本而言，若较监本互有短长，正以合之乃成两美耳。"

朱熹[①]《朱子语类·战国汉唐诸子》

诸子百家书，亦有说得好处。如《荀子》曰："君子大心则天而道，小心则畏义而节。"此二句说得好。曰："看得荀子资质，也是个刚明的人。"曰："只是粗。他那物事皆未成个模样，便将来说。"

《荀子》尽有好处，胜似《扬子》，然亦难看。

不要看《扬子》，他说话无好处，议论亦无的实处。荀子虽然是有错，到说得处也自实，不如他说得恁地虚胖。

问："东坡言三子言性，孟子已道性善，荀子不得不言性恶，固不是。然人之一性，无自而见。荀子乃言其恶，它莫只是要人修身，故立此说？"先生曰："不须理会荀卿，且理会孟子性善。渠分明不识道理。如天下之物，有黑有白，此是黑，彼是白，又何须辨？荀扬不惟说性不是，从头到底皆不识。当时未有明道之士，被他说用于世千余年。韩退之谓荀扬'大醇而小疵'。伊川曰'韩子责人甚恕'。自今观之，他不是责人恕，乃是看人不破。今且于自己上作工夫，立得本。本立则条理分明，不待辨。"

荀卿则全是申、韩，观《成相》一篇可见。他见当时庸君暗主战斗不息，愤闷恻怛，深欲提耳而诲之，故作此篇。然其要，卒归于明法制、执赏罚而已。

如世人说坑焚之祸起于荀卿，荀卿著书立说，何尝教人焚书坑儒？只

① 朱熹(1130—1200)，字元晦、仲晦，晚称晦翁，又称紫阳先生、考亭先生、沧州病叟、云谷老人，谥文，又称朱文公，南宋江南东路徽州婺源人，理学集大成者，尊称朱子。著述甚多，主要有《四书章句集注》《楚辞集注》及门人所辑《朱子大全》《朱子语录》等。

是观它无所顾藉，敢为异论，则其末流便有坑焚之理。

（杨）至问："韩子称'孟子醇乎醇，荀与扬大醇而小疵'，程子谓：'韩子称孟子甚善，非见得孟子意，亦道不到；其论荀、扬则非也。荀子极偏驳，只一句'性恶'，大本已失。扬子虽少过，然亦不识性，更说甚道？'至谓韩子既以失大本不识性者为大醇，则其称孟子'醇乎醇'，亦只是说得到，未必真见得到。"先生曰："如何见得韩子称荀、扬大醇处，便是就论性处说？"至云："但据程子有此议论，故至因问及此。"先生曰："韩子说荀、扬大醇是泛说。与田骈、慎到、申不害、韩非之徒观之，则荀、扬为大醇。韩子只说那一边，凑不着这一边。若是会说底，说那一边，亦自凑着这一边。程子说'荀子极偏驳，扬子虽少过'，此等语，皆是就分金秤上说下来。今若不曾看《荀子》《扬子》，则所谓'偏驳''虽少过'等处，亦见不得。"

或言性，谓荀卿亦是教人践履。先生曰："须是有是物，而后可践履。今于头段处既错，又如何践履？天下事从其是。曰同，须求其真个同；曰异，须求其真个异。今则不然，只欲立异，道何由明？陈君举作《夷门歌》，说荆公、东坡不相合，须当和同，不知如何和得？"

荀子说"能定而后能应"，此是荀子好话。

问荀、扬、王、韩四子。曰："凡人著书须自有个规模，自有个作用处。或流于申韩，或归于黄老，或有体而无用，或有用而无体，不可一律观。且如王通这人，于世务变故、人情物态，施为作用处，极见得分晓，只是于这作用晓得处却有病。韩退之则于大体处见得，而于作用施为处却不晓。如《原道》一篇，自孟子后无人，似它见得。'郊焉而天神格，庙焉而人鬼享。以之为人，则爱而公；以之为心，则和而平；以之为天下国家，无所处而不当'，说得极无疵。只是空见得个本原如此，下面工夫都空疏，更无物事撑住衬簟，所以于用处不甚可人意。缘他费工夫去作文，所以读书者，只为作文用。自朝至暮，自少至老，只是火急去弄文章；而于经纶实务不曾究心，所以作用不得。每日只是招引得几个诗酒秀才和尚度日。有些工夫，只了得去磨炼文章，所以无工夫来做这边事。兼他说，我这个便是圣贤事业了，自不知其非。如论文章云：'自屈原荀卿孟轲司马迁相如扬雄之徒'，却把孟轲与数子同论，可见无见识，都不成议论。荀卿则全是申韩，观《成相》一篇可见。他见当时庸君暗主战斗不息，愤闷恻怛，深欲提耳而诲之，故作此篇。然其要，卒归于明法制，执赏罚而已。他那做处粗，如何望得王通！扬雄则全是黄老。某尝说，扬雄最无用，真是一腐儒。他到急处，只是投黄老。如反离骚并'老子道德'之言，可见这人更无说，自身命也奈何不下，如何理会得别事？如《法言》一卷，议论不明快，不了决，如其为人。他见识全低，语言极呆，甚好笑！荀扬二人自不可与王韩二人同日语。（略）如世人说坑焚之祸起于荀卿。荀卿著书立言，何尝教人焚书坑儒？只是观它无所顾藉，敢为异论，则其末流便有坑焚之理。"

唐仲友[①]《荀子》后序

《荀子》二十卷三十二篇，唐杨倞注。初，汉刘向校雠中孙卿书凡三百二十二篇，除复重，定著三十二篇，为《孙卿新书》十二卷。至倞，分易卷第，更名《荀子》。

皇朝熙宁初，儒官校上，诏国子监刊印颁行之。中兴搜补遗逸，监书寖具，独《荀子》犹阙，学者不见旧书，传习闽本，文字舛异。仲友于三馆睹旧文，大惧湮没，访得善本，假守余隙，乃以公帑锓木，悉视熙宁之故。《诗》曰："虽无老成人，尚有典刑。"卿不可作，其书独非典刑乎？

向博极群书，序卿事大氐本司马迁，于迁书有三不合：春申君死，当齐王建二十八年，距宣王八十七年。向言卿以宣王时来游学，春申君死而卿废。设以宣王末年游齐，年已百三十七矣。迁书记孟子以惠王三十五年至梁，当齐宣王七年。惠王以叟称孟子，计亦五十余，后二十三年，子之乱燕，孟子在齐。若卿来以宣王时，不得如向言后孟子百余岁。田忌荐孙膑为军师，败魏桂陵，当齐威王二十六年，距赵孝成王七十八年。临武君与卿议兵于王前，向以为孙膑，倞以败魏马陵疑年，马陵去桂陵又十三年矣。

《崇文总目》言卿楚人，楚礼为客卿，与迁书、向序校，益难信。据迁传，参卿书，其大略可睹。卿名况，赵人，以齐襄王时游稷下，距孟子至齐五十年矣。于列大夫，三为祭酒。去之楚，春申君以为兰陵令。以谗去之

---

① 唐仲友(1136—1188)，字与政，又称说斋先生，金华人。绍兴年间进士，曾知台州。著有《六经解》《帝王经世图谱》《说斋文集》等。其刻书活动主要是南宋淳熙(1174—1189)间知台州在临海时，所刻之书有《荀子》《杨子法言》《中说》《昌黎先生集》《后典丽赋》等。其中《荀子》20卷，战国荀况撰，唐杨倞注。为唐仲友于淳熙八年(1181)在临海台州任上所刻。此书为20卷本，版式半页八行，行大字十六，小字双行各二十四。刻成后，人称"宋椠上驷"，赞其"雕镂之精，不在北宋蜀刻之下"。现日本尚有藏本，举为国宝。

赵，与临武君议兵。入秦，见应侯、昭王。以聘反乎楚，复为兰陵令；既废，家兰陵以终。

自战国争富强，儒道绌。孟子学孔子，言王可反掌致，卒不见用。卿后孟子，亦尊孔氏。子思作《中庸》，孟子述之，道性善。至卿，以为人性恶，故非子思、孟轲。扬雄以为同门异户。孟子与告子言性，卒绌告子。惜卿不见孟子，不免异说。方说士徼时好，卿独守儒议。兵以仁义，富以儒术，强以道德之威，旨意与孟子同。见应侯，病秦无儒，昭王谓儒无益人之国，极明儒效。秦并天下以力，意儒果无用，至于坑焚，灭不旋踵；汉奋布衣，终假儒以定，卿言不用而后验。自董仲舒、韩愈皆美卿书，言王道虽不及孟子，抑其流亚，废于衰世，亦命矣夫！学者病卿，以李斯、韩非。卿老师，学者已众，二子适见世，昼寝餔啜，非师之过。使卿登孔门，去异意，书当与七篇比，此君子所为太息！

大宋淳熙八年岁在辛丑十有一月甲申，朝请郎、权发遣台州军州事唐仲友后序。

案：唐仲友刻《荀子》事，《晦庵先生朱文公文集》言之甚详，如卷十八云："仲友自到任以来，关集刊字工匠在小厅侧小字赋集，每集二千道，刊板既成，搬运归本家书坊货卖。其第一次所刊赋板印卖将漫，今又关集工匠又刊一番。凡材料、口食、纸墨之类，并是支破官钱，又乘势雕造花板印染斑襭之属凡数十片，发归本家彩帛铺，充染帛用。"唐仲友因朱熹弹劾而罢官，其原因，叶德辉《书林清话》云："唐仲友守台州，领公使库钱刻《荀子》《扬子》二书，为朱子所弹劾。"据朱熹奏状，唐仲友利用公使库公帑开雕《荀子》等四书，这是遭到朱熹弹劾的主要原因。但宋代公使库刻书是相当普遍的，至于赠送官员、提供给书院所用等均谈不上贪赃枉法。唐仲友遭劾的本质在于"用犯人，又用公款，而刻书之后却中饱私囊"。但结合唐仲友的政声，"发粟赈饥，抑奸拊弱，创中津浮梁以济艰涉，民至今赖之"，《宋元学案》亦称其"移知台州，尝条具荒政之策"，"锄治奸恶甚严"，私吞售书款固然不法，但还不至于到成为罪状的地步。朱熹弹劾唐仲友，乃是出于私人恩怨。朱唐之间不和，而产生恩怨的原因在于两人学说的不同以及随之带来的政治立场上的相互攻伐。《宋元学案》卷六十《说斋学案》云："乾淳之际，婺学最盛。东莱兄弟以性命之学起，同甫以事功之学起，说斋则为经制之学。"唐仲友学说注重经世致用，与朱熹的空谈心性互为轩轾，对此朱熹早已心有不满。

钱佃与唐仲友翻刻《荀子》与当时科试也有密切的关系，按《宋史·选举志》云绍兴二年(1132)"诏举贤良方正能直言极谏科，一遵旧制，自尚书两省谏议大夫以上、御史中丞、学士、待制各举一人。凡应诏者，先具所著策、论五十篇缴进，两省侍从参考之，分为三等，次优以上，召赴秘阁，试论六首，于《九经》《十七史》《七书》《国语》《荀》《扬》《管子》《文中子》内出题，学士两省官考校，御史监之，四通以上为合格”。市场需求催生了刻书的动力。

吴曾[①]《能改斋漫录·荀卿为孙卿》

战国时，荀卿，姓荀名况，赵人，所著书号《荀子》，后有跋，尾云“为说者曰孙卿不如孔子，是不然也”，其后又称孙卿者四。唐杨倞注云，“为说者”已下，荀卿弟子之辞。尝疑以荀为孙，未晓所谓，偶见孔颖达曰汉宣帝讳询，故转为孙。

陆九渊[②]《陆九渊集·策问》

孟子之后，以儒称于当世者，荀卿、扬雄、王通、韩愈四子最著。荀子有《非十二子》篇，子思、孟轲与焉。荀子去孟子未远，观其言，甚尊孔子，严王霸之辨，隆师隆礼，则其学必有所传，亦必自孔氏者也。而乃甚非子思、孟轲，何耶？至言子夏、子游、子张，又皆斥以贱儒，则其所师者果何人？而其所传者果何道耶？其所以排子思、孟轲、子夏、子游、子张者，果皆出其私意、私说，而举无足稽耶？抑亦有当考而论之耶？

《象山先生全集》卷二

文以理为主，荀子于理有蔽，所以文不雅驯。

案：陆九渊提出两点看法：一是荀子“其学必有所传”，而且“必自孔氏”；二是所谓荀子“去孟子未远”而力拒子思、孟轲之学，必是事出有因，“当考而论之”。

叶适[③]《辩〈家语〉为荀氏之传》

按《论语》：“君召使摈，色勃如也，足躩如也。”公西赤宗庙之事，如会

---

① 吴曾，1162年前后在世，字虑臣，一说字虎臣（疑误）。江西省崇仁县人。南宋笔记文作家。其所编笔记文集《能改斋漫录》，记载史事异闻，辨证诗文曲故，解析名物制度，引述重要作家的逸诗、逸文，保存了若干有关唐宋两代文学史的资料，资料丰富，援引广博，对研究唐宋文史有重要参考价值，在南宋笔记著作中堪称佳本。

② 陆九渊（1139—1193），南宋金溪县人，字子静，号象山，书斋名“存”，世人称存斋先生、象山先生、陆象山。是宋明两代“心学”的开山祖。谥“文安”。著有《象山全集》行世。

③ 叶适（1150—1223），字正则，南宋温州永嘉县人，学者称水心先生。他是我国南宋时期著名思想家、文学家、政论家。他坚持事功学说，要求“行实事，有实功”。他所代表的永嘉事功学派，与当时朱熹的道学派、陆九渊的心学派，并列为南宋时期三大学派，对后世影响深远。著作有《水心文集》《水心别集》《习学记言序目》等。《习学记言序目》50卷，辑经史百家各为论述条例成编，是叶适评论历代学术著作的专著。

同端章甫，愿为小相焉。孔子曰：赤也为之小，孰能为之大？然则君在其国，而宗庙出其境而会朝，固皆有相，择能而使，无常官，事毕而止。夹谷之会，孔子与齐人辩争最著，其效至于能还郓欢龟阴之田，而孔子及子路由此预鲁政矣，故学者讹传以为相鲁也。相与不相于孔子无所加损，然弟子名实之不知，而后世以虚言为实用，则学者之心术疏矣。

又按《论语》："子疾病，子路使门人为臣。病间曰：'久矣哉。由之行诈也。无臣而为有臣。吾谁欺？欺天乎？'"详此，则孔子见用，子路以为喜而孔子不喜，子路以为贵而孔子不贵。又孔子自言"以吾从大夫之后"者再，皆明其其义乐其官，则所谓有喜色而乐以贵下人者果非也。

又按"始诛少正卯"：子贡进曰："夫少正卯，鲁之闻人。今夫子为政而始诛之，其为失乎？"详此，则少正卯之闻，次于孔子。又按，下文有"父子讼者，同狴执之，三月不决，其父请止，孔子舍之。夫父子讼，真大罪，而孔子尚欲化之，使复于善。少正卯为国闻人，其罪未彰，而孔子乃先事设诛，播扬其恶。由后为夫子本旨，则其前为非夫子本旨明矣。

按：舜谗说殄行，震惊朕师，故命龙作纳言，出纳惟允，而周召之于顽民，待之数世。然则汤诛尹谐，文王诛潘正，以至华士、付乙、史何、少正卯。殆书生之寓言非圣贤之实录也。使后世谓圣人之用，不量先后缓急，教未加而遽震于大讨，轻举妄发以害中道，而曰孔子实然，盖百世所同患矣。自子思、孟子犹皆不然，独荀况近之。故余以为荀氏之传也。

《习学记言序目·荀子》

《劝学》

傅说固已言学之要，孔子讲之尤详。道无内外，学则内外交相明，今在《书》《论语》者，其指可以考索而获也。荀卿累千数百余言，比物引类，条端数十，为辞甚苦，然终不能使人知学是何物，但杂举泛称，从此则彼背，外得则内失；其言学数有终，义则不可须臾离，全是于陋儒专门上立见识，又隆《礼》而贬《诗》《书》，此最为入道之害。后扬雄言"学，行之上，言之次，教人又其次"，亦是与专门者较浅深尔。古人固无以行为上而教人为下者，惟后世陋儒专门，莫知所以学，而徒守其师传之妄以教人，雄习见之，以为能胜此而兼行者则上矣。近世之学则又偏堕太甚，谓独自内出，不由外入，往往以为一念之功，圣贤可招揖而致，不知此身之良莠，未可遽以嘉禾名也。故余谓孔子以三语成圣人之功，而极至于无内外，其所以学者，皆内外交相明之事，无生死壮老之分，而不厌不倦于其中，此孔氏之本统与傅说同也。

《荣辱》

止斗一义，莫晓其故。按子路问"君子尚勇"，孔子称"戒之在斗"，《中庸》"衽金革而不厌，北方之强"，司马迁亦言"子路陵暴孔子，孔子设礼诱之"；古之师友，岂固训导于戈矛陵夺之间耶？而荀卿之戒，则尤为鄙暴不近人理，至谓以"少顷之怒丧终身之躯，室家立残，亲戚不免刑戮"。若立学聚教而其弟子粗猛至此，则奚以学为！虽古今材品强弱不同，而荀卿亦有过论，然致道必有象，而果若是，则仁义道德安从生。有子以"孝悌而好犯上作乱者鲜"，后世疑之，观此殆非诬耳。然则后世之学，又有愈焉者矣。

《非十二子》

荀卿屡言为治当以后王为法。后王者，周也，意诚不差。然周道在春秋时，已自阙绝不继，自一鲁外，诸侯视之皆如弁髦；孔子尽力补拾，其大者十仅得七八，而小者不存多矣。况至荀卿，王法灭尽之余，暴秦大并之日，孔氏子孙畏祸不敢，而独依依然以无因难验之说叫呼于其间，有轻易之情，无哀思之意，徒以召侮而不能为益也。自晨门荷蒉楚狂接舆之流，犹以孔子为病，而鲁两生梁鸿尚谓汉人不足为，况昭襄始皇之际耶！

余尝疑孟子力排杨墨，杨墨岂能害道，然排之不已者，害所由生也，此自孟子一病，不可为法。若夫荀卿所言诸子，苟操无类之说，自衣食于时，其是非尤不足计，而乃列攻群辨，若衢骂巷哭之为，至于子思孟轲，并遭诋斥，其谬戾无识甚矣！又好言子弓，常与仲尼同称，安有与仲尼齐圣，独为荀卿所私而他书无见者？既无立言行事可以考其是非，使非荀卿之妄，则或者子弓仲尼之别名，不然，姑假立名字以自况尔。孟轲亦屡扳仲尼，孔子乃无所比，何哉？"窃比于老彭"，"吾何执"。

《仲尼》

"仲尼之门人，五尺竖子，言羞称乎五霸。"按《孟子》，或问曾西："吾子与管仲孰贤？"曾西艴然不悦，然则竖子羞称，固当有之。盖幼志先登，能自启迪，不堕驳地，而虽成劳茂烈，苟徒止于所能，则晚进后生皆轻贬之矣。此一义常存，自应有益于新学。孟子，大人也，天下臧否，由己而定，岂以其身与人称量高下者哉！故孔子虽谓管仲小器，而终以九合之功归之，此亦深于学者所宜知也。

《儒效》

荀卿言周公大儒之效，与《中庸》"仲尼祖述尧舜"一章略相似，皆夸毗飞动之辞，圣人自用力处极不然。二者参观，子思言理闳大，而分限不可名；荀卿言事虽张皇，而节目犹可见也。周公孔子，艰难一世以就德业，而后世学者反以为甚易而无难，若是，在神灵之所为而非人也；且又引以自神，则近乎狂惑矣。

《君道》

荀卿论治，多举已然之迹，无自致之方，可观而不可即也。惟言国具差若有意，谓“无便嬖左右足信者之谓暗，无卿相辅佐足任者之谓独，所使于四邻诸侯者非其人之谓孤”也。然穆王命太仆、左右、仆从、侍御，“无以便嬖侧媚，其惟吉士”，是则嬖者不吉，吉者不嬖也。卿相辅佐，所以同起治功，臣虽专任其劳，君不独有其逸；谓不能不有游观安燕之时，欲倚之为基杖，则用人之道狭矣。汤灭桀而自惭，仲虺诰而解之；德诚有余，安用其臣喻志于四方？然则荀卿所言者，战国之事，非帝王之治也。

《议兵》

读荀卿与临武君议兵及“四世有胜非幸”，又入秦何见，以为无儒，又与秦昭王辨“儒有益于人之国”，令人叹息。周衰，诸侯皆恣已自便，而秦以夷狄之治，堕灭先王之典法，吞噬其天下，别自为区域，孔子力不能救，不过能不入秦而已，子孙守其家法，故曰“秦为不义，义所不入”，遂死于家。荀卿谈王道若白黑，嗣孔氏如冢嫡，不秦之仇，而望之以王，责之以儒，呜呼固哉！秦惟不能自反也，不用荀卿而用李斯者欤！

《天论》

“天行有常，不为尧存，不为桀亡。”所以言有常道者，覆帱运行，日月之所丽尔；尧之时则治，是为尧而存也，桀之时则乱，是为桀而亡也；谓“不为尧存，不为桀亡”，非也。又言“应之以治则吉，应之以乱则凶”。吉凶果在所应，则是无常也；谓“天行有常”，非也。“强本而节用，则天不能贫；养备而动时，则天不能病；修道而不贰，则天不能祸。”夫古人既强本节用矣，既养备动时矣，既修道不贰矣，其不贫不病无祸，则皆曰“天也，非我也”。今偃然而自居曰：“我也，非天也。”夫奉天以立治者，圣人之事也；今皆曰“我自致之，非天能为”，是以人灭天也。“不为而成，不求而得，夫是之谓天职”，谓下文“天情”也，“天官”也，“天君”也。夫物各赋形于天，古人谓其独降衷于民，然必为而后成，求而后得，故为圣贤；败而失之者，下愚不肖也。今既谓当“清天君”，“正天官”，“养天情以全天功”，而又谓“不求知天”；且虽圣人，无不自修于受形之后，而未有求知于未形之先者，及其既修而能全天之所赋矣，则惟圣人为求知天，今谓“圣人为不求知天”，非也。又谓“全其天功，则天地官而万物役”；且古圣人未尝敢自大其身而曰“吾能官使天地”者也。又曰：“大天而思之孰与物畜而制之？

从天而颂之，孰与制天命而用之？”按孔子曰：“大哉尧之为君也，惟天为大，惟尧则之”，是尧未尝“物畜而制之”也；《诗》曰：“不识不知，顺帝之则”，是文王未尝“制天命而用之”也。详荀卿之说，直以人不能自为而听于天者不可也；然则人能自为而不听于天，可乎？武王曰：“惟天阴骘下民，相协厥居”，尧舜传之至于周矣；然则谓人之所自为而天无预也，可乎？又曰：“道之所善，中则可从，畸则不可为，匿则大惑。”呜呼！惟其不知中也，是以其言屡变而卒为畸且匿也。又曰：“万物为道一偏，一物为万物一偏，愚者为一物一偏，而自以为知道，无知也。慎子有见于后，无见于先；老子有见于诎，无见于信；墨子有见于齐，无见于畸；宋子有见于少，无见于多。”呜呼！万物之于道，无偏也，无中也；一物之于万物，无偏也，无中也；自其中言之，皆中也，一物犹万物也；自其偏言之，皆偏也，万物犹一物也。荀卿以诸子为愚而偏，而自谓为中也，而其乖错不合于道如此，吾未见其能异于诸子也。

世俗之为说者曰：“尧舜禅让”，荀卿明其不然，以为天子至尊，无所与让；故有“以尧继尧”“以尧易尧”之语；又谓“诸侯有老，天子无老”，“血气筋力有衰，智虑取舍无衰”，“持老养衰，莫如天子”。按《书》序“将逊于位，让于虞舜”，《书》记尧舜禅让甚明，而又自言“在位七十载，耄期倦于勤”，然则荀卿不信《书》而诋其为世俗之说耶？且必不当禅让何义？以天子之位为持老养衰之地何据？孟轲言“民为贵，社稷次之，君为轻”，虽偏，然犹有儆也；而荀卿谓天子如天帝，如大神。盖秦始皇自称曰朕，命为制，令为诏，民约黔首，意与此同，而荀卿不知，哀哉！

《礼论》

“故礼者养也：刍豢稻粱，五味调香，所以养口也；椒兰芬苾，所以养鼻也；雕琢刻镂，黼黻文章，所以养目也；钟鼓管磬，琴瑟竽笙，所以养耳也；疏房檖貌，越席床第几筵，所以养体也。”按孔子教颜渊“非礼勿视，非礼勿听，非礼勿言，非礼勿动”，谓能自克以复礼。夫自克则不费乎物而礼行焉；而荀卿谓制礼以为养。使耳目口鼻百体之须必皆有待于礼，则礼者欲而已矣。且颜子箪食瓢饮陋巷，不改其乐，孔子亟称之，故独许以复礼。今为费以求多于礼，筋骸通塞，纷纷乎豢养于外物之不暇，而安所复哉？然则养者，礼之文也，非礼之实也。

《解蔽》

荀卿议论之要有三，曰解蔽、正名、性恶而已。其言诸子莫不有蔽，而不蔽之理，莫如知道而治心；故曰：“虚壹而静，谓之大清明，万物莫形而不见，莫见而不论，莫论而失位，坐于室而见四海，处于今而论久远，疏观万物而知其情，参稽治乱而通其度。”至于参日月，满八极，谓之大人，而无有蔽之者也。虽然，难矣。盖诸子之学，何尝不曰知道而治心，使之虚静而清明以形天下万物之理，而自谓不能蔽也！荀卿以己之所明而号人以蔽，人安得而受之？舜言“人心惟危，道心惟微”，不止于治心；箕子“思曰睿”，不在心；古之圣贤无独指心者。至孟子，始有尽心知性、心官贱耳目之说。然则辩士素隐之流，固多论心，而孟荀为甚焉。孔子曰：“学而时习之，不亦说乎！有朋自远方来，不亦乐乎！人不知而不愠，不亦君子乎！”夫学常进则得其养，同于人则不偏于己，重于己则不尤于人，舍是，吾未见其不蔽也。

《正名》

“后王之成名，刑名从商，爵名从周，文名从礼，散名之加于万物，则从诸夏之成俗曲期”，荀子之言如此，其于名可以为精矣。虽然，古人正事而不正名，名与天地并，未有知其所由来者。以《书》《诗》所称，则何必后王？舍前而取后，是名因人而废兴也。孔子谓卫之政当先正名，是时父子不正而人道失序，则孔子所欲正者，亦其事而已；名不正故事乱，名正则事从矣。战国群谈聚议，妄为无类之言，彼固自知其不可，而姑为戏以玩一世；其贵人公子亦以戏听之，然于事不为之损益也。荀卿不知其不足辩，而辩之终身不置。是时去六国灭亡无几，焚经籍，杀儒生，事既坏而名亦丧，荀卿无以救之，则与十二子者同归于尽耳，哀哉！

《性恶》

孟子“性善”，荀卿“性恶”，皆切物理，皆关世教，未易重轻也。夫知其为善，则固损夫恶矣；知其为恶，则固进夫善矣。然而知其为恶而后进夫善以至于圣人，故能起伪以化性，使之终于为善而不为恶，则是圣人者，其性亦未尝善欤？伊尹曰：“兹乃不义，习与性成。”孔子曰：“性相近也，习相远也，惟上智与下愚不移。”呜呼！古人固不以善恶论性也，而所以至于圣人者，则必有道矣。

《总论》

荀卿于陋儒专门立见识，隆《礼》而贬《诗》《书》，为入道之害，又专辨析诸子，无体道之弘心，皆略具前章。按后世言道统相承，自孔氏门人至孟荀而止，孔氏未尝以辞明道，内之所安则为仁，外之所明则为学，学则六经也，门人之志于六经者少。至于内外不得而异称者，于道其庶几矣。子思之流，始以辞明道，《中庸》未必专子思作，其徒所共言也。辞之所之，道亦之焉,非其辞也,则道不可以明。孟子不止于辞而辩胜矣。荀卿本起稷下,凡有所言,皆欲挫辩士之锋,破滑稽之的,其指决割,其言奋呼,怒目裂眦,极口切齿,先王大道,至此散薄,无复淳完。或者反谓其才高力强,易于有行;然则诛少正卯,戮俳优,无怪乎陋儒以是为孔子之极功也。学者苟知辞辩之未足以尽道,而能推见孔氏之学以上接圣贤之统,散可复完,薄可复淳矣。不然,循而下之,无所终极,断港绝潢,争于波靡,于道何有哉!

案:在《习学记言序目》中,叶适批判了荀子的诸多观点。如他认为《荀子·劝学》"累千数百余言,比物引类,条端数十,为辞甚苦,然终不能使人知学是何物,但杂学泛称,从此则彼背,外得则内失;其言学数有终,义则不可须臾离,全是于陋儒专门上立见识,又隆礼而贬诗书,此最为人道之害";他认为《荀子·理论》中"礼者,养也"之说不符合孔子之意,"养者,礼之文也,非礼之实也";他认为《荀子·天论》中"天行有常,不为尧存,不为桀亡"之说是错误的,因为"尧之时则治,是为尧而存也,桀之时则乱,是为桀而亡也",而既然"吉凶果在所应",则不能说"天行有常";他认为"大天而思之,孰与物畜而制之?从天而颂之,孰与制天命而用之"的论断也是有问题的,"详荀卿之说,直以人不能自为而听于天者不可者,然则人能自为而不听于天,可乎?"但是他与荀子的思想又多有承传发展的关系。他们都属于儒家传统中的非主流派,有相同的思想本旨和追求。

晁公武[①]《郡斋读书志·子类儒家类》

其书以性为恶,以礼为伪,非谏争,傲灾祥,尚强伯之道,论学术则以子思孟轲为饰邪说,文奸言,与墨翟惠施同诋焉。论人物则以平原信陵为辅拂,与伊尹比干同称焉。其指往往不能醇,故后儒多疵之云。

潘自牧[②]《记纂渊海》

韩子论荀扬之疵,而韩子之疵有甚于荀扬。荀卿讥六子之蔽,而荀卿之蔽不下于六子。班固之论子长也,以为是非谬于圣人;而范晔之论班固也,以为目见毫毛而不见睫。

---

① 晁公武,约公元1144年前后在世,据考证是晁冲之之子。著有《昭德文集六十卷》《郡齐读书志二十卷》传于世。

② 潘自牧,金华人。庆元元年(1195)进士,官龙游令。著有《记纂渊海》。

刘克庄[1]《后村集·荀卿》

历历非诸子，骎骎及圣邱。乃知楚籍相，亦自有源流。

元好问[2]《中州集·孙卿子》

诸儒谈性尽归情，谁信黄河彻底清。未到昆仑源上见，且休容易小荀卿。

黄震[3]《荀子》

余读荀卿书，然后知昌黎公之不可及。虽欧阳子最尊昌黎公，其议论亦有时而异者。大抵诵述正论于义理开明之日易，辨明正理于是非迷谬之世难。自战国纵横之说兴而处士横议之风炽，极而至于庄周。并收一世之怪，大肆滑稽之口，以戏薄尧、舜、禹、汤，文、武、周公、孔子之道，而天下之正理，世无复知于斯时也！知尊王而贱霸，知尊孔氏而黜异端，孟子之后，仅有荀子一人。而世不称荀子，何哉？盖尝考其故，由汉及唐，皆尊老、庄，其间溢出而为禅学者，亦庄、老之余涨，而荀子尝斥老聃为"知诎而不知伸"，斥庄周为"蔽于天而不知人"。其说正由与汉及唐之学者相背驰，宜其不之称也。独一昌黎公奋自千载无传之后，破除千载迷谬之说，尊孟子以续孔氏，表荀子以次孟子。卓哉！正大之见，孔孟以来，一人而已。其关系正邪之辨，为何如哉！

迨至我朝，理学大明，三尺孺子亦知向方矣！老苏以杰然不世出之才，反独远追战国纵横之学，此与荀子正相南北，识者已疑之。欧阳子一见乃惊叹，以为荀子。夫荀子明儒术于战国纵横之时，而老苏祖纵横于本朝崇儒之日。同耶？异耶？而谓苏为荀耶？或者特于其文而言之耶？又曰昌黎谓荀子"大醇小疵"，世之因而指实其小疵者，曰：非子思、孟子也；曰：谓性为恶而谓为善者伪也。若然，则岂止小疵而已哉！余观其非子思、孟

① 刘克庄(1187—1269)，初名灼，字潜夫，号后村，莆田县人，有《后村先生大全集》。

② 元好问(1190—1257)，字裕之，号遗山，太原秀容(今山西忻州)人，金末元初著名作家和历史学家、文坛盟主，是宋金对峙时期北方文学的主要代表，又是金元之际在文学上承前启后的桥梁，被尊为"北方文雄""一代文宗"，其诗、文、词、曲，各体皆工。有《遗山集》(又名《遗山先生文集》)，编有《中州集》。

③ 黄震(1213—1280)，字东发，人称于越先生。南宋宝祐四年(1256)进士，授迪功郎、吴县尉。咸淳三年(1267)擢国史馆检阅，参与修纂宁宗、理宗两朝《国史》《实录》等。学宗朱熹，兼综叶适"功利之学"，主张经世致用，反对空谈义理，主张知先行后，创东发学派。著有《春秋集解》《礼记集解》《黄氏日钞》《古今纪要》等。

子，盖其妄以知道自任，故欲排二子而去之，以自继孔子之传，其意尽于篇末可见矣！正坐不自量耳。至其以为善为伪，则其说虽可惊，其意犹可录。盖彼所谓伪者，人为之名，非诈伪之伪。若曰人性本恶，修为斯善，其意专主习而不主性，其说遂堕一偏，而又古今字义渐变不同。如古以“媚”为深爱，而后世以为邪；古以“佞”为能言，而后世以为谄。荀子之所谓“伪”，殆类《中庸》之所谓“矫而择言不精，遂犯众骂”，不然何至以为善为诈伪之伪也哉！惟其本意之所指，初不期然。此昌黎姑恕其说而指为小疵欤？抑荀子之小疵，虽其议论之近理者，亦或不免，不但非孟、言性而已也。大抵荀子之所主者在礼，而曰“礼之敬文”也，则礼之本于内心者，卿殆未之深考。故其议礼之效，惟欲辨分以足用。其于论王霸曰“粹而王，驳而霸”，曰“义立而王，信立而霸”，几谓王霸无异道，特在醇不醇之间。至于内外义利之分，则略不及。又谓能治其国，则文绣为当然，而厚葬为无害，其与他日讥齐威淫佚而犹许其有大节者无以异。然则使荀卿而用于世，亦不过富国强兵，善致邻国，成霸功尔！

王应麟[①]《困学纪闻》

《论语》终于《尧曰篇》，《孟子》终于尧、舜、汤、文、孔子，而《荀子》亦终于《尧问》，其意一也。

荀卿非十二子。《韩诗外传》引之止云十子，而无子思孟子。愚谓荀卿非子思孟子，盖其门人如韩非李斯之流，托其师说以毁圣贤，当以韩诗为正。

荀卿曰：“盗名不如盗货。田仲、史鳝不如盗也。”陈仲子犹可议，“直哉史鱼”，以为盗名可乎？《非十二子》史鳝与子思、孟轲皆在焉，岂有法仲尼而非三子者乎？

荀子曰非其人而教之，赍盗粮，借贼兵也。独不知李斯韩非乎？

---

① 王应麟(1223—1296)，字伯厚，号深宁居士，又号厚斋。南宋理宗淳祐元年(1241)进士，宝祐四年(1256)复中博学宏词科。一生著作甚丰，有《困学纪闻》《玉海》《诗考》《诗地理考》《汉艺文志考证》《玉堂类稿》《深宁集》等600多卷。相传《三字经》亦为其所著。

三、元明时期论荀辑注

马端临《文献通考》①

卷三三

高宗绍兴元年(1131),……岁九月,命学士两省官考试于秘阁,御史监之,试六论。每首五百字以上,于九经、十七史、七书、《国语》、荀、扬、管子、文中子正文内出题差。

卷四四

(元丰)七年(1084),礼部言,乞以邹国公同颜子配食宣圣,荀况、扬雄、韩愈并从祀于左邱明等二十二贤之同。从之,封荀况兰陵伯,扬雄成都伯,韩愈昌黎伯,颁行天下,学庙塑像,春秋释奠行礼。

谭景星②《荀卿论》

师为人范。一言一动,无所苟者。盖非一时门人弟子之法,天下后世无不法焉。不然,是误天下后世也。故有言于世者,必察其门人弟子之正,则可以知其为师;有功于人者,必顾夫天下后世之正,则可以知其为教。人皆谓孟子之后,而有荀卿振之,未有以及王通也。自汉刘向以孟荀修孔氏之术,为能尊仲尼。唐杨倞遂沿袭其说,谓孟轲前阐,荀卿后振。其羽翼六经,非徒诸子之言。四言也,果如是欤?愚尝观荀与孟之论,自不相合。而通与孟,宜若有同然者。盖卿有高古之论,而通无尚人之心也。今悉其说。通之言曰:不以伊周之道康其国,非大臣也。不以霍光、诸葛亮之心事其君,皆具臣也。而孟亦有谓:不以舜之所以事尧事君,不敬其君者也。不以尧之所以治民治民,贼其民者也。谓非心合而言契者乎?卿则不然。孟子道性善,而卿以为恶,其善者伪也。究其所以,则曰,古之圣人以人性恶,始有礼义以化之。若诚以其善耶,乌用礼义矣哉?而

①《文献通考》,中国古代政书,宋末元初马端临(1254—1324)编撰,是继《通典》《通志》之后,规模最大的一部记述从上古到宋朝宁宗时期的典章制度通史。

② 谭景星(1267—?),字明望,号西翁,元时茶陵人,有《村西西翁诗集》6卷,《文集》10卷。

礼义将曷加于善也哉？曾不知天所赋于人，人所受于天，礼义根于性之本然，孟所谓善也。谓性有不善者，非诬孟也，诬天者也。轲，古之世贤人君子也。甚者谓其略法先王，而不知其统，子思唱而孟轲和，嚾嚾然不知其非，以厚于后世，而罪子思、孟轲。其果然耶？抑卿之喜为异论以高世耶？卿，赵人也。仕齐以谗而适楚，李斯、韩非，俱受业于卿。斯，楚人。以楚王不足事，诟卑贱而悲穷困，布衣游说驰骛，辞卿背楚入秦。卿不能抑之，盖平常无以正之也。其祸至燔灭诗书，捐弃礼义，坏败古制，卒至身灭秦亡。非以韩公子而说秦灭韩，为斯谮而死。卿尝笑仪、秦以邪道说诸侯而大贵显，不以其道进，必不以其道亡。曾不自知其门弟子斯、非之属，自相挤陷，身陨非道，又为后世笑，皆异论高世之过，韩愈所谓择焉而不精者也。且又以通言之。杨素、苏夔、李德林，皆预炀帝朝议，非其门弟子也。三子者来见，退而通叹曰："素言政不及化，天下无礼矣。夔言声不及雅，天下无乐矣。德林言文不及理，天下无文矣。王道何从兴乎？"门人退，乃援琴鼓《荡之什》，门人皆霑襟焉。而隋寻以亡。其忧世之心，岂浅浅也。所以素问政，则曰"恭以俭"，于以规其骄。夔之父威问政，则曰"清以平"，于以规其父子之预政。德林问政，则曰"无斗人以名"，于以规其擅文学以自负。由是知三子者之问且如此，况其门弟子乎？所以房元龄问事君之道，曰"无私"；使人之道，曰"无偏"；化人之道，曰"正其心"。问礼乐，曰"王道盛则礼乐从而兴焉"。善于范人者也。以唐室之兴，太宗未得为尽善，奈何房、杜、李、魏、二温、王、陈辈，迭为将相，而致太宗卒归于正，为一代贤君，以成贞观之治，高出近古，永三百年之业者，通门弟子之功多矣。若通者，岂卿之比？其轲之徒乎？

陈绎曾[①]《文筌·诸家有材气之别》

《荀子》善议论，辩博富丽；失之太方，转折少力。

宋濂[②]《诸子辨·荀子》

《荀子》十卷，赵人荀卿撰。卿名况，《汉志》避宣帝讳，作孙卿。刘向

---

① 陈绎曾，字伯敷，一作伯孚，处州（今浙江丽水）人，约公元1329年在世。元至正三年（1343），任国史院编修，分撰《辽史》。著有《书法本象翰林要诀》《文筌谱论》《古今文式》《科举文阶》等。

② 宋濂（1310—1381），字景濂，号潜溪。曾任翰林，修《元史》，被明太祖朱元璋誉为"开国文臣之首"，学者称太史公。与高启、刘基并称为"明初诗文三大家"。

校定，除其重复者三十二篇，为十二卷，题曰《新书》。唐杨倞为之注，且更《新书》为《荀子》，易其篇第，析为二十卷。卿以齐襄王时游稷下，距孟子至齐五十年矣，列于大夫，三为祭酒。去之楚，春申君以为兰陵令。以谗去。之赵，与临武君议兵。入秦见应侯，昭王以聘。反乎楚，复为兰陵令。既废，家兰陵以终。……

其论殊精绝，然况之为人，才甚高而不见道者也。由其才甚高，故立言或弗悖于孔氏；由其不见道，故极言性恶，及讥讪子思、孟轲不少置。学者其亦务知道哉！李斯虽事荀卿，于卿之学懵乎未之有闻。先儒遂以为病，指卿为刚愎不逊、自许太过之人，则失之矣。

河仑[①]《性说》

性者，天理之在人心者也。仁义礼智信，其名也。……寂然不动者，其体也。感而遂通者，其用也。恻隐羞恶辞让是非，用之见于外者也。观其见于外者，则可以知其体之有诸中矣。此所谓本然之性也。惟其资禀不齐，故有昏明强弱之不同。此所谓气质之性也。孟子言性善，此极本穷源之论，而不及乎气质之性。荀子言性恶，杨子言善恶混，韩子言性有三品，是皆言气质之性，而不及乎本然之性。

方孝孺[②]《读荀子》

道之不明，好胜者害之也。周衰，先王之遗言大法，漫灭浸微。孔子出而修之，斯道皎然复章，圣人之业涣然与天地同功。彼处士者，生于其后，务怀诽讪之心，以求异于前人。其心以为尧舜之道，孔子既言之矣，复附而重言之，何以云云为哉？于是各驰意于险怪诡僻涣散浩博之论，排击破碎先圣人之道，以伸其嵬琐一曲之偏智，若杨朱墨翟宋钘列御寇庄周慎到之徒是也。孟子生乎其时，惧圣人之道败坏于邪说，乃敷扬孔子之意而攻黜之，然后复定。盖彼之说偏驳易辨，故其入人也浅，可指其过而声之也。若荀卿者，剽掠圣人之余言，发为近似中正之论，肆然自居于孔子之

① 河仑(1347—1416)，字浩亭，朝鲜三代国王宰相，制定了官制、身份制、租税等各种制度和政策。有《浩亭先生文集》。

② 方孝孺(1357—1402)，宁海人，明朝学者、文学家、散文家、思想家，字希直、希古，号逊志，曾以"逊志"名其书斋，因其故里旧属缑城里，故称"缑城先生"；又因在汉中府任教授时，蜀献王赐名其读书处为"正学"，亦称"正学先生"。建文年间重臣，后因参与组织削藩、反对并拒绝与朱棣合作，不屈而被"诛十族"。福王时追谥"文正"。有《逊志斋集》《方正学先生集》等。

道而不疑，沛乎若有所宗，渊乎执之而无穷，尊王而贱霸，援尧舜，摭汤武，鄙桀纣，俨若儒者也。及要其大旨，则谓人之性恶，以仁义为伪也，妄为蔓衍不经之辞，以蛆蠹孟子之道。其区区之私心，不过欲求异于人，而不自知卒为斯道谗贼也。盖数家者偏驳不伦，故去之也易。荀卿似乎中正，故世多惑之。惜无孟子者出以纠其谬，故其书相传至今。孔子曰：恶紫为其乱朱也，恶郑声为其乱雅乐也。夫欲摈悖道之书而不用，必自荀卿始。何者？其言似是而实非也。

张宇初[①]《岘泉集·辨荀子》

《荀子》书三十三篇，其始于《劝学》《修身》，本诸仲尼而言《儒效》，《君道》《臣道》《王霸》《礼乐》次之，似知王道之端矣。而《富国》《强兵》之辨杂焉。乃明言性恶之不可治，皆得之本，然而伪尧舜、辟思孟是所以成，李斯之亡秦、战国纵横之习可得而逃哉？斯师于卿，斯之亡卿之道可见矣。当是时，孟轲与之时，上下曾不闻万章之徒所记轲之言，果何如哉？使轲之言性善，首对梁惠王曰，亦有仁义而已矣，其或不足法之当时以及千万世。则卿之言，其患去杨墨，岂远哉？韩愈氏以为倡道于不传之余，乃曰语焉而不详，是果不暇辨夫性恶之误而亦有未明者焉。其必以卿视轲之言，未必曰非，特信有未及乎。抑齐襄时，卿以老师大儒见重，岂无一人能与论王霸之异，而皆宗师之。是非以哀公尧问之说以夸诱之乎？盖以营巫祝信禨祥之术然哉？此其后世惟知其言之善而鲜辨矣。

姜希孟[②]《性善说》

荀子曰，人之性恶，其善者伪也。今人之性，生而有好利焉。……

性果恶欤？先人物禀赋之初，而无恶可名。性果善欤？后人物形质之生，而善端或微。…… 今夫孩提之童，初无好利疾恶声色之欲。故顺其性而自无不善。及其长也，知贫富之殊焉，斯有好利之心，而争夺生焉。知爱憎之分焉，斯有疾恶之心，而残贼生焉。知耳目之好焉，斯有声色之欲，而淫乱生焉。然则从孩提之心则初无不善，长为众欲所蔽则善端或微。

圣人不失其赤子之心者也。岂可以枸木之待隐括，钝金之待砻砺，终

① 张宇初（1359—1410），字子旋，别号耆山。第四十三代天师，有道门硕儒之称。著作遗世者有《岘泉集》12卷，《道门十规》，《元始无量度人上品妙经通义》4卷等。

② 姜希孟（1424—1483），字景醇，号私淑，朝鲜世宗和成宗两朝的文臣，谥文良。曾出使中国，有《私淑斋集》。

谓金木之本不利直也？众人之待师法得礼义，终疑人性之本不善哉？待师法而后正，得礼义而后治，则师将以性外之法，矫人为正乎？礼义果性外之物，而付畀人性乎？人性本恶，则师法从何而正，礼义从何而有，善安从生？

案：姜希孟跟河仑一样，用"本然之性"和"气质之性"的理论来论述人性。他对荀子《性恶篇》的文章进行了具体的阐述，并对其分析和批判，展开了更深一层的议论。《性善说》的结构是先引用《荀子·性恶》第一段的全文，然后对其进行批判并阐释自己的见解。姜希孟对于性恶说的批判大致可以分为两个方面：第一是关于《性恶篇》中"性"的概念问题，第二是关于道德规范与善的起源问题。

姜希孟认为，荀子所说的人的"性"中各种各样的性向（好利、疾恶、耳目声色之欲），在幼儿身上是看不到的，只有在成人身上才能看到。并且这样的性向并不是人从天所禀受的"本然之性"，而是因为"气质"的影响，后天产生的。也就是说，姜希孟批判了荀子将后天产生的"性向"等同于"性"的观点。

姜希孟还认为性恶说无法正确地说明善的由来。如果礼义不是由人的本性产生，而是由圣人作成的话，那么最早的圣人必然持有恶的本性，而根据这个论点，最早的圣人又是如何志向为善，并如何作成礼义的呢？如此围绕着圣人与善的由来的问题展开诘问的话，性恶说就会陷入"先有鸡还是先有蛋"的因果悖论中，无法从逻辑上说明善的产生。

李烨[①]《荀卿墓》

古冢潇潇鞠狐兔，路人指点荀子墓。当时文彩凌星虹，此日荒凉卧烟露。卧烟露兮愁黄昏，苍苍荆棘如云屯。野花发尽无人到，唯有蛛丝罗墓门。

张纶言[②]《林泉随笔》

凡言不合先王，不顺礼义，谓之奸言。虽辩，君子不德。又言施惠、邓析子法先王不是礼义，及其论治天下，则曰"隆礼义而杀《诗经》"，又曰"法后王，以一天下制度"。前后语意自相矛盾。又曰："道过三代谓之荡，法贰后王谓之不雅。"道与法果何分乎？岂道谓隆礼尊贤之类，而法乃治世刑重，乱世刑轻者耶？先儒言其学不纯粹，而言时或出入申、商间，于兹信矣。

---

① 李烨，明代宗景泰二年（1451）进士，官给事中，临沂人。

② 张纶言，安徽宣城人，字大经。成化进士，授盐山令，擢监察御史，累官右都御史。《林泉随笔》乃作者所读经、史、子、传诸书心得笔记，有考辨，有解析，哲理性强。

又相者之术，巧发而奇中，见诸传记多矣。荀子非之，以为相形不若论心。其言亦似有理，东莱吕氏犹以为无故而为吾道增一异端。若夫列子、子游、子夏、子张、子思、孟轲，于惠施、宋钘之中而既非之，则其失抑又甚焉。杨雄曰："荀卿非数家之说，倪也。至于子思、孟轲，诡哉？"盖亦不以卿之言为然矣。

又《荀子》言武王诛二人，又两言悬纣首于赤旆。《史记》云斩纣与妲己首，是诛二人也。尸佼遂言武王亲断纣颈，手污于血。愚谓武王伐商，在于除暴救民，非复仇报怨也。纣死而天下定矣，悬其首于旗，欲何为乎？悬首且不可信，手刃之事又可信乎？

又："东海则有紫紶鱼盐焉，然而中国得以衣食之。"杨注谓紫紶未详。又曰："俗传是紫贝，附石生，大者如手，其内含珠。古谓龟贝为货，故曰衣食之。"愚按：此说虽稍通，然于"衣"字有碍。窃疑紫紶如《禹贡》皮服织文之类。既无考证，不如缺之。

又《荀子》言孟子恶败而出其妻。今按：《韩诗外传》言孟子欲出妻，因母言而止。二说不同，岂荀子在前，或别有传云。杨氏《荀子》"天地比"注曰："天无实形，地之上空虚者皆天也。"此说最为有功。朱子言天在四畔，地居其中，减得一尺地，遂有一尺气，但人自不觉耳。其言盖本于此。

程敏政[①]《读荀子》

荀卿曰：天子无妻，告人无匹也，四海之内无客礼，告无敌也。甚哉，卿言之不经，其流至于开废黜之祸，侈尊大之心，将所谓一言而丧邦者乎？夫五伦之在人，其分不可以僭差，而名称不可以规避，盖不易之理。而谓天子至尊无匹，则何以建夫妇之极为天下之则乎？礼天子，后立六宫三夫人九嫔二十七世妇八十一御妻，所以正嫡庶之分，谨凌犯之防。审如卿说，则后与嫔御可以无别矣。夫今日为天子之妻者，将后日为天子之母也。天子至尊可以无匹，则亦可以无母乎？礼谨大婚，所以重人伦之始也。卿不诵法于古，而敢为无稽之论，使后世昏庸之主以天下之母为不足

① 程敏政（1446—1499），字克勤，中年后号篁墩，又号篁墩居士、篁墩老人、留暖道人，南直隶徽州府人，后居歙县篁墩（今屯溪篁墩），时人称为程篁墩。10岁以"神童"被荐入朝，由皇帝下诏，就读于翰林院，成化二年中一甲二名进士，为同榜350余人中最少者。历官左谕德，直讲东宫，学识渊博，为一时之冠。孝宗嗣位，擢少詹，直经筵，官终礼部右侍郎。后涉徐经、唐寅科场案被诬鬻题而下狱。出狱后，愤恚发痈而卒，赠礼部尚书。所著有《晴洲集》《容轩稿》《榆庄集》《尹东稿》《南征录》等若干卷。所著《休宁志》38卷，为休宁现存最早的一部县志。

重，而轻于幽废禁黜，与嫔御无别者，将不自卿言发之乎？君臣上下之分，固截然有定，而贵贵尊贤亦当各致其极。孟子曰：舜尚见帝，帝馆甥于贰室，亦飨舜，迭为宾主，是天子而友匹夫也。此二帝所以为人伦之至，而谓天子无敌可乎？仲虺曰：能自得师者王。故汤学于伊尹，成王拜手稽首于周公之前，不敢意其非分，盖直以师道尊之矣。而况所谓客礼者哉？卿号知礼，而所见乃与公孙鞅无异，使为人上者妄自尊大，堂陛之势愈严，而尊德乐道之义不复见于后世，非卿之罪乎？或曰，卿之意，本于礼之尊无二上，及天子无客礼，莫与为主之说，盖亦有据而云者，是大不然。凡读书不可以辞害意，彼尊无二上，特以辨夫仪章度数之等威耳。天子无客礼，则又专指君适其臣，升自阼阶，不敢有其室之一事也，岂天下之通论耶？以是为天下之通论，则卿之所见亦浅矣。

王守仁[①]《传习录》

志道问："荀子云'养心莫善于诚'，先儒非之，何也？"先生曰："此亦未可便以为非。诚字有以工夫说者：诚是心之本体，求复其本体，便是思诚的工夫。明道说'以诚敬存之'，亦是此意。《大学》'欲正其心，必诚其意'。荀子之言固多病，然不可一例吹毛求疵。大凡看人言语，若先有个意见，便有过当处。'为富不仁'之言，孟子有取于阳虎，此便见圣贤大公之心。"

崔铣[②]《崔氏洹词·松窗寤言》

荀卿其杰儒哉。众晦而独明之也难，群倡而往和之也易。战国何时也，荀子宗孔氏，谈王道，解蔽言，心不堕空寂，屡困而不易守。先儒疾其性恶之愤言，乃右扬雄，非决衡之论乎。

---

① 王守仁(1472—1529)，字伯安，因曾筑室于会稽山阳明洞，自号阳明子，学者称之为阳明先生，亦称王阳明。明代著名的思想家、文学家、哲学家和军事家，陆王心学之集大成者，精通儒家、道家、佛家。晚年官至南京兵部尚书、都察院左都御史。因平定宸濠之乱军功而被封为新建伯，隆庆年间追赠新建侯。集立功、立德、立言于一身，谥文成，故后人又称王文成公。弟子为其刻印《传习录》《阳明先生文录》《居夷集》及《大学问》。

② 崔铣(1478—1541)，明代学者。字子钟、仲凫，号后渠，又号洹野，世称后渠先生，安阳市人。著有《洹词》和《彰德府志》。

方凤[1]《论性考》

杜牧谓孟子言性善，荀子言性恶，杨子言善恶混。七情之中，爱恶二者生而自能。是二者，性之根，恶之端也。故乳儿见乳必拏，求不得即啼，是爱恶与生俱生者也。故牧独取荀子之说为优。子谓三子之言，孟子所得为多，而犹有所未尽。上智下愚不移，岂得人皆可为尧舜，不过诱人为善，故其言不觉其过耳。惟孔子性相近之说，万古不易，只一"近"字，善恶皆在其中，但相去不远，可以为善，可以为恶，到得习时则善恶相去远矣。若杨子善恶混之说，则又无分别，"混"字与"近"字相似而实不同，学者不可不察也。

《读荀子》

荀卿学术本多疵，独怪承传有李斯。千载尚为吾道贼，岂惟性恶一言私。

姜南[2]《叩舷凭轼录·庄荀扬子之文》

陈后山云：庄、荀皆文士而有学者，其《说剑》《成相》篇，与屈骚何异？……愚以为文章以理为主，而辅之以气。庄、荀之气壮，故志节著而文愈奇。

杨慎[3]《丹铅馀录》

宋人讥荀卿，云卿之学不醇，故一传于李斯而有坑焚之祸。此言过矣。孔子曰："与其进也，不与其退也。"弟子为恶，而罪及师，有是理乎？若李斯可以累荀卿，则吴起亦可以累曾子矣。刘向《别录》云："吴起始事曾子，而受《春秋》于曾申。"《盐铁论》曰："李斯与苞丘子同事荀卿，苞丘子修道白屋之下。"二事人皆引之，而罕知其原，故及之。

---

① 方凤，明正德、嘉靖间人，生卒年不详，字时鸣，号改亭，昆山人。与兄鹏同登正德三年(1508年)进士。授行人，擢南京御史。有《方改亭奏稿草》。

② 姜南，字叔明，号蓉塘，明代文人，浙江仁和人。正德十四年(1519)中举人。著有《投瓮随笔》《半村野人闲谈》等。

③ 杨慎(1488—1559)，字升庵，他否定宋儒所倡通学，揭示理学和心学都存在着"重虚谈""多议论""学而无实""学而无用"的弊端。著有《古音》七书、《丹铅》诸录、《六书博证》、《升庵经说》、《易解》、《檀弓丛训》等。

陆粲[1]《注荀卿子序》

陆子曰：吾读荀卿子书，高其文辞，而怪今之君子之好之何少也。或曰荀卿者，意广而为学阔疏，议论大抵矫亢失中，又时讥切孟子，以故近世儒者或颇黜其书。吾亦甚恨卿之不遭孟子也。使夫得游，从焉，与相切磋而去其蔽，则卿固可为醇儒哉。然自孔氏没，七十子之徒散亡既尽，教益衰，学士大夫争骛于权利，而卿独修先王之言，卓然不阿时好，彼所谓豪杰士也。非耶，战国之世，儒者厄穷，孟子既困于齐梁以终，而卿亦老无所遇，晚乃适楚。楚既衰矣，而黄歇当国，未见其有可仕者也。方天下日被秦虐，吴之故墟，去中国稍阔远，兵车不及，卿将托焉以卒老欤。非有意于干歇也。卿没后，李斯相秦，以并天下。斯虽尝游其门，而卒叛去，乃用异说以残民，废先王之道，盖其徒之不肖者也。而或者谓卿之学有以使之。夫学焉而失其真，自孔氏之门不能无杂，而独卿欤？其师善医，其弟子蓄蛊以杀人，非师之罪也。议者以斯故病卿，亦良过矣。卿之书三十二篇，其礼乐二篇多戴记中语，余篇自《大略》以下，文辞不类，往往杂见于《家语》诸书中，将后来者剿焉以附益之乎？余窃感卿以李斯故被污蔑，因取其书，粗为校定，其章句又颇以己意训释之，以俟夫读荀卿子者。

谢榛[2]《诗家直说》

屈宋为辞赋之祖，荀卿亦赋，自创机轴，不可例论。

熊过[3]《南沙先生文集·荀子》

《史记》：荀卿推儒墨道德之行。然卿墨子有见于齐，无见于畸。老子有见于诎，无见于信。其所排遏非所谓“道不同不相为谋”耶？卿本儒家者流，其非子思、孟子，乃欲自跻以继孔子，其意望侈然大矣。……卿以仁义为伪而好言礼，曰：“礼者，养也。不明内心之疑，以原天则之自然。外取于声色臭味，而近为耳鼻口体之制。”顾又曰：“礼者，敬之文也”，是宁知

---

① 陆粲(1494—1551)，字子余、浚明，南直隶苏州府长洲(今江苏苏州)人。著有《陆子余集》8卷，又有《左传附注》《春秋胡氏传辨疑》及《左氏春秋镌》。

② 谢榛(1495—1575)，字茂秦，号四溟山人，临清人。明代文学家，“后七子”之一。其诗以律、绝见长，有《四溟集》《四溟诗话》等著作。

③ 熊过，自贡富顺县人，嘉靖八年(1529)年进士，翰林院庶吉士。他学识渊博，治学严谨，是著名学者杨升庵的好友，被列为“西蜀四大家”和“嘉靖八才子”之一。因议论朝政得罪皇帝，被罢官流放云南，流放期中，闭门著书。遗著《南沙文集》被收入《四库全书总目》中。

礼之非伪也哉！韩子称卿大醇小疵，黄东发原古今字义之别，为解曰：卿所言伪者，谓若媚与佞，非若今以为谄邪也。嘻！东发亦党同于韩子耶。至其所论，粹而王，驳而伯，义立而王，信立而霸。波恶知孟氏身与假之辨哉？东发之论，则有由然矣。卿大疵如此，岂不乱真。方希直曰："摈背道之言自荀卿始。"亦若遇计也夫。

蔡瑷[①]《汶滨先生语录》卷一五

荀子名况，字卿，赵人。汉刘向重定三十二篇为《荀卿新书》。唐杨倞分易卷第，更名《荀子》。其书云"君子大心则天而道，小心则畏义而节"，则可矣。至于以性为恶，以礼为伪，是其不知天命之懿，而以人欲横流者为性，不知天秩之自然，而以出于人为者为礼也。其曰真积力久而后入，能定而后应，皆至道之言。当时以荀孟并称，盖其择焉而不精，故时有出入耳。

归有光[②]《荀子叙录》

荀子三十二篇，唐大理评事杨倞常移易其篇第，而今篇中亦多有失伦次者。余欲重加厘整，而惮于纷更，第别其章条，或句为之断，长短皆有意焉。而时有芜谬，取韩子"削其不合者附于圣人之籍"之意，与其它脱文衍字，并为识别，读者可以一览而知也。

当战国时，诸子纷纷著书，惑乱天下。荀卿独能明仲尼之道，与孟子并驰。顾其为书者之体，务富于文辞，引物联类。蔓衍夸多，故其间不能无疵。至其精造，则孟子不能过也。自扬雄、韩愈皆推尊之，以配孟子。迨宋儒颇加诋黜，今世遂不复知有荀氏矣。悲夫！学者之于古人之书，能不惑于流俗而求自得于心者，盖少也。

沈津[③]《百家类纂·荀子题辞》

赵人荀况撰。……唐韩愈氏谓其辞多合孔子，在轲、雄之间。今观其

① 蔡瑷，字天章，号汶滨。明世宗嘉靖时人，约公元1543年在世。宁晋人。初师真定张睿，后从韩邦奇、湛若水游。举嘉靖八年(1529)进士。累官监察御史，巡按河南，刚直敢言。与杨爵等因事系狱旋罢归。人称汶滨先生，著有《汶滨集》10卷与《汶滨语录》。

② 归有光(1506—1571)，字熙甫，号项脊生，人称震川先生。著有《三吴水利录》《马政志》《易图论》《震川文集》《震川尺牍》等。今通行本为四部丛刊本《震川先生集》共40卷，系据明常熟刊本影印。

③ 沈津，明嘉靖(1507—1567)间慈溪人，任含山教谕。隆庆(1567—1572)间辑刻过《百家类纂》40卷。

书,以性为恶,以礼为伪,非谏诤,傲灾祥,尚强霸之道。论学术则以子思、孟轲为饰邪说,文奸言,与墨翟、惠施同诋焉。论人物择以平原、信陵为辅拂,与伊尹、比干同称焉。戾于圣人之旨者多矣。意其为人,盖才甚高而不见道者也。才高故言或有合于孔氏。由不见道,故极言性恶,与孟轲氏背。学者其亦务知道哉!

王世贞[①]《弇州四部稿·读荀子》

吾读荀氏书,其言性恶礼娇,大氐多愤嫉过中之旨,则岂唯小疵已哉?至云"养心莫善乎诚",有味乎其言之也。夫诚者,真实不妄也。对诚之者而言,则圣人事也。偏而言之,则彻上下语也。宋儒举而非之,曰:"既诚矣,心安用养耶?如以辞而已矣。"孔子之告哀公,曰:"思事亲不可以不知人,思知人不可以知天",其为荀氏语也,宋儒当复举非之,曰"是天亲而外铄也,是上达而下学也"。抑何谬戾失序也!宋儒之好刺非古而专其尊若此。又庄子之言,曰:"父子不可解于心,君臣无所逃于天地也。"名言也。夫无所逃于天地亦已过矣。宋儒复举而非之:"夫父子主恩,君臣主敬,天也,人也,宁纤毫乎哉?"尧崩,四海若丧考妣,必尧而后若丧考妣也。父不慈,即瞽叟为吉甫。若晋献者逝,而子可无恸哉!

李贽[②]《焚书·宋人讥荀卿》

宋人谓卿之学不醇,故一传于李斯,即有坑儒焚书之祸。夫弟子为恶而罪及师,有是理乎?若李斯可以累荀卿,则吴起亦可以累曾子矣。《盐铁论》曰:"李斯与苞丘子同事荀卿,而苞丘子修道白屋之下。"卓吾子曰:使李斯可以累荀卿,则苞丘子亦当请封荀子矣。

《藏书·德业儒臣·荀卿》

荀子与孟子同时,其才俱美,其文更雄杰,其用之更通达而不迂,不晓当时何以独抑荀而扬孟也。中间亦尊周、孔,然非俗所以尊者;亦排墨子,

① 王世贞(1526—1590),字元美,号凤洲,又号弇州山人,明代南直隶苏州府太仓州人。明代文坛盟主,史学巨匠。诗文集有《弇州山人四部稿》174卷、《弇州山人续稿》207卷和《艺苑卮言》12卷。史学方面有《弇山堂别集》100卷。松江人陈复表将其所著的各种朝野载记、秘录等汇为《弇州史料》,前集30卷,后集70卷,内容包括明代典章制度、人物传记、边疆史地、奇事佚闻等,是一部较完整的明代史料汇编。

② 李贽(1527—1602),字宏甫,号卓吾,别号温陵居士、百泉居士等。著有《焚书》《续焚书》《藏书》等。

亦非十二子，然亦非俗之所以排所以非者，故曰"荀孟"。吁！得之矣。

《荀卿李斯吴公》

升庵先生曰：以荀卿大儒而弟子有焚书坑儒之李斯，以李斯为师而弟子有治行第一之吴公。人之贤否信在自立，不系师友也。卓吾子曰：能自立者必有骨也。有骨则可藉以行。立苟无骨，虽百师友左提右挈，其奈之何？一刻无人一刻站不得矣。然既能行立，则自能奔走求师，如颜、曾辈之于孔子。然谓其不系师友亦非也。

王圻[①]《稗史汇编·人事门·品阶类》

荀卿儒耳，李斯学荀而失之者也，不死于犬而死于鼠。鬼谷仙耳，苏张学鬼而失之者也，不死于爵而死于舌。

詹景凤[②]《詹氏性理小辨》

荀子封赵孝成王所谓六术、五权、三至、四不，可以此觇知卿心术实从范、蔡作枢轴，外乃以孔、颜缘饰之。至其强词伟论，盖世才哉。

又荀子言性恶，只缘好异，欲不蹈袭前人之旧，亦以性善被孟子道过，故反之而言性恶。至其论性恶，广论曲证，极意尽志，使人乍读不觉为非，反若以为是，则其才也。周太守子征谓卿言性恶，为人自染于意欲，将令去欲以存善。此又多为卿解说。如此则云自染可矣，曷归诸性。

沈懋孝[③]《荀卿非十二子说》

昔者读荀卿氏书，至《非十二子》篇，曰卿之非田骈慎到者流，似也；其非子思孟子，则太甚。人言荀卿高论不让得无近之乎？既而思之，道固有

---

① 王圻(1530—1615)，明文献学家、藏书家。字元翰，号洪洲，上海人，祖籍江桥(时属青浦县)，嘉靖四十四年(1565)进士。学问渊博，著述宏丰，传世的有《洪洲类稿》4卷、《三才图会》105卷、《两浙盐志》、《续文献通考》254卷、《谥法通考》、《稗史汇编》、《云间海防志》等，并主纂万历《青浦县志》。

② 詹景凤(1532—1602)，字东图，号白岳山人，又号大龙宫客等，安徽省休宁县流塘村人。主要著作有《东图全集》30卷、《詹氏小辨》64卷、《六纬撷华》10卷等。

③ 沈懋孝(1537—1612)，字幼真，号晴峰，浙江平湖人。明官员，藏书家。进士，授编修，改庶吉士，仕南京国子司业，两淮盐运司判官，起河南巡抚，未任。退居淇林之上，授徒讲学，拥书万卷，人称"长水先生"。著有《淇林雅咏》10卷、《滴露轩藏稿》1卷、《洛诵编》2卷、《水云绪编》3卷、《贲园草》4卷、《四馀编》3卷、《石林蒉草》3卷、《长水集》34卷、《周易程朱传义笺》、《周易四圣象辞》、《周易博议》、《类苑总目》80卷等。

不相谋相发者，人患不能自立，故于道无所见无所发。卿之于道，殆有见矣。其非二子，与二子相发。所谓庄生畔仲尼，所以助仲尼也。昔子思孟子言天命道性善，盖仲尼未尝言也。曰性相近习相远云耳。夫其近而归之性，则理气不可分；远而归之习，则学习不可废。故中人从善易，恶必有学，上智下愚不可移，立言如是，后世谁得加之。今夫思孟之言天、言善是也。而气之杂糅，或不能该，故推致扩充皆从善者言之，矫厉琢磨之道，言之或不备。自孟子没源远流益分，不求其本体之所以然，直任其性偏之所用，执途之人，遂告以为尧为舜，不察其质之不类俗，学无当俗思不圆不足该万端之略。适当世之用计。古今人意见之偏亦不甚相远，故卿之意，谓救时弊者莫如礼。人之初生，固若未雕未琢，然必习之以礼，而后文章出马，经纬成马。三尺之童离襁褓，立严师之侧，规矩日就，知见日充；东邻之子，纫而无训，蠢然木强耳。一龙一猪岂不以习哉？卿之言，曰五寸之矩尽天下之分，奥窔之间，簟席之上，帝王文章具马平世之俗出焉。盖言礼之为教，尺寸在掌握，羃䌰徧四海，有程有度有仪有章，可以治身，可以治天下。卿所谓尧舜先王者，此具是也。譬之璞，然思孟言璞主乎玉者也。虽教人琢磨，直指其中所有，卿之言璞，主乎琢磨者也。必教人琢磨，乃可出其中之所有，以成器而致天下之用，此其意之所入不同未始不相发也。第卿生绝学之后，自信之太过，窃天下利器而轻言之，以愤时之说，快其自是之心，遂昌言于天下，曰性恶也，礼伪也，桀纣性也，尧舜伪也，乱天下者，子思孟轲也。斯不亦言之太甚，不足训乎？韩愈氏云，荀也择焉不精，小疵大醇，可谓笃论。已如以李斯韩非辈之所为，归狱于卿，曰弃灭先王之礼自卿始。夫二子学于卿，卿恶得辞其责乎？然而失卿之意矣。卿之学，重礼者也，非蔑礼者也；尊圣宗经者也，非畔经者也。千载蒙不白之疑，吾故表卿论学大旨，竢夫折衷道术者。

陈于陛[①]《意见·儒名》

儒字古列于九流十二家，至荀子乃称大儒之效，归之尧舜、孔子。至宋儒益加发挥，儒道始彰，儒名始白。荀子之功不减宋儒矣。

《意见·周公》

荀子称周公，今有天下，今无天下，与《明堂》所称，皆似谓周公真摄天子者，意虽以称周公之忠，而实以启天下后世篡子之口实。

---

① 陈于陛（1543—1596），字元忠，号荩斋，是曲周县堤上村人。出身于农家，勤而好学。嘉靖三十八年进士，著有《意见》一书。

于慎行①《榖城山馆文集·荀卿非十二子说》

苏子曰："荀卿者，喜为异说而不顾，敢为高论而不让者也。"予始信之。今读荀子书，见其所非诋六家之言，归于略法先王为子思孟轲之罪。若专为二子而发，则知卿有所不得已焉。荀子者，盖亦欲为孔子之道，而索之思孟之书，徒见其说之汪洋汗漫，不可得其要领也，则迁延而舍去，而又恐天下以我为非孔子之道也，于是取非孔子之道者五家，历指而诋之，而终之以思孟。若曰子思、孟轲五家者流也，非孔子之道也。《易》曰"中心疑者其辞支"，盖其中有所不可已也。今夫纵情恣睢，自放而不检，佗嚣魏牟之行也，慕古之所谓狂而失之者也。忍性离趾，为高世异人之行而不足以合大众、明大分，陈仲史鳝之行也，慕古之所谓狷而失之者也。尚同兼爱，侵略差等，使上下淆渎者，墨翟、宋钘之行也，所谓墨家者流也。尚法下修，诡合于君臣而不可以经国定分者，慎到田骈之行也，所谓法家者流也。悭说琦辨，苟以捭阖天下，多事而寡功者，惠施邓析之行也，所谓纵横家者流也。此五家者，诚非孔子之道也。卿一言以折之，若不劳余力，而独至于子思、孟轲，则反覆其辞，曰："略法先王而不知其统。""甚僻违而无类，幽隐而无说，闭约而无解。"若卒遇哀敌，力与之角，而惟恐其不胜者。是故其言可惊可愕，使人听之莫不惶惑而四顾，故苏子曰："敢为高论而不让，喜为异说而不顾。"不知卿之所以极诋思孟者，非故异其说，高其论，而其中有所不得已也。反覆荀子之言，而洞推其底里，大率取礼教琢磨以成经纬。而其论治，要在审后王之道，以就平世之俗。盖亦治名实功利之说，而又不安于卑卑之论，则欲本孔子之道，而援取二帝三王之统，以就吾所治名实功利之说，施之目前，可使旋至而立有效，则荀子之术已。及其观子思、孟轲所诵述孔子之言，不究其广大精微、隐而未发之奥，而徒见其汪洋汗漫之迹。穷年而不可阐，言之可听，而欲以施之名实功利之间则不可以速得其效，故难之。苟难之而已也。然孔子之道在焉，方欲适孔子之道而可以叛乎其徒？故一举而列之乎五家之中，使天下知子思、孟轲之不为孔子之道也，而外于子思、孟轲之说者，或可以庶几乎其间，故如此其排之也。辟有人焉，赘富人之家，而欲假其宗姓，则必驱其嗣子而诡言以摈之者也，岂理也哉！故吾以为荀子之论，专为思孟而发，彼十子者，卿之所制挺而挞焉者耳。虽然，荀子诚过矣，然致之有由焉。今观思、孟之书，其

---

① 于慎行(1545—1607)，明代文学家、诗人，字可远，又字无垢。东阿县东阿镇(今属平阴)人。明隆庆二年(1568年)进士，官至太子少保兼东阁大学士，入参机务。谥文定。著有《榖山笔麈》(18卷)、《榖城山馆文集》(42卷)、《榖城山馆诗集》(20卷)、《读史漫录》(10卷)。

言天人性命、仁义礼乐之旨，沨沨洋洋，皆帝王相守之微言。而至于设施措置之略，择隐而不发，以为是圣人之糟粕，可以随时变易，而何事乎笔之于书。及至易世之后，学者治其说而不得，则求之乎言语文字之中，而辞章训诂之学，杂然而并出。于是孔子之道不明，则不善学者之过也。荀子者，盖亦知其流之至此矣。然论道之不明者，犹不曰词章训诂者害之也，而曰择焉而不精，语焉而不详。吁！此亦子思孟轲之罪乎哉？

周汝登[①]《圣学宗传》

荀子之言世所诋者性恶。而程子云："善固性也，恶亦不可不谓之性。"则其立言非尽无谓也。况《性恶篇》终深明人可为禹，谓有其质、有其具。与人皆可为尧舜之旨有二乎哉？

案：在理学阵营中，周汝登大概是第一位站出来为荀子讲话的人。他不是一般性地肯定荀子，而是就宋儒对性恶的责难进行了辩驳。宋儒虽一口否定了荀子的性恶论，但他们自己也承认气质之性有恶的一面，"恶亦不可不谓之性"，这说明，完全否定性恶是不可能的。况且，荀子不仅肯定人可以为禹，还承认人皆有能掌握和实践仁义法正的资质，这与孟子的人皆可以为尧舜是一样的。通过这样的比较，周汝登认为，孟子性善是从源头上说，荀子的性恶是从流弊上说，两人的角度不同，实际并不冲突。这些分析的意义不仅仅在于揭露了宋儒的狭隘，而且预示着理学已开始正视荀子的价值，并试图对荀子思想加以整合。

沈尧中[②]《沈氏学弢》卷十二

荀子，赵人，著书数万言，如《劝学》《论礼》《君道》《臣道》等篇，多合孔子。韩愈称其在轲、雄之间。但以性为恶，以善为伪，非谏诤，傲灾祥。论学术则以子思、孟轲与墨翟、惠施同诋，论人物则以平原、信陵与伊尹、比干同誉。意其为人，盖才甚高而不见道者也。

---

① 周汝登(1547—1629)，字继元，别号海门，万历五年丁丑进士。擢南京工部主事，历兵、吏二部郎官，官至南京尚宝司卿。师事罗汝芳，继承王阳明《朱子晚年定论》的思想，以王阳明的"本心"之学为宗。著有《海门先生集》12卷，《东越证学录》16卷，及《圣学宗传》等。

② 沈尧中(1547—?)，字执甫，号瀛壶，嘉兴人。明学者。万历八年(1580)庚辰科进士。授南陵知县，任男刑曹，官至刑部尚书。博学嗜古。著有《沈氏学弢》16卷、《春秋本义》4卷、《学弢经籍说》3卷、《古文大学集注》、《音律启蒙》以及《万历嘉兴府志》32卷。

王纳谏[①]《删注荀子二卷自述》

自晋以孟与荀为在伯仲之间，既而醇者益以尊，疵者益以讥。于是焉，荀氏失据，退而夷于诸子集家之流，而其为书，若存若亡。荀氏固仲尼之徒也，仲尼没而诸子之嵬嵬，噂沓目相非也。荀卿氏者，案为之通统类、綦文理、立隆正、绌百家。百家故未易绌也！譬如捕鹿，孟氏角之，荀氏掎之。夫以庄周之辨有口，齐鲁诸儒莫能自解免也，而一言以蔽之曰"庄子蔽于天而不知人"，虽圣人复起，其孰能易之哉！且夫言者，人之肖也。荀子，吾不得而见之矣，意其人必健有决，挢然自信者也！斯孔子之所谓狂矣，而讥荀者亦有说。

彼以性为恶，无本统矣。今有农夫日号于人曰"我田瘠"，其田实不瘠也，自见病焉。然而其耕也，力疾其芸也，除蒌以自见病，故其作之也不止。若是者，可谓力田矣，而未可谓知田。则吾将一言以蔽之："荀子蔽于人而不知天！"噫嘻，自昔仲尼罕言性与天道，七十子之徒未尽知性也，而俎豆不废。近世若王伯安，其说以性无善无不善，知性未尽也，而俎豆不废。独以废荀氏，何邪？亦其矫然自信之过欤？醇疵之辨昉自韩退之，退之欲削荀氏之不合者附于圣人之籍。斯公于求善者欤？吾为成其志，作《删注荀子》。

芜城王纳谏圣俞父述

汪应蛟[②]《汪子中诠》卷五

苏轼论荀卿敢为高论异说，而不顾愚人之所惊，小人之所喜，可谓深中荀病矣。夫论不高不足以谀，闻说不异不足以耸众，此索隐行怪所为争鸣于世也。持此一念，已不可与入尧舜之道。即义让千乘，行高洗耳，君子弗齿，况徒恣横议以炫愚俗乎哉！后世学者，不务遵圣人辙，而务标新帜，以为异，是皆荀卿之徒矣。

荀子言养心莫善于诚，宋儒辩其不识诚矣，夫荀子非独不识诚也。诚即性，唯至诚能尽性。谓人性恶，是必以戕贼为养也；谓尧舜伪，是必以桀

---

① 王纳谏，字圣俞，生卒年不详，江都人，明学者。著有《初日斋集》7卷、《易经巽注》4卷、《新镌易经家训》6卷、《删注荀子》2卷，辑刊古籍多种。

② 汪应蛟（?—1628），字潜夫，号登原，南直隶徽州府婺源人。万历二年（1574）进士。平生著作甚富，有《诗礼学略》《诗礼品节》《学诗略》《中诠》《读庸悟言》《理学经济汇编》《九问密语》《独言》《海防奏疏》《津门疏》《抚畿奏疏》《蜀语》《古今彝语》《计部奏疏》《病吟诗草》《乡约记》等百余卷。

纣为诚也。暗性命之原，乱千圣学术邪，诐孰甚焉？韩愈氏谓荀与杨也，大醇而小疵，此愈所以未闻道也。

冯从吾[1]《少墟集·论荀卿非十二子》(阁试)

昔荀卿以儒自命，而立言指事，壹禀于仲尼，可谓伟矣。然仲尼之徒，惟思、孟独得其宗，而卿之非十二子也，以思孟为闻见杂博，猥与墨翟惠施辈同类而共讥之。是何敢于高论异说，而不让邪？胡其悖也？卿之言曰：它魏不可合文通治，陈史不可合众明分，墨宋不可容辨异县君臣，慎田不可经国定分，惠邓不可为治纲纪似也，而犹曰“持之有故，言之成理”。若有不尽非者，何至以僻违无类，幽隐无说，闭约无解，乃归之思孟，而以唱和为有罪哉？孔氏既没，异端棼如，战国以来，从衡捭阖之习盛，而吾道不绝如线矣。仲尼之道，灿然复明于世者，唱和之力也，而可曰罪也邪？卿固尊信仲尼者，正宜以思孟为津筏，而后可以窥洙泗之源委，案饰其辞而祇敬之，曰：“此先君子之言也。”繇斯以观卿，顾不当祇敬先君子哉？果尔，则卿亦世俗之沟，犹瞀儒嚾嚾，莫知其非者矣，岂不自言而自悖之邪？尊仲尼而非仲尼之徒，亦太惑矣。或谓卿妄以道自任，明知思孟之学，故为排之，以自继仲尼之统，不知有此一念之胜心，而已不可与人道矣。何足为思孟损益哉？且卿之尊信仲尼也甚笃，而子弓虽贤，与仲尼并称，已失低昂之实，又何论思孟。卿受学于子弓，意推尊子弓。以彰己学所从来，故不得不与仲尼并称，是卿之尊信仲尼，亦桓文之尊周室，不过阳浮慕之已耳。不然，子弓固不在仲尼下，而思孟岂遂在子弓下哉？是仲尼而非思孟，余诚不知其何说矣。大抵卿惩叔季不学之弊，而归咎于性恶，见霸功之算计见效也，而曰法后王。故闻思孟之称性善，而谈法古，不翅如枘凿。然此其诋思孟之根，不可救药者也。独不思相近之训，安所称恶而尧舜汤文，岂不惓惓于垂训，无乃仲尼非乎？它魏慎墨之流，仲尼之徒，羞称之。至如史鳍之直，固其所深嘉乐与者，亦不可概例于诸子。老庄辈诋圣侮法，不遗余力，乃置之不论。甚矣，卿之好奇也。然则，卿之非十二子也，其诚敢为高论异说而不顾者哉？或又谓后世儒者，借喙思孟，行实悖之才，无可用世，而窃儒名以盖其愆。卿诚有激乎其言之者，不知果有激而言也，非其窃儒名者可矣，并真儒而非之可乎哉？昔人称卿才高

---

[1] 冯从吾(1557—1627)，字仲好，号少墟，西安府长安(今西安人)。为关学在明代重要传人，创办关中书院，发扬关学。著有《冯少墟集》22卷，又有《元儒考略》《冯子节要》及《古文辑选》等。

而不见道，谅矣。呜呼，卿一非思孟，而李斯遂焚书坑儒，以促秦二世之亡，非学而遂以亡人之国也。学可非乎哉，祸秦者斯，而祸斯者卿也。此古今治乱得失之林也。

郝敬[1]《时习新知》卷六

荀卿，千古孟浪人。《非十二子》之作，扳援仲尼，此达巷党人[2]之知夫子者耳。庄周叙道术，遍举诸子，独不敢齿夫子，其识过荀卿远甚。子弓何人，突举以配仲尼，岂千古有两仲尼，而人不识之？子思、孟子，圣之亚也，妄肆讥讪。言人性，则以为恶，言政事，则法后王，启焚书坑儒，不师古之端。李斯从之学，以其术亡秦。韩愈谓荀卿小疵。嗟乎！是尚为小疵也乎？

孙慎行[3]《读荀子》

吾性从何得异名，枉因邪说久纵横。一言矫性三无畏，再佐焚书万不平。天地自来忧覆折，圣贤常只说微精。留他搅乱机关在，好与人心助战兢。

姚希孟[4]《松瘿集·读荀子》

荀卿书多微言奥旨，而大要推本儒术。其《劝学》《修身》《儒效》等篇，择其精醒，杂之戴《记》《家语》中，无辨也。其为戴《记》所摭实者最多。礼乐诸论半入经籍。余向者读《礼记·三年问》，回环反复，涕泗交颐，谓非至人不能道，乃全出《荀子》。不誉者反疑《荀子》袭《礼记》。夫《礼记》赖汉儒补缀成书，而荀卿生于战国，其游学于齐，从驺衍淳于之徒，舌辨相高，非洙泗之传也，何袭焉。独其尊孔氏，而埒于子弓，斥游夏为贱儒，诋诃子思、孟轲，以为闻见杂博。而其获罪天下万世者，尤在性恶一论。性恶之旨本于告子，而畅言之其意，亦欲彰古圣人辅世立教之功，乃诎天以伸

① 郝敬(1558—1639)，字仲舆，号楚望，湖北京山人。晚明时期著名的经学家和思想家。通经学，著述颇富，亦善画。主要著作有《周易正解》《尚书别解》《毛诗原解》等。

② 达巷党人，一说指7岁而为孔子师的项橐。一说古代500家为一党，达巷是党名，是说达巷党这地方的人。

③ 孙慎行(1565—1636)，字闻斯，号淇澳。江苏武进人。外祖父是明代著名文学家、军事学家唐顺之。著有《困思抄》《玄晏斋集》等。

④ 姚希孟(1579—1636)，字孟长，号现闻，南直隶苏州府吴县人。著作有《文远集》《公槐集》《响玉集》《棘门集》《沆瀣集》《循沦集》《丹黄集》《松瘿集》《伽陵集》《风吟集》等。

人。不知非菱不葩，非汜不浚，鹄白乌玄，可如黝垩，变乱其质哉。盖习闻淳于诸子之说，敢于抨击孟氏，其于儒术又曙末而瞇本，遂至诪张亡忌，以胎李斯之祸，而不可救。千古昭明性学以孟氏称元功，卿不得不为戎首矣。其文词多婀㚖媞媠可爱，自成篇法，小恨绵弱耳，亦逴得精挚语。至于《云》《蚕》诸小赋，真屈宋之亚而江鲍之鼻祖也。读书者不以辞害志，亦不可以志害辞，各有取尔矣。丁卯五月廿三日雨窗书于静君轩。

董斯张[①]《吹景集·荀子中字义略记》

《荀卿子》宏肆蜿蜒，极文章之变。《王霸》《正名》诸篇，真千古奇作。其败处独《性恶》一论，如唾在喉间，喀喀不能出，亦遁辞，知其所穷也。然何可以一瑕掩群玉哉！欧公得其一体，遂名大家。今人多高阁置之，其篇中字义亦多不解者，予故笔之如左。

张存绅[②]《增定雅俗稽言》卷二七

荀况之学，杂于申韩。所著《劝学》诸篇，其目三十有四。杨倞谓其根极领要，似矣。然以性为恶，以礼为伪，而讥毁子思、孟子，何其昧于礼性乎。

朱荃宰[③]《文通·叙学》

荀子议论，过高好奇，致有性恶之说。然其王霸之辨，仁义之言，不可废也。

朱君复[④]《诸子斟淑》

《史记·荀卿传》云："荀卿嫉浊世之政亡国乱，君相属不遂大道，而营

---

① 董斯张（1587—1628），原名嗣章，字然明，号遐周，又号借庵，明末浙江湖州诗人。耽溺书海，手抄书达百部。因体弱多病，自称"瘦居士"。有《静啸斋词》1卷、《吴兴备志》32卷、《吴兴艺术补》等。

② 张存绅，字叔行，号见其，明华容人。天启（1621—1627）中贡生。著有《雅俗稽言》。

③ 朱荃宰，字咸一、白石，自号泙漫子，由室名为泙漫堂而来。黄冈（今湖北省黄冈市）人。崇正元年（1628）中过科举，但未出仕，一直到崇祯十二年（1639），受朝廷的征召而做了武康（今浙江省武康镇）知县。曾撰《诗通》《词通》《乐通》《曲通》《文通》，汇为"五通"，今只《文通》留存。

④ 朱君复，生卒不详，明代豫章（江西南昌）人。

于巫祝，信禨祥，鄙儒小拘，如庄周等，又猾稽乱俗，于是推儒墨道德之行事，兴怀叙列，著数万言而卒。”余观子长于《庄周传》云：“其言汪洋自恣以适己，故自王公大人不能器之。”而此又云“鄙儒小拘”，何自相矛盾如此。且猾稽周问有之，品以鄙小，知子休所不甘也。

四、清代论荀辑注

冯班[①]《钝吟杂录·读古文浅说》

荀子言杀《诗》《书》,焚书之渐也。历诋诸儒,坑儒之渐也。荀子好言礼,实不知礼。礼者非从天降也,非从地出也,生于人心者也。先王因人心而制礼,岂以其违性者强之乎。荀子言性恶,则其所谓礼者,政刑之末耳,非礼也,古人所以制恶人者也。李斯之学,全出于荀卿,坡公论之不详也。

白胤谦[②]《归庸斋文录·读荀卿》

初闻荀子有性恶之论,意谓其贵学而尊教也,或如《书》所云"生民有欲,须人主之治之"者也。乃今阅之,则直以孟子性善为非,初亦谓其未见孟子之说,故见之弗及,思之未深,论之弗笃耳。而不然焉,甚且以善为伪,又以圣人为伪。噫,何其横肆无忌至于斯耶?向令荀子其所言者一无足取则已,而又不然,则其失言之故诚亦不可得而知矣。韩子谓其大醇而小疵,此言之疵不得以为小矣。彼杨倞所称激愤而著者,其或然邪?子贡曰:"一言以为不知。"荀子是也。

傅山[③]《荀子评注》

《荀子》三十二篇,不全是儒家者言。而习称为儒者,不细读其书也。有儒之一端焉,是其辞之复而啴者也。但其精摰处,则即与儒远。而近于法家,近于刑名家,非墨而又有近于墨家者言。

① 冯班(1602—1671),字定远,晚号钝吟老人。江苏常熟人。从钱谦益学诗,少时与兄冯舒齐名,人称"海虞二冯"。有《钝吟集》《钝吟杂录》《钝吟书要》《钝吟诗文稿》等。

② 白胤谦(1605—1673),字子益,号东谷,山西省阳城县人,明朝进士、清朝政治人物。早年理学名家,为清初大儒。

③ 傅山(1607—1684),明末清初的书法家、学者、医学家。字青竹,号青主,后改字号真山、石道人、松侨老人等。明亡后,他着朱色衣,居土穴中,字号朱衣道人。傅山一生著述颇丰,留存于世的仅《霜红龛集》和《两汉人名韵》两部。

魏裔介[1]《槐下新编雅说集·闲居择言》

或问雩而雨何也？荀卿曰："无何也，犹不雩而雨也。"以此见荀卿学问涵养之疎甚矣。彼盖以天之与人邈不相涉也，则古帝王之言敬天皆为虚语，而郊祀之礼皆为虚文，而若无天云者为确论矣。人之有天犹子之有父母也。父母之怒也，必致敬以回之。天之不雨，亦其怒也，可付之不理而听其自雨乎？嗟乎！自古以来，福善祸淫未有爽也。岂必天之有言而后为有天耶！人不畏天，更何可畏！此纣所以谓敬不足行，祭无益者也。而荀卿之论如此，无怪乎其谓性为恶，礼为化性而起伪也。

费密[2]《弘道书·道脉谱论》

圣人至仁也。子贡曰："文武之道，未坠于地，在人。贤者识其大者，不贤者识其小者，莫不有文武之道焉。传曰：礼失而求诸野，不贤也，野也，皆道所在。圣人不废，七十子与汉唐诸儒传遗经而道获存，不贤焉野焉，亦可为毛血明水遂尽削之，其合于圣人之仁，否也。而况与圣门殊乎？辨曰：此有本之大议也。然自永乐尊显以来，世以宋性理之说为是者，数百年取驳议诸儒之言，谓非圣门之旧而述古学，恐世未能尽信乎。曰事久难以卒变，自古而然。昔王安石义训大行，杨时论之诸生，咸以为不可。今之非安石者皆是也。安石程朱，小殊而大合，特未尝就数家遗书细求耳。辨曰：痛哉，痛哉！七十子与汉唐诸儒伤其久湮矣。然宋儒何为有是说耶？曰：独言孟轲之传，开于唐儒韩愈，至宋蔡京，遂以王安石上下。孟轲程颐又以程颢为孟轲后一人，而尚无道统接传之论也。南渡后，朱熹与陆九渊争胜门户，熹传洛学，乃倡立道统，自以为曾氏独得其宗，而子思，而孟轲，而程颢程颐，接之盖杨时事二程，而友罗从彦李侗，熹所从出也，皆与韩愈不合。愈之言曰，博爱之谓仁，行而宜之之谓义，由是而之，焉之谓道足乎？己无待于外之谓，德其文，《诗》《书》《易》《春秋》，其法礼乐刑政，其民士农工贾，其位君臣父子师友宾主昆弟夫妇，其服麻丝，其居宫室，其食粟米果蔬鱼肉，其为道易明，其为教易行，尧以是传之舜，舜以是传之禹，禹以是传之汤，汤以是传之文武周公，文武周公传之孔子，孔

---

① 魏裔介(1616—1686)，字石生，号贞庵，又号昆林，直隶柏乡(今邢台市柏乡县)人，清初大臣。著述有《兼济堂文集》传世。

② 费密(1623—1699)，字此度，号燕峰，四川新繁人。在文学、史学、经学、医学、教育和书法等方面都有很高的造诣。主张经世致用之学，反对理学家空谈性命义理，不务实际，指出"道"必须"致用"。著有《中传正记》《弘道书》《燕峰集》等。

子传之孟轲，轲之死不得其传焉。荀与扬也，择焉而不精，语焉而不详，夫愈之《原道》举其实而辟其浮，守其中而贬其杂，未尝及统略焉耳，荀以传也。孔子传七十子，承以曾申，矫疵公羊高谷梁赤公明仪公明宣乐正子春檀弓，孔伋门人乃有孟轲，曰孔子传之孟轲，七十子与曾申诸贤将不堪比数耶。又尝曰文武以是传之周公，孔子不及孟轲，以其言求之，前则不以七十子为传，后则不以孟轲为传，愈即欲乖悖未尝敢若，斯过甚也，不得其传，谓孟轲门人无能著书者也，继孟轲著书，荀卿扬雄称善，故曰荀与扬也，大醇小疵，犹云伯夷圣之清而隘，柳下惠圣之和而不恭，非谓荀扬不能继孟轲之传也，愈尝语诸生，昔者孟轲好辩，孔道以明，荀卿守正，大论是闳。是二儒者吐辞为经，举足为法，绝类离伦，优入圣域，又曰已之道乃夫子孟轲扬雄所传之道，若不胜则无以为道，其挥之进之，取雄为法焉，崇奉荀扬其可知矣。韩愈未敢废。

王士禛[①]《池北偶谈·荀子语》

李广射虎没石饮羽。荀子《解蔽》篇已云："冥冥而行者，见寝石以为伏虎也。"唐时"山风吹空林，飒飒如有人"，荀子已云"见植林以为后人也"。

熊赐履[②]《学统》

周子曰："荀子云：'养心莫善于诚。'荀子元不识诚，既诚矣，心安用养耶!"程子曰："荀子谓：'博同多见，可以取道。'欲力行尧、舜之所行，其所学皆外也。"又曰："有学不至而言至者，循其言可以入道。"门人曰："何谓也?"曰："'真积力久则入。'荀卿之言也。'优而柔之，使自求之；厌而饫之，使自趋之。若江河之浸，膏泽之润，涣然冰释，怡然理顺，然后为得也。'杜预之言也。'思之思之，又重思之，思而不得，鬼神将通之，非鬼神之力也，精诚之极也。'管子之言也。此三者，循其言，皆可以入道，而三子初不能及此也。"又曰："荀卿才高学陋，以礼为伪，以性为恶，不见圣贤。虽曰'尊子弓'，然而时相去甚远，圣人之道至卿不传。"又曰："荀子悖圣人者也，故列孟子于十二子，而谓人之性恶。"

或言荀卿亦是教人践履。朱子曰："须是有是物，而后可言践履。今于

① 王士禛(1634—1711)，字贻上，号阮亭，别号渔洋山人，山东新城人。清初著名诗人。著有《带经堂集》《渔洋山人精华录》《居易录》《池北偶谈》等。

② 熊赐履(1635—1709)，字青岳、敬修，号素九，别号愚斋，官至吏部尚书、东阁大学士。谥文端。著有《学统》《下学堂札记》《朴园迩语》等。

头段处既错,又如何践履?天下事,从其是。曰同,须求其真个同;曰异,须求其真个异。今则不然,只欲立异,道何由明?"问:"荀子言性恶礼伪,其失盖出于一,大要不知其所自来,而二者亦互相资也。其不识天命之懿,而以人欲横流者为性,不知天秩之自然,而以出于人为者为礼,所谓不知所自来也。至于以性为恶,则凡礼文之美,是圣人制此,以返人之性而防遏之,则礼之伪明矣。以礼为伪,则凡人之为礼,皆反其性矫揉以就之,则性之恶明矣。此所谓互相资也。告子杞柳之论,则性恶之意也。义外之论,则礼伪之意也。"朱子曰:"亦得之。"问:"东坡言孟子已道性善,荀子不得不言性恶,固不是。然人之一性,无自而见,荀子乃言其恶,他莫是要人修身,故立此说。"朱子曰:"不须理会荀卿,且理会孟子性善。渠分明不识道理,如天下之物,有黑有白,此是黑,彼是白,又何须辨?荀卿不为说性不是,从头到底皆不识。当时未有明道之士,被他说用于世千余年。今且于自己上作工夫,立得本,本立则条理分明,不待辨。"又曰:"荀卿全是申、韩,观《成相》一篇可见。他见当时庸君暗主,战斗不息,愤闷恻怛,深欲提耳而诲之,故作此篇。然其要,卒归于明法制、执赏罚而已。"

西山真氏曰:"荀子云:'水火有气而无生,草木有生而无知,禽兽有知而无义,人有气、有生、有知,亦且有义,故最为天下之贵也。'其论似矣。至其论性则以为恶,论礼则以为伪,何其自相戾耶?"又曰:"荀子论心,如'君子大心则天而道,小心则畏义而节'等语,皆可取。若所谓'湛浊在下,而清明在上',则有可疑。盖心之虚灵知觉者,万理具焉,初岂有一毫之污浊哉?自夫汩于物欲而后有污浊尔。学者必尽去物欲之害,则本然之清明自全。今曰'湛浊在下,而清明在上',是物欲之害,初未尝去,但伏而未作尔。其可恃以为安耶?水不能不遇风,长川巨浸,泓澄无底,虽大风不能使之浊。心不能不应物,欲尽理明,表里莹澈,虽酬酢万变,不能使之昏。无风则清,有风则浊者,尘滓之伏于下也。静之则明,动之则昏者,利欲之藏于中也。"

敬轩薛氏曰:"荀子性恶之论,先儒固已辨其非。然'粹而王,驳而霸'之语,则甚当。其他犹知尊二帝三王之法,屡举以为言,以圣学律之。固极偏驳。在战国时言之,视纵横之徒为近醇,韩子所以取之者以是与!"又曰:"荀子为人,意必刚愎咈戾,观其书,其气象可见。果为时用,未必不贻害于生人。"又曰:"知莫先于知人,荀子不取孟子、子思,则是以二子为非贤也。使其见用于时,有若孟子、子思,尚不为所取,则其所取者又何等人耶?既无知人之明,而欲成治功也,难矣。"又曰:"荀子以人性为恶,则是诬天下万世之人皆为恶也。其昧于理,如是之甚。”又曰“程子曰:‘荀子只一句性恶,大本已失。’盖性者,大本也。言性恶,则大本已失矣。”又曰:“程子言恶,亦不可不谓性也,此指理在气中。荀子言性恶,则专主气言,故有不同。”

敬斋胡氏曰:“荀子只性恶一句,诸事坏了,是源头已错,末流无一是处,故其以礼义教化,为圣人所造作伪为,以矫人之性而化人之恶。殊不知天高地下,万物散殊,而礼制行矣。此皆吾性中所具之理,圣人因而品节制作之。礼义、教化既成,又足以正其情,养其性,节其欲,成其德,此足见礼乐、教化自吾性中出,圣人因而成之,则性善无疑矣。孟子言性善,在本原上见得是,故百事皆是。荀子在本原上见错,故百事皆错。”又曰:“荀子不知性之为理,只在情欲上看,故曰性恶,遂以礼义、教化、政刑皆圣人伪为,其罪大矣。盖礼义、教化、政刑皆天理之当然,人性之固有,圣人因而裁制之。惟伊川程子言‘性即理也’,真实精切,发明孟子性善最尽。朱子又曰‘性者,人生所禀之天理’,则又曲而尽矣。”又曰:“孟子在良知、良能上体验,故曰性善;荀子在情欲交动处看,故曰性恶。依孟子说,则礼乐、教化皆吾性中事;依荀子说,是指气质物欲为真性,故以礼乐、教化为伪为也。”又曰:“理无不实,心无不正,谓之诚。故荀子以养心莫善于诚,周、程讥其不识诚,诚如五谷已成,果实已熟,又焉用养。孟子言养心莫善于寡欲,无欲即诚也。心与理为一也。”

整庵罗氏曰:“择焉而不精,语焉而不详,此言以议杨子云可也,荀卿得罪于圣门多矣,不精,恶足以蔽之?如苏氏所论,喜为异说而不让,敢为高论而不顾,乃为切中其膏肓之病尔。且如《非十二子》及《性恶》等篇,类皆反复其词,不一而足,不可谓不详矣。颠倒谬戾,一至于此,尚何详略之足议耶?韩昌黎之待荀卿未免过于姑息矣。”

愚按:荀卿当战国淆乱之时,独能称述仲尼,以排斥百氏,意诚善矣。然见道不明,师心自是,故其为书皆杂引物类,舛驳蔓衍,务驰骋于文词,而不能一轨于义理之域。方之田骈、邹衍之徒,殆未见其能远过也。然自扬雄而下,皆推尊之,以配孟子。即震川归氏,亦以其精造,虽孟子不能过,颇咎宋儒之妄加诋黜,致后世不复知有荀氏。吁!斯亦过矣。《荀子》三十二篇,即所为劝学、修身之说,其陋已甚。其《非十二子》也,至以子思、孟轲为仲尼之罪人。其言曰“孟子谓人之学者其性善,是不及知人之性,而不察乎人之性伪之分者也。凡性者,天之就也。礼义者,圣人之所生也。圣人化性而起伪,伪起于性而生礼义,礼义生而制法度”。呜乎!是言也，抑何其大谬也！盖荀卿病不知性尔，既不知性，又乌知礼？既不知礼，又乌知学？则又乌知夫仲尼、思、孟之所以为仲尼、思、孟也哉？学者大本一差，无往而不见其戾，即又奚怪荀卿也？独是荀卿之说，正与孟氏相背，殆不啻柄凿然，而世儒顾强而同之。所谓齐孔、墨而并颜、跖也，此何理也？呜乎！读书论世亦岂易易也哉！

案：熊赐履在《学统》一书中断自邹鲁，迄于有明，分为五统：以孔子、颜子、曾子、子思、孟子、周敦颐、程颢、程颐、朱熹9人为正统；以闵子骞以下至明罗钦顺23人为翼统；以冉伯牛以下至明高攀龙178人为附统；以荀卿、扬雄、王通、苏轼、陆九渊、陈献章、王守仁7人为杂统；以老子、庄子、杨朱、墨子、告子及道、佛二氏之流为异统。他虽将"学"分为五"统"，但其重点放在尊正统、辟杂统、黜异统上。

陆次云[①]《尚论持平·荀子》

《绿雪亭杂言》[②]谓荀卿以礼为伪，论者疵之，不知荀子指礼之末流之弊而言也。试观鲁之禘礼，季氏旅泰山之礼，王莽谦恭之礼，苏章杯酒故人之礼，曹丕受禅之礼，桓温拜表即行之礼，诚耶？伪耶？傅说曰"礼烦则乱"，老子曰"礼者忠信之薄"，皆即末流之弊而言也。孰谓荀子不知礼乎？否则，何以其书曰"学至乎礼而止"，何以曰"人无礼则不生，事无礼则不成，国家无礼则不宁"？不可以知其礼伪之言有所为而发乎？

吴震方[③]《读书质疑·师弟异品》

荀卿大儒也，而弟子有焚书坑儒之李斯。李斯怪人也，而弟子有治行第一之吴公。

---

① 陆次云（1635？—1690后），约清康熙初前后在世。字云士，号北墅，浙江钱塘人。著述颇多，有《八竑释史》4卷、《纪余》4卷、《八竑荒史》2卷、《峒溪纤志》3卷、《志余》1卷、《湖堧杂记》1卷、《北墅绪言》5卷、《尚论持平》2卷、《析疑待正》2卷、《事文标异》2卷、《澄江集》1卷、《玉山词》1卷及《圆圆传》。

②《绿雪亭杂言》为敖英所撰。敖英，字子发，号东谷。讲学相资，奖掖后进。著《绿雪亭》《心远堂诗文》等集，名《东谷十书》。

③ 吴震方，约1694年前后在世，字青坛，浙江石门人。康熙十八年（1679）进士。著有《晚树楼诗稿》4卷及《读书正音》《岭南杂记》等。

张伯行[①]《性理正宗序》

程、朱有功于万世，以其表彰《四书》《五经》，倡明孔孟之大道也。设使荀、扬之言得行，孔孟之道，又何由而著？

荀、扬辈或云性恶，或云善恶相混，邪僻之见，足以害道。

金昌协[②]《性恶论辨》

人之性，善。荀卿之言性恶也，气也，非性也。

卿之言曰，曲木必将待隐括然后直。钝金必将待砻磨然后利。人之性恶，必将待师法然后正，得礼义然后治。卿以为木之曲也，无可直之理，而隐括直之。金之钝也，无可利之理，而砻磨利之乎。必有其理而后可也。曲木之可以直也，以其性柔也。钝金之可以利也，以其性刚也。使木而如金，则隐括得以施诸？使金而如木，则砻磨得以措诸？由是观之，则木有可直之理，而隐括得以直之。金有可利之理，而砻磨得以利之。人有至善之性，而圣人得以善之。若是者，可谓非其性而强之乎？

今夫目之能视也，耳之能听也，人之所同得乎天也。而聋盲不能然者，病也，非耳目之性然也。善医者治之，则投以汤丸，施以针焫，而目焕然明，耳豁然聪。医虽善也，岂能取其性之所无而与之哉？亦去其为病者而已。人性之必善，犹耳目之能视听也。而恶焉者，其聋盲者也。圣人者，其善医者也。教化刑法者，其汤丸针焫也。今有见人之聋盲者曰，耳目之性然也，而医者能聪明之，其有不以为愚者乎？卿之说，正类此。

卿之言曰，“涂之人，皆可以为禹。又曰，涂之人，皆有可以知仁义法正之质，皆有可以能仁义法正之具。”夫卿之谓仁义法正之质与具也，岂谓人所固有者乎？抑谓袭而取也哉？若必袭而取而可，则人未必皆有。苟曰皆有，则其非袭而取也，审矣。夫非袭而取也，则固性之本然而无待乎伪矣。此非孟子所谓性善而人皆可以为尧舜者乎？以卿之力攻孟子，而于此卒不能异其说。亦见理之自然，非辨说之所能易也。卿之学，博而笃矣，惟未晰于性气之分，而不究乎善恶之本。

---

① 张伯行(1651—1725)，字孝先，号恕斋，晚号敬庵，累官至礼部尚书。历官20余年，以清廉刚直称。著作宏富，有《正谊堂集》12卷及《道南源委》《道统录》《伊洛渊源续录》《小学集解》《二程注录》《续近思录》《学规类编》《性理正宗》《广近思录》《濂洛关闽书》《困学录集粹》《濂洛风雅》等，并传世。

② 金昌协(1651—1708)，朝鲜孝宗、肃宗年间的学者、文臣。字仲和、农严，谥号文简。1682年增广文科状元及第，任成均馆大司成。有《农严集》。

卢锡晋[①]《尚志馆文述·荀子不畏天变论》

尝读荀卿书，至以为星变木鸣，可怪而不足畏。盖喜其文章之峭刻，而未尝不叹其失言。昔者，孟子大宋牼之志而不可于其号，夫著书立说者，辟若决水焉，始不过蚁穴之穿漏，及其久也，至于溃隄防、坏城郭而不可救其流失之。然也，今荀子之言又非但蚁穴而已，其言人妖也。舍其虚而责其实，乃志之善者也。曰畏天之变为非者，则所谓号之不可者也。且夫耕耘惰而伤岁，谷价贵而伤民，是上之不能重其农功也。政刑紊而下不安，举措乖而民不服，是上之不能慎其措施也。礼仪不修而内外无别，君臣相疑而寇难日至，是上之自渎其伦叙等威也。君之尊，无上所畏，惟有天耳。天不足畏，故无所忌，而至于如此。然则天变者，人妖之所致，其妖之在人，固即不畏天变之一念有以成之耳。何谓天变者，人妖之所致也。《春秋繁露》云：灾异之本，生于国家之失，其始萌也，天必出灾异以谴告之，谴告之而不变，则犹必见怪异以惊骇之，如是而又不知畏，而殃咎乃至。明主者畏之而不恶也。故凡灾之应过而常至者，谓之幸国；其或天不见灾地不见孽，则谓之不幸之国，而祷于山川以谢其过，楚庄王之事是也。此天之因乎人而不可不畏者也。何谓人妖者，其不畏天之一念有以成之也。太戊之庭生桑谷，一日而拱。太史请卜之，王退卜者曰："吾闻见祥而为不善，则福不至；见妖而为善，则祸不生。"于是早朝晏退，问疾吊死以镇抚其民，比三日而谷止。文王寝疾而地震，群臣请增城以移其灾。文王曰："不可。天见其妖以罚有罪，而又欲兴事以动众是重吾罪也。不若行善以移之。"行善而疾以止，享国者五十一年。宋景公惧荧惑之守心，召子韦而问焉。子韦曰："兆且不利君身，请移于相。"公曰："微相，吾谁与治？""移于民。"公曰："微民，吾谁为君？""移于岁。"公曰："岁恶则民饥而死焉。有君人而杀民以自利者乎？"子韦北面再拜而贺曰："天处高，而听卑君有仁人之言三。今夕荧惑其退三舍，君复延三纪矣。"已而果然。此之谓畏天而人妖散。殷之将亡也，昼见星而天雨血，纣不知惧，而汤之祀忽焉。宋康王之国，有爵生鹯。王谓群臣曰："吾闻小育大，王者之祥也。"于是县革以射天，伐邻以构怨，虐使其民，至于亡灭。他如季孙意如知雨雹之为伤其君而不忧也，卒逐昭公；张禹知日食之为害国而不告，酿成汉祸。夫是二臣者，无亦有忌其君之知而畏之者耶。此之谓"不畏天而妖以成"。是以孔子作《春秋》而书灾异者，不惮其烦焉。荀卿昧于此义，

---

① 卢锡晋，字子弓，山东单县人，康熙二十七年(1688)进士。著作有《尚志馆文述》《尚志堂集》。

放言高论，不顾其流失，至使王安石直以不畏天变立说，而未能原其志。吁！其亦可惜矣夫！

方苞[1]《方苞集·读尚书记》

《书》说之谬悠，莫如《君奭》篇。序称召公不悦，及周公代成王作诰而弟康叔。自唐以后，众以为疑，朱子出其论始定。然折之以理而未得其情也。余既辨《周官》正《戴记》，然后悟，曰：是二者，亦刘歆之为耳。盖歆承莽意作《明堂记》，奏定居摄践阼之仪，而《戴记》所传无是也。故预征天下有逸《礼》古《书》《周官》文字者，令记说于廷中，以示《明堂记》所自出。不徒购其书而征其人，使记说利其无稽也，故前后至者以千数。而又多为之征于文王世子之篇窜焉。周末诸子言礼者，莫笃于荀卿。而网罗旧闻莫先于《史记》，故于荀氏，司马氏之书亦窜焉。奏称周公践阼而召公不悦，所以探汉大臣之心而多为之变以携之也。而于记无可附，故于《君奭》之序窜焉，而并窜鲁燕世家，以为之征。莽改元称康诰王，若曰朕其弟小子封，以为周公受命，称王之文则当是时尚无。篇首周公作洛众会之文也。使此文前具则必引为明证而不徒虚为之说矣。歆知其说为天下所心非，故复窜此以设疑于后世尔。盖是篇乃伏生之书，博士弟子所循诵也。若早窜焉，则众哗然而辨其非矣。苏氏谓康诰之首乃洛诰错简，群儒因之亦非也。其地其时实与多士篇应而见士于周义，亦近焉。盖五服之国，各登其民治而贡士于周，故公因而告之，然大义无存焉。虽存而不论，可也。余悯汉唐诸儒为歆所蔽，使圣人之经受其诬。而记礼者及荀氏司马氏亦为歆而受恶，故辨其所由然，使后有考焉。

《方苞集·删定荀子管子序》

自周以前，上明其道而下守之，以为学舍故府之礼，籍史臣之记载，太师所陈之风谣，无家自为书者。周衰道散，然后诸子各以其学鸣，惟荀氏之书，略述先王之礼教；管氏之书，掇拾近古之政法；虽不偏不该，以视诸子之背道而驰者，则有间矣。而其义之驳辞之蔓，学者病焉。切而究之，荀氏之疵累乃其书所自具，而管氏则众法家所附缀而成，且杂以道家之说，齐东野人之语。此则就其辞气可识别者也。余少时尝妄为删定，兹复审详，凡辞之繁而塞诡而俚者，悉去之，而义之大驳者则存而不削，盖使学者知二子之智。乃以此自瑕而为知道者所深摈，亦所以正其趋向也。管

---

[1] 方苞（1668—1749），字凤九、灵皋，晚年号望溪，亦号南山牧叟，安徽桐城人，桐城派散文的创始人，与姚鼐、刘大櫆合称桐城三祖。著有《望溪先生文集》。

氏之书，其本真盖无几，以其学既离道而趋于术，则凡近似而有所开阐者，皆得以类相从，而无暇深辨焉耳。

《方苞集·删定荀子后》

昔昌黎韩子欲削荀氏之不合者，附于圣人之籍，惜其书不传。余师其意，去其悖者、蔓者、复者、俚且佻者，得篇完者六，节取者六十有二。其篇完者，所芟薙几半，然间取而诵之，辞意相承，未见其有阙也。夫四子之书，减一字，则义不著，辞不完，盖无意于文，而乃臻其极也。荀氏之辞有枝叶如此，岂非其中有不足者邪？抑吾观周末诸子，虽学有醇驳，而言皆有物。汉、唐以降，无若其意蕴之充实者。宋儒之书，义理则备矣。抑不若四子之旨远而辞文，岂气数使然邪？抑浸润于先王之教泽者，源远而流长，有不可强也。

黄之隽[①]《唐堂集·题荀子》

齐荀于孟，犹齐墨于孔。荀子盖愤而著书者，故骚激之音多。《成相》一篇，弹哀丝而唱之，足以酸春申之鼻矣。《庄子》叙道术九人，罕贬词。荀于十二子，乃毅然非之，且以及思、孟，其殆有所愤乎。夫战国之将变而为秦也，君以意杀人，相以权杀人，将以戈矛杀人，士以舌杀人，殆其性嗜杀邪。荀卿见其如此嗜杀也，故愤曰人性恶。若鲁仲连乃所最号善人者，且以诡说谲笔杀人。荀卿又愤之，故曰其善者伪也。虽然，予以观于人，荀子之言，虽愤亦有味其言哉。《赋篇》滑稽游衍，则分景宋之体，而长朔舍人之风矣。

汪由敦[②]《松泉集文集·读荀子书后》

荀子言根乎道，而行文委曲纡徐，以畅其旨，孟子而外，卓乎为诸家冠。盖老子谨严，庄列恣肆，惟荀氏理近正而辞大醇，不独唐宋名家多从此出，即汉京贾董亦多依仿其文辞。愚谓学文之士，读六经《论语》而外，

---

① 黄之隽(1668—1748)，江南华亭人，原籍安徽休宁。初名兆森，字若木、石牧，号唐堂，晚号石翁、老牧。康熙进士。雍正元年(1723年)起，历任庶堂、翰林院编修、福建督学、右中允、左中允等，后被革职。在任期间，雍正时，曾参加重修《明史》，革职后曾应聘纂修江浙两省通志，任《江南通志》总裁。著作有《唐堂集》《香屑集》等。为学尊程朱。他喜爱戏曲，著有杂剧《四才子》。

② 汪由敦(1692—1758)，初名汪良金，字师茗，号谨堂，又号松泉居士。安徽休宁人。学问渊深，文辞雅正，兼工书法。著有《松泉集》。

当读《荀子》。《荀子》熟，秦汉以及八家举包孕其中矣。

任启运①《清芬楼遗稿·荀卿论》

韩退之曰“孟荀以道鸣”，又曰“孟氏醇乎醇者也，荀与扬大醇而小疵”，其说当矣。……独惜荀子特以性恶一言，遂与扬氏并撤而曾不察其意。孔子曰“继之者善，成之者性”，子思曰“天命”，孟子曰“性善”，而荀子独曰“性恶”，且甚其辞曰“乱天下者子思、孟子”。其立说诚过，然吾以为荀子特欲矫子思、孟子之偏，而不自知其言之过者也。……

故遂谓性为恶，而谓必从先圣人仁义之训，然后可以为人，故曰：“善者伪也，伪也者，人为之谓也。”后人不解荀子之意，而以伪为假，夫亦昧乎其义矣。且夫荀子之意，未尝不以性为善也。其言曰：“今人之性，生而有好利焉，顺是，故予夺生而辞让亡。生而有疾恶焉，顺是，故残贼生而忠信亡。亡之为言，固有而失之之谓也。”然则荀子以辞让忠信为固有明矣。彼盖以辞让忠信为孔子所云继之之善，以好利疾恶为成之之性也。子思、孟子之言性，由继善而更上之。荀子之言性，自成性而又下之。其所谓性者不同，则其所谓善恶亦异，而其意则未尝异也。虽然，由子思、孟子之说，人之为仁义也乐之，由荀子之说，人之为仁义也苦之。使人以仁义为苦，非荀子之意也。然其弊必至于此也。立言而弊，是固荀子之过也夫。

全祖望②《鲒埼亭集外编·读荀子》

太史公传荀子，谓行年五十，始至齐游学。颜黄门《家训》因之，而刘中垒《说苑》作十五，相去悬绝，无可折衷。考《儒林传》齐威王招天下之士于稷下，而荀子客焉。威王在位三十六年，不知荀子以何年至，姑弗论，但以历事之君计之，则宣王十九年，当齐极盛之时；湣王四十年，当齐大乱之时；襄王十九年，当齐中兴之时。星移物换，前此田骈之属皆死，而老师独

① 任启运（1670—1744），字翼圣，世称钓台先生，江苏宜兴人。有《宫室考》13卷、《礼己章句》10卷、《周易洗心》9卷、《四书约指》19卷、《孝经章记》10卷、《夏小正注》、《竹书纪年考》、《逸书补》、《孟子时事考》、《清芬楼文集》等。

② 全祖望（1705—1755），字绍衣、谢山，浙江鄞县人。年少家学渊源，喜经史文献，仰胜朝忠义之士。雍正壬子（十年，1732）京师中举，与李绂交游，共校《永乐大典》。会试选翰林院庶吉士，受荐博学鸿词科，议罢，散馆，不赴知县外任，离京绝意仕途。曾任蕺山书院、天章书院山长，在粤主讲端溪书院。遭丧子之痛而逝。所著有《鲒埼亭集》50卷（含《经史问答》10卷。今存38卷，尚有2卷遗佚），《外集》50卷，《诗集》10卷，又有《古今通志年表》《汉书地理志稽疑》《读易别录》《续甬上耆旧诗》《钱忠介公文集》等。

存，尚修列大夫之缺，三为祭酒，固已百龄有余。然而齐王建之三年，春申君方相楚，又历八年，荀卿仕焉。春申柄政二十四年，死于李园之难。荀卿失官，葬于楚，即如《说苑》所云，已极年齿之永者矣。又据《说苑》，荀卿归，卒于赵，亦与《史记》不同。荀子生于赵，见《史记》；卒于赵，见《说苑》，然终身未尝立赵之朝，以齐始而以楚终，乃曾与赵临武君论兵于孝成王之前，颇不可解。方荀子之由赵而齐，孝成未立。及其由楚而赵，孝成已亡。大抵当在去齐适楚之交，其年数颇相合。《通鉴》所载，颇为得之。此虽无甚关系，然亦读史者所当考也。

《鲒埼亭集·经史问答》卷八

问：荀卿传“葬兰陵”，而《国策》谓其归赵，且录其绝春申之书。谁是？答：恐是《国策》为是。荀子书中，有与临武君论兵于孝成王前一事。荀子久于齐，事在孝成王之前。由齐如楚，即为兰陵令。则何由见孝成乎？故知其为自楚归赵也。《史记》言春申死而荀子废。今观《国策》拒春申之书，其辞醇古，非荀子不能为也。则或者荀子辞春申而去，及春申死，荀子以甘棠之旧，复游兰陵而卒焉，亦未可定。要之其曾归赵，固无疑者。

蔡上翔[①]《王文公年谱考略》卷二十三

自唐陆鲁望作《大儒评》，以李斯焚书坑儒大为荀卿罪，苏子瞻继之，及以性恶相攻者，抑又甚焉。

自孔子没，汉司马迁传儒林，以孟轲、荀卿并列，由汉至唐，曰孟、荀、扬，由唐至宋，则经学愈盛，儒效益彰，非孟、荀、扬、韩勿道，则以此四子皆遵尚孔子者也。

谢墉[②]《荀子笺释·序》

荀子生孟子之后，最为战国老师。太史公作传，论次诸子，独以孟子、荀卿相提并论，余若谈天、雕龙、炙毂及慎子、公孙子、尸子、墨子之属，仅附见于孟、荀之下。盖自周末历秦、汉以来，孟、荀并称久矣。小戴所传

① 蔡上翔（1717—1810），字元凤，别号东墅。著有《东墅文集》20卷、《东墅诗钞》4卷、《不求甚解录》4卷、《论语续言》4卷、《从政录》1卷、《王荆公年谱考略》25卷（另附《杂录》2卷）。

② 谢墉（1719—1795），字昆城，号金圃、丰甫、东墅，晚号西髯。著作有《安雅堂诗文集》12卷、《安雅堂诗集》10卷、《四书义》2卷、《六书正说》4卷、《南巡召试录》3卷、《荀子（杨倞注校）》20卷（附《校勘补遗》1卷）、《食味杂咏》、《风俗通》等。张之洞撰《书目答问补正》提及谢墉是清朝的著名经学家，通小学。

《三年问》，全出《礼论篇》，《乐记》、《乡饮酒义》所引俱出《乐论篇》，《聘义》"子贡问贵玉贱珉"亦与《德行篇》大同，《大戴》所传《礼三本篇》亦出《礼论篇》。《劝学篇》即《荀子》首篇，而以《宥坐篇》末"见 大水"一则附之，"哀公问五义"出《哀公篇》之首。则知荀子所著，载在二《戴记》者尚多，而《荀子》原书或反而残缺散失。

愚窃尝读其全书，而知荀子之学之醇正，文之博达，自四子而下，洵足冠冕群儒，非一切名、法诸家所可同类共观也。观于《议兵》篇对李斯之问，其言仁义与孔、孟同符，而责李斯以不探其本而索其末，切中暴秦之弊。乃苏氏讥之，至以为"其父杀人，其子必且行劫"。然则陈相之从许行，亦陈良之咎欤？此所谓"欲加之罪"也。

荀子在战国时，不为游说之习，鄙苏、张之纵横，故《国策》仅载谏春申事，大旨劝其择贤而立长，若早见及于李园棘门之祸，而为"厉人怜王"之词，则先几之哲固异于朱英策士之所为。故不见用于春申，而以兰陵令终，则其人品之高，岂在孟子下？顾以嫉浊世之政，而有《性恶》一篇，且诘孟子性善之说而反之，于是宋儒乃交口攻之矣。尝即言性者论之：孟子言性善，盖勉人以为善而为此言；荀子言性恶，盖疾人之为恶而为此言。要之，绳以孔子相近之说，则皆为偏至之论：谓性恶，则无上智也；谓性善，则无下愚也。韩子亦疑于其义，而为三品之说，上品、下品盖即不移之旨，而中品则视习为转移，固胜于二子之言性者矣。然孟子偏于善，则据其上游；荀子偏于恶，则趋乎下风，由愤时疾俗之过甚，不觉其言之也偏。然尚论古人，当以孔子为权衡，过与不及，师、商均不失为大贤也。

此书自来无解诂善本，唐大理评事杨倞所注已为最古，而亦颇有舛误。向知同年卢抱经学士勘核极为精博，因从借观，校士之暇，辄用披寻，不揆梼昧，间附管窥，皆正杨氏之误，抱经不我非也。其援引校雠，悉出抱经，参互考证，往复一终，遂得茂事。以墉谫陋，诚不足发挥儒术，且不欲攘人之美，而抱经频致书属序，因举其大要，略缀数语于简端，并附著书中所未及者二二条于左云。乾隆五十一年岁在丙午六月既望，嘉善谢墉东墅甫题于江阴学使官署，时年六十有八。

戴震[1]《孟子字义疏证》

荀子非不知人之可以为圣人也，其言性恶也，曰："涂之人可以为禹。""涂之人者，皆内可以知父子之义，外可以知君臣之正。"其可以知之质，可以能之具，在涂之人，其可以为禹明矣。"使涂之人伏术为学，专心一志，思索孰察，加日县久，积善而不息，则通于神明，参于天地矣。故圣人者，人之所积而致(也)[矣]。"圣可积而致，然而皆不可积，何也？可以而不可使也。涂之人可以为禹则然，涂之人能为禹，未必然也；虽不能(为)禹，无害可以为禹。此于性善之说不惟不相悖，而且若相发明。终断之曰："足可以偏行天下，然而未尝有能偏行天下者也。"能不能之与可不可，其不(可)同远矣。盖荀子之见，归重于学，而不知性之全体。其言出于尊圣人，出于重学崇礼义。首之以《劝学》篇，有曰：诵数以贯之，思索以通之，为其人以处之，除其害者以持养之。又曰：积善成德，神明自得，圣心循焉。荀子之善言学如是。

案：戴震所阐发的思想虽名为孟子，实际上更近于荀子。从根本上说，戴震实同于荀子，其区别只在于荀子把"养人之欲，给人以求"的利益归于圣人的积伪，而戴震则归之于圣人，因之自然以归于必然。此外荀子言性恶，强调人有感知和认识事物的能力。这是他认为人性本恶，但圣人可以积伪以生礼义的理论基础。戴震也强调"心知"的作用。从戴震重视智、重视欲、重视礼义，以血气心知为性等主张来考虑，与荀子显然十分接近。他认为在儒学的传统里，荀子的思想是孟子之外最接近孔子的。钱穆在《中国近三百年学术史》总结说："今考东原思想，亦多推本晚周，虽依孟子道性善，而其言实近荀卿。"

汪缙[2]《绳荀》

《三录自叙》：有天下者，将以正人心，扶道术、济民生，比衷诸至圣。至圣之道一，天道也……尧、舜、禹、汤、文、武、周公以是授受，至孔子集其大成……孔子殁，曾、思继之，作《大学》《中庸》定其宗，传之孟子……孟子下，智足以知尊孔子者，荀子而已……中录曰《绳荀》，绳也者，绳其出入也。荀子知尊孔子矣，与其本乎天者未明也。知放弃邪说矣，根株未断

① 戴震(1724—1777)，字东原，安徽屯溪人。他既是乾嘉考据学久负盛名的"皖派宗师"，又是在儒学内部最早批判"以理杀人"的思想家。其视个体为真实、批判程朱理学的思想，作为中国文化现代转型的本土资源，对晚清以来的学术思潮产生了深远影响。戴震本人也被梁启超、胡适称为中国近代科学界的先驱者。

② 汪缙(1725—1792)，字大绅，江苏吴县人。所著有《汪子文录》《二录》《三录》《读书四十偈私记》《读易老私》等，《清史列传》并传于世。

也。循其说以公制私，以顺胜逆，为汉唐之治而有余矣……

绳荀一

昔者先王深观天人之际，有以得其枢三极，纽万化之理，经经纬纬，制之为礼，浑合天人，不可分判者也。然且判之，则是知礼者有弗至也。夫天人合一，礼之大全也。天人解散，礼之一曲也。举其大全，知之兼至者也。泥其一曲，知之偏至者也。荀子之于礼偏至哉。何者？荀子之学，礼为宗。荀子之学礼，人为宗。礼固有天有人，以人为宗，岂复礼之大全乎？且其时知礼之大全而浑合天人者有之矣，孟子是也。其言曰："形色天性也，惟圣人然后可以践形。"形色，人也。天性，天也。圣人践形，天人一矣。且知礼之一曲者，其时又非独荀子也，固有知天而不知人者矣。知天不知人，庄子是也。其言曰："待钩绳规矩而正者，是削其性也。待绳约胶漆而固者，是侵其德也。曲折礼乐，呴俞仁义，以慰天下之心者，此失其常然也。"此纯任天说也。荀子曰："枸木必将待隐括烝矫然后直，钝金必将待砻厉然后利。今人之性恶，必将待师法然后正，得礼义然后治。"是则纯任人说也。纯任天说，纯任人说，说不同，知之偏至则一也，礼之一曲也。庄子之纯任天说也，彼其意以谓天无穷，人有穷，吾从其无穷者以无穷吾有穷，而有穷者亦无穷，故一以自然者为宗，是以纯任天说也。荀子之纯任人说也，彼其意以谓人可据，天不可据，吾从其可据者以据夫不可据，而不可据者亦可据，故一以勉然者为宗，是以纯任人说也。虽然，天之无穷固矣，然必体之人而后无穷者能无穷，非然者，则无穷者立穷，有穷者益穷。人之可据固矣，必命之天而后可据者安于据，非然者，则可据者不安于据，不可据者益不可据。庄、荀或未之察也。且庄、荀于此固以谓礼者天之精，杂以人则弗精，勿杂以人，精之至焉尔，故曰"不开人之天，而开天之天"，此其纯任天说也。以谓礼者人之积，诿之天则弗积，勿诿之天，积之极焉尔，故曰："大天而思之，孰与物畜而制之？从天而颂之，孰与制天命而用之？"此其纯任人说也。由庄子之说精之，天之至者，人亦且至。天固天也，人亦天也，故曰"精而又精，反以相天"。由荀子之说积之，人之至者，天亦且至。人固人也，天亦人也，故曰"并一而不二，所以成积也"。并一而不二，则通于神明，参于天地矣。由此观之，庄、荀之所知，不可谓不至，然卒归于偏而不兼者，庄子以人为小，荀子则以性为恶也。以人为小，以性为恶，天人二矣。其去一也远矣，其去大全也远矣，所由与孟子之知各异也。

绳荀二

玄黄剖判，万物混形，负阴抱阳，横首鳞介，以区其族。血气凝动，嗜欲蠢蠢，嗜欲欲遂，不遂则争夺生。争夺既生，人弱物强，物害乃滋。圣人出，为之驱物卫民，于是群然戴附之，以为君师。故君之立，民立之也。物害既除，民又自相攻击，为人道忧。治之者非如治物之可以力捍势御，械羁智络也。圣人忧之，因其天制之为礼，以善人道，然后人道立。所谓善人道者何始也？曰始于因。因也者，因其天。是故因德贤小大，制君臣礼；因生生相禅，制父子礼；因男女牉合，制夫妇礼；因同腹昭苏，制兄弟礼；因异系相欢，制朋友交接礼。由五者又推，通焉制之差等，使其嗜欲不得乱，以纪纲人道，人道由斯乃不坏。是故后之君天下者，诚能察其始，修礼以养人之欲，天下相安于礼之中，君臣同德，父子一心，夫妇相严，兄弟耽乐，朋友道终，敬让之风行于海内，则人道立。人道立，则天地清宁，万物得所，日进于治。进于治者，礼治之也。不能察其始，不能修礼以养人之欲，天下相争于欲之中，君臣离德，父子异心，夫妇相谪，兄弟相犹，朋友道不终，乖戾之气积于宇内，则人道穷。人道穷，则天地否塞，万物失所，日趋于乱。趋于乱者，欲乱之也。然则已乱在养欲，养欲在由礼，由礼在修礼。君天下之大法，盖在是矣。荀子曰："人之所以为人者，以其有辨也。辨莫大于分，分莫大于礼，礼莫大于圣王。"又曰："无君以制臣，无上以制下，天下害生纵欲，欲恶同物。欲多而物寡，寡则必争矣。离居不相待则穷，群而无分则争。穷者患也，争者祸也，则莫若明分使群矣。"此君所由立，礼所由起。君天下者，不可不一察此言也。且夫君天下者，亿兆人中之一人焉也。以一人养亿兆人之欲，欲给养焉盖难矣。虽然，得其说而养之无难也。夫能养亿兆人之欲者，必其能先寡一己之欲者也。能以礼养亿兆人之欲者，必其能先以礼寡一己之欲者也。人君唯无欲也，唯能先以礼寡欲也。人君而有欲，所欲必大，人君不能以礼先寡其欲，势足以盈纵之，几不亏亿兆人之欲，以满一己之欲也；几不堤亿兆人之欲，以流一己之欲也。即亏即满，即堤即流。此亿兆人畏刑恶罪，亦即静然安亏安满，安堤安流，未尝敢谁何，而人君之志殚，人君之威亦且大白矣。然而亿兆人之安亏，情不安亏也。亿兆人之安堤，情不安堤也。亿兆人之安人君之满也，非其情也。亿兆人之安人君之流也，非其情也，积威劫之也。亡何而亏者骤满，堤者骤决，满者骤倾，流者骤阏，智者不及谋，勇者不及顾，飙旋兽骇，风举云摇，而人君之欲虚矣。秦是也。后之人君，而绳以无欲之说，绳以以礼寡欲之说，吾知其难也。苟用其亏亿兆人之欲之才，用其堤亿兆人之欲之才，以养亿兆人之欲，岂庸主中主所得追其步骤乎？而不胜其欲，以及兹也。且不胜其独欲，以及兹也。呜呼，未有乐独欲而不底于覆亡其欲者也。是故太上养欲，其次同欲，其下独欲，独欲者，秦是也。同欲者，顺人之欲以遂己之欲者也。三代之贤君汉唐之治主是也。且天下之所欲者何也？士之欲者有乎名，农之欲存乎粟，工之欲存乎器械，商之欲在乎货贿，顺欲者敬士重农，劝工通商，使各得其欲，士知爱重，农多盖藏，工役技能，商乐通流。于斯时也，君则何忧欲之不遂哉？臣荣者，君必不辱也。家富者，国必不贫也。肆良者，库必不楛也。市盈者，府必不虚也。君则何忧欲之不遂哉？彼忧欲之不遂者，必其侮士贱农，堕工病商，使天下咸失其欲者也。与人同欲者，则又何忧欲之不遂哉？荀子曰："百乐者，生于治国者也。忧患者，生于乱国者也。急逐乐而缓治国者，非知乐者也。故明君者必将先治其国，然后百乐得其中。暗君者必将荒逐乐而缓治国，故忧患不可胜校也。然则能同天下之欲，与不能同天下之欲，其效可睹矣。虽然，必有养欲之主，而后礼教明；必有寡欲无欲之主，而后养欲之治修。养欲之治修而后伦理得，天下肥，是谓大顺。尧舜禹汤文武是也。

绳荀三

君天下者，宅中而总四海之众，聚则治，散则乱。聚于一则治，聚于二则乱。聚散一二之分，治乱由焉矣。且天下之势至涣也，聚之至难也，散之至易也。聚难聚，聚易散，何道之从，其不在官人乎？有分之者，有统之者。分之者，有司也。官人者因事分职，相绝相通，相辅相察。是故患其侵也，而相绝。患其隔也，而相通。患其疏也，而相辅。患其奸也，而相察。因职任能，宜专宜简，宜责成，宜宥小眚。是故欲其竭情也宜专，欲其裕才也宜简，虑其怠于后也宜责成，虑其怯于前也宜宥小眚。职分则事举，能分则职举。职有大小，不可遍稽；能有高下，不可猝知。奠其大小，隶其高下，则必有统之者矣。统之者，宰相也。官人者相，诚得其人，推其类拔之朝；在朝者，复推其类布天下。《书》称"百寮师，师同寅，协恭和衷"，唐、虞之所以兴也。相不得其人，遍布私人于朝；私人复推其类遍布于天下。《诗》人究王讻，《春秋》书尹氏，周之所以衰也。天下治乱之机，其在此矣。然则官人者，君天下之要术；择相者，又官人之要术也。荀子曰："彼持国者，不可以独也；然则强国荣辱，在于取相矣。"又曰："人主者，以官人为能者也。论一相以兼率之，使臣下百吏，莫不宿道乡方而务，是夫人主之识也。"又曰："能当一人而天下取，失当一人而社稷危。不能当一人，而能当千人、百人者，说无之有也。”呜呼，此万世君天下之大法也！

虽然，吾患择相者之难也。吾所谓难，不于贤主于英主，不于有事之时，于无事之时。宰相者，天下之士之特也。人主能屈节于天下之士，然后能得天下之士之特而用之。贤主以礼待士，其能屈节于天下之士也，明矣。英主以驾御之术待士，其不能屈节于天下之士也，又明矣。天下之士之特，可招以礼，不可招以驾御之术。且英主当有事之时，所驾御者，必天下之雄骏也；当无事之时，驾御中材而已。取宰相于雄骏，取宰相于中材，必有知其难易者。况取宰相于有事之时，能否立睹；取宰相于无事之时，其能否有睹于数年后者。有当时谓之能，后世不谓之能，当时不谓之能，后世谓之能者。此吾之所谓难也。虽然，不可以不择也。

荀子曰：“援夫千岁之信法以持之也，安与夫千岁之信士为之也。”千岁之信士何表也？荀子曰：“此夫以千岁之法自持者也。”以千岁之法自持者何表也？荀子曰：“晓然独明于先王之所以得之，所以失之，知国之安危臧否，若别黑白，是其人者也。”其取之奈何？荀子曰：“君者，民之原也；原清则流清，原浊则流浊。”又曰：“官人守数，君子养原。”信斯言也，则取相者，其不在于修身乎，其不在于修身乎！

绳荀四

荀子曰：“王者之制名，名定而实辨，道行而志通，则慎率民而一焉。”然则礼之行在先正名矣。名生于形，形生于气，气生于理。理至而气凝焉，气凝而形分焉，形分而名出焉。名极于百千万亿，不可胜诘，圣人原理以定之，以之辨上下，整齐庶物，罔不各当其簿领，协于天官。有周盛时，天子以十二年举行时巡之礼，命大师陈诗，市纳贾，察民风尚爱恶，命典礼考时月，定日，同律，度量权衡，正其舛失，而四方诸侯又于十二年之衷朝于京师，以述厥职。当是时也，大之而君臣父子兄弟夫妇之伦，实至名从，昭如日星，而所为因伦推广，因伦差等焉者，以细至于一器一物，一小末曲事，亦莫不各有义类之归。民生其闲，勉勉翕翕，顾实以安名，其心志一，其耳目齐，无有奸言奸事奸行得以生其回惑。即有之，而析言者诛，破律者诛，乱名者诛，改作者诛，执左道乱政者杀。举凡蝥实螣名之事，去不旋踵，其教化成，风俗美，固其宜也。迨世下衰，奸人欲便其私图，则先窜乱名实，其始阳假名，阴叛实；其继冒似名，乱正名；其继遂判绝正名，决衔而去之。由是名实倒错，万姓皇骇，汩变无法守，伥伥不知所适。世主瞀瘫，无道揆，纲纽弛败，不足以正之，而君子小人倜倜然犯义犯刑勇，是其所非，非其所是，颠逆伦理而不忌，而篡窃弑夺之祸作矣。世又下衰，迄战国，纵横刑名权奇捭阖之徒，乘闲抵隙，各以其说驰骋，是所是，以非为是；非所非，以是我非，以败坏名实，生民从此糜烂，天下大乱，并于秦。察其根本，则由名之不正实始之。然则名不正，实不显，礼不可行，生民之祸未艾也。《语》曰："名不正，则言不顺。言不顺，则事不成。事不成，则礼乐不兴。礼乐不兴，则刑罚不中。刑罚不中，在民无所措手足。"是故《春秋》之作，所以正名也。圣心渊微，理穷物察，其救乱反本，必首先以正名，则正名之为万事根柢也信矣。荀子曰："圣也者，尽伦者也。王也者，尽制者也。"两尽者，足以为天下极矣。故学者以圣王为师，正名其取之此矣。圣王之谓是名也，必有是实也。师圣王者之循是名也，亦必有是实也。唯王尽制，言乎以政经世者也。立一官，有一志，设一法，有一义。通其志，深其义，可以制官，可以守官，可以用法，可以循法。不通其志，不可以官。不深其义，不可以法。徒官徒法，必且颓废而不治。颓废之久，官是官者必且与官官之志反，法是法者必且与法法之义违，而官法之弊百出矣。及厌其弊，则切切焉起而议之，一则曰官之未善也，一则曰法之未密也，从而更之。夫病官病法之弊在于志之不通，义之不深也。复以不通其志，不深其义者起而更之，遂至于阂隔溃乱，不可循理。《诗》云："不愆不忘，率由旧章。"愆之与忘，常相因也。不愆故不忘，愆则必至于忘，愆者实愆名未亡，忘则名实俱亡矣。荀子曰："刑名从商，爵名从周。散名之加于万物者，则从诸夏之成俗曲期。"呜呼，苟能通其志，深其义，则三王之制可得而复也。唯圣尽伦，言乎以言经世者也。圣人之为是言也，必有其所以言言，以达圣心之至诚也，以达圣心之充积也。先后浅深，文质险易，高下洪纤，浑合无闲，名有旨，辞有趣，博而约，异出而统同，显而微，所以弥纶三才者，内之尽，外之周，罗天下之赜，形天下之动。物宜载焉，会通和焉，典礼行焉，其亦至矣。自夫小儒滞言忘旨，诚不足以应圣心之诚，积不是以讨圣心之积，于其先后浅深，文质险易，高下洪纤之间，颠倒失次，违戾不准，博约异同，显微判绝，不通解三才之纽，恶赜乱动，物宜不著，典礼不行，圣人之言不白，实丧名不居，而名以杀矣。荀子曰："彼正其名，当其辞，以务白其志义者也。彼名辞也者，志义之使也，足以相通，则舍之矣。故名足以指实，辞足以见极，则舍之矣。"荀子所谓"志义"，圣人之所以言者也。是则圣王之设是名，必有是实也固也，师圣王者之循是名，其何以必有是实也，亦在知制名之枢要而已。制名之枢要何以知？在知礼而已。礼者，道器一贯者也。道器一贯者，是制名之枢要也。

绳荀五

论一世之得失，亿万世备焉。有立前观后者矣，荀子之论秦也；有举往镜来者矣，贾子之论秦也。秦以强兼天下，二世而亡；非强之罪，强而不审于本末之罪也。古之天下，未有不得之强、失之弱者。强者百治：以喜则怀，以怒则威，以令则行，以禁则止，以守则完，以攻则破，以礼乐则雍，以政刑则肃。弱者百乱：以喜则狎，以怒则离，以令则梗，以禁则匿，以守则削，以攻则疲，以礼乐则饰，以政刑则玩。得失之数可睹矣。然而强于本者植，强于末者折。强于本者，开无尽之藏，塞无隙之窦；强于末者，尽其藏矣，隙其窦矣；此本末之效也。

秦之强，本邪？末邪？刑赏农战，强之具也；道德仁义，强之本也；刚决刻急，强之末也。强之具藏之深则愈完，暴之急则速败。刚决刻急，所以暴之也；道德仁义，所以藏之也。古者藏刑赏农战于道德，道德威；藏刑赏农战于仁义，仁义张。秦孝公、商鞅知有强之具，不知有藏；以强立强，势已易竭。始皇、李斯更从而暴之，暴之不已而具竭，竭之不已而具败矣；其卒尽于胡亥、赵高也，宜也！盖其始也，以强立国，以民力立强，以刑立民力；其继也，以强竭强，以民力竭民力，以刑竭刑；其卒也，以强败强，以民力败民力，以刑败刑。强之所由立者，刑并民力于农战；所由竭者，刑并民力于恣睢；所由败者，刑并民力于昏虐。立于孝公、商鞅，竭于始皇、李斯，败于胡亥、赵高，盖失其本也久矣，此藏之不深之祸也。荀子曰："力术止，义术行。"贾子曰："仁义不施，攻守之势异。"盖责其藏之不深耳。曰"义术"，曰"仁义"，藏也，所以完之也。此论一代之得失也。谓之亿万世系焉者，盖亿万世之大计有三：一曰重天下之根本，一曰开天下之壅塞，一曰端天下之风尚。根本重，则天下不摇。根本者，言乎民也。重之者，勿伤民财。聚其田庐林园器贿，则有余财；勿伤民力，宽其心志耳目手足，则有余力；勿伤民气，保其父母夫妇兄弟，则有余气。天下患不足，不患有余。有余者，可以处无事，可以支有事；不足者，无事则愁苦，有事则叛散；不可以处，不可以支。此天下之大计一矣。壅塞开，则天下不决。壅塞者，言乎谄谀之臣也。开之者，勿自多其智，以尽匹夫之虑；尽匹夫之虑，国乃利。勿自坚其辟，以诏百官之匿；诏百官之匿，谋乃拙。勿恶逆而喜顺，以来细人之佞；来细人之佞，乃断万民之命。君民，一体也。一体流通者，疾不作；一国流通者，病不伏。此天下之大计一矣。风尚端，则天下不疑。风尚者，言乎师儒之道也。端之者，勿以势利消廉耻；廉耻消，民乃嚣。勿以新进逾老成，老成轻，下乃争。勿以小才易大德，大德易，后必失。师儒者，国之准绳规矩也。无准绳，何以不穷于为平为直；无规矩，何以不穷于为方为圆；无师儒，何以不穷于为国。此天下之大计一矣。秦独糜烂其生民，湛溺于谄谀，放弃其师儒，然则天下之根本已绝也；壅塞积，风尚颇，而国亦亡矣！呜呼，此秦之失大计也！古今得失之林，视此矣。

上观百世，下观百世，凡暴主之失其理者千万端，未有不由于轻民者也；圣主之得其理者亦千万端，未有不由于重民者也。国之亡，古有千万，未有不由于民心之背上；国之兴，古亦有千万，未有不由于民心之向上；民心之向背乎上，君心之轻重乎民为之也。佞臣之事主，失其理者千万端，未有不由于阻上下之情；忠臣之事主，得其理者亦千万端，未有不由于通上下之情。阻上下之情者，古有千万，未有不由于谄曲；通上下之情者，古亦有千万，未有不由于质直；民情之通阻，臣之质直谄曲为之也。历年而短失其理者千万端，未有不由于苟一时之利，不顾后世之害；历年而永得其理者亦千万端，未有不由于顾后世之害，不苟一时之利。苟一时之利，不顾后世之害者，古有千万，未有不由于轻师儒；顾后世之害不苟一时之利者，古亦有千万，未有不由于尊师儒。历年之多寡，师儒之隆替为之也。古今得失之林具此矣。荀子曰："其无儒邪？"贾子曰："其民危也。牧民之道，务在安之而已。"又曰："秦俗多忌讳之禁，忠言未卒于口，而身为戮矣。"呜呼，论一秦而前乎秦后乎秦者之得失昭焉矣！此亿万世之计也。

绳荀六

世之难荀子者，其首必以性恶矣。以性恶难荀子者，其必主性善者也。性善一言，入圣之要领也。尧之所以为君，舜之所以为臣，孔子之所以为师，以此而已矣。性善一言，诚入圣之要领也。言性善者，使于耳目口鼻四肢，无非天理流行，则是耳善目善口善鼻善四肢善，是诚可言性善矣。吾窃恐言性善者，其于耳目口鼻四肢罔非人欲之所浸灌滋润也，则是耳恶目恶口恶鼻恶四肢恶，独笔之书者曰性善耳。呜呼，恶且不知，于善乎何有？且荀子之言性也，特举其偏而未概其全耳，未可以为大罪也。盖荀子之所谓性，与孟子相表里。孟子言其理，荀子言其质。所谓质者，耳目口鼻四肢而已。天予人以耳目口鼻四肢矣，耳非必逐于声，而声之所引必在耳，又弗能令其耳之无闻；目非必逐于色，而色之所引必在目，又弗能令其目之无见；口非必逐于味，而味之所引必在口，又弗能令其口之无食；鼻非必逐于臭，而臭之所引必在鼻，又弗能充其鼻之无嗅；四肢非必逐于愉佚，而愉佚之所引必在四肢，又弗能令其四肢之无动息。盖生而有欲，欲之甚为恶，欲恶肆行莫遏，乱之本也。不有圣人之礼，则亦何所不至哉？荀子所谓礼，言其制度品节；曰伪者，从人从为，言人为，非言假也。耳不学同，然逐于声；目不学同，然逐于色；口鼻四肢不学同，然逐于味于臭于愉佚。是生而有，故曰性恶。先王为之制节品度，守其耳不得逐于声，守其目不得逐于色，守其口鼻四肢不得逐于味于臭于愉佚。是从后起，故曰伪。《性恶篇》曰："目好色，耳好声，口好味，心好利，骨体肤理好愉佚，是皆生于人之情性者也。感而自然，不待事而后生之者也。夫感而不能然，必且待事而后然者，谓之生于伪。是性伪之所生，其不同之征也。荀子主性恶，非毁之也，盖欲以顺而从，其从之也易；礼以逆而制，其制之也难。凡人从欲，必不曰从欲，曰吾以适性也。凡人不安礼，必不曰不安礼，曰吾恐戾吾性也。直指其恶，见情欲之必不可从，礼之必不可不安；明其恶，遵其伪，见节制之在自为，不为则不立，不立则不能制，不制则乱，不能自已。《虞书》曰："人心惟危。"人心虽危，不得不谓之心。荀子深识其危，惟礼足以防之，故《富国篇》曰："生也皆有可也。智愚同，所可异也，智愚分。"言乎智愚不同，人心同也。《正名篇》曰："虽为守门，欲不可去。虽为天子，欲不可尽。"言乎势位不同，人心同也。唯人心之危也，故尽人不可以自纵，必于礼是归。此荀子之学，礼为之宗。礼有天有人。荀子以人制天，故人为之宗也。

难荀子者不可以已乎？虽然，吾知难之者之方未有已也。难者必曰："李斯相秦，焚《诗》《书》，扫除先王之法度，是荀子之非思、孟有以启之。斯固荀子之徒也。"应之曰："斯之焚《诗》《书》，扫除先王之法度，有自来矣，以其便从事也。乌知其以便从事也？斯尝问荀子曰：'秦四世有胜，兵强海内，威行诸侯，非以仁义为之也。以便从事而已。'斯之所由来可睹矣。呜呼，小便者，大毒之所腊也。荀子斥之曰：'非汝所知也。汝所谓便者，不便之便也。吾所谓仁义者，大便之便也。'然则斯之所以相秦，焚《诗》《书》，扫除先王之法度者，叛荀子也。乃谓荀子启之乎？"

"是则然矣。然则荀子何以非思、孟也？"应之曰："当战国之时，儒分为八，儒者之异同亦多矣，独荀子乎哉？"难者且曰："韩非言说难，荀子先言说难。非之死，荀子诱之也。非亦荀子之徒也。"应之曰："韩非之言说难，欲以售其术也。荀子之言说难，欲以行其道也。荀子曰：'君子之度己则以绳，接人则用抴。'接人用抴，韩非有之矣；度己以绳，非亦有此乎？而谓荀子诱之，可乎？"难者且曰："荀子有言：'治则刑重，乱则刑轻。'是教世以重刑也，岂仁人之言哉？"应之曰："荀子之所谓刑重刑轻，非言制刑者也，言乎犯刑者也。世治则犯刑者少，犯则必刑，以其刑之称罪也，故曰刑重。世乱则犯刑者多,犯者不必刑,以其刑之不称罪,故曰轻也。不然,荀子尝言:'进退诛赏,政之终也。用其终为始,则政令不行,而上下怨疾,乱所以自作矣。'而肯重刑乎哉?"难者且曰:"荀子以便嬖左右者,人主之所以窥远收众之门户牖向,是导人主以近宦官宫妾也。"应之曰:"荀子之指,乃谓左右之不可不早选耳,非谓近宦官宫妾也。言涉便嬖,辞之失也。若夫便嬖左右亲比已者之用,如是者危削,綦之而亡,荀子固已知之矣。"难者且曰:"荀子尝言持宠处位,终身不厌之术,是教臣以不忠也。"应之曰:"此为春申君言之也。春申擅主之威,荀子早知其无所税驾矣,故以此讽之。《荀子·成相篇》曰:'春申道缀,基毕输。'于其死而哀之深,以是知于其生而虑之切也。"难者且曰:"荀子尝述周公执贽而见者十人,还贽而见者三十人,貌执之士百有余人,是何周公之劳也。"应之曰:"此古大臣礼贤下士之盛轨也。人之彦圣,其心好之,不啻若自其口出,所以为休休如有容也。劳云乎哉。然则难荀子者不可以已乎。于此而不已,是必周、孔而后可也。"或曰:"奚必周、孔哉?荀子之说诚未至。其说至矣,如孟子者,孰得而难之?"应之曰:"是奚免于难哉。难孟子者,首必以王天下予诸侯矣,以王天下予诸侯,其何以处周室哉?孔子尊周室,孟子王诸侯,岂《春秋》志哉?孟子于齐宣王之问桓、文则曰'仲尼之徒无道桓、文之事者';于其问交邻国之道则曰'太王事獯鬻,勾践事吴',勾践之视桓、文何等也,而与太王并称,可乎?且孟子之于鲁也,以方百里者五,有王者作,则鲁在所损;于齐地过千里,则幸有其地,可乎?如以其说而已,虽以孟子之书,亦岂能免于相难哉?苟求其志之所存,孟子之以王予诸侯者,所谓'民为贵'者也,'忧民忧,乐民乐'也。以桓、文为仲尼之徒所弗道者,欲进宣王以王道也。盖斥霸始可图王也。勾践与太王并称者,勾践忍死以存先人之宗社,其志足悲,其义足录也。于鲁则以为在所损者,恶争城争地之杀人也;于齐幸有其地者,以万乘之国行仁政而解天下之倒悬也。此孟子之志也。然则读古人书者,将徒执其说乎,亦将求其志之所存也?呜呼,战国饕于功利,时有孟子,起而修明孔子之学,以排斥百氏,厥功伟矣。继孟子而起者,荀子一人而已。且其宗孔子也,非徒空言,实绳切时政,坦然可见诸施行,可不谓豪杰之士乎哉?且战国时多才士,醇明晓达,要无出荀子右者。荀子之徒,若韩非、李斯辈,其志趣卑下,其人可羞,其材则可驱策以就用。以荀子之学,荀子之才,使稍屈志,节趋功名之会,指挥非、斯辈及当世之才士而用之,混一天下,如反掌耳,乃独守孔子之道,抱其遗经以老死,可不谓豪杰之士乎哉?后之论述孟、荀者,若汉司马迁、扬雄,唐韩愈，少置低昂，要并所慕述，此其为通儒也。予之准绳乎孟、荀，亦犹司马迁、扬雄、韩愈诸君子之志焉，岂能狥瞀儒之论哉？”

张洲[①]《祭荀卿墓文》

维乾隆四十四年，岁在己亥九月壬午朔，越二十四日乙巳，关西儒生张洲谨以壶觞溪毛爵祭于楚兰陵令荀卿之墓，曰：“嗟卿儒学，与孟子并称，而大醇小疵，不能无遗议，于其战国时之各以道鸣，顾未逮邹峄粹美，而实远超乎衍、仪、秦轸之捭阖与纵横。既著书以劝学，亦述礼为仪刑所可伤者，以守正而逃谗，遂终老一令于兰陵，过其地，马鬣之犹存，而凄然睹此蔓之青青，搴芳芷以告洁，爵罇酒以降灵，尚冀乎卿之知之，而凭吊而致辞者，为千载以后之儒生，尚飨！

《与王天馥删定荀子书》

承命，欲令删定《荀子》书，详观其中，实有驳者、谬者、芜且复者，昌黎韩子所谓欲削其不合者是也。然芟薙焉，而必令其辞意相承，脉络贯通，如出作者之手，乃为完善，要非熟读精思，未易语此。故韩子欲削，而卒不果，诚难之也，诚慎之也。俟将来循诵穷究，略有端绪，或可勉力从事。傥得成书，自当寄呈。此覆，不宣。

钱大昕[②]《跋谢墉刊行〈荀子笺释〉》

荀卿子书，世所传唯杨倞注本。明人所刊，字句踳讹，读者病之。少宗伯嘉善谢公视学江苏，得余姚卢学士抱经手校本，叹为精审，复与往复讨论，正杨注之误者若干条，付诸剞劂氏，而此书始有善本矣。盖自仲尼既殁，儒家以孟、荀为最醇，太史公叙列诸子，独以孟、荀标目，韩退之于荀氏虽有“大醇小疵”之讥，然其云“吐辞为经”，“优入圣域”，则与孟氏并称无异词也。宋儒所訾议者，惟《性恶》一篇。愚谓孟言性善，欲人之尽性而乐于善；荀言性恶，欲人之化性而勉于善；立言虽殊，其教人以善则一也。宋儒言性，虽主孟氏，然必分义理与气质而二之，则已兼取孟、荀二义，至其教人以变化气质为先，实暗用荀子化性之说。然则荀子书讵可以小疵訾之哉！古书“伪”与“为”通，荀子所云：“人之性恶，其善者伪也。”此“伪”字

---

① 张洲（1727—1787），字莱峰、南林，陕西武功县人，乾隆二十二年（1757）进士，历任广西修仁、浙江德清县知县。著有《对雪亭文集》10卷，《诗经讲义》《论语讲义》各1卷。

② 钱大昕（1728—1804），字晓征、辛楣，号竹汀，清代史学家、汉学家。有《十驾斋养新录》，后世以之与顾炎武《日知录》并称。一生著述甚丰，后世辑为《潜研堂丛书》刊行。

即“作为”之“为”，非“诈伪”之“伪”。故又申其义云：“不可学、不可事而在人者谓之性；可学而能、可事而成之在人者谓之伪。”《尧典》“平秩南讹”，《史记》作“南为”，《汉书·王莽传》作“南伪”，此“伪”即“为”之证也。因读公序，则为引申其说，以告将来之读是书者。

姚鼐[①]《惜抱轩诗文集》卷九

荀子尝为齐稷下祭酒矣。古以孟荀同称。然荀子乃诋子思、孟子之说为非是，夫何悖哉？”

盖孔子之传，惟孟子得其宗。至若庄周、荀卿之属，推其原，未尝不出于孔氏之徒，而卒不胜其刺谬者，何也？夫言性恶者，其悖不待论矣。董仲舒对策，陈性命之情；韩愈作《原性》、李翱作《复性书》，皆依于儒先之旨，而时有纯驳，将何所去取欤？”

王元文[②]《荀子论》

荀子，大儒也，徒以性恶一言显与孟子戾，至今以为口实，与告子同讥。噫！士君子之立言，可不慎欤？然亦恨执其辞以诋之者，不原其意以求之尔。盖孟子之言性善，即《尚书》所谓“道心”也；荀子之言性恶，即《尚书》所谓“人心”也。夫天下之物，皆不能无相为对待者，故天有阴阳，世有治乱，事有吉凶，体有小大，而性有善恶。惟其有二，故消长剥复，相为循环而不已，而要以正则扶之，邪则抑之，使阴必从于阳，乱必归于治，凶必趋于吉，小必听于大，恶必化于善而已矣。故耳目鼻口之欲纵，则仁义礼志之德亡。然德固易亡，欲固易纵，必有孟子之说，始知道心不可不为之主；必有荀子之说，始知人心不可不为之制。夫其言曰：“所谓善者，正理平治也。所谓恶者，偏险悖乱也。”惟人之性不尽出于正理平治，故“立君上之势以临之，明礼义以化之，起法正以治之，重刑罚以禁之，使天下皆出于治，合于善也。”不然则“强者害弱”，“众者暴寡”，“天下之悖乱而相亡，不待顷矣。”然则荀子之意，岂如庄子之徒以聪明为淫，仁义为失也哉！惟性之善，故不可无先王之礼乐政刑以导而安之；亦惟性之恶，故愈不可无先王之礼乐政刑以防而遏之。故曰：“隐括之生，为枸木也；绳墨之起，为

---

① 姚鼐（1731—1815），字姬传、梦谷，清代文学家。安徽桐城人，室号惜抱轩，世称惜抱先生。乾隆二十八年（1763）进士，长于古文。晚年曾先后主讲江南、紫阳、钟山等书院，是桐城派古文的重要作家，著有《惜抱轩全集》等，所编《今体诗选》《古文辞类纂》流传极广。

② 王元文（1732—1788），字睪曾，号北溪，江苏吴江人。乾隆诸生。著有《北溪集》。

不直也；立君上，明礼义，为性恶也。”是其言若与告子类，而其意迥与告子异矣。气质之说出于宋儒，程子云：“论性不论气不备，论气不论性不明。”夫孔子不曾言“相近”，言“不移”乎？彼荀子与杨子、韩子之言，大抵指其出于气者，特未标其名耳，然而轻重之间不无倒置。如孟子之说，则据其先者自可见；其后如荀子之说，则据其后者，不免忘其先也。夫人读古人书，当平心以论其非，固不能为之讳，而以一语之疵，没其本衷，则亦过矣。东坡论荀子，谓：“其人必也刚愎不逊，而自许太过。观其称十二子而子思孟子与墨翟诸人同非之，是其抑扬，诚为任情；而性恶一言，亦由立异之思，好胜之气，故为相抵之词。夫其意之所归，果何尝有戾也？”噫！荀子不能平其心而诋孟子，而宋儒亦不能平其心而诋荀子。自宋儒以后，左朱右陆，门户纷纷，有何可胜道哉！”

罗有高[①]《复彭允初书》

世儒以圣门颜、闵诸贤不述文，遂以文于道有轩轾，都非实事。颜渊、冉伯牛先孔子卒，孟子记三年治任之文，无仲弓、闵子骞，或亦早卒，故希所纂述。其时孔子在，日月正明，群阴拱伏，大致安恭默而已。曾子、子思之时，圣言渐支。子张、游夏诸贤互乖异，各护其所闻。故曾子、子思事述作，衷一纷错，文大道以作表。至于孟子，大哗好辩之名，益自任。空言闲距，并厥烈于禹周不为僭。未几道熄文裂，功利之焰炽，荀卿崛起，黜禨祥，明王道，崇礼矫性以摩世；董生阐《春秋》，文阴阳；扬子衍玄文《法言》，皆命世豪杰，克显道丽文。司马子长友教董生，轨圣迹。其书得《春秋》之意，班固讥之。要未尝深究其旨趣，治迁书未精?横相訾謷。是时黄老之学遍天下，自天下太后崇其术，父谈亦治之，至熟习。圣绪微茫，粗萌于武帝。而曲学阿谀之徒方秉政，辕固生、申公章句陋儒，不足该偏大道。迁独奋兴，正六经为鹄，见于《自叙》之篇。其先黄老、进游侠、传货殖，皆别具微旨。非躬清淳之禀，而于道有闻者，恐未易仿佛也。扬子之学，见许于程子，以为非汉儒所可及。自后唐之韩、柳，宋之欧、王、刘、曾，明之王、归诸君子，其行已各有本末。诣故未大醇，而确分仁智之见。

来谕以谓汉唐诸君子，概无与于斯道之传。此世儒相祖绳过高之论，愿足下平情称量衡之以中，无轻附和也。大抵古人入道浅深，不能掩于其文。以其文考之，则百不失一。要知圣人之道至大，技数小辩，亦必有所

① 罗有高(1733—1778)，字台山，江西瑞金九堡镇人。彭绍升辑其遗文，为《尊闻居士集》八卷。

缘袭以自立，况诸君子之卓卓者哉!抑平其情，虚以畜之而已矣。先儒尝讥韩子因文见道，为倒置本末。夫去圣久远，不因文以见道，师法荡废，当于何见之?赖斯文之昭垂，得以镜悉先王治己治人之遗规，而荀氏、司马氏以下，各本心得，叙列未发隐旨，因时察变，补抉其偏踬。原远末分，无大圣人为之依归，操行未熟，向背离合，小小瑕衅，盖所不免。学者诚负真竺之志，博采慎思，实效于践履，不以训诂汩天倪，不以丹铅没素朴，优游濡浸，研虑而悦心，以崇知而广业，实有助焉。其有不得已于身世之故，而抒之为文，必郁然而不暗，沛然而无疑。厘然各当而不舛。清明坦夷，而无昏噎拂逆之气以梗郁之。与道为体，以章往察来，绵古今绝续之隙，是岂非贵可乐，而有志者所宜尽心者邪?

尝独居深念上下数千载间，戴文名者如牛毛，而得系正宗、可诵法若前所列诸公，如晨星寥落，盖其难也。南宋迄明，标理学，依据最尊。气益矜，心益大。荀、杨、司马、韩、欧诸老，不足当一盼。所著书汗漫淆衍，率陈腐熟烂，宝为大道所寓，故文日敝而道愈不明。取濂溪、明道、伊川、横渠遗书读之，质亮通达，彬彬然《尔雅》之辞也。陆、王二先生，世儒号为不读书，守空寂，诋之为禅。而二先生之文，包孕事理。有条而不紊。道胜者文不难而自至，欧阳子之言其信已。其文偃陋而自夸饰，曰知道，其欺诞矣乎!孟子论不动心，推本知言，而《系辞传》备举数等之辞，为学者鉴择。故君子甚慎乎其文，朕兆于语默动静。足下所谓求其在我者而自得之，是也。幸卒竟之，无委为异人任足，下方超然慕渊泊之行，高举远引，离俗氛而洁立，翔于寥廓。而愚者聒世谛不休，泥薮泽之见，得无为足下所笑!然感知爱，非足下之前，固无由倾倒也。惟足下鉴其愫，裁汰其不中，果其向时求友之愿，幸甚幸甚。

胡承谱[1]《只麈谭》卷上

《成相》曰："禹敷土平天下，躬亲为民行劳苦，得益、皋陶、横革、直成为辅。"注云："横革、直成未闻。"韩侍郎云："此言益皋陶之功，横而不顺者革之，直者成之也。"按《吕氏春秋》云："得陶、化益、真窥、横革、之交五人，佐禹，故功绩铭乎金石，著于盘盂。"陶即皋陶也，化益即伯益也，真窥即直成也("真"字与"直"字类)，横革即横革也，皆禹辅佐之名。"之交"二字未详。《世本》"化益作井"，宋衷云"伯益"。王伯厚《困学纪闻》内载此条，亦

① 胡承谱(1733—1806)，字韵仲，号元峰，安徽泾县溪头都人。其文言小说集《只麈谈》《续只麈谈》中不少故事对后世小说产生重要影响。

未置辨。岂以古来文字鲁鱼豕亥既久，或多传讹，虽博物君子不如阙疑与？

余廷璨[①]《书荀子后》

荀氏著《性恶》篇，二千年来，不攻荀氏者无几人，而攻荀氏者最多。然是篇与三十二篇并传，至竟不废，岂不以荀氏亦持之有故，言之成理哉？予谓：言不言，俱以贞教也。性之善恶，吾无暇与，荀氏断断角辨。果其恶也，亦非荀氏所宜言。何也？谓孔孟不性为恶耶？则荀氏之智过孔孟远矣。谓孔孟亦知性之恶而不言耶？则荀氏知之亦可不必言矣。圣贤之于人人也，犹父兄之于子弟也，今夫父语其子，兄语其弟，里巷稍知，自好者必悄焉，侧焉，端慤焉。噫！学之于严重而媟嫚狎媟，既躬自蹈之者，必缩舌收声，不肯自其口出，非用伪于其子与其弟也。不语者，正深于语之罕言者，更切于言之，虽孔子用心，亦若是而已矣。或曰：荀氏之言性恶也，非导恶也，俾人自知其恶，因以去恶而就无恶也。枸木必将待隐括烝矫然后直，钝金必将待砻厉然后利，此荀氏之志也。曰：以正导人，人犹背正而之不正；以不正导人，人反去不正而向于正耶？且未闻表曲形者取直影也。今夫人离去故土，安所迁而不返者，率不知返者也。有人焉，从容指示故道，彼则痛痳涕泣，日夕冀幸其一返耳。荀氏性恶之说，吾无以定之。万一其然，亦指示斯人返于恶之故道也，非荀氏所敢言，所忍言也。昌黎韩子欲削荀氏之不合者，附于圣人之籍，若《性恶》篇例，以孔子不言之教，铲烧之可也。

宋昌悦[②]《畅谷文存·读荀子》

韩退之晚乃得《荀子》，以为欲删其言之不粹者附于圣人之篇。惜乎其删本不可得见。然余观《荀子》之文，殆不可胜删。荀子以人性为恶，以礼为矫饰之具，固已得罪圣人。其合圣人之道者，皆其粗也。《荀子》之文，文胜于辞，辞胜于意。六经之外，此书虽不作可焉。学者明于六经，虽不读是书，不害为君子。

---

① 余廷璨（1735—1798），字卿雯、存吾，湖南长沙人，乾隆辛巳（1761）恩科进士出身，后充三礼馆纂修官。事母至孝，以母老病致仕，晚主濂溪、石鼓、城南等书院，治学博雅，与戴震、纪昀等交游，著有《存吾文集》4卷，《贻谷草堂诗集》1卷。

② 宋昌悦，1785年前后在世，字粹夭，号畅谷。江西省宁都人。乾隆己卯科（1759）举人。庚辰（1760）选任教官，历署上犹、安仁、泰和等地。为文雄深超迈，勤于课士，士争就之，在任6年，士习文风翕然有起色。父丧辞归，闭户著书。著有《畅谷古文稿》《诗稿》《时文稿》。

孙志祖[①]《读书脞录·论荀子生平》

《史记·荀卿传》云葬兰陵，而《国策》谓其归赵。全谢山以《国策》为是。据《荀子》书中，有"与临武君论兵于孝成王前"一事，知其自楚归赵。又谓："或者荀子辞春申而去，及春申死，荀子以甘棠之旧，复游兰陵而卒焉，亦未可定。"志祖考《风俗通·穷通》云：荀子为歌赋以遗春申君，因不得已乃行，复为兰陵令焉。然则荀子生平始仕齐，继仕楚，自楚归赵，复为兰陵令而卒于楚，《史记》《国策》之言，未尝不合也。然尚有可疑者，据《史记》，荀卿年五十始来游学于齐，当齐襄王时，荀卿已为老师。计齐襄王即位至春申君之死，在始皇九年，又五十余年，则荀卿已百余岁矣，其卒又后于春申，不知在何时，恐未必然也。谢山云："荀子游齐，当在湣王。"或以《史记》五十为十五之误。《后汉书·谢该传》："楚人止孙卿之去国。"注引刘向《孙卿子后叙》云：春申君使人聘孙卿，乃还复为兰陵令。

王友亮[②]《读荀子》

李斯学于荀卿，其后佐始皇，焚灭诗书。苏子瞻归狱于卿，比之其父报雠，其子必且行劫。窃以为过矣。荀虽历诋当世贤人，犹知述先王、尊孔子；斯如笃行其师，则百家可废，《六经》必不敢废，何至使三代良法荡然无存也哉？太史迁言斯从卿学帝王之术，而斯所以相秦者，全事刑名，其为背师明甚。斯得志时，尝一引卿"物禁太盛"之言不能用，以及祸。余言不用者，固多矣。韩非与同学，斯自谓不如，卒谮杀之。负友如此，负师可知。愚谓韩非不死，亦与斯同。盖二人始学于卿，继则尽反其说以图富贵，乃陈相之流亚耳。舍此而反咎其师，可乎？虽然，非其人而教之，是赍盗粮、借寇兵也。荀既言之，又躬自蹈之，宜有以来子瞻之论也。

梁玉绳[③]《人表考》

观其（按：指荀子）非史鰌、子思、孟子，又以礼义为伪，人性为恶，岂大醇小疵者耶？……（宋）元丰时，因礼官言锡封从享孔庙，至明世宗始黜而

---

① 孙志祖（1737—1801），字贻谷、约斋，浙江仁和人，乾隆丙戌三十一年（1766）进士，历任刑部员外郎、监察御史，著有《文选考异》《文选注补正》《读书脞录》等。

② 王友亮（1742—1797），字景南、东田、葑亭，江西婺源人，乾隆己丑一甲进士，历任内阁中书、军机处行走、监察御史、太仆寺少卿、中议大夫等职，诗文典雅，声名远播，有《双佩斋诗文集》6卷、《葑亭集》等。

③ 梁玉绳（1744—1792），于《史》《汉》两书，尤所专精致力。作《史记志疑》36卷。

不祀，宜哉！

王念孙[①]《王石臞先生遗文·读荀子杂志叙》

《荀子》一书，注者盖鲜，独杨评事创通大义，多所发明，洵兰陵之功臣也。而所据之本已多讹错，未能厘正。又当时古音久晦，通借之字或失其读，后之学者讽诵遗文，研求古义，其可不加以讨论？与卢抱经学士据宋吕夏卿本校刊，而又博访通人，以是正之。刘端临广文又补卢校之所未及，已十得其六七矣，而所论犹有遗忘，不揣固陋，乃详载诸说，而附以鄙见。凡书之讹文注之误解，皆一一剖辨之。又得陈硕甫文学所钞钱佃本，龚定庵中翰所得龚士卨本，及元明诸本以相参订，而俗本与旧本传写之讹，胥可得而正也。汲深绠短，自信未能所望，好此学者重为研究焉。道光九年十二月二十日高邮王念孙叙，时年八十有六。

《读书杂志·校荀子后叙》

余昔校荀子，据卢学士校本而加案语，卢学士校本则据宋吕夏卿本而加案语。去年陈硕甫文学以手录宋钱佃校本异同邮寄来都，余据以与卢本相校，已载入《荀子杂志》中矣。今年顾涧蘋文学又以手录吕、钱二本异同见示，余乃知吕本有刻本、影钞本之不同，钱本亦有二本。不但钱与吕字句多有不同，即同是吕本、同是钱本，而亦不能尽同，择善而从，诚不可以已也。时《荀子杂志》已付梓，不及追改，乃因顾文学所录而前此未见者为补遗一编，并以顾文学所考订及余近日所校诸条载于其中，以质于好古之士云。道光十年五月二十九日高邮王念孙叙，时年八十有七。

汪中[②]《荀卿子通论》

荀卿之学，出于孔氏，而尤有功于诸经。《经典叙录·毛诗》："徐整云：'子夏授高行子，高行子授薛仓子，薛仓子授帛妙子，帛妙子授河间人大毛

---

① 王念孙(1744—1832)，字怀祖，江苏高邮人。王念孙平生笃守经训，个性正直，好古精审，剖析入微，时与钱大昕、卢文弨、邵晋涵、刘台拱有"五君子"之称誉。历10年完成《广雅疏证》上、下两册32卷。曾奉旨编纂《河源纪略》一书，还著有《读书杂志》82卷、《释大》1卷、《王石臞先生遗文》4卷等。

② 汪中(1745—1794)，字容甫，江苏江都人。清代哲学家、文学家、史学家。精于史学，曾博考先秦图书，研究古代学制兴废。所作《墨子序》，对墨学推崇备至。又曾作《荀卿子通论》，称"孔荀"而不称"孔孟"，以异于宋儒"道统"说。因其为墨子、荀子翻案，在当时曾被统治者视为"名教之罪人"。著有《广陵通典》、《述学》内外篇、《容甫先生遗诗》等。

公，毛公为《诗故训》传于家，以授赵人小毛公。'一云：'子夏传曾申，申传魏人李克，克传鲁人孟仲子，孟仲子传根牟子。根牟子传赵人孙卿子，孙卿子传鲁人大毛公。'"由是言之，《毛诗》，荀卿子之传也。

《汉书·楚元王交传》："少时尝与鲁穆生、白生、申公同授《诗》于浮丘伯。伯者，孙卿门人也。"《盐铁论》云："包丘子与李斯俱事荀卿。"（包丘子即浮丘伯。）刘向叙云："浮丘伯受业为名儒。"《汉书·儒林传》："申公，鲁人也，少与楚元王交俱事齐人浮丘伯，受《诗》。"又云："申公卒以《诗》《春秋》授，而瑕丘江公尽能传之。"由是言之，《鲁诗》，《荀卿子》之传也。

《韩诗》之存者，《外传》而已，其引《荀卿子》以说诗者四十有四。由是言之，《韩诗》，《荀卿子》之别子也。

《经典叙录》云："左丘明作《传》以授曾申，申传卫人吴起，起传其子期，期传楚人铎椒，椒传赵人虞卿，卿传同郡荀卿名况，况传武威（武威，据《史记·张丞相传》当作阳武）张苍，苍传洛阳贾谊。"由是言之，《左氏春秋》，荀卿之传也。

《儒林传》云："瑕丘江公受《谷梁春秋》及《诗》于鲁申公，传子，至孙为博士。"由是言之，《谷梁春秋》，荀卿子之传也。

荀卿所学，本长于《礼》。《儒林传》云："东海兰陵孟卿善为《礼》《春秋》，授后苍、疏广。"刘向叙云："兰陵多善为学，盖以荀卿也。长老至今称之曰：'兰陵人喜字为卿，盖以法荀卿。'"又二《戴礼》并传自孟卿，《大戴礼·曾子立事》篇载《修身》《大略》二篇文，小戴《乐记》《三年问》《乡饮酒义》篇载《礼论》《乐论》篇文。由是言之，曲台之《礼》，荀卿之支与余裔也。

盖自七十子之徒既殁，汉诸儒未兴，中更战国、暴秦之乱，六艺之传赖以不绝者，荀卿也。周公作之，孔子述之，荀卿传之，其揆一也。故其说"霜降逆女"，与《毛》同义。《礼论》《大略》二篇，《谷梁》义具在。又《解蔽篇》说《卷耳》，《儒效篇》说《风》《雅》《颂》，《大略篇》说《鱼丽》《国风》好色，并先师之逸典。又《大略篇》"春秋贤穆公"，"善胥命"，则为《公羊春秋》之学。楚元王交本学于浮邱伯，故刘向传《鲁诗》《谷梁春秋》，刘歆治《毛诗》《左氏春秋》，董仲舒治《公羊春秋》，故作书美荀卿，其学皆有所本。刘向又称荀卿善为《易》，其义亦见《非相》《大略》二篇。盖荀卿于诸经无不通，而古籍阙亡，其授受不可尽知矣。《史记》载孟子受业于子思之门人，于荀卿则未详焉。今考其书，始于《劝学》，终于《尧问》刘向所编《尧问》第三十，其下仍有《君子》《赋》二篇。然《尧问》未附荀卿弟子之词，则为末篇无疑。当以杨倞改订为是，篇次实仿《论语》。《六艺论》云：“《论语》，子夏、仲弓合撰。”《风俗通》云：“谷梁为子夏门人。”而《非相》《非十二子》《儒效》三篇每以仲尼、子弓并称。子弓之为仲弓，犹子路之为季路，知荀卿之学实出于子夏、仲弓也。《宥坐》《子道》《法行》《哀公》《尧问》五篇，杂记孔子及诸弟子言行，盖据其平日之闻于师友者，亦由渊源所渐，传习有素而然也。故曰荀卿之学出于孔氏，而尤有功于诸经。

《韩诗外传》：“客有说春申君者曰：‘汤以七十里，文王以百里，皆兼天下。今孙子天下之贤人也，君藉之百里之势，臣窃以为不便。于君若何？’春申君曰：‘善。’于是使人谢孙子，孙子去而之赵，赵以为上卿。客又说春申君曰：‘昔伊尹去夏之殷，殷王而夏亡；管仲去鲁入齐，齐强而鲁弱。由是观之，贤者之所在，其君未尝不善，其国未尝不安也。今孙子天下之贤人，何为辞而去？’春申君又云：‘善。’于是使请孙子，孙子伪喜《战国策》作为书，谢之曰：‘鄙语曰：厉怜王。此不恭之语也。虽然，不可不审也，此为劫杀死亡之主言也。夫人主年少而放，无术法以知奸，即大臣以专断图私，以禁诛于已也，故舍贤长而立幼弱，废正适而立不善。故《春秋》之志曰：‘楚王之子围聘于郑，未出竟，闻王疾，反问疾，遂以冠缨绞王而杀之，因自立。’‘齐崔杼之妻美，庄公通之，崔杼率其群党而攻庄公。庄公请与分国，崔杼不许；欲自刃于庙，崔杼又不许。庄公出走，逾于外墙，射中其股，遂杀而立其弟景公。’近代所见。李兑用赵，饿主父于沙邱，百日而杀之；淖齿用齐，擢湣王之筋而悬之于庙梁，夙昔而杀之。夫厉虽痈肿痂疕，上比远世，未至绞颈射股也；下比近世，未至擢筋饿死也。由是观之，厉虽怜王可也。因为赋曰：‘璇玉瑶珠不知佩，杂布与锦不知异，闾娵、子都莫之媒，嫫母、力父是之喜。以盲为明，以聋为聪，以是为非，以吉为凶。呜乎上天，曷维其同！’《诗》曰：‘上帝甚慆，无自瘵焉！’”按春申君请孙子，孙子答书，或去或就，曾不一言，而泛引前世劫杀死亡之事，未知其意何属。且灵王虽无道，固楚之先君也，岂宜向其臣子斥言其罪？不知何人凿空为此，韩婴误以说诗。刘向不察，采入《国策》，其叙《荀子新书》又载之，斯失之矣。此书自“厉怜王”以下，乃《韩非子·奸劫弑臣篇》文，其言刻核舞知以御人，固非之本志。其赋词乃《荀子》《佹诗》之《小歌》，见于《赋篇》。由二书杂采成篇，故文义前后不属，幸本书具在。其妄不难破尔。孙卿自为兰陵令，逮春申之死，凡十八年，其间实未尝适赵，亦无以荀卿为上卿之事。本传称齐人或谗荀卿，荀卿乃适楚。《诗外传》《国策》所载或说春申君之词，即因此以为缘饰。周、秦间记载，若是者多矣。至引事说《诗》，韩婴书之成例,《国策》载其文而不去其诗,此故奏之葛龚也。

今本《荀子》二十卷,元时椠本题云"唐大理评事杨倞注",一本题云"唐登仕郎、守大理评事杨倞",事实无可考。《新唐书·艺文志》以倞为杨汝士子,而《宰相世系表》则载汝士三子:一名知温,一名知远,一名知至,无名倞者。《表》《志》同出一手,何以互异若此?《古刻丛抄》载《唐故银青光禄大夫使持节蔚州诸军事行蔚州刺史兼御史中丞马公墓志铭》,其文则杨倞所作,题云"朝请大夫、使持节汾州诸军事、守汾州刺史杨倞撰",结衔校《荀子》加详。其书马公卒葬年月,云:"以会昌四年三月十日卒,以其年七月十日葬。"据此,则杨倞为唐武宗时人。

戴殿泗[①]《风希堂文集·荀扬王韩论》

荀卿子,大儒之不匿其瑕者也。韩子其亚也。扬雄氏,文士之伪,托于儒者也。文中其美也。韩子不及荀子,文中不及韩子,扬子不及文中子。敦学隆礼,崇王黜霸,企尧禹周孔而步趋之,唯谨其言,博以崇,其蓄无涯,荀卿之学也。辟邪去浮,信心直道,孜孜乎乐善不倦,其言淳以健,其出无支,昌黎之学也。二子之于圣道,有功于扞藩矣。文中子明切于事情,其为言也,明□尽,其胜于扬雄以其中淡。雄则有精确之论,其为言也晰而专,其弃于儒门,以其内躁,淡与躁中,于心术之微,见于辞气之闲,而征于事为之著不可诬也。孟子而后,明道而前,昭日星者必曰四子,儒先之学不可轻议,然亦不可尽没,故次其先后若此。

《风希堂文集·读荀子书后》

荀子,周末大儒,自李斯以邪说乱天下,后人府辜并訾其学,此不足深辨也。观斯入秦,辞卿数语,诟贱悲穷,希世逐利,悍然背师,不待得志之后。然则卿何尤焉。余读其书,想见褒衣束带广博深崇之气象,惜字画讹谩无别本参校,姑为分句读,整段画,并标识一二大旨于上方,以便观览。昌黎韩子欲削荀氏之不合者,附于圣人之籍。余谓沙汰其字句,深没其文辞其于道也。遽以合乎、削之云者,领要知归,在学者之心得已耳。然则谓昌黎不竟其业为可惜者,亦惑也。

《风希堂文集·书荀子〈天论〉篇后》

荀卿之言天也,除邪去惑明道设教莫切于此矣。后世作为洪范,五行灾祥占验之术者,何纷纷也。强欲附于知天之说,而实无所以胜之,胶绕

---

① 戴殿泗(1746—1825),号东珊,浦江马剑村(今属诸暨)人。著有《风希堂文集》。

错乱，帅其私意而无补于为治之数，无已则转为谶纬符命，惑明帝而浊圣经，无已则变为天书道箓，乱道常而淫瞽说，是展转而趋于术之愈荒，而末世固甘心焉者无他，尊其说曰，是天道也云耳。荀卿以不为而成、不求而得者为天职，而圣人为能，不与天争职，由是喜怒哀乐为天情，耳目形能为天官，心为天君，财为天养，顺之福逆之祸为天政，是善于言天之正者，莫荀卿若也。以治乱非天星坠木鸣六畜作妖为可怪而不可畏，以穄伤政险乖离淫乱为人妖，而修礼以治之，是善于言天之变者，莫荀卿若也。正变互形纤微，不遁百世而下有诪张诡说以言天者，皆见弃于荀卿子者也。或曰，王介甫之天变不足畏，不既胎于此乎？此似而非也。天论有之矣。百王之无变，足以为道贯，一废一起应之，以贯明礼以为表，夫贯乎道而表以礼畏天孰甚焉。谗说者乌足以惎之。吾怪夫好言天者众矣，不独灾祥之说为然也。其亦思得荀子而正之也欤？

张云璈[①]《四寸学·论荀卿称孙卿》

荀卿或称孙卿，自司马贞、颜师古以来，相承以为避汉宣帝讳，故改荀为孙。考汉宣帝名询，汉时尚不讳嫌名，且如后汉李恂，与荀淑、荀爽、荀悦、荀彧，俱书本字，讵反于周时人名，见诸载籍者而改之？若然，则《左传》自荀息至荀瑶多矣，何不改耶？且即《汉书》任敖、公孙敖俱不避成帝之名骜也。盖荀音同孙，语遂移易。如荆轲在卫，卫人谓之庆卿；而之燕，燕人谓之荆卿。又如张良为韩信都，《潜夫论》曰："信都，司徒也。俗音不正，曰'信都'或曰'申徒'，或曰'胜屠'。然其本一司徒耳。"然则荀之为孙正如此，比以为避讳，当不其然。此嘉善谢金圃少宰墉说。

《论〈荀子·成相〉是弹词之祖》

《荀子·成相》篇杨倞注："或曰'成功在相'，故作《成相》三章。"谢金圃少宰云："'成相'之义，非谓'成功在相'也，篇内但以国君之愚暗为戒耳。《礼记》：'治乱以相。'相乃乐器所谓舂牍也，古者瞽必有相。"审此篇音节，即后世弹词之祖。篇首即称："如瞽(无)相何伥伥。"义已明矣。首句"请成相"，言请奏此曲也。《汉书·艺文志》："成相杂辞十一篇。"惜不传，大约托于瞽蒙讽诵之辞，亦古诗之流也。《逸周书·周祝解》亦此体。

---

① 张云璈(1747—1829)，字仲雅，浙江钱塘人，乾隆丙子，三十五年(1770)，曾任湘潭知县，惠政爱民，颇著名声，博览古今，擅于诗文。著有《简松草堂诗文集》,《四寸学》6卷。

洪亮吉[1]《晓读书斋杂录·论〈荀子·赋〉》

荀子知《赋》。“周流四海，曾不崇日。”杨倞注：“崇，充也。”用《尔雅·释训》文。今按：《荀子》“不崇日”，亦与《诗·卫风》“崇朝”，《公羊传》“不崇朝”义同。《毛传》：“崇，终也。”何休《解诂》：“崇，重也。”训皆可与“充”通。

顾宗泰[2]《月满楼诗文集·读荀子》

荀子言性恶礼伪，比之告子杞柳之说，义外之论，更变本加厉，岂得谓为大醇哉？然其言固有合道者，不可概斥之。荀子云：水火有气而无生，草木有生而无知，禽兽有知而无义。人有气有生有知且有义，为天下贵，则与告子大相径庭，不可谓为不知性。又云：养心莫善乎诚，则亦圣人思诚之旨也。特其言杂耳，何概斥之哉。夫孔子而后，为学者岂必尽醇。孟子犹有删之议之者，而况荀子。读书在自取耳。如庄子，世儒所非也，观其述夫子言，亦明子臣义命之故。董子世儒所推也，观其言，性者生之质，情者人之欲，似未悉乎天性情才之辨，惟不以辞害志，古人分量始出。吾不敢如韩氏以孟荀并称，亦不必如苏氏以李斯同罪，读其书，节取其理而已矣。不然，穷理之不暇，而徒以刺诽，胜哉？

郝懿行[3]《荀子补注》后附二文

《与王伯申引之侍郎论孙卿书》

近读孙卿书而乐之，其学醇乎醇，其文如孟子，明白宣畅，微为毓富，益令人入而不能出。颇怪韩退之谓为“大醇小疵”，蒙意未喻，愿示其详。推寻韩意，岂以孟道性善，荀道性恶，孟子尊王贱霸，荀每王、霸并衡？以是为疵，非知言也。何以明之？孟遵孔氏之训，不道桓、文之事，荀矫孟氏

① 洪亮吉(1746—1809)，字稚存、北江，江苏阳湖人。幼家贫丧父，乾隆年间赴安徽入学政朱筠幕，结识邵晋涵、章学诚、王念孙、孙星衍，后赴京入四库馆任编纂。乾隆五十三年(1788)孙星衍邀请入毕沅幕，助编《续资治通鉴》。五十五年成进士，授翰林院编修，充国史馆纂修官，官至上书房教习。川陕鄂各省乱起，于嘉庆四年(1799)致书成亲王陈时弊，以私论国政遣戍新疆伊犁，未几赦归原籍，从此改号更生居士，绝意仕途，专意著述。

② 顾宗泰，一名景泰，字景岳，号星桥、晓堂。室名月满楼。苏州元和人。乾隆四十年(1775)进士，嘉庆十一年(1806)掌教娄东书院，十三年入浙主万松书院。家有月满楼，文酒之会无虚日。有《月满楼诗集》40卷，别集5卷，《月满楼文集》14卷。

③ 郝懿行(1755—1823)，字恂九，号兰皋，清山东栖霞人。著有文集12卷，笔录6卷，《证俗文》18卷，《蜂衙小纪》《燕子春秋》《海错》各1卷，《宋锁语》1卷，《实训》1卷，《尔雅义疏》18卷，《春秋说略》12卷，《山海经笺疏》18卷，《易说》12卷，《郑氏礼记笺》49卷，等等。

之论，欲救时世之急。《王霸》一篇，剀切镎于，沁人肌骨，假使六国能用其言，可无暴秦并吞之祸。因时无王，降而思霸。孟、荀之意，其归一耳。至于性恶、性善，非有异趣。性虽善，不能废教；性即恶，必假人为。"为"与"伪"古字通，其云"人之性恶，其善者伪也"，"伪"即"为"耳。孟、荀之指，本无不合，惟其持论，各执一偏。准以圣言，"性相近"即兼善恶而言，"习相远"乃从学染而分。后儒不知此义，妄相毁诋。阁下深于理解，必早见及，愿得一言，以祛所蔽。孙卿与孟时势不同，而愿得所藉手，救弊扶衰，其道一也。本图依托春申，行其所学。迨春申亡而兰陵归，知道不行，发愤著书，其惜归意趣，尽在《成相》一篇，而托之瞽矇之词以避患也。

杨倞何人，不知其字，里居事实，尤所未闻。《唐书·世系表》检无其人，愿具示之。其注大体不误，而中多未尽，往往喜加"或曰"云云，知其持择未精，亦由诂训未明，不知古书假借之义，故动多疐碍。蒙意未安，欲复稍加订正，以存本来。久疏抠谒，茅塞蓬心，聊述近所省存，用代奉面，匆匆不宣。

道光四年甲申二月日具

《与李月汀璋煜比部论杨倞书》

来示《唐书·艺文志》以倞为杨汝士子，而《宰相世系表》则载汝士三子，一名知温，一名知远，一名知至，无名倞者。《表》《志》同出欧阳手，不知何以互异？意者，倞或改名，如温庭筠之一名歧欤？余谓《志》《表》互异，当由史氏未详，故阙然弗备。若依马、班史法，于《表》《志》中书本名及改名，如汉刘更生为刘向之例，斯无不合矣！《唐书》倞不立传，当由仕宦未达，无事实可详，故《志》《表》阙略而仅存其名，然千载下遂不知倞为何人，虽疑则载疑，要亦史笔之疏耳。汪氏容甫据《古刻丛钞》载《唐故银青光禄大夫使持节蔚州诸军事行蔚州刺史兼御史中丞马公墓志铭》，其文则杨倞所作，题云"朝请大夫、使持节汾州诸军事、守汾州刺史杨倞撰"，结衔较荀子加详。汪氏又据《志》载会昌四年，定为武宗时人，然则此恐别一杨倞。若《艺文志》注荀子之人，止题大理评事，而无"朝请大夫"以下衔者，盖非一人，可知矣。汪孟慈深以此说为不然，因言《艺文志》但云"汝士子"，安知不有两汝士也？余无以应之，请质诸月汀。

闰七月廿四日

师范[①]《荀卿墓》

古墓依稀寄野塍,半天晴雪北兰陵。扬前管后俱无忝,荀孟何妨亦并称。

凌廷堪[②]《学古诗二十首》一五

周衰异学兴,大道危将坠。岩岩子居氏,抗论辨义利。同时有荀卿,厥功亦匪细。《法言》《中说》文,卓绝差可继。儒术一线传,千秋罕异议。孰意南渡来,指摘无余地。性恶荀况黜,美新子云弃。至于文中子,亦负僭经累。呜呼闽与洛,遂与洙泗配。道统固云尊,恐非圣人意。

《荀卿颂并序》

夫人有性必有情,有情必有欲。故曰:饮食男女,人之大欲存焉。圣人知其然也,制礼以节之,自少壮以至耆耄,无一日不囿于礼,而莫之敢越也;制礼以防之,自冠昏以逮饮射,无一事不依乎礼,而莫之敢溃也。然后优柔厌沃,徐以复性,而至乎道。周公作之,孔子述之,别无所谓性道也。刘康公曰:"民受天地之中以生,所谓命也。"是以有动作礼义威仪之则以定命也。故曰:"子所雅言诗书执礼。"又曰:"约之以礼,亦可以弗畔矣夫。"夫舍礼而言道,则空无所附,舍礼而复性,则茫无所从。盖礼者,身心之矩则,即性道之所寄焉矣。时至春秋,即升降袭易之节,鼎俎笾豆之数,士大夫已渐不能详言之,况礼之深焉者乎?降而七雄并争,六籍皆阙,而礼为尤甚。纵横捭阖之说,坚白异同之辨,殽然而不可纪,杂出而不可穷。守圣人之道者,孟荀二子而已。孟子长于诗书,七篇之中,称引甚广。至于礼经,第曰"尝闻其略"。考其父命厥子,已与士冠相违;往送之门,又与士昏不合。盖仅得礼之大端焉耳。若夫荀卿氏之书也,所述者皆礼之逸文,所推者皆礼之精意。故戴氏取之以作记,郑氏据之以释经。遗编具在,不可诬也。夫孟氏言仁,必申之以义;荀氏言仁,必推本于礼。推本于礼者,譬诸凫枣之有模范焉,轮梓之有绳墨焉,其与圣人节性防淫之旨,威仪定命之原,庶几近之。然而节文器数,委屈繁重,循之者难,则缅之者便;好之者鲜,则议之者众。于是乎荀氏渐绌性道,始丽于虚,而仁为杳渺不可知之物矣。孔子之论仁,曰:"克己复礼。"又曰:"非礼勿视,非礼

---

① 师范(1751—1811),字端人,号荔扉,又号金华山樵。晚成《滇系》百卷,诗文集尚若干卷。

② 凌廷堪(1757—1809),字次仲,安徽歙县人,少家贫丧父,力学成才,仰慕江永、戴震之学,受聘入四库馆,从游一时名士,后入毕沅幕,乾隆五十五年(1790)成进士,任宁国府学教授。著有《礼经释例》13卷、《校礼堂文集》等。

勿听，非礼勿言，非礼勿动。”颜渊曰：“夫子循循然善诱人，博我以文，约我以礼。”然则荀氏之学，其不戾于圣人可知也。后人尊孟而抑荀，无乃自放于礼法之外乎！颂曰：

七姓虎争，礼去其籍，异学竞鸣，榛芜畴辟。卓哉荀卿，取法后王。著书兰陵，儒术以昌。本礼言仁，厥性乃复。如范范金，如绳绳木。金或离范，木或失绳。徒手成器，良工不能。韩氏有言，大醇小疵。不学群起，厉声诟之。孟曰性善，荀曰性恶。折衷至圣，其理非凿。善固上智，恶亦下愚。各成一是，均属大儒。小夫咋舌，妄分轩轾。中风狂走，是谓自弃。史迁合传，垂之千年。敬告后人，毋歧视焉。

案：凌廷堪，私淑戴震，与戴东原同为徽州学者，以礼学研究为乾嘉汉学殿军。其作《荀卿颂》，褒扬荀学，借此阐释其“以礼代理”朴学理念。凌廷堪对于一直以来荀子在儒圣当中的卑微地位，似乎颇有微词，从他的另外一段叙述中，可见端倪：窃惟《太史公书》以孟子、荀子同传，未尝有轩轾于其间，而孟、荀之称，由汉迄唐无异辞。若夫罢荀卿从祀，祧七十子而以孔、孟并举，此盖出后儒之意，于古未之前闻也。今《孟子》得凤石及阎氏、周氏实事求是搜讨靡遗，而《荀卿子》三十二篇，自二三好古君子为之校正审定外，无过问者，甚且遭陋者妄加删改，几失其真，斯亦儒林之深耻也。这段文字，内容远绍秦汉，以汉学义脉的传承入手，分析并标举荀学之要。并对一直以来的“遭陋者妄加删改”的“抑荀”一派学问给予批评：“小夫咋舌，妄分轩轾。中风狂走，是谓自弃。”具有非常明确的价值判断和鲜明的学术指向。而他举荀学大纛，圭臬其学的旨趣表现为：“若夫荀卿氏之书也，所述者皆礼之逸文，所推者皆礼之精意。故戴氏取之以作记，郑氏据之以释经。遗编具在，不可诬也。”

陈鸿墀[①]《全唐文纪事·读荀》

谓孟尊孔，杨尊孟，而荀在轲雄之间，是亦于其言而定之。盖谓荀未尝知尊孟，故尔若不于其言而于其人，杨则未必不劣于荀。此韩公他日独以孟荀并言欤？虽然，荀又岂孟伍哉？故又曰，轲之死，不得其传。呜呼，公之剂量，诸儒审矣。

① 陈鸿墀（1758—？），原名治鸿，字万宁，号范川、东圃，又号抱箫山道人，浙江嘉善人。嘉庆间诏辑《全唐文纪事》120卷、《全唐文年表》4卷。著有《赐砚斋诗文集》《抱箫山道人遗稿》2卷。

钮树玉[①]《匪石先生文集·论荀子》

余读《荀子》，于是始叹圣人之大无不包，高而莫极也。战国之时，去圣人犹未远，而微言大义已晦而弗章。是以孟子称尧舜，则群起而非之。荀子固学于圣人之徒者也，其所以非孟者，以法后王为主也。孟子道性善，荀子言性恶，圣人则曰“性相近，习相远”而已，未始著迹焉，则圣人之化也。夫荀子贱诈力而贵仁义，好学而尚礼，战国之世亦不多见矣。而论者以其弟子李斯，而并咎荀子，无亦深刻乎？且《书》《诗》遭秦火之厄，至汉世得复传于后者，半出于荀卿之弟子，然则荀子于斯文，不可谓之无功矣。

张惠言[②]《茗柯文编·读荀子》

一言而本末具者，圣人之言也。有所操，有所遗，然而不虚言，言以救世者，贤人之言也。操其本者不弊，操其末者未有不甚弊者也。孔子之言性，曰“性相近，习相远，上知与下愚不移”，所谓一言而本末具者也。孟子之言性善，所谓操其本也；荀子之言性恶，所谓操其末也。其言殊，其所以救世之意一也。孟子曰“口之于味，目之于色，鼻之于臭，耳之于声，四肢之于安佚，是性也”，不亦与荀子言“人之性，饥而欲饱，寒而欲暖，劳而欲休”者同乎哉！荀子曰“无性，则伪之无所加；无伪，则性不能自美”，又曰“义与利者，人之所两有也，虽尧舜不能去民之欲利，虽桀纣亦不能去民之好义”，不亦与孟子言“民之秉彝，故好是懿德”者同乎哉！公都子问孟子曰：“告子曰性无善无不善。或曰性可以为善可以为不善，或曰有性善有性不善，三说皆非欤？”孟子曰：“乃若其情，则可以为善矣，乃所谓善也。”然则孟子不以三说皆非者，岂不以上知之性善、下愚之性不善而中人可以为善可以为不善者哉？虽然，由孟子之说，则人得自用其为善之才，而道甚迩事甚易；由荀子之说，则道者圣人所以挢揉天下之具而人将厌苦而去之。故荀子之意与告子异，而其祸仁义与告子同，则操其末者之弊，必至于此也。虽然，孔子言仁，而孟子益之以义，荀子则约仁义而归之礼。夫

---

① 钮树玉(1760—1827)，字蓝田，匪石山人，江苏吴县人，少家贫，贩布为生，笃志坟典，精研音韵训诂之学，依龚丽正、梁章巨为幕僚，著有《匪石先生文集》《匪石山人诗集》《段氏说文注订》等。

② 张惠言(1761—1802)，原名一鸣，字皋文，一作皋闻，号茗柯，武进(今江苏常州)人。少为词赋，深于易学，与惠栋、焦循一同被后世称为“乾嘉易学三大家”。又尝辑《词选》，为常州词派之开山，著有《茗柯文集》。

义者，人之裁制也；礼者，仁义之检绳也。孟子之教反身也切，荀子之教检身也详。韩子曰，求观孔子之道必自孟子始，后之学者欲求其途于孟子，自荀子始焉，可也。

严可均[①]《铁桥漫稿·荀子当从祀议》

孔子之道在《六经》，自七十子后绍明圣学、振扬儒风者，无逾孟子、荀子。而孟子配食于孔子庙堂，荀子有《性恶》一篇，为宋儒所诟病，前明黜其从祀，此非万世之公议也。臣谨按：汉儒刘向为孙卿书录，履数诸子，云皆不循孔氏之术，唯孟轲、孙卿为能尊仲尼。又云孟子、孙卿、董先生皆小五伯，以为仲尼之门，五尺童子皆羞称五伯。如人君能用孙卿，庶几于王。孙卿之书，其陈王道甚易行。又按：先臣谢墉为《荀子序》云："荀子生孟子之后，最为战国老师。"太史公作传，论次诸子，独以孟子荀卿相提并论，盖自周末历秦汉以来，孟荀并称久矣。小戴所传《三年问》全出《礼论》篇，《乐记》《乡饮酒义》所引俱出《乐论》篇，《聘义》子贡问贵玉贱珉，亦与《德行》篇大同。大戴所传《礼三本》篇亦出《礼论》篇，《劝学》篇即荀子首篇，而以《宥坐》篇末见大水一则附之，《哀公问》五义出《哀公》篇之首，则知《荀子》所著，载在二戴《记》者尚多，而本书或反缺佚。愚窃尝读其全书，而知荀子之学之醇正，文之博达，自四子而下，洵足冠冕群儒，非一切名、法诸家，所可同类共观也。观于《议兵》篇对李斯之问，其言仁义，与孔孟同符；而责李斯以不探其本而索其末，切中暴秦之弊。乃苏氏讥之以为其父杀人，其子必且行劫，然则陈相之从许行，亦陈良之咎欤？此所谓欲加之罪也。荀子在战国时，不为游说之习，鄙苏张之纵横，故《国策》仅载谏春申事，大旨劝其择贤而立长，若早见及于李园棘门之祸，而为厉人怜王之词，则先几之哲，固异于未英策士之所为。故不见用于春申，而以兰陵令终。则其人品之高，岂在孟子之下？顾以嫉浊世之政，而有《性恶》一篇，且诘孟子性善之说，而及之于是，宋儒乃交口攻之矣。尝即言性者论之，孟子言性善，盖勉人以为善而为此言；荀子言性恶，盖嫉人之为恶而为此言。要之绳以孔子相近之说，则皆为偏至之论，谓性恶则无上智也，谓

① 严可均(1762—1843)，字景文、铁桥，浙江乌程人，官建德县教谕，著《说文校议》《铁桥漫稿》等，又辑《尔雅一切音注》10卷、、《平津馆金石萃编》20卷，《全上古三代秦汉三国六朝文》741卷。

性善则无下愚也。韩子亦疑于其义，而为三品之说，上品、下品，盖即不移之旨，而中品则视习为转移，固胜于二子之言性者矣。然孟子偏于善，则据其上游，荀子偏于恶，则趋乎下风，由愤时疾俗之过甚，不觉其言之也偏。然尚论古人，当以孔子为权衡，过与不及，师商均不失为大贤也。又按：先臣钱大昕为《荀子跋》云："自仲尼既殁，儒家以孟荀为最醇。太史公叙列诸子，独以孟荀标目，韩退之于荀氏，虽有大醇小疵之议，然其云吐辞为经，优入圣域，则与孟氏并称，无异词也。宋儒所言訾议者，唯《性恶》一篇。愚谓孟言性善，欲人之尽性而乐于善；荀言性恶，欲人之化性而勉于善。立言虽殊，其教人以善则一也。宋儒言性，虽主孟氏，然必分义理与气质而二之，则已兼取孟荀二义；至其教人以变化气质为先，实暗用荀子化性之说。然则荀子书谈，可以小疵訾之哉？古书伪与为通，荀子所云：'人之性恶，其善者伪也。'"此"伪"字即作"为"，非"诈伪"之"伪"，故又伸其义云："不可学，不可事，而在人者，谓之性；可学而能，可事而成之在人者，谓之伪。"《尧典》"平秩南讹"，《史记》作"南为"，《汉书·王莽传》作"南伪"，此"伪即为"之证也。臣窃惟刘向汉世通人，谢墉、钱大昕乾嘉闲善读书者，其《叙录》与《跋》，足祛宋儒积疑，荀子自是孟子后第一人。又按：荀子非但传《礼》传《乐》也，又传《诗》传《春秋》。申公受《诗》于浮丘伯，浮丘伯荀子弟子，见刘向《孙卿书录》，亦见《汉书》《楚元王传》《申公传》，是《鲁诗》荀子所传也。《韩诗外传》引荀子以说《诗》者四十余事，是韩婴亦荀子私淑弟子也。子夏五传至荀子，荀子传大毛公，见陆德明《经典叙录》，是《毛诗》亦荀子所传也。荀子《大略》篇言《春秋》贤穆公善胥命，是为《公羊春秋》之学，瑕丘江公受《谷梁春秋》及《诗》于申公，是《谷梁春秋》荀子所传也。左丘明作传以授曾申，曾申五传至荀子，荀子传张苍，张苍传贾谊，是《左氏春秋》荀子所传也。刘向《孙卿书录》称孙卿善为《诗》《礼》《易》《春秋》，今观《非相》《大略》二篇，是善为《易》。古籍阙亡，其受授不得尽知也。孔子之道在《六经》，自《尚书》外，皆由荀子得传。臣学浅位卑，不合上议，敬具草置之箧中，谓荀子当从祀，实万世之公议也。谨议。

黄丕烈[①]《百宋一廛书录·荀子》

《读书敏求记》[②]所载《荀子》有二本。其一为淳熙八年六月吴郡钱佃得元丰国子监本，并二浙西蜀诸本，参校刊于江西计台本。其二为吕夏卿重校本，从宋刻摹写者。予尝见香严书屋[③]影宋钞本，字大悦目，不殊遵王所言。后得此刻，即所谓吕夏卿重校本也。每叶十六行，行十六字，非特板刻之精，且装潢绝妙。从污坏破损之后，而精加补缀，几不知其曾经遭劫者。是书出任蒋桥顾氏。相传其家装潢匠为孙有年，每日工银二星。或一日补一蛀痕，亦不加促迫，故能心细手和如是，此即孙某所为也。前有《荀子序》《荀子新目录》，皆出于倞所为。序云："以文字烦多，故分旧十二卷二十二篇为二十卷。又改《孙卿新书》为《荀子》，其篇第亦颇有移易，使以类相从云。"每卷题登仕郎守大理评事杨倞注二十卷，末载有旧目，题云"《荀卿新书》十二卷三十二篇，护左都水使者光禄大夫臣向言"云云。最后有二行，一题"将仕郎守秘书省著作佐郎充御史台主簿臣王子韶同校"，一题"朝奉郎尚书兵部员外郎知制诰上骑都尉赐紫金鱼袋臣吕夏卿重校"。遵王所云影宋钞当即从此出也。藏书家有邹氏子之一印，同心之印一印，忠公后裔一印，邹印同心一印，道乡书院一印，孙印朝肃一印，恭□一印。

吴德旋[④]《初月楼古文绪论》

荀子文少变化，其精者已为《礼记》所采矣。

---

① 黄丕烈(1763—1825)，清著名藏书家、目录学家、校勘家。字绍武，一字承之，号荛圃，绍圃，又号复翁、佞宋主人、秋清居士、知非子、抱守主人、求古居士、宋廛一翁、陶陶轩主人、学山海居主人、秋清逸叟、半恕道人、黄氏仲子、民山山民、龟巢老人、复见心翁、长梧子、书魔、独树逸翁等。长洲(今苏州)人。专一治学和藏书。藏书室有"士礼居""读未见书斋""陶陶室""小千顷堂""学海山居""求古居""红椒山馆""学耕堂""冬蕙山房"等10余处。因独嗜宋本书，自号为"佞宋主人"。藏宋版书达百余种，专辟一室为"百宋一廛"而藏之，自作有《百宋一廛书录》1卷。

② 清代著名藏书家、版本目录学家钱曾撰写的第一部著名的善本书目《读书敏求记》(4卷)，为后世研究古籍版本提供了重要的参考资料。钱曾(1629—1701)，字遵王，自号也是翁，常熟人。为钱谦益族孙，父钱裔肃，家富图籍，多蓄旧笈。

③ 清代藏书家周锡瓒号香严居士，书斋名为"香严书屋"。周锡瓒(1742—1819)，清著名藏书家。吴县人。

④ 吴德旋(1767—1840)，字仲伦，江苏宜兴人。著有《初月楼文集》《书林藻鉴》《艺舟双楫》《清朝书画家笔录》等。

周中孚[①]《郑堂札记·昌黎读荀子篇》

昌黎《读荀子篇》云："荀与扬，大醇而小疵。"而于《原道》则曰："荀与扬也，择焉而不精，语焉而不详。"夫择不精，语不详，何"大醇小疵"有此言之自相矛盾也？以予论之，荀子大醇而小疵，扬子择不精而语不详。杜牧之有《三子言性辨》谓孟、荀、扬三子且独赞荀子矣。

《天禄琳琅书目[②]·宋版子部·纂图互注荀子》

（一函八册）周荀况撰，三十二篇，唐杨倞注，分二十卷，前载杨序，序后有《欹器》《大路》《龙旗九斿》三图。宋陈振孙《书录解题》曰：《汉志》作孙卿子者，避宣帝讳也，至杨倞始后改为荀，分二十卷而注释之。淳熙中，钱佃耕道用元丰监本参校刊之江西漕司，其同异著之篇末，凡二百二十六条，视他本最为完善云云。据此则宋时刊刻《荀子》已非一本。是书标为纂图互注，书中于倞注外又加重言、重意、互注诸例，与经部宋本《毛诗》《周礼》《春秋经传集解》三书正同，图样、字体、版式亦复相等，盖当时帖括之书，不独有经也。

《元版子部·纂图分门类题注荀子》

（一函十册）周荀况撰，三十二篇，唐杨倞注，分二十卷，前载杨序，并新增丽泽编集《荀子事实品题》一卷，不著纂人姓氏。又宋陈传良辑《荀子门类题目》一卷。此当时帖括之书也。其《门类题目》一卷，于标题次行刊"永嘉先生陈传良编"。所分门类，始曰"天地"，终曰"五常"，共四十门。末又附《拾遗》并《事要总类》二条，皆择书中之可作题目者分类摘句，以取便于观览。卷后别行刊"麻沙刘通判宅刻梓于仰高堂"十二字。卷一之后于别行刊"关中刘旦校正"，所谓刘通判者，当即是人。第书首标题为《纂图分门类题注荀子》，书前仍当有图，旧已失之矣。至所载《荀子事实品题》一卷，观其识语，称"旧本《荀》《扬》图说不过具文，今得丽泽堂编次品题，凡卿、云事实颠末历历可考"云云，则是《荀》《扬》合刊之书，非此本中所应有，乃书贾割取《荀子事实》以冠于书首耳。且书中自卷九至卷十三，及卷十五，共六卷，标题只称《荀子》，卷十六、卷二十两卷，标题又称《监本

---

① 周中孚（1768—1831），字信之、郑堂，浙江乌程人，曾就学诂经精舍，师事阮元，参与编修《经籍纂诂》，历试不第，弃举业，为李筠嘉编《慈云楼藏书志》。期间录读书心得为《郑堂读书记》，又有《郑堂札记》及经史文献著述数种。

② 清乾隆九年（1744）开始在乾清宫昭仁殿收藏内府藏书，题室名为"天禄琳琅"。乾隆四十年（1775）指派于敏中等编出《天禄琳琅书目》10卷，嘉庆二年（1797）彭元瑞等又编《天禄琳琅书目后编》20卷。著录清宫所藏宋元以来精刻精钞善本书籍1000余部。

音注荀子》，书名既不画（划）一，板式亦复悬殊，系以三刻凑成一书。其标称《荀子》者，模印甚精，纸墨俱佳，实属宋椠，余则元时所刊，远不相及。然宋本流传者久少，今尚存吉光片羽于元刻之中，虽出凑合。亦可宝也。

包世臣[1]《小倦游阁集·与沈小宛书》

小宛我兄阁下，接来书，知阁下近治《荀子》。世臣当壮年时即喜读此书，往来四方，必置此书于行箧。荀子之所持者，礼也。孟子喜言理，而荀子喜言礼。近人凌君次仲作《原乱》三篇，谓礼由理而始生，知此义者可以会通孟、荀二家之说矣。荀子喜言富国，亦喜论兵，然一秉之于王道，与战国策士不同。惟荀子言性恶，悖于孟子，然此亦由末俗凌夷，致荀子激为此言耳。其言曰："人之性恶，其善者伪也。""伪"即古"为"字，言性善由于人为，即孟子言扩充之义耳。又其言曰："涂之人皆可为禹。"亦即孟子人人可为尧、舜之义。后儒不察，致斥荀子为异端，被恶名于千载之下，此则吾辈所当表白者也。《荀子》之文，平实而奇宕，为后世文章之鼻祖。《韩非》得其奇宕，《吕览》得其平实。盖韩为荀门弟子，而《吕览》亦多成于荀氏门人之手也。汉代惟刘向氏能本荀子之意以为文，遂得高视董、杨。世臣蓄此意已久，友朋中无可语者。今闻阁下亦治此书，窃幸吾道之不孤，陈其管见，以俟采择。包世臣顿首。

沈钦韩[2]《幼学堂诗文稿·读荀子》

余读荀子书三十二篇，其中虽支蔓之言时有纰缪，然反复其意，明王道，述先圣，嫉世也，忧世也。殆将用世，能使乱者也治，危者也安，而龃龉秦魏之间，宛转兰陵之调，佹诗告戒，睹时相之酖毒志惛，能不呜喑累欷乎？昭于寘洁于污，卒不得百里之地以展其才，汶汶而没，惜哉。其所著述，亦足以表襮矣。其与子思、孟子，譬诸喷啸山谷一呼一应。斯道孤立可以系援。自汉唐以来，千有余载，吾儒之学惟董仲舒、扬雄、韩愈数人，然亦未有过荀卿者。眉山苏氏文致之论不足取也。自宋以后，孟子子思

---

① 包世臣（1775—1855），安徽泾县人。清代学者、书法家、书学理论家。字慎伯，晚号倦翁、小倦游阁外史。师从邓石如学篆隶，后又倡导北魏，晚年习二王。历史功绩在于通过书论《艺舟双楫》等鼓吹碑学，对清代中、后期书风的变革影响很大。

② 沈钦韩（1775—1831），字文起，号小宛，江苏吴县人。著有《幼学堂文集》8卷，诗集17卷，《两汉书疏证》74卷，《水经注疏证》40卷，《左传补注》12卷，《左传地理补注》12卷，又有《韩昌黎集补注》《王荆公诗补注》《文集注》《苏诗查注补正》《范石湖集注》等。

之道大行，而荀卿展转湮没。明嘉靖时，遂斥荀卿于国学，并及戴圣郑元等。余尝论此数人者，遭绝学之后，苦心孤诣，发明经义，皆素王功臣。而当时没其包罗综贯之功，掎摭一孔之失，亦异乎既行其道理合褒崇之旨矣。余独惜荀卿既颠踬蹭蹬于虎挒枭磔之主，而复忍诟攘尤于千百年之后也。为掩卷太息焉。

荀卿明王道，战国推老师。刻意尚危行，愤世作诡辞。济济门墙内，录录固无奇。狰狞欲搏人，座侧有李斯。呜呼商周法，荡然无复遗。斯文自不幸，胡乃归咎为。纷然轻薄徒，舞文巧诋欺。儒者弗深考，目论颔其非。宫墙仍旧观，廊庑忽新规。重轻何足系，要皆瑰萼私。我爱周秦书，敝簏常自随。平心一尚论，瑕瑜稍有差。昌黎予所信，大醇而小疵。天地遭阳九，圣教否塞时。江河一篑障，周孔百世思。岂非豪杰士，不为俗习移。崎岖兰陵令，用世竟数奇。方柄入圆凿，高致良足悲。

《幼学堂诗文稿·答包慎伯书》

慎伯足下，接手示，雅荷惓惓，知近读《荀子》有得，钦韩素亦好之，与足下所言，如左右契也。《议兵》《礼论》诸篇，于天人信顺之道，文明制作之原，冰解的破，益信孟子之言非虚。孟子简而荀子备，闻孟子之言穆然叹，听荀子之言憬然悟，破俗士之胶固而信王道之不系乎升降，其益非浅。虽然，心之精微，书不尽言，言不尽意，当务者难于应几，缀学者易于循迹。孟子王齐之易，荀子大儒之效，诚俯仰数千载，而置身于其间，将何以处之。而若为言之，岂非乱极思治，固人心所同，然自信其道，有必行者邪。又惜夫老者之不能待，而来者之不足为，卒诸唐言而见若鹿惋也。

钦韩所著《两汉书疏证》，诚愿就质于足下。伏念五六年来，杜门绝人事，殆忘寝食，其小者，明古今之异同，具典物之精粗；大者，则以汉去古未远，欲掇其意美法备者，裨于政术。至于俗说横流，排击之不遗力，务使学者发虑宪而求实是，循叙而可以读千载之书焉。昧者，于两书之句读不能通晓，何足以知鄙人之苦心，而窥奥学之涯岸乎？夫秦汉之金石，虽断残剥蚀，见者必摩挲而叹，咨以其名为古物，间足资乎考证。愚人不知其所以然，则循声逐影，喝然自谓好古。若此书发蒙启覆，钩稽贯串，有益于闻见，何啻百倍，然亲见其成书，曾不如帖括之传钞，覆瓿之叹，何待来兹。良玉不剖，必有泣血以相明，非足下其人而谁邪。

自与足下交十八年矣，年少气盛时，以为天下之大必有魁才硕学，殊绝于吾人，冀相挽于三不朽之大业，久之而不得，又久之而曩所仅许之人稍稍汩于流俗，趋于淫诐，惟吾与足下处困苦颠顿之中，犹不至丧其守而自娱于学,至于今虚骄之气已消,追忆往日,哆口轻谈,芒若梦寐,又伤衣食,奔走不能常合,今暂得相见,因与商榷知闻,共质两心,岂非幸事。前此十有余年,日月已逝,两鬓青青渐见斑白,闻良卿旧酒徒之言,殆为怆然。后此亦不过一二十年事耳。老病侵寻,欢怀益少,精力弥谢,以是忽忽,思见足下相罄也,束装时伫,见过不宣。

刘鸿翱[①]《绿野斋前后合集·读苏子瞻荀卿论》

始吾读苏子瞻《荀卿论》,以李斯之燔书籍,归罪于荀卿,窃疑焉。盖太史公尝传荀卿矣,附于《孟子》。韩昌黎亦曰:“孟子醇乎醇者也。荀与杨也,大醇而小疵。”又欲删其说之不合于圣人者,与孟子并存。是荀卿亦圣人之徒也,李斯自背其师耳。及观荀卿历诋天下贤人、君人,以人性为恶,而后叹太史公、韩昌黎推尊之兆。李斯之燔书籍,决出于荀卿,无疑也。何者?《诗》《书》《易》《象》《春秋》,凡以明人性之善也。今夫人性有仁、义、礼、智,而后达之于君臣、父子、夫妇、昆弟、朋友,相敬、相亲、相爱、相别、相信,古重道,不敢为一切残刻之治,故《易》首乾元;《书》信降衷;《诗》以导无邪;《春秋》以尊王统。伏羲、舜、禹、汤、文、武、周公、孔子之心法、治法在焉。今荀卿曰:“人性恶,桀纣性也,尧舜伪也。”是其视仁义礼智,皆为人之所与无有,而暴戾恣睢,乃人道之当然。则《六经》之所载,亦伪而已矣。不燔之,将安用哉?战国时邪说淆乱,孟子拒杨墨、道性善,至比之禹抑洪水,周公兼夷狄、驱猛兽,孔子作《春秋》。夫孟子正人心,以承三圣之功,未见于天下也。荀卿一言性恶,李斯本之。数千年之载籍,悍然付之一烬。洪水、夷狄、猛兽、乱臣贼子之祸,迨未至如此烈也!则虽诋荀卿之恶,甚于杨墨可也!抑考韩非、李斯皆荀卿之高弟。李斯之言曰:“古者天下散乱,诸侯并作,语皆道古以害今,饰虚言以乱实。臣请史官非秦记皆烧之,有敢偶语《诗》《书》者弃市,以古非今者族。”韩非之言曰:“世之愚学,皆不知治乱之情,多诵先古之书,以乱当世之治,又妄非有术之士。听其言者危,用其计者乱。”与斯之言若合符节,韩非者,未得志之李斯;李斯者,已得志之韩非。吾以此知二子之术同也,其皆出于荀卿也。圣人以人性为善,则王道礼乐皆性中物,山书籍为天下益。荀卿以人性为恶,则王道礼乐非性中物,而书籍为天下害矣。知弟莫若师,彼李斯者,所谓善继述者耳。不然,孟子之门,上者为乐正子,其次为公孙丑、万章,其

① 刘鸿翱(1779—1849),字次白,山东潍县人,嘉庆十四年(1809)进士,官至福建巡抚,有《绿野斋前后合集》。

下为咸邱蒙，诸人皆未尝以其学乱天下也。世之以荀卿继孟子者，吾不信矣。

战国人心敝坏已极，荀子当是阅历之深，故发性恶之论，而欲以礼救之，亦不意其徒之决裂至是也。以燔书之罪归狱其师，荀子复生亦无以置喙。（姚秋农师）

性恶之说，韩子所谓疵也。其余名论未尝不告孔孟，特性乃万事根本，此处错误，道德事功皆无所附丽，此即李斯韩非刑名之害，归狱其师。未必性恶一言误之也，本苏子之论广之，其工力亦足悉敌。（陈其山）

朱子论荀卿谓："人性恶一语，已错其本"。此外，先儒多以为荀卿近孟子，不能因其性一语，概其生平，惟苏子瞻以李斯之罪罪荀卿，读者犹有株连之议，余故发挥苏子不尽之意，以信朱子之论。（自记）

其抑荀卿与苏论同，而苏以李斯罪荀卿，此以韩非例荀卿，持论虽异，命意则同。（王霞九）

尹尚廉[①]《读六子作》

孙卿本儒者，凌厉锋无前。自非论性殊，邹峄应抗颜。

久保爱《荀子增注序》

观秦汉诸儒之所录，荀子之德隆矣哉！至乃当时之人，以成汤、文王、伊尹、管仲比之孟子，聒而语之，议其好辨者有之，不闻其许之者，亦唯自以圣贤居而已。岂况学在行事，而轲才止口舌也？夫游其门受其业者，亦皆效其师之所行，或为一时夺席之言，或述军国经略之言。万章、公都子辈所争辩，李斯、韩非子等所笔记，章章于杀青之余，如观二叟家学之风也。若夫性善、性恶殊异，称尧舜，顺后王之不同，非有优劣。道术为天下裂，有以虚无者，有以恬淡者，有以非斗、非乐者，有以坚白同异者，学士各据其所见，以立流派，互相竞争，则孟、荀亦以此与当世之人辩而已。

孟子书七篇，追琢既尽，斐然成章，盖欲传天下后世而著之者也。荀子书三百二十二篇，有重复者、有驿驳者，虽除二百九十篇，犹尚有不焕乎者，盖杂记而特示门人，无传天下后世之志者也！唯其言人旨之上，膏之下，有土之君、辅国之臣，闻其一言有足兴邦家者，则天下之大，不能无一人尊信之者。孟子虽精撰，动辄有言行相反而难委任大事者，则海内之广，不能不有一人窥其短者。是以弈世提衡，声誉相发。唯是孟子书夷其

① 尹尚廉，号退谷，昆明人。嘉庆癸酉（1813）举人，著有《玉案山房诗钞》。

诵之者，皆疏明章句，善正误脱者也。荀子文奇，其阅之者皆有大略而取枢要，非拘挛于章句、善辨错乱者也。乃一登侍郎注之，其寘俦焉，得尽其义乎？

吾山夫子，既校正经艺，以其余力施及诸子。观先时葛西应祯所翻刻荀子，比之诸家，似有所长，犹尚正文误脱，注文错乱，颇有难读者。于是，博考群书而明辨之。爱壮年日据其说以作增注，近日将上木，开而阅之，犹有未安者。于是，再校以诸家本，而后物子、山子以来所疑者，涣然一时冰释，唯未见宋刻原本，是以犹豫，未正误补脱。俄而友人狩谷卿云得宋本，就而校之，云雾始开，白日再明，乃据宋本善者正之，间亦有以元刻改之者。何则？二本者，原也。又享保以来，诸儒先之所论，苟有可补正者，尽取之，必录其姓名以分之，而后增益师说者，不止十之三四。

夫荀卿业已不遇，其书亦不大行，杨倞注之而世亦知之者少，则先师虽精之，爱虽增益之，岂必期使海内之纸贵矣哉！虽然，世有欲泝洙、泗流，从政而取之者，未尝无少裨益矣！

文政庚辰(1820)冬十一月信州久保爱撰

《四库全书总目·儒家类·荀子二十卷》

臣等谨案：《荀子》二十卷，周荀况撰。况赵人，尝仕楚为兰陵令。亦曰荀卿，汉人或称曰孙卿，则以宣帝讳询避嫌名也。汉《志》儒家载荀卿三十三篇，王应麟考证谓当作三十二篇。刘向《校书序录》称孙卿书凡三百二十三篇，以相校除重复二百九十篇，定著三十三篇，为十二卷，题曰《新书》。唐杨倞分易旧第，编为二十卷，复为之注，更名《荀子》，即今本也。……杨倞所注亦颇详洽。《唐书·艺文志》以倞为杨汝士子，而《宰相世系表》则载杨汝士三子，一名知温，一名知远，一名知至，无名倞者。《表》《志》同出欧阳修手，不知何以互异。意者倞或改名，如温庭筠之一名岐欤？乾隆四十一年五月恭校上。

《四库全书·荀子》

况之著书，主于明周孔之教，崇礼而勤学，其中最为口寔者，莫过于《非十二子》及《性恶》两篇。王应麟《困学纪闻》据《韩诗外传》所引，卿但非十子，而无子思、孟子，以今本为其徒李斯等所增，不知子思、孟子后来论定为圣贤耳。其在当时，固亦卿之曹偶，是犹朱、陆之相非，不足讶也。至其以性为恶，以善为伪，诚未免于理未融。然卿恐人恃性善之说，任自然而废学，因言性不可恃，当勉力于先王之教。故其言曰：“凡性者，天之所就也，不可学，不可事；礼义者，圣人之所生也，人之所学而能，所事而成者也。不可学、不可事而在人者谓之性，可学而能、可事而成之在人者谓之伪。是性、伪之分也。"其辩白"伪"字甚明。杨倞注亦曰："伪，为也。凡非天性而人作为之者，皆谓之伪。故伪字人旁加为，亦会意字也。"其说亦合卿本意。后人昧于训诂，误以为"真伪"之伪，遂哗然抨击，谓卿蔑视礼义，如老、庄之所言。是非惟未睹其全书，即《性恶》一篇，自篇首二句以外，亦未竟读矣。平心而论，卿之学源出孔门，在诸子之中最为近正，是其所长；主持太甚，词义或至于过当，是其所短。韩愈"大醇""小疵"之说，要为定论，余皆好恶之词也。

刘开[1]《刘孟涂集·荀卿论》

苏子瞻以李斯之乱天下，出于荀卿，吾师惜抱先生辨之，以为秦坏先王之制，始于商鞅，不始于李斯。斯之相秦，并未用荀卿之道。其论明且笃矣。然子瞻岂不知荀卿过不及是，而故欲文致其罪哉？彼意不在荀卿，假荀卿而发也。夫荆公之学，虽不及荀子，然其所本者王道，所称者礼乐，其高言激论，未尝不相似也。子瞻见荆公欲兴三代之治，而执拗不通，终以偾事，故论荀卿而直指之曰："意其为人，必刚愎自用，而自许太过。"此非切中介甫之失乎！新法之立，托于先王，其意本以治天下，而非以乱天下，其党章惇等假其说，益快报复，卒至病国害民，流毒海内，此虽群小之罪，未始非荆公为之阶也。故因李斯之祸，而追咎于荀卿，亦事之适相类者也。荆公废夫子之《春秋》，以天下之贤人君子为不足用，特激于一往之意气，以孤行已见。其后绍述之者，乃欲举天下之善类而悉去之，忠良尽矣，国亦旋坏，此固荆公所不及料者也。故曰："其父杀人报仇，其子必且行劫。"又曰："荀卿特以快一时之论，不知其祸之遽至此也。"呜乎！是亦可谓乖涕泣而言之矣。子瞻论古之文，多借讽时事，如始皇论及此篇是也。彼言法宜平易，以戒人主之果杀，此则隐指执政乱国，而推原致祸之由，其意一也。吾师所论者，明荀卿之贤，以示斥其诬，为是非之公言也。余所谓者原子瞻之心而略其辞，兼时事之实言之也。

《刘孟涂集·读荀子》

荀卿有云："主好要则百事详，主好详则百事荒。"痛哉言也！古之论

---

① 刘开(1784—1824)，字明东、方来、孟涂，安徽桐城人，少家贫牧牛，闻塾师诵书而默诵其文，师从姚鼐，名动一时，四十而夭。著有《孟涂诗文集》44卷、《论语补注》、《中庸本义》等传世。

治者，未有如此之切要也。三代以下，家国天下之得失尽乎是矣。夫古励治之君，救时之吏，于民生国是无不备求至熟，然用力勤而成功少者，则以其好详之过也。荀卿之学，其醇虽不及孟子，而明于礼制，晓于世务，有管子之通达，而无其挟私用术之见，理之当否，则切中事情，得其大体，真经世有识之言。惜身不见用，未展其所学。夫儒者之言治详矣。世变时殊，其说即不能行，荀卿一言，而百世之利病悉见。然非生于乱世，激发当时，亦不能为此议也。且诸儒之言多文，而荀卿独简，直捷(了)当，痛快深切，则与其人之性亦适相类云。

张金吾[①]《爱日精庐藏书志·儒家类·荀子二十卷》

(影写宋吕夏卿大字本)唐登仁郎守大理评事杨倞注。后有"将仕郎、守秘书省著作佐郎、充御史台主簿臣王子韶同校""朝奉郎、尚书兵部员外郎、知制诰、上骑都尉、赐紫金鱼袋臣吕夏卿重校"两行。案：吕夏卿本宋椠尚存。惟是本从宋椠初印本影写，见存之宋椠则纸质破损，字迹模糊，且为庸妄子据俗本描补，殊失庐山真面，故宋椠转不若影宋本之可贵也。金吾闻之黄荛圃先生云："杨倞序。(元和十三年。)顾氏手跋曰：'《荀子》向唯明世德堂本最行于世，乃其本即从元《纂图互注》本出，故重意之删而未尽者犹存两条于杨注中，(一，《修身》篇'丘山崇成'句下。一，《王制》篇'何独后我也'句下。)又何怪乎本之不精也。余姚卢抱经学士汇诸本，参以己意，校定重梓，首列影钞宋大字本。即今此本，从朱文游家见之也。考《困学纪闻》所引，(如'青取之于蓝''请占之五帝'诸条。)殆监本是已，采用颇多，咸足正世德堂之误。然如《君道》篇'狂生者不胥时而乐'正与《尔雅》《释诂》'暴乐'，《桑柔》毛传及郐笺'爆烁'所用字同。则'乐'不得如世德堂本之改为'落'明甚，而卢学士略不及此本之有'乐'字。然则此书不几亡此字乎？他亦每有漏略抵牾，皆当据依以正之。今归芗岩周君收藏，荛圃借得，命校一过，兼访知宋椠印本在东城藏书家，持来拟售，略一寓目。('乐'，宋椠本与钞同。)他日倘竟为荛圃所有，当仍假此本一一复审之云。嘉庆元年八月，书于黄

① 张金吾(1787—1829)，字慎旃，别字月霄。江苏常熟人。祖父张仁济(字傅霖，号敬堂)喜藏书，尤好宋元旧刻，藏书万卷，室名"照旷阁"。父张光基(字南友，一字心萱)、叔父张海鹏(字若云，一字子瑜)亦嗜书，以藏书闻名。金吾出身此藏书世家，深受陶染，合旧藏新获，得图书8万余卷，贮藏于爱日精庐。嘉庆二十五年(1820)初编成藏书志4卷，以木活字印行。六七年后，藏书续有增加，在旧编藏书志的基础上，重加编次，附入原书序跋，编成《爱日精庐藏书志》36卷，《续志》4卷，于道光七年(1827)刻印问世。

氏之士礼居,涧蕢顾广圻。'"

黄式三[①]《儆居集·读荀子》

《传》云:"人以八十岁为下寿,百岁为中寿,百二十为上寿。"三代以上,虽多永年,亦大约以百二十为最上。召公之寿,容或过之,未可知也,召公之生也,与周公年相若,周公先薨,召公至康王时犹在。王充《论衡》谓召公乃周公之兄,又引《传》云"召公年百有八十",未□遽信。《史记》谓荀子年五十,始来游学于齐。刘向《别录》以为当齐宣王时,来游稷下。又云"楚春申君死,而荀卿废家兰陵",荀子来游稷下,未知宣王何年;既废兰陵之后,亦未知又尻几年卒,即以宣王末年,距春申君之死计之,荀子之〔年〕,已百三十有七矣。如《史记》文可尽信,则召公百八十岁亦未可厚非与?窃谓游学必幼年,事五十游学,断无是理。晁公武《读书志》引刘向《别录》作"十五游学",谓《史记》"五十"乃"十五"字之误是也。《齐世家》宣王十八年,开第康庄之衢以处,邹衍、淳于髡、田骈、接予、慎到之徒七十六人,稷下学士且数千百人。时周显王四十四年丙申也,荀子游学于齐,当在此数年间。时荀子年十五,为稷下学士,未为列大夫,故《别录》云:"来游稷下"。齐宣王薨,湣王□,邹衍、淳于髡皆适魏(见《孟荀传》及《魏世家》),田骈之属亦相继死(见《孟荀列传》),荀子盖至是为祭酒。齐湣王四十年,燕、秦、赵、魏共败齐于齐上。湣王奔莒,时周赧王三十一年丁丑也。襄王□五年,田单复齐,修旧政,荀子又为祭酒,是时年六十余矣。故《本传》云:"齐襄王时,荀卿最为老师。"本书《仲尼》言湣王毁于五国,《王伯》言湣王为天下大,《戮兵》言燕能并齐而不能凝也,故田单夺之,此皆据目前事论之也。齐襄王十八年,秦封范睢,号应侯,本书《儒效》《强国》有与秦昭王应侯问答语,则荀子于是后又适秦可知也,时楚太子完质于秦,黄歇从《强国篇》《仲尼》有楚六千里而为仇人役,其为春申君悯与,未几,又自秦返齐,又为祭酒。故《本传》云"齐尚修列大夫之缺,而荀卿三为祭酒焉。"《本传》又云:"齐人或谗荀卿,卿乃适楚,而春申君以为兰陵令。"时春申君封于淮北,在周赧王五十三年已亥,兰陵乃其属邑也。荀子初至齐,时为周显王丙申;卒去齐,时为周赧王已亥,相距六十有三年。未几,楚人又毁之,春申君乃适赵,赵以为上卿(事见《楚策·春申君传》)。本书《议兵》有与临武君议兵于赵孝成王前之语,盖在是时也,荀子之年已八十

---

① 黄式三(1789—1862),字薇香、儆居,定海紫微人。赴乡试,母病逝,誓不再应试,以读书治学终生,著述繁富。著有《论语后案》《诗序通说》《春秋释》《周季编略》《儆居集经说》。

余矣。既而春申君悔，又使人请，作书谢之（见《楚策》《荀子·赋篇》），其语峻厉，初无往意，后卒应召。还楚，春申君又以为兰陵令（见《汉书·谢该传》）。《注》引刘向《荀子后叙》：乙卯，秦始皇□李斯自楚之秦，辞荀子，荀子□之，不听（见《李斯传》及本书《议兵》篇）。己未，春申君合魏、赵、韩、燕、卫以击秦，无功反，见侵于秦，楚考烈王以是咎春申君，情益疏，春申君从朱英计，徙封于吴，而荀子为兰陵令。故秦始皇九年癸亥，春申君死而荀子亦废，因家兰陵，盖其年已百有一二岁矣。汪氏《述学》有《荀子年谱》，考核具详，而谓荀子游学于齐，当在湣王之末，与刘向语异，既嫌无据，而三为祭酒之次，亦莫从考矣。又谓去齐之秦，去秦之赵，去赵之楚，与《史记》本传刘向《后叙》之文俱背，不可从也。

《儆居集·读徐氏〈荀子辨〉》

徐氏，名积，字仲车。少孤，事母以孝著，虑娶妻非其人，未必同心事母。登第年过三十，不娶。路振力劝，女妻之。从胡安定学，食不充足。安定使馈之粟，不受，将归，乃受一饭而行，曰："先生之命不可违也。"卒后赐谥节孝，岂不称其实邪！其论性，驳荀尊孟，懔乎卫道之严，令读之者知荀说之不能无偏，立言之不可不慎也。虽然，徐氏之论亦有过焉，荀子言"礼义生于圣人之伪"，伪者，人为之也。徐氏则直以为作"伪"，心劳之"伪"，是驳之过也。孟子之"不动心"，是言得位行道，功名不足以动心，而富贵不能动心，自在其中。徐氏则谓孟子充养之至，虽以齐国卿相之重位亦不动心思之经营而可治，是尊之过也。夫论古平允，即儒者致中和之道，以徐氏之贤，而犹未能节喜怒、泯毁誉乎！《论语》："吾之于人也，谁毁谁誉？"段氏懋堂曰："此事惟圣人能之，贤者则有所歉。"自返所歉，常惕然矣。

《儆居集·读谢校〈荀子〉》

昔司马子长作《荀卿传》，称为老师。刘子政校中秘书，言诸子非先王之法，如人君能用孙卿，庶几于王。班孟坚作《汉书·刑法志》亦言："荀卿明于王道，大醇之称"，岂待唐韩子而始著乎哉？而后之呰者，辄苛求之。耳食之士，闻而致疑。式三读《儒效》篇云："隆礼义而杀《诗》《书》"，此本夫子博文约礼之训，而未善于持论耳。而《劝学》篇云："不道礼宪，以《诗》《书》，犹以指测海也，以戈舂黍也，以锥飡壶也，不可以得之矣。"此立论之意则然也。《非相》篇言"法后王"，儒者所讥，而此篇又云："五帝之外无传人，五帝之中无传政。禹汤有传政而不若周之察"，然则所谓后王者，指周之文、武也，所以讥异端之徒，高五帝而卑周礼也。性恶之说，极为儒者所呰，式三读《性恶》篇言："涂之人可以为禹"，言仁义法正人，皆有可以知之质，可以能之具。《解蔽》篇云："草木有生而无知，禽兽有知而无义，人有生有知有义，最为天下贵。"此与性善之说无以异，而畅言性恶以劝人学。汉董子所谓"仁贪之气，两在于身"，刘子政所谓"性不独善"，扬子云所谓"人之性，善恶混"，宋程子、朱子所谓"变化气质，恶者不可不谓之性"，实本于此。荀卿云："人之性恶，其善者伪也。"世儒大不韪之。式三读《礼论》云："性者，本始朴材也；伪者，文理隆盛也。性伪合，然后圣人之名一。性伪合而天下治。"《正名》篇云："虑积焉，能习焉，而后成，谓之伪。"然则荀卿之所谓伪，非诈伪之谓也。荀卿非数家之书，遂及子思、孟子，扬子云讥以同门而异户。又云："惟圣人为不异，谅哉。"子云之言也。前圣后圣其揆一，而贤者不免有异，今古皆然。何独荀卿？且荀卿之非子思、孟子，指性善之说耳，其它有何异？唐韩子欲删荀书而未果，论者惜之。式三读《韩诗外传》多述荀卿之书，论性以为善，与荀卿异。于《非十二子》篇删其非子思、孟子之文而述之。论治以周礼为法，与荀卿同。于《儒效》篇删"隆礼义杀《诗》《书》"之文而述之。此所谓善读荀卿书欤！

荀卿之书，世传唐大理评事杨倞注，于声音假借、各书异同，俱有引证，此亦注之善者。近时嘉善谢公，据余姚卢公所校本而重校之。所与校者，段大令懋堂、汪明经容甫，宜其说之详且精也。式三读是书，附校十余条外，因解后儒所疑之大者如此。抑考陆氏《经典释文·叙录》，《诗》自子夏五传而至荀卿，荀卿传大毛公；左邱明作《春秋传》，六传而至荀卿，荀卿传张苍，苍传贾谊。大小戴《礼记》如《三年问》《乡饮酒义》《聘义》《哀公问》《三本》《劝学》诸篇，皆出自荀卿，然则传经之功，荀卿为大。是以唐韩子作《处州孔子庙碑文》，绘荀卿之像，次于孟子下也。

刘宝楠[1]《念楼集·味雪斋文钞序》

《味雪斋文甲集》十卷，除赋颂数篇外，皆散体文。《乙集》八卷，皆骈体文。昆明戴䌹帆侍御所撰。余读之，而叹其有功于圣学者大也。其《取舍》篇曰："今之言训诂者曰汉学，言心性者曰宋学。学训诂者议宋学之虚，学心性者斥汉学之粗。无训诂安知心性，非心性何为训诂？使必外文章于性道，则文章何事？性道何物？"旨哉言乎！圣人之言，发明性道，汉儒训释圣言，以求圣道，虽未必身体力行，其期于明道则一也。先贤朱子本训诂之学，力行圣道，本非歧而二之。至陆氏出，乃判然异矣。朱子之

① 刘宝楠（1791—1855），字楚桢、念楼，宝应人，道光二十年（1840）进士，历任文安、三河等知县，著有《论语正义》24卷，《汉石例》6卷等，文集有《念楼集》。

学，其诂《诗》也，本宗汉儒旧说。吕氏《读诗记》所载是也。晚年定论乃与旧说异。至释《中庸》尊德性、道问学为二，此则朱子持论之偏，要未尝弃训诂而不讲也。其《仁诠》篇曰："论其为体，则造次于是，颠沛必于是。'君子无终食之间违仁'，即颜子犹有间于三月，何论其余？论其为用，则己欲立而立人，己欲达而达人，能近取譬，亦可为仁之方。"其《性善说》曰："孔子曰：'性相近也，习相远也。''惟上智与下愚不移。'而孟子之道性善，此救时之论。由春秋以至战国，先王之大经大法皆已亡灭，荀卿氏疾之，以性恶为辞，有慨乎其言之也。《易》曰：'一阴一阳之谓道，继之者善也，成之者性也。'溯于继善之初，性固无恶，至赋之于人，即不得以皆善论。然执是以为言，而残贼之子不将曰嗜杀人者之亦性乎？吾故曰：孟子之道性善，本其最初者言之，是救时之论也。"嗟乎！言仁言性，莫有切于此者也。子曰："仁者，人也。"孟子曰："仁也者，人也。"郑注《中庸》，以人为相人偶之人，相人偶，犹言相亲爱。（原注：人也，犹言亲也，爱也。《燕礼》郑注"揖之，人之也"，谓亲之也。扬子《法言·问道》篇："仁以人之"谓"仁以亲之"，与下"义以宜之""礼以体之"，同一句法。）存其心，养其性，爱心也，仁也。视听言动，克己复礼，爱身也，仁也。父慈子孝，兄友弟恭，夫义妻顺，爱家也，仁也。推而至于爱一国，爱天下，皆仁也。放之则弥乎六合，约之则存乎方寸。韩子"博爱之谓仁"谓此，非兼爱之谓也。然仁具于性，而爱发于情，性虽有定，而情每易迁。孟子曰："乃若其情，则可以为善矣。"又曰："若夫为不善，非才之罪也。"是则情可以为善，可以为不善，非其材质之罪。《中庸》曰："喜怒哀乐之未发谓之中，发而皆中节谓之和。"此情之善也。孟子曰："物交物则引之而已矣。"此情之不善也。（原注：《记》曰："饮食男女，人之大欲存焉。死亡贫苦，人之大恶存焉。"大欲大恶，人之情也，得其正则善，不得其正则不善。）君子力制其情欲，故曰"为善"，"为善"即所以为仁。子曰："好仁者，无以尚之；恶不仁者，其为仁矣，不使不仁者加乎其身，有能一日用其力于仁矣乎！我未见力不足者。"用其力于仁，此为仁之实功，故曰："克己复礼为仁。"又曰："为仁由己。"克己复礼，实指用力之处，下文四"勿"字，不用力而能尽绝之乎？有子曰："孝弟也者，其为仁之本与？"又子贡问为仁为学，皆□读是。然则仁虽性具，而有待于为。《荀子·性恶》篇曰："人之性恶，其善者伪也。今人之性，生而有好利焉，顺是，故争夺生而辞让亡焉，生而有疾恶焉，顺是，故淫乱生而礼义文理亡焉。"《孟子》以味色声臭安佚为性，盖同此义。上言性恶，下言今人，其为愤时之论明矣。然矫枉过正，不能免后人之訾议。至"为""伪"二字古通用，本篇"伪"字数见，皆"为"之假借。下文云："礼义者，圣人之所生也，人之所学而能，所事而成者也。不可学，不可事，而在人者，谓之性。可学而能，可事而成之在人者，谓之伪。是性、伪之分也。"《正名》篇云："心虑而能为之动，谓之伪。"《庄子·庚桑楚》篇："性之动，谓之为。"义正同。虑积焉，能习焉，而后成，谓之伪。《礼论》篇云："性者，本始材朴也。伪者，文理隆盛也。无性则伪之无所加，无伪则性不能自美。性伪合，然后圣人之名立，天下之功于是就也。"此皆以伪同作为之为，非诈伪之伪也。《诗·采苓》"人之为言"，孔疏引定本作"伪"，言白帖九十二同。《礼·月令》："毋或作为淫巧。"郑注："今《月令》'作为'为'诈伪'。"左氏成九年传："为将改立君"者，《释文》："为，本作伪。"定十二年传："子为不知"，《释文》："为，本作伪。"荀子言为善，与孟子同，即与孔子所云为仁同。孟子云性善，荀子云性恶，各举其偏，惟圣言乃无过无不及。今读侍御之文，言仁言性，一以圣人为宗，吾故曰有功于圣学者大也。其他微言伟论，经纬万端，比事属辞，模山范水，备文章之巨观，极才人之能事，兹不具论，论其大者。

张履[①]《性说》

人之性乃"从其心之本言之，而气质之末非性也。物有善恶，皆性，人之性则从其善而名至，而恶非性也。荀子曰性恶，则人无人性也。"

朱琦[②]《怡志堂文初编·荀子书后》

夏初，琦读《荀子》，志所疑。或曰："子专宋学者，奚取于荀子？朱子尝有言，'荀卿言性恶，大本已失'，奚足语道，子又奚取于荀子之言性而辩之？"琦曰："余非有取于荀子也，道固不可以疑而不明也。周元公云'五性感动而善恶分'，程子亦谓'善固性也，恶亦不可不谓之性'，张横渠曰'人有气质之性，善反之则天地之性存焉'。言性固以孟子为断，而宋之儒者亦不泥于一说也，其卒归于明其道而已。朱子于程张数说，盖尝取之，奚病于荀子？其曰'大本已失者'，谓其专以恶言性则不可耳。古书伪者众

---

① 张履(1792—1851)，字渊甫，原名生洲，江苏震泽人。于诸经尤精三礼，善古文辞，为诗有深趣，为同时顾莼、曾燠等所推。著述有《积石文稿》18卷，《积石诗存》4卷，及《南池唱和诗》1卷。

② 朱琦(1803—1861)，清代文学家，岭西五大家之一。字伯韩，一说字濂甫，号伯韩，松江府南汇嘴沈庄人。文章醇厚有味，诗格雄浑，是桐城派在广西的代表作家之一。著有《怡志堂诗文集》。

矣。荀子要为近道，大抵读周末诸子之书皆当区别观之，不可以一端之蔽而弃之也。”

荀子墓(道光)碑文①

先贤荀卿子者，其初赵人也。年十五游学于齐，与齐人三驺子、慎到、淳于髡之属讲学稷下，而荀子三为祭酒，后被谗适楚，为兰陵令，爱其风土遂家焉，死即葬此兰陵。人感其德化，为筑巨冢，以此甘棠之遗爱。荀子疾群否之害，正大道之不明也，爰述儒者延德之旨，著数万言以鸣于世。当秦汉时，其书家传户诵，与孟子并称，此太史公作《史记》，所以合孟荀为列传也。虽后世多刻核之论，究何伤其硕儒之量！善乎？韩子之言曰：“孟子醇乎？醇者也，荀子所大醇而小疵。”此山豆无所见而云哉！又考《宋史》，元丰元年诏封荀子为兰陵伯，七年诏以荀子从祀孔子庙堂。非其有关明教，何得令后世尊崇若是乎？独其墓上之庙，碑载修于宋政和六年，迄今七百余岁，兵燹风霜，销毁已尽。道光辛丑春，余同兰陵王氏诸君子游览其地，见有断碣卧于荒烟蔓草之中，摩挲审视，唯存篆额“修兰陵伯庙记”与政和年号十数字，其余皆漫灭不可复辩，因慨然于昌黎伯之言曰：“莫之为前，虽美弗彰；莫之为后，虽盛不传。”古者孟荀并重，今孟子之庙，赫奕若彼，荀子之墓，荒灭若此，非“莫为之后，虽盛不传”之故乎？侪等学识简陋，何敢妄议高深，但当此际而听后贤古迹湮没不彰，亦一方士大夫之羞也！爰约同志并请于兰山县，粤东张公渭共修丰碑，序其巅末，俾先贤德业姓氏赫赫然永垂不朽，亦吾人好古尊贤俗人之义举也。至踵修祠堂，延人以奉其祀，则均有志焉，尚未逮也。

八十岁老人增广生王鲁楷顿首拜撰，赐进士出身诏封奉政大夫明江同知借补雄州知州王寿篆额。邑庠生王锡藩沐手敬书大清道光岁次壬寅小春月吉立上石首事人御前侍卫守备王绍奎邑庠生章邑太学生□□□

森立之②《〈经籍访古志〉题记》

《荀子》二十卷(宋椠大字本，求古楼藏)。

唐杨倞注，首有《荀子注序》，次《新目录》接序。后每卷首题《荀子》卷第几，登仕郎、守大理评事杨倞注。卷末有刘向校正目录、上言，又有“王

① 兰陵荀子墓原有碑毁坏，道光二十二年(1842)重新树立。

② 森立之(1807—1885)，枳园居士，江户后期日本杰出的医学家、文献学家与考据学家，是日本考证医学的泰斗。

子韶同校、吕夏卿重校”衔名，及熙宁元年国子监劄子官衔十五名，又有淳熙八年唐仲友后序。每半版八行，每行数不整，注双行，界长七寸六分，幅五寸七分半，左右双边。每卷有金泽文库印，印文肥宽，异所经见，殆文库火前物，与惺窩先生题签，亦希覯之珍云。

狩谷望之手跋云："右宋椠《荀子》，为淳熙八年唐仲友所刻，字大如钱，书法全抚欧阳。朱熹按唐仲友状云‘据蒋辉供，元是明州百姓，淳熙四年六月内，因同已断配人方百二等伪造官会事发，蒙临安府府院将辉断配台州牢城，差在都酒务著役月粮，雇本州住人周立代役，每日开书籍供养。去年三月内，唐仲友叫上辉，就公使库开雕扬子、荀子等印版，辉共王定等一十八人在局开雕’者。是本也，版心下方所题，皆是剞劂氏之姓名，蒋辉以下都十九名，与朱熹按状所言‘辉共王定以下十八人’之语合。"余始读《朱熹集》，得详唐仲友刻《荀子》事，喜甚，独怪是不良人为是好事，谓不可以其罪废其人也。后读《齐东野语》，知其诋排之非至论。今又得《四库全书总目》二则，足为仲友吐气。今并录以备考。

近来舶来卢文弨校本《荀子》，云以影宋本校。今以是本比雠之，失校之字不为不多，则彼所校，犹未精欤？将所谓影宋本有落叶欤？然则是本岂不贵而重乎？且世间北宋刊本传世无几，如余所见，不过小字御注《孝经》《文中子》《通典》《圣惠方》诸书，而是本翻雕熙宁官版者，则其实与北宋本无异，真希世之宝典也！余斋所载南宋本中，当以是为第一也。吾家子孙宜保护之。文政五年(道光二年)十一月。

徐时栋[①]《烟屿楼读书志·净德集》

宋吕元钧陶《净德集》，其奏状详明恺切，有关国计民生尤极。攻王氏青苗新法，其对策时已如此，初应制科，适安石读卷，至“愿陛下不惑理财之说，不闲老成之谋，不兴疆场之事”，神色顿沮，不能终卷。神宗使冯京竟读之，称其有理。而卒为安石所抑，仅得一判。绍圣末，坐党籍贬时，方以集贤院学士知陈州也。徽宗初，复修撰，知梓州致仕。盖其生平大节如此，故文章亦磊落无嗫嚅态也。

《荀卿论》极力诋斥，开南宋儒者之先声。余谓不然，其妄荀卿之言者

① 徐时栋(1814—1873)，清著名藏书家。字定宇，一字同叔，号柳泉，学者称柳泉先生。因排行十三，故又称徐十三，号淡潙、淡斋，别号西湖外史。鄞县县城人。生平酷爱读书，留意搜罗，建烟屿楼于月湖西。校刻宋元《四明六志》，考异订讹，著《四明六志校勘记》。又辑《四明旧志诗文钞》，著《烟屿楼文集》《烟屿楼诗集》等。

数条。一曰“尧舜跖其性一”，此性恶之说，为荀卿生平宗旨，而与孟子之言性善各有所见，皆是也而皆偏也。必求其中，则孔子相近相习之言，万世不可越，亦万世不能加一辞矣。一曰“礼义生于圣人之伪”，前人解伪犹为也，其言似与老庄相近而实不同。盖荀子以为，性恶也而可以为之至善，犹曲木也可以为之使直，亦教人为善之一说也。其一曰“有治人无治法”，此言实圣人之言，开前古所未有，即如井田封建，圣人之法也，而春秋战国法之而乱，汉唐以来废之而治；又如周官相传为周公致太平之书，而王莽王安石法之乱天下，即正人如方孝孺亦败国是，岂非有治人无治法之明证乎？故荀子又曰，“欲观先王之迹则于后王”，此直通达治体之言，而净德极非之，以为越于名教之外，又谓其不足适当时天下之用，而足以启天下后世之害；又谓其立说好异夸辩太过而不知其归，皆不善读荀卿书之言也。

方浚颐[1]《二知轩文存·读荀子》

孟子言性善，救世之言也；荀卿言性恶，愤世之言也。救世者，其论正足以信，今而传后；愤世者其论矫，未免饰智而惊愚。三十二篇中，以《劝学》《不苟》《非相》《正名》《尧问》五篇为最精理，名言层见迭出，取其醇去其疵，程子谓循之可以入道，亮哉。乃其徒则倡焚书坑儒之祻，佼逊乎卿而斯劣乎鞅。卿以尧舜为伪，以子思孟子为乱天下而教斯。若此，果孰伪耶，果孰乱天下耶？吾甚惜夫。如卿之才之学，乃畔圣侮贤，自屏于名教之外，几若天性使然。智乎？愚乎？必有能辨之者，然后知圣人之言，洵为至当不易也。

蒋超伯[2]《南漘楛语·古以荀孟并称》

《汉书·艺文志》孟子十一篇，孙卿子三十三篇，以荀次孟。其曰孙卿子者，缘汉宣帝讳，改荀为孙也。至杨倞为注，更名之曰《荀子》。考刘向序录，卿以齐宣王时，来游稷下，后仕楚。春申君死而卿废。《史记》六国年

---

① 方浚颐，生卒年不详，字子箴，号梦园，安徽定远人。清道光二十四年(1844)考取进士。同治八年(1869)授两淮盐运使。历任浙江、江西、河南、山东各道御史，两广盐运使兼署广东布政使、四川按察史等职。后退出政界，到扬州开设淮南书局。广揽四方贤士，校刊群籍，重修平山堂。著有《二知轩诗文集》《忍斋诗文集》《古香凹词》等。

② 蒋超伯，字叔起，江都人。道光乙巳(1845)进士，由主事历官广东候补道。有《爽鸠要录》《通斋诗文集》等。

表，春申君之死上距宣王之末，凡八十七年。《史记》称卿年五十始游齐，则春申死时卿年一百三十余矣，于理恐未必。然晁公武《读书志》谓《史记》"年五十"为"年十五"之讹。即如公武言，卿亦百余岁人矣。其《性恶篇》曰：枸木必待隐括烝矫然后直，钝金必待砻砺然后利，今人之性恶，必将待师法然后正，得礼义然后治。今人无师法，则偏险而不正；无礼义，则悖乱而不治。古者圣王，以人之性恶。是以为之起礼义，制法度，以矫饰人之情性而正之，以扰化人之情性而道之，使皆出于治合于道云云。大指与鲁论道德齐礼之意相合。其"善者伪也"之"伪"，训为人为，杨倞注意甚明。近世刘端临先生补注于《儒效篇》，其衣冠行伪句云。台拱案，荀子书言伪者，义皆作为，其于荀子全书可谓涣然冰释矣。后儒暗于训诂，以为作伪之伪，遂诋卿为偏驳。冤哉！至其《非十二子》一篇，俗儒借口，无论子思孟子，与卿先后同时，犹之朱陆诋諆，不足深讶。况《韩诗外传》所引只非十子而已，并无子思及孟子也。王应麟定为李斯等羼入，读书得间矣。总之，荀子渊源出于孔氏，尤有功于诸经。谢夷吾荐王充疏云，前世孟轲孙卿，近汉扬雄刘向司马迁，不能过也。亦孟荀并举，是去孟子不过一间，即以孟子言之。陆德明《经典释文》三十卷，自周易以至老庄尔雅，皆有释文，独遗《孟子》，且有议其书类乎吕览者矣，有驳益避箕山之说为无稽者矣。(明人贺祥史取之说)冯休删孟，晁说之诋孟，郑厚叔艺圃折衷，尤以排斥孟子为事，岂独《荀子》一书被人指摘哉！(《汉书·郦食其传》为里监门然吏县中贤豪不敢役，王怀祖曰"吏然"二字误倒，《史记》吏字在然字上，以此例之，则年五十为倒字，可无疑议矣。)

姚谌[①]《拟上荀卿子从祀议》

昔者圣王既没，大道不行，其政教之所遗，载在六籍。六籍之文，自孔子后，惟荀卿得其传。臣尝考之传记，毛公、申公之《诗》，左氏、谷梁《春秋》之传，皆出于荀卿传授。而其学尤深于礼。《修身》《大略》《礼论》《乐论》诸篇，著于大、小戴《礼》，自汉世列之为经，至今不能废。盖自孔子之没，百家并兴，人挟异端，逞邪说，以诬民而惑世，惟荀卿能述礼乐，考六艺，诵孔氏之遗言，以与之辨，隐然为战国老师。道既不行，则退以其学传之门人。遭秦燔书，而六籍卒得不泯于世，其有功于孔氏甚巨。向微荀

---

① 姚谌，字子展，浙江归安(今吴兴县)人。咸丰(1831—1861)举人。太平军攻打归安时，募乡勇守城抗拒，城陷，赴水不死，不久病卒，年三十。学务博览，致力于六书小学，又长于古文。有《景詹暗遗集》。

卿，则经典散亡，异说争鸣而不可止，后之人虽欲尊崇孔氏，孰从而得其书耶？其书之不存，则于其道何有？世之陋者，不考本末，妄生异议，并属一辞，遂使命世巨儒，不获舆于学官之祀，斯礼典之阙也。考荀卿同时学孔氏者，惟孟子一人。孟子之道仁义，称尧舜，其言视荀氏为醇。至论诸侯之礼，则以为未学，述井田班禄之制，亦略而不详。其记问之学，疑不若荀卿之密，然后人推崇其书，至以上配《论语》，盖孟子之学，为宋儒所自出，而荀卿之学，独传于汉儒。世方尊行宋儒之书，宜乎荀卿之见绌也。世议荀卿者，惟以性恶一言，与孟子异。夫言性者，当折衷于孔子。孔子曰"性相近也，习相远也"，"惟上知与下愚不移"。韩氏因之有性三品之说。然则性固有善有不善，孟子称上智，荀卿贬下愚，其为说不同，要其归，使人迁善改过则一也。必以孟子之言绳之，则荀卿言性恶诚非矣。虽孟子之言性善，固亦未尽也。或又以《非十二子》议之，此诚荀卿之偏，然孔子门人游、夏之徒，已有各持一端相非议者，要不失为贤人，不足为荀卿病。且据《韩诗外传》所引，无子思、孟子二人，则此或出后人附益，而非其本真也。至以李斯之乱秦，归狱于卿，则尤诞而不足辨矣。我朝受命，阐扬正学，于前世说经诸儒，多赐褒录，列于祀典，独荀卿传道之功，未蒙表章，不称尊经重儒之意。臣愚以为宜下礼官集议，以荀卿从祀孔子庙廷，位次七十子下，颁其书天下，与孟子并列于学官。

方宗诚[1]《读诸子诸儒书杂记·论荀子性恶》

荀子性恶之说，以尧舜为伪；宋奸人目道学为伪学，本此，邪说流传，所以贻祸万也。立言可不慎乎？荀子"养心莫善于诚"，扬子"多闻则守之以约，多见则守之以卓"，庄子"臣之事君，义也，无所逃于天地之间。先儒多讥其有弊。窃谓庄列荀论本原，无不误者；至其间名言，亦颇有之，惟本原错，则其未错者溯其根原亦有病。然而节取焉可也，如此三言是矣。荀扬皆不识性。荀子以性为恶，故劝学以矫之于善；扬子以性为善恶混，故劝学以修之，所谓修身以为弓，矫思以为矢，立义以为的，皆是以义为外，强己以从之耳。惟孔曾思孟程朱明性之本善，格物修身，去私惩忿，皆不过复其性之本然，而并非有所矫，此所以为千古之心传与！

① 方宗诚（1818—1888），字存之、柏堂，北乡人，桐城派学者，年轻遇太平军之乱，以《俟命录》鸣世，受大学士倭仁赏识，后入曾国藩、李鸿章幕，受任枣强知县，光绪年间辞官归隐，著述繁多，有《诸经说部》33卷，《柏堂集》92卷等。

俞樾[1]《曲园杂纂·荀子诗说》

按《经典释文》:"《毛诗》者,出自毛公,一云子夏传曾申,申传魏人李克,克传鲁人孟仲子,孟仲子传根牟子,根牟子传赵人孙卿子,孙卿子传鲁人大毛公。"是荀卿传诗,实为《毛诗》所自出。……今读《毛诗》而不知荀义,是数典而忘祖也。故剌取《荀子》书中引诗者凡若干事,以存荀卿诗说焉。

《说篇·性说上》

吾之论性,不从孟,而从荀。

荀子取必于学者也,孟子取必于性者也。从孟子之说,将使天下恃性而废学,而释氏之教得行其间矣。《书》曰:'节性惟日其迈',《记》曰:'率性之为道'。孟子之说,其率性者欤?荀子之说,其节性者欤?夫有君师之责者,使人知率性,不如使人知节性也。

王棻[2]《柔桥文钞·荀子》

荀子最可讥者,非十二子而及史鱼、子思、孟子,又以子张、子游、子夏为贱儒也。夫史鱼尝为夫子所称,子张、子游、子夏皆亲受业于夫子,子思、孟子实传夫子之道,以六子为非,则荀子之学安在乎?

李慈铭[3]《越缦堂日记钞》卷一

《荀子》三十二篇,为二十卷,唐杨倞注,近代卢氏文弨、谢氏墉校证本最为精细。周末荀、孟并称,至唐不废。宋儒始加苛议,明人张孚敬辈遂黜其文庙之祀。其实诸子惟荀最醇,四子书外,所当首屈一指。杨氏注亦多古义。……荀子生衰周,力尊仲尼与孟子,识学无稍差,而其《非十二子》篇乃兼及子思、孟子,遂大为宋明儒者口实。后之善荀子者谓皆门人

---

① 俞樾(1821—1907),字荫甫,号曲园,浙江德清人,清末文学家、经学家、古文字学家、书法家。治学以经学为主,旁及诸子学、史学、训诂学等,可谓博大精深。俞樾平生勤奋治学,著作极丰,曾国藩赞扬他"拼命著书",有《春在堂全书》250卷。

② 王棻(1828—1899),字子庄,号耘轩。执掌九峰书院先后十余年。著有《经说偶存》《六书古训》《史记补正》《汉书补正》《重订历代帝王年表》《明年表》《大统平议》《大礼平议》《明大礼驳议》《中外和战议》《台献疑年录》《柔桥文钞》等。自光绪七年开始编纂《台学统》,至晚年成书100卷,辑录台州晋代至清代名人337人。《柔桥文钞》总结一生的学术思想,颇受清末以来学者赞誉。

③ 李慈铭(1830—1894),文史学家。初名模,字式侯,后改今名,字炁伯,号莼客,室名越缦堂,晚年自署"越缦老人"。会稽西郭霞川村人。著有《越缦堂日记》,三十余年不断,读书心得无不收录。学识渊博,承乾嘉汉学之余绪,治经学、史学,蔚然可观,被称为"旧文学的殿军"。

窜入之言，非荀子意，以是为荀子辨。

予谓孟子之学一传以后无闻者，即弟子中惟乐正子稍能自见，余亦无有单辞片语阐发先生之学者。荀子殆因其徒之不善而归咎其师，其云"略法先王而不知其统，犹然而才剧志大，闻见杂博"云云者，万章、公孙丑之徒，皆不免此。荀子固确有所见，而以为是子思、孟轲之罪。其于十子皆曰是某某，而此独曰是某某之罪，则词固有所轻重矣。其下云"子张氏、子夏氏、子游氏之贱儒"，皆非无指而言者也。战国士习多僻，诸贤之门人守道不笃，流为伪儒，固必然之理，无足怪者。

耿文光[①]《万卷精华楼藏书记·荀子》

《荀子》二十卷，周荀况撰，唐杨倞注。安雅堂本。乾隆丙午嘉善谢氏校刊，首谢墉序，序后有记二则，次钱大昕跋，次校勘补遗，次所据旧本，并参订名氏，次倞序，次新目录，杨倞所定。末有三十二篇目，乃刘向所定。二目次第不同，旧目后有刘向校书序，卷终有校书铭。名，盖照宋本刻之。是本所据凡五本，一影钞大字宋本，一元刻纂图互注本，注云："此当时坊间所梓，脱误甚多，然未经校改，本真未失，书中多采用。"一明虞氏王氏合校刻本，一明世德堂本，一明钟人杰本，注云："有评点、注、删节。校是书者，前有赵曦明、段玉裁、吴骞、朱奂、汪中、卢文弨六家。谢氏辑诸家之说，并附所见，增一圆围，以别杨注。《荀子》解诂无善本，杨注最古，亦有舛误。东墅得卢抱经手校本，叹其精审，复与往复讨论，正杨注之者若干条，而此书始有善本矣。是书与二戴《记》相出入，有《记》所有而本书反佚者，可以互证。古书之传于今者甚少，杨注、谢注可证诸经今本之误者，更后不少，则此书深堪宝贵矣。"……文光案：刘向所校为《孙卿新书》，杨倞所注为《荀卿子》，今称《荀子》。《汉志》：《孙卿子》三十二篇，《陈志》十二卷，今本《汉书》作三十三篇，误也。……文光案：谢本校勘最精，故不著卢本。

---

① 耿文光(1830—1908)，藏书家、目录学家，号酉山，别号苏溪渔隐。山西灵石县苏溪村人。他编著的《万卷精华楼藏书丛记》，为继《四库全书总目提要》之后第一部大型综合性提要式书目。

杨守敬[1]《重刊宋台州本荀子跋》

今世中土所传《荀子》宋本有二：一为北宋吕夏卿熙宁本，一为南宋钱佃江西漕司本。而唐与政所刊于台州，当时为一重公案者，顾无传焉。嘉庆间，卢抱经学士据朱文游所藏影钞吕夏卿本，合元、明本校刊行世，王怀祖、顾涧薲皆有异议。然吕、钱两本至今无重刊者。余初来日本时，从书肆购得此书双钩本数卷。访之，乃知为狩谷望之旧藏台州本，此其所拟重刊未成者。厥后从岛田篁村见影摹全部，因告知星使黎公求得之，以付梓人，一仍其旧，逾年乃成。按此本后亦有吕夏卿等衔名，又别有熙宁元年中书劄子曾公亮等衔名，据与政自序"悉视熙宁之故"，则知其略无校改。案王伯厚所举四条，惟"君子知向矣"，此本仍作"如响"，不相应，因知伯厚所举者，"向""响"之异，非"知""如"之异，此自校刊记闻者之失（何校本仍作"如"）。若卢抱经所勘，以此本照之，其遗漏不下数百字，又不第顾涧薲所举《君道篇》"狂生者不胥时而乐"之不作"落"也。此间别有朝鲜古刊本，亦略如此本同。余又合元《纂图》本、明世德堂本及王怀祖、刘端临、郝兰皋诸先生之说，更参以日本物茂卿（有《读荀子》四卷）、冢田虎（有《荀子断》四卷）、久保爱（有《荀子增注》二十卷）、猪饲彦博（有《荀子补遗》一卷）所订，别为札记，以未见吕、钱两原本，将以有待，故未附刊焉。

光绪甲申三月，宜都杨守敬倚装书。

吴汝纶[2]《读荀子》

自太史公以孟荀合传，其后刘向杨雄韩愈欧阳修之徒皆并称孟荀。程朱继出，孟子之传始尊，而初汉之时，荀氏独为言礼之宗，其传尤盛。荀氏宗旨亦归于圣人，其异孟子者惟谓人性恶，以善为伪耳。然世言孟子论性本有未备，故宋儒辅以气质之说，实已兼用荀子。要之，圣人皆未言此。吾谓孟子固尝以声色臭味安佚为性矣，其言性善，盖本气质纯美，又病学者外仁义不为，而溺于声色臭味安佚之中，故曰"君子不谓性，是亦榜檠矫直"之意。而荀子则气质不如孟子由困勉而得，遂专以化性教人。夫亦各

---

① 杨守敬（1839—1915），字惺吾，号邻苏，湖北宜都人。清末民初历史地理学家、金石学家、目录版本学家、书法家、藏书家。书工篆隶真行各体，行书成就最高。他一生著述83种，被誉为"晚清民初学者第一人"，除撰写有代表巨著《水经注疏》外，还编绘有《历代舆地沿革图》《历代舆地沿革险要图》和《水经注图》等。

② 吴汝纶（1840—1903），字挚甫，安徽桐城人，近代文学家、教育家。著作与点勘诸书合刊为《桐城吴先生全书》。

言其性之所近而已。且孟荀之言皆贵学，不恃性。孟子曰“人皆可以为尧舜”，荀子亦曰“涂之人可为禹”，其以善为伪而自释以可学而能，可事而成。又即孟子孳孳为善之指，此其所以同也。昔孔子罕言命仁，以《诗》《书》执礼为教，当时列徒亲炙圣人，一传而后，言礼者已各不同，其与闻性道则曾氏一人而已。孟子晚出，私淑而得其宗，然于礼乐之意鲜所论列，而荀卿则以为人不能生而为圣人，必由勉强积渐而至。勉强积渐必以礼为之经纬蹊径，故其为学达乎礼乐之原，明乎先王以礼制治天下之意，其言皆程于桎梏，非知和无节明自然流极放恣者比。而谓养欲给求，知通统类，又未尝以礼为桎梏也，非得闻于孔子之文章者欤？

至其非十二子，或据《韩诗外传》无子思孟子，此又非荀氏之旧，且其言不足为卿病也。夫学者之传，源远则末益分，故孔子之后儒分为八。当孙卿之世，吾意子思、孟子之儒必有索性道之解不得，遂流为微妙不测之论者，故以“僻违闭约”非之。又其时驺衍之徒皆自托儒家，故《史记》以附孟子。卿与共处稷下，所谓闻见博杂，（案：往旧造说五行者谓是类也。）卿又言法后王，与其平日小五霸、师圣王之意不合，然谓五帝之外无传人，五帝之中无传政，则亦病驺衍之徒远推上古窈冥怪迂而为是说耳。所谓后王，即三代之圣王也，岂尝谬于圣人哉！大抵孟荀之学皆出孔子，故子云讥其同门异户。荀子好言仲尼、子弓。子弓特其传《易》师，而卿之学要为深于礼。其《非十二子》又并称仲尼、子游。子游亦深于礼。吾意卿者其学于子游之徒欤？孟氏传自曾子，而《檀弓》记子游论礼，曾子每不能逮，此孟荀之传所自分也。

《读荀子二》

荀子之书，凡所为论议之文总为《正论篇》，凡所为赋总为《赋篇》。其徒所集录者，其与秦昭王、赵孝成王、临武君、应侯、齐相所言，及其弟子陈嚣、李斯所问答，皆称孙卿子，其为门弟子所记无疑。盖孙卿既殁，其徒乃编次其书，故颇有附益散乱，非其书本然也。昔韩退之尝称荀子吐辞为经，又欲削其不合者以附圣人之籍，今就其书考之，《尧问篇》，末言孙卿孔子不过世，皆知其徒所为矣。其它与卿言不同者，亦皆其徒之言也。夫卿既言治生于君子，乱生于小人矣，顾又言便嬖左右为窥远收众之门户，既言巧敏佞说善取宠为态臣矣，又言事圣君之义以顺志为上，安得一人之言诡易如此！凡此类必韩非李斯之徒所窜益者，其非卿言决也。退之能辨古书正伪，意其欲削者其此类也欤？其书篇第亦失其旧，刘向杨倞两定之皆未当，如《序官》一篇乃采取古制，非其自作，故《乐论》引之曰“其在《序官》”云云，是《序官》旧必自为篇题，今以合《王制篇》，误矣。又《战国策》载遗春申赋前仍有书，今其赋具存，而书乃佚在韩子中，此必编次所遗，而韩非独收存之者。是亦集录于弟子之一证也。要之，今《荀子》非完书，汉时中《孙卿》三百廿二篇，刘向所校雠者卅二篇而已，此又非集录时本然也。当周秦之间，孙卿最为老儒，善《诗》《礼》《易》《春秋》，汉初经师皆承卿学，故争掇其书，二戴记《礼》、韩婴说《诗》为尤甚。卿好引《诗》《书》自证其言，今《戴记》及《韩诗外传》率如此，吾疑其间仍有荀子逸篇。贾谊引学《礼》教谕太子之言，《大戴》亦载之。当时言礼制，率本荀子，贾生受《左氏春秋》于张苍，苍受之孙卿，然则生之言亦孙卿所传欤？又向所芟除复重二百九十篇，其中亦必有脱误难读，而向自搜猎以为《说苑》《新序》之属者。惜乎其文不见于今，莫得而详考也。

王先谦[①]《荀子集解·序》

昔唐韩愈氏以《荀子书》为“大醇小疵”，逮宋，攻者益众，推其由，以言性恶故。余谓性恶之说，非荀子本意也。其言曰：“直木不待檃栝而直者，其性直也；枸木必待檃栝烝矫然后直者，以其性不直也。今人性恶，必待圣王之治、礼义之化，然后皆出于治、合于善也。”夫使荀子而不知人性有善恶．则不知木性有枸直矣。然而其言如此，岂真不知性邪?余因以悲荀子遭世大乱，民胥泯棼，感激而出此也。荀子论学论治，皆以礼为宗，反复推详，务明其指趣，为千古修道立教所莫能外。其曰“伦类不通，不足谓善学”，又曰“一物失称，乱之端也”，探圣门一贯之精，洞古今成败之故，论议不越几席，而思虑浃于无垠；身未尝一日加民，而行事可信其放推而皆准。而刻核之徒，诋諆横生，摈之不得与于斯道。余又以悲荀子术不用于当时，而名灭裂于后世流俗人之口，为重屈也！国朝儒学昌明，钦定《四库全书提要》首列《荀子》儒家，斥好恶之词，通训诂之谊，定论昭然，学者始知崇尚。顾其书仅有杨倞注，未为尽善。近世通行嘉善谢氏校本，去取亦时有疏舛。宿儒大师，多所匡益。家居少事，辄旁采诸家之说，为《荀子集解》一书，管窥所及，间以附载。不敢谓于荀书精意有所发明，而于析杨、

① 王先谦(1842—1917)，湖南长沙人。字益吾，因宅名葵园，学人称为葵园先生。曾有史学家、经学家、训诂学家、实业家等称号。是著名的湘绅领袖、学界泰斗。曾任国子监祭酒、江苏学政，湖南岳麓、城南书院院长。在任组织学人，集体从事古籍文献的编校刊印工作。曾校刻《皇清经解续编》，并编有《十朝东华录》《汉书补注》《后汉书集解》《荀子集解》《庄子集解》《诗三家义集疏》《续古文辞类纂》等。著有《虚受堂文集》。

谢之疑辞，酌宋、元之定本，庶几不无一得。刻成，谨弁言简端，并揭荀子著书之微旨，与后来读者共证明之云。光绪十七年岁次辛卯夏五月，长沙王先谦谨序。

案：王先谦的《荀子集解》汇勘众本，广采各家之说，择善而从，对清代学者校注荀学的成果作了一次全面、系统的总结。《集解》之"集"，名副其实。除了汇勘众本，广集诸家校雠外，《荀子集解》尤重对杨倞注的补充、考辨和纠误，主要采集了汪中、胡元仪、卢文弨、钱大昕、郝懿行、王念孙、王引之、洪颐煊、刘台拱、俞樾、郭嵩焘等十余家之说，这些皆是清代荀学研究的代表性成果。《集解》一书将清中叶以来用考据法治荀学推向了一个阶段性的高峰，他的"析杨、谢之疑辞，酌宋元之定本"的目的基本上达到了。相对而言，与其后20世纪初兴起的新诸子学，将考证和义理结合，并以西方思想剖析、诠释诸子相比，他义理的诠释太少。

缪荃荪[①]《荀子考异跋》

《荀子》世传有宋本二：一北宋吕夏卿熙宁本，一南宋钱佃淳熙本。而世间现行本则以卢抱经所刊为最善。卢本所据宋本出于吕夏卿，日本黎星使所刻唐仲友台州公库本，亦有王子韶、吕夏卿衔名，则皆出于一源矣。钱佃本久无人见，想已亡佚。按佃字仲耕，政和进士，观复之子，登绍兴十五年进士，官至中奉大夫、秘阁修撰，著有《易解》十卷、《词科类要》二十卷，见《常熟县志》。今存《考异》一卷，后跋自称集诸家所藏二浙、西蜀本、元丰国子监本，是正一百五十有四字，其有疑而未决者，又著之卷末，共一百二十有六条。则此卷是也。是书虽属钞本，为惠定宇、卢抱经、王怀祖、顾涧蘋所未见。

盛宣怀[②]《丹棱文钞·书荀子后》

荀子论礼，其大旨曰统，曰名，曰分，曰类。统者，礼之总也。名者，礼之制也。分者，礼之数也。类者，彷徨周浃曲得其次序而无乎不至者也。统何以定？曰尊。名何以定？曰辨。分何以定？曰和。类何以定？曰齐

① 缪荃荪（1844—1919），字炎之、筱珊，晚号艺风老人，江苏江阴人，中国近代藏书家、校勘家、教育家、目录学家、史学家、方志学家、金石家。1914年任清史总纂。著有《艺风堂藏书记》《艺风堂金石文字目》《艺风堂文集》等。

② 盛宣怀（1844—1916），字杏荪，又字幼勖、荇生、杏生，号次沂，又号补楼、别署愚斋，晚年自号止叟。祖籍江阴，出生于常州，死后归葬江阴。清末官员，秀才出身，官办商人、买办，洋务派代表人物，著名的政治家、企业家和慈善家，被誉为"中国实业之父"和"中国商父"。著有《愚斋存稿》《常州先哲遗书》《经世文续集》等。

曰一。齐一则不争,和则不乱,辨则不疑,尊则不夺。其言曰"隆一而治,隆二而乱",尊统之谓也。曰"名足以指实,辞足以见极",辨名之谓也。曰"人何以能群?曰分;分何以能行?曰义,义以分则和",和分之谓也。统尊而名辨,名辨而分和,分和而类昭矣。其言曰"人无法则伥伥然。有法而无志,其义则渠渠然。依乎法而又深其类,然后温温然",是行类也。曰"君子之言,涉然而精,俛然而类,差差然而齐",是言类也。分而致之,比而成之,思索而通之,诵数以贯之,类庶几其尽乎,未敢知也。

胡元仪①《郇卿别传》

郇卿名况,赵人也,盖周郇伯之遗苗。郇伯,公孙之后,或以孙为氏,故又称孙卿焉。昔孟子为卿于齐,郇卿亦为卿于齐。虞卿为赵上卿,时人尊之,号曰虞卿,郇卿亦为赵上卿,故人亦卿之而不名也。

《郇卿别传考异》二十二事

林宝《元和姓纂》:"郇,周文王十七子郇侯之后,以国为氏。(《诗》'郇伯劳之',毛传:'郇伯,郇侯也。'郇本侯爵,郇侯曾为二伯,《诗》举重者言,故毛传云然。)后去'邑'为'荀'。晋有荀林父,生庚。裔孙况。况十一代孙遂,遂生淑,生俭、绲、靖、焘、汪、爽、肃、专,时人谓之'八龙'。案《水经注》:涑水经猗氏故城北,又西经郇城。郇,伯国也。其地即今山西蒲州府猗氏县之境。郇国,晋武公所灭,见《竹书纪年》。故郇伯之后仕于晋献公之世,有荀息。鲁僖二十七年,荀林父御戎,林父于息属之亲疏未详。林父子庚,成三年聘鲁。庚子偃,成十六年佐上军。偃子吴,襄二十六年聘鲁。吴子寅,昭二十九年与赵鞅城汝滨,定十三年入于朝歌叛鲁。哀五年奔齐。由寅至郇卿几二百年,(由哀五年至周赧王十六年,得一百九十四年也。)其间几世不可详矣。"林宝所云,皆据《郇氏家》,信而有征者也。但《后汉书·荀淑传》称淑为荀卿十一世孙,则遂当是十世孙。不知今本《元和姓纂》误衍一字欤,抑今本《后汉书》"十一世"乃"十二世"之误欤?无明据以证之也。云"后去邑为荀",此乃想当然之辞,殊非确论。何也?荀姓乃黄帝之后,《国语》司空季子言黄帝之子二十五宗,得姓者十三:姬、酉、祈、己、滕、葴、任、荀、僖、姞、儇、依是也。郇国之郇,《诗》"郇伯劳之",《竹书纪年》"晋武公灭郇",《国语》訾佑言"范文子受以郇、栎",字皆作"郇"并不作"荀"也。而《左传》诸荀之在晋者字皆作"荀",不复作"郇"。此盖传写相承,久而不改,正如许国、许姓之"许"字作"鄦",凡经典之中竟无"鄦"字,人遂相沿不改,是其证

① 胡元仪(1848—1908),字子威,号兰茝,湘潭人。有《步姜词》2卷、《北海三考》等。

也，并非有故去“邑”为“荀”明矣。今《别传》中皆用“郇”字，以著受姓之源。

尹家楣[1]《荀卿论》

世每讥《宋史》不应分道学、儒林为二传。然则圣门四科何以分哉？道学者，德行之科也。儒林者，文学之科也。是二者未始不相须，然始或各因其性之所近，而卒所成就又不无纯驳浅深焉。故其势不得不分。而要其有益于世，有功于圣人，则一而已矣。圣门德行，数颜、闵二冉，曾子以年少后于诸贤，然独得其宗。及曾氏之再传而有孟子焉。圣门文学数游、夏，而发明章句，子夏为多，其门徒亦最盛。数传之后而有荀卿焉。荀卿述礼乐，明王道，时有驳语。其纯粹颇逊于孟子，而其传《诗》、传《易》、传《礼》、传《春秋》，经学赖以不堕。则圣门文学之宗派，而汉经师家法之所从出也。当战国时，异端蜂起，处士横议，纵横若苏、张，攻战若孙、吴，刑名若申、韩，荒诞若衍、奭，滑稽善辩若过、髡，空虚无实若蒙、庄，充塞仁义若杨朱、墨翟。及其他博奥奇诡之材，人自为说，家自为书，六经委诸榛莽，其不绝如千钧之系一发，非荀卿守之而传之，则百家之说皆有授受，而六经独无，更秦火之余，其孰从而求之哉？然则荀卿之功固不在孟子下也。

自司马迁以孟、荀合传，而牵率多士，蔓引错叙，所以明二子为当时必不可少之人。及刘向、扬雄，亦并尊孟、荀。下逮唐杨倞、韩愈皆然。愈称孟子醇乎醇者也，荀与扬也，大醇而小疵。殆百世之定论欤？至有宋诸儒，始痛绳荀卿，谓不足以与于道。噫，亦过矣。汉重训诂，其源半出荀卿（详见汪氏中《荀卿子通论》），故多美荀卿。宋专性理，实有以上接孟氏之统，故独推孟子。然汉无训诂，宋儒生二千余年后，何所禀承？荀卿不述六经以传于世，虽以孟子之尽力卫道，后人亦将不之信也！夫训诂自游、夏以及荀卿，而汉郑氏继焉。性理自颜、曾以及孟子，而宋朱子继焉。《汉书》但传儒林，而《宋史》别崇道学，谓此耳。嗟乎！后之尊朱子者，固未尝废康成而不用矣，即安得弃荀卿于孟子外哉！

---

① 尹家楣，字芷田。恩施人。尹克墨(1828—1915)之子，清光绪戊戌科进士(1898)、翰林院编修，时有“父子翰林”之称。曾任邮传部主事、直隶州知州、候补道等。因非议慈禧太后移海军经费造颐和园之嫌，被处死。著有《庚子避乱记》一书。

马其昶[1]《抱润轩文集·荀卿论》

孟子之言性曰“善”,荀子之言性曰“恶”,何所言之异甚邪?曰:不异也,是皆本孔子。孔子曰:继之者善,成之者性。又曰:性相近,习相远,唯上知下愚不移。孟子之言性,天命之性也,无不善也。荀子之言性,气质之性也,不能无恶。虽然,孟子曰:形色天性,非即所谓气质者邪?荀子曰:涂之人可以为禹。非即所谓天命者邪?知涂之人可以为禹,而又曰性恶,何也?性命之旨不明于天下久矣。吾见其初之善,而人第见其生之不皆善也,则必有退脱以自遁者矣。责富人以财,彼且曰:“吾贫也。”曰:汝诚贫也,而费不可已。彼富者则无辞矣。责人以性善,彼且曰:“吾未尝善也。”今称曰恶,庶贤者闻之当益勉,而惰者亦可以警矣。然而其说不足以警惰,而其弊足以诬贤。夫圣人之言,言于此,可通于彼,故行之而可成,遵之而无弊。贤者,鉴于彼以立言泥于此或不胜其失,不察其指之所在,第以其言有失也,而执以为疵。嗟乎!荀子安所逃其责乎?圣人之言不可几矣。贤者之言亦皆其所自得也,下此者剽窃焉而已。

一切习为纯美无疵之说,而不必其言之有于己,切于时。夫言不有于己,未有能切于时者,然而较其纯美,或有远过前代者矣。若荀子者固逆知吾说一出,终不免于诟病也。乃其熟思审虑而卒出于此者,愤时之心诚切,而救时之意诚急也。荀子之教也,始于勤学,终于崇礼,可谓深得先王经世宰物之原矣。惧人之不吾从,乃矫为性恶之说,使人勉焉,以就吾学、范吾礼,夫所谓就学范礼者是也,而抑知非性之善,则学与礼皆后起,而强人以本无尚安必其从哉?吾于是知孟子之说之卒不可易也。

《抱润轩文集·读荀子》

荀卿书崇王道小霸业,其于经善《诗》《易》《春秋》,尤致隆于礼,最推周秦间老师。前代皆儗孟子,其黜自宋儒,以不知性,谓性故恶,其善者伪也,解之者曰,卿之意在强学,不恃性,此与宋儒言气质贵变化者曷异。卿又非子思、孟子,或据韩婴《诗外传》无子思孟子。故卿书称孟子能自强,

---

① 马其昶(1855—1930),字通伯,晚号抱润翁,安徽桐城人,清末民初著名作家、学者。受业于方东树、戴钧衡,师事桐城作家方宗诚、吴汝纶。著有《周易费氏学》8卷,叙录1卷,《毛诗学》30卷,《尚书谊诂》若干卷,《礼记节本》6卷,《大学·中庸·孝经合谊》3卷。史类有《清史·儒林传稿》若干卷,《桐城耆旧传》11卷,附《列女》1卷,《清史·文苑传稿》若干卷,《左忠毅公年谱定本》2卷。诸子百家有《老子故》2卷,《庄子故》8卷,《屈赋微》2卷,《金刚经次诂》1卷。自著文集有《抱润轩文集》22卷,《抱润轩文集续集》若干卷,《存养诗钞》若干卷,《桐城古文集略》12卷。

又载其轶事攻宣王邪心，然孟荀要为抵牾，子云讥其同门异户，以此苏子瞻尤病其高论，抑予以谓卿所言特犷耳。孟子达天人之原，阐性善；卿言性，主资朴。孟子称唐虞三代，卿言法后王。宜其论，卑而易行，然卒距不受，则卿非屑诎道以阿世，苟容決也，何至乖谬异其，岂其见之所及者然欤？孟子既困于齐梁，卿废兰陵，于是秦兼六国，李斯得志，恶天下学士起绳己，遂乃烧诗书愚黔首，一传而祸烈至此。悲夫，斯所谓倒行逆施者，彼徒惩儒术寡效，悍然达本师取快世主致尊用，斯专恶声于万世，然自是谈王霸之略者类，无不未杀道德，偷一切便利，元世祖之一区宇也。文正许公独以纯儒之业辅治用能，区区起假逖主中夏，肇有元一代之休烈，呜呼，彼斯之效秦者何如哉？

康有为[①]论荀

夫性者，受天命之自然，至顺者也。不独人有之，禽兽有之，草木有之，附子性热，大黄性凉是也。若名之曰人，性必不远，故孔子曰："性相近也。"（孟子性善之说，有为而言。荀子性恶之说，有激而发。告子生之谓性，自是确论，与孔子说合，但发之未透。使告子书存，当有可观。王充、荀悦、韩愈即发挥其说。程子、张子、朱子分性为二，有气质，有义理，研辨较精。仍分为二者，盖附会孟子。实则性全是气质，所谓义理，自气质出，不得强分也。余别有《论性篇》）夫相近，则平等之谓，故有性无学，人人相等，同是食味、别声、被色，无所谓小人，无所谓大人也。有性无学，则人与禽兽相等，同是视听运动，无人禽之别也。……

孔子之学，有义理，有经世。宋学本于《论语》，而小戴之《大学》《中庸》及《孟子》佐之。朱子为之嫡嗣，凡宋、明以来之学，皆其所统，宋、元、明及国朝学案，其众子孙也，多于义理者也。汉学则本于《春秋》之《公羊》《穀梁》，而小戴之《王制》及《荀子》辅之，而以董仲舒为《公羊》嫡嗣，凡"汉学"皆其所统，《史记》、两汉君臣政议，其支派也，近于经世者也。

荀子之与孟子辨者，其言曰："今人之性，生而离其朴，离其质，必失而丧之。由此观之，然则人之性恶明矣。"是荀子之与孟子辨者，盖深恐人之

① 康有为（1858—1927），原名祖诒，字广厦，号长素，又号明夷、更甡、西樵山人、游存叟、天游化人，广东省南海县丹灶苏村人，人称康南海，中国政治家、思想家、教育家。生平著作甚丰，有人统计为139种。台湾蒋贵麟辑成《康南海先生遗著汇刊》《万木草堂遗稿》《万木草堂遗稿外编》等。

任性而废学，而所谓性恶者，以质朴之粗恶言之，非善恶之恶也。是荀子之言，未见有悖于圣言者也。昔宋人不达伪字之诂，遂群起而攻荀子。足下何又不达于性恶之旨哉。

孔门后学有二大支：其一孟子也，人莫不读《孟子》，而不知《公羊》正传也；其一为荀子也，《穀梁》太祖也。《孟子》之义无一不与《公羊》合。《穀梁》则申公传自荀卿，其义亦无一不合，故当读《孟子》《荀子》。（《孟子》无人不读，但今读法当别。）太史公以孟子、荀子同传，又称"孟子、荀卿之徒以学显于当世"。自唐以前，无不二子并称，至昌黎少抑之。宋人以荀子言性恶，乃始抑荀而独扬孟。然宋儒言变化气质之性，即荀子之说。何得暗用之，显阴之？盖孟子重于心，荀子重于学；孟子近陆，荀子近朱。圣学原有此二派，不可偏废。而群经多传自荀子，其功尤大；亦犹群经皆注于朱子，立于学官也。二子者，孔子之门者也。舍门者而通求见孔子，不可得也。二子当并读，求其大义，贯串条分之。孔子心性之精，伦理之大，制治之详，无不具在，且激励学者，其语尤切。学能通此，思过半矣。《孟子》人皆读之，今但加以讲求，则但读《荀子》数日可了。（凡书有精粗，读之自有详略，自诸经外，读书之法，在通其大义，非谓诵其全文，但随其天资，分一二遍提要钩元，默而识之，便可有用，若能举其辞，尤易触悟，而天资不可强，不必泥也。）

孔门自七十子后学外，至战国时，传道者有孟子、荀子，分两派。孟子学多在德性，荀子学多在礼，而传经则荀子为最多。

荀子传孔子礼学者也。

西汉以前，尽荀子之礼学。

孟子，公羊之学；荀子，穀梁之学。孟子高明，直指本心，是尊德性，陆王近之；荀子沈潜，道问学，朱子近之。

荀子发挥"自明诚"，孟子发挥"自诚明"，昌黎性有三等，亦从此出。

孟子言性善，扩充不须学问；荀子言性恶，专教人变化气质，勉强学问。论说多勉强学问工夫，天下惟中人多，可知荀学可重。荀言穷理，多奥析；孟养气，故学问少。孟言扩充，是直出；荀言变化，是曲出。孟子但见人有恻隐辞让之心，不知人亦有残暴争夺之心也。

荀子之言学，最有次第；言修身，最有条理。

荀子专言人学，而不言天。

荀子言变化气质最多。宋儒日攻荀子，而言变化气质则不出荀子外。

董子只传荀子之学，不传孟子，可见荀子之后盛，孟子后微。

人好其私说，家修其旧习，以多互证，以久互证，以久相蔽，以小自珍，始误于荀学之拘陋，中乱于刘歆之伪谬，末割于朱子之偏安，于是素王之大道，暗而不明，郁而不发，令二千年之中国，安于小康，不得蒙大同之泽，耗矣哀哉！

吾中国两千年来，凡汉、唐、宋、明，不别其治乱兴衰，总结皆小康之世也。凡中国二千年儒先所言，自荀卿、刘歆、朱子之说，所言不别其真伪精粗美恶，总总皆小康之道也。其故则以群经诸传所发明，皆三代之道，亦不离乎小康故也。故孔子哀生民之艰，拯斯人之溺，深心厚望，私欲高怀，其注于大同也至矣。但以生当乱世，道难暇等，虽默想太平，世犹未升，乱犹未拨，不能不盈科乃进，循序而行，故此篇余论及它经所明，多为小康之论，而寡发大同之道，亦所谓知其不可而为之者耶？若其发礼意之本，极天人之故，抑可以掸先圣制作之意焉。幼孩不能离繦褓，蒙学不能去严师，害饭渴者当醉饱以济其虚，不能遽与八珍，病伤寒者当涤荡以去其邪，不能遽投参术，乱次以济，无翼以飞，其害更甚矣。若子弟成人，尚必服以繦褓，寒邪尽去，尚不补以参苓。泥守旧方而不知变，永因旧历而不更新，非徒不适于时用，其害且足以死人。今者中国已小康矣，而不求进化，泥守旧方，是失孔子之意，而大悖其道也，甚非所以安天下乐群生也，甚非所以崇孔子同大道也。且孔子之神圣，为人道之进化，岂止大同而已哉！庄子建德之国，列子甔甀之山，凡至人之所思，固不可测矣，而况孔子乎？圣人之治，如大医然，但因病而发药耳，病无穷而方亦无穷，大同小康，不过神人之一二方哉！窃哀今世之病，搜得孔子旧方，不揣愚妄，窃用发明，公诸天下，庶几中国有瘤，而大地群生俱起乎？其诸好学高识之君子，有以正之。

昔庄生称孔子之道，原天地，本神明，育万物，本末精粗，四通六辟，其运无乎不在。后学各得其一体，寡能见天地之容，故暗而不明，郁而不发，而大道遂为天下裂。嗟夫！盖颜子早殁，而孔子微言大义不能尽传矣。荀卿传《礼》、孟子传《诗》《书》及《春秋》。《礼》者防检于外，行于当时，故仅有小康据乱世之制，而大同以时未可，盖难言之。《春秋》本仁，上本天心，下该人事，故兼据乱、升平、太平三世之制。子游受孔子大同之道，传之子思，而孟子受业于子思之门，深得孔子《春秋》之学而神明之，故论人性则主善而本仁，始于孝悌，终于推民物；论修学则养气而知言，始于资深逢源，终于塞天地；论治法则本于不忍之仁，推心于亲亲仁民爱物，法乎尧舜之平世。盖有本于内，专重廓充，恃源以往，浩然旁沛潏汗，若决江河，波涛澜汗，传平世大同之仁道，得孔子之本者也。盖视礼制之末，防检之严，盖于大道稍轻，故寡言之。盖礼以防制为主，荀子传之，故礼经三百，威仪三千，事为之防，曲为之制，故荀子以人性为恶，而待隐括之，传小康据乱之道，盖得孔子之粗末者也。以传学既殊，不能解蔽，故《非十二子篇》大攻孟子，所谓寡能见天地之容，而大道不能无裂也。

案：康有为对荀子的点评，主要体现在与弟子陆续讲说的《长兴学记》《康南海先生讲学记》《万木草堂口说》《南海师承记》《万木草堂讲义》之中。他肯定荀子的学术地位，认为荀子在汉学的传承中发挥了至关重要的地位，认为荀子的性恶学说是受社会的刺激而产生的，并且倾向于认同荀子的人性自然之说。他还高度评价荀子有关“学”与“修身”的理论。关于荀子思想学说的不足之处，康有为也进行了若干的点评。他认为荀子思想继承多于创新，认为荀子不别儒学的真伪精粗美恶，传的是小康之道，指出荀学导致了孔子之道暗而不明，荀子仅得孔子粗末，仅有小康据乱世之制。

陈三立[①]《读荀子》

荀卿子之言，与孟子异者：孟子道“性善”，荀子则曰“性恶”。孟子言“必称尧舜”，荀子则曰“法后王”。然孟子曰“人皆可以为尧舜”，荀子亦曰

① 陈三立(1859—1937)，字伯严，号散原，江西义宁人。近代同光体诗派重要代表人物，与谭嗣同、徐仁铸、陶菊存并称“维新四公子”。生前曾刊行《散原精舍诗》及其《续集》《别集》，世后有《散原精舍文集》17卷出版。

“涂之人可以为禹”。荀子曰：“道过三代谓之荡，法二后王谓之不雅。”孟子亦辟为神农之言，历举文王治岐之政，而曰“如耻之，莫若师文王”。操术不同，而其所之无不同；斯皆为圣人之徒欤！

孟子之学，长于《诗》《书》《春秋》，而颇及于《礼》。荀子之学，专于《礼》，尤好言《诗》《书》；刘向称曰“善为《诗》《礼》《易》《春秋》”。然孟子以意逆志，观大略而已。荀子则诵数以贯之，思索以通之，始乎诵《经》，终乎读《礼》，綦重于章句文学。《孟子》书善言性道之要，为古道家之余，《荀子》书详于法制节奏等威，体国经野，儒家之统会。盖观于孟荀之言，而道家儒家之源流正变略可识矣。……

告子曰：“性犹杞柳也，义犹桮棬也。以人性为仁义，犹以杞柳为桮棬。”荀子“人之性恶，其善者伪也”宗之。（杨倞注：“伪者为也”。《黄氏日钞》：“人为之名。”钱大昕亦谓“伪为古通”，而引《尧典》“平秩南讹”，《史记》作“南为”，《汉书·王莽传》作“南伪”，以明“伪”即“为”之证，是也。）告子曰：“生之谓性”，“食色性也”。荀子“凡性者，天之就也，不可学，不可事”，与夫“目好色、耳好声、口好味、心好利、骨体肤理好愉佚，是皆生于人之情性”宗之。是荀子之学，与孟子异，而实颇原于告子。然其所为说，固可无恶于天下也。其曰：“今人之性，必将待师法，然后正，得礼谊，然后治。今人无师法，则偏险而不正；无礼谊，则悖乱而不治。”使人綦重礼谊师法，勉然于为善。岂可非乎？孟子言性善，而曰“人皆可以为尧舜”，凡以性之善，充之使至于尧舜焉尔。荀子言性恶，而曰“涂之人可以为禹”。凡以性之恶，化之使至于禹焉尔。孟子之道，尽性以至命，以扩充为谊。荀子之道，化性而起伪，以变化为本。孔子曰：“性相近也，习相远也。”（按：习者为也，即荀子所谓伪也。习相远，谓习之而后倜乎远也。犹言十室之邑，必有忠信如丘者焉，不如丘之好学也。《论语》言“学而时习之”，言“传不习乎”，《易》言“君子以朋友讲习”，《礼》言“所习必有业”，皆为善之义也。未有以习为习恶之辞者。是孔子虽未主言性恶，而荀子所为说，要尤有合于孔子，无疑也。）稽于孔子之言性，而孟、荀二子之说，可得其通也。

杨介康[①]《荀卿论》

往读苏子瞻《荀卿论》，窃怪彼以李斯乱天下，其学出于荀卿，何其过也。而姚惜抱氏特辨之，以为荀卿间有得失，大体得治世之要，其与昌黎

① 杨介康（1862—1945），字劭麓，一字伯臧。沔阳人。光绪己丑举人，壬辰进士，翰林院庶吉士。藏书甚富，博涉多通，著有《尔雅郝疏补证》《宗经室文集》等。

韩子所谓“不精不详”“大醇小疵”者有合焉?今有人于此,暴戾恣睢,多行不义,彼将尽以为受教之不善乎哉?况李斯相秦,本未尝用荀卿之学耶。夫苏子者,固感于所激云尔,而不知荀卿亦有所激而为之也。方周之季,邪说遍天下,百家者流,各挟其说惑世。圣人之道或息,荀卿蹶起兰陵,上自王道,下至儒术,以迄礼乐名物器数之属,靡不研究而表章之。辞气之间,间有不粹于道者,犹有战国之习者存也。且夫圣人之道之在天地,散而必有所属也。礼乐以为之养,政教以为之道,刑法以为之防,相维相制,历久而不变。是故无礼乐政教刑法,吾知其未有济也。然礼乐政教刑法之名,寄于天地,而成于上下。上焉者既无能行之,而下焉者又无以述之,不惟不又从而淆乱之。噫,后之人苟欲淑世而正人心也,其道曷繇?

今观荀卿所著书十二卷,犛然確然,必衷诸理,取其意义之精者粹者,足以入董生大戴之奥,而启有宋诸儒之门。其伪尧舜非思孟而性桀纣也,是其见理未审,触于所见而然,不自意其言之已甚而弊也,乃其所为疵也。汉唐以来,承学之士多尊之,巍乎与孟轲氏较德而量贤。自昌黎韩子始论定之,至云要其归与孔子异者鲜。同时杨倞亦谓其根极理要,羽翼六经,诚有重乎其人。而方望溪氏乃以为中有不足者,意以其发言指事,难拟于圣人之道欤?荀卿之学,使得亲受业于孔氏,进而与七十子之徒讲时切究,其成就或未可限。而卒无以底于至圣之域者,岂非以其晚出乎哉?然则如之何而可也?其诸昌黎韩子所云“削其不合者,附于圣人之籍”,夫亦庶乎其可也。

谭嗣同①《仁学》

孔之不幸,又不宁惟是。孔虽当据乱之世,而黜古学,改今制,托词寄义于升平、太平,未尝不三致愈焉。今第观其据乱之雅言,既不足以尽孔教矣。况其学数传而绝,乃并至粗极浅者,亦为荀学搀杂,而变本加厉,胥失其真乎。孔学衍为两大支:一为曾子传子思而至孟子,孟故畅宣民主之理,以竟孔子之志;一由子夏传田子方而至庄子,庄故痛诋君主,自尧、舜以上,莫或免焉。不幸此两支绝不传,荀乃乘间冒孔之名,以败孔之道。曰“法后王,尊君统”,以倾孔学也。曰“有治人,无治法”,阴防后人之变其法也。又喜言礼乐刑政之属,惟恐箝制束缚之具之不繁也。一传而为李斯,而其为祸亦暴著于世矣。然而其为学也,在下者术之,又疾遂其苟富

① 谭嗣同(1865—1898),字复生,号壮飞,湖南长沙浏阳人,为“戊戌六君子”之一。代表作品《仁学》《寥天一阁文》《莽苍苍斋诗》《远遗堂集外文》等。

贵取容悦之心，公然为卑谄侧媚奴颜婢膝而无伤于臣节，反以其助纣为虐者名之曰“忠义”；在上者术之，尤利取以尊君卑臣愚黔首，自放纵横暴而涂锢天下之人心。

故秦亡而汉高帝术之于上：“从吾游者吾能尊显之”，君主之潜施其饵也。叔孙通术之于下：“今而后知皇帝之贵”，绵蕞之导君于恶也。汉衰而王莽术之于上，竟以经学行篡弑矣；刘歆术之于下，又窜易古经以煽之矣。新蹶而汉光武术之于上：“吾以柔道治天下”，盖渐令其驯扰，而已得长踞之焉。桓荣术之于下：“车服，稽古之力也”，挟《尚书》以为稗贩，无所用耻焉。如是者四百年，安得不召三国虎争，五胡汤沸，南北分割之乱哉？

至唐一小康矣，而太宗术之于上：“天下英雄，皆入吾彀中矣。”此其猜忌为何如耶？韩愈术之于下：“君者出令者也，臣者行君之令而致之民者也，民者出粟米麻丝作器皿通货财以事其上者也。”竟不达何所为而立君，显背民贵君轻之理，而谄一人，以犬马土芥乎天下。至于“臣罪当诛，天王圣明”，乃敢倡邪说以诬往圣，逞一时之谀说，而坏万世之心术，罪尤不可逭矣。

至宋又一小康，而太宗术之于上，修《太平御览》之书，以消磨当世之豪杰；孙复术之于下，造“春秋尊王发微”，以割绝上下之分，严立中外之防，惨鸷刻核，尽窒生民之灵思，使不可复动，遂开两宋南北诸大儒之学派，而诸大儒亦卒莫能脱此牢笼，且弥酷而加厉焉。呜呼！至生民以来，迄宋而中国之真亡矣！天乎，人乎，独不可以深思而得其故乎？

至明而益不堪问，等诸自郐以下可也，虑皆转相授受，自成统绪，无能稍出宋儒之胯下，而一睹孔教之大者。其在上者，亦莫不极崇宋儒，号为洙泗之正传，意岂不曰宋儒有私德大利于己乎？悲夫，悲夫！民生之厄，宁有已时耶！故常以为二千年来之政，秦政也，皆大盗也；二千年来之学，荀学也，皆乡愿也。惟大盗利用乡愿，惟乡愿工媚大盗。二者交相资，而罔不托之于孔。被托者之大盗乡愿，而责所托之孔，又乌能知孔哉？

方孔之初立教也，黜古学，改今制，废君统，倡民主，变不平等为平等，亦汲汲然动矣。岂谓为荀学者，乃尽亡其精意，而泥其粗迹，反受君主以莫大无限之权，使得挟持一孔教以制天下！彼为荀学者，必以伦常二字，诬为孔教之精诣，不悟其为据乱世之法也。且即以据乱之世而论，言伦常而不临以天，已为偏而不全，其积重之弊，将不可计矣；况又妄益之以三纲，明创不平等之法，轩轾凿枘，以苦父天母地之人。无惑乎西人辄诋中国君权太重，父权太重，而极劝其称天以挽救之，至目孔教为偏畸不行之教也。由是二千年来君臣一伦，尤为黑暗否塞，无复人理，沿及今兹，方愈剧矣。夫彼君主犹是耳目手足，非有两头四目，而智力出于人人也，亦果何所恃以虐四万万之众哉？则赖乎早有三纲五伦字样，能制人之身者，兼能制人之心，如庄所谓“窃钩者诛，窃国者侯”，田成子窃齐国，举仁义礼智之法而并窃之也。窃之而同为中国之人，同为孔教之人，不可言而犹可言也；奈何使素不知中国，素不识孔教之奇渥温、爱新觉罗诸贱类异种，亦得凭陵乎蛮野凶杀之性气以窃中国。及既窃之，即以所从窃之法还制其主人，亦得从容靦颜，挟持素所不识之孔教，以压制素所不知之中国矣，而中国犹奉之如天，而不知其罪！焚《诗》《书》以愚黔首，不如既以《诗》《书》愚黔首，嬴政犹钝汉矣乎！彼为荀学而授君主以权，而愚黔首于死，虽万被戮，岂能赎其卖孔之辜哉?孔为所卖，在天之灵，宜如何太息痛恨；凡为孔徒者，又宜如何太息痛恨，而怒不一扫荡廓清之耶！且耶教之初，亦犹是也，其立天国，即予人以自主之权，变去诸不平等者以归于平等，犹孔之称天而治也。教未及行，不意罗马教皇者出，即藉耶之说，而私天于己，以制其人。虽国王之尊，任其废立，至舐手吮足以媚之；因教而兴兵者数百，战死数千百万人；犹孔以后君主之祸也。迄路德之党盛，而教皇始蹶，人始睹耶教之真矣。故耶教之亡，教皇亡之也；其复之也，路德之力也。孔教之亡，君主及言君统之伪学亡之也；复之者尚无其人也，吾甚祝孔教之有路德也。

《致唐才常二》

荀卿生孟子后，倡法后王而尊君统，务反孟子民主之说，嗣同尝斥为乡愿矣！然荀卿究天人之际，多发前人所未发，上可补孟子之缺，下则衍为王仲任之一派，此其可非乎？

案：在谭嗣同看来，荀子乃是冒孔之名、败孔之道的人物，他把荀学视为工媚大盗的乡愿，把孔学变成孔教，是封建专制制度统治人民的帮凶。当然，他也称赞了荀子天人相分的基本理论和人能群的主张。

康有为、谭嗣同、梁启超等多认为荀子学说是中国秦代以来专制主义的真正代表和罪魁祸首，因而尊孔“排荀”。俞樾、章太炎等则尊荀。这实际上就有今古文之争。康、谭、梁等以今文经学宣传变法维新主张，在他们眼中，清代学术主流是乾嘉汉学即古文经学，而与汉学关系密切的荀子就成为他们集中批判的目标。正如梁启超所说：“清儒所作的汉学，自命为‘荀学’。我们要把当时垄断学界的汉学打倒，便用‘擒贼擒王’的手段去打他们的老祖宗——荀子。”(《饮冰室合集5·亡友夏穗卿先生》)

五、民国以来论荀辑注

蔡元培[①]《中国伦理学史》第六章“荀子”

小传 荀子名况，赵人。后孟子五十余年生。尝游齐楚。疾举世溷浊，国乱相继，大道蔽壅，礼义不起，营巫祝，信禨祥，邪说盛行，紊俗坏风，爰述仲尼之论，礼乐之治。著书数万言，即今所传之《荀子》是也。

学说 汉儒述毛诗传授系统，自子夏至荀子，而荀子书中尝并称仲尼、子弓。子弓者，馯臂子弓也。尝受《易》于商瞿，而实为子夏之门人。荀子为子夏学派，殆无疑义。子夏治文学，发明章句。故荀子著书，多根据经训，粹然存学者之态度焉。

人道之原 荀子以前言伦理者，以宇宙论为基本，故信仰天人感应之理，而立性善说。至荀子，则划绝天人之关系，以人事为无与于天道，而特为各人之关系。于是有性恶说。

性恶说 荀子祖述儒家，欲行其道于天下，重利用厚生，重实践伦理，以研究宇宙为不急之务。自昔相承理想，皆以祯祥灾孽，彰天人交感之故。及荀子，则虽亦承认自然界之确有理法，而特谓其无关于道德，无关于人类之行为。凡治乱祸福，一切社会现象，悉起伏于人类之势力，而于天无与也。惟荀子既以人类势力为社会成立之原因，而见其间有自然冲突之势力存焉，是谓欲。遂进而以欲为天性之实体，而谓人性皆恶。是亦犹孟子以人皆有不忍人之心而因谓人性皆善也。

荀子以人类为同性，与孟子同也。故既持性恶之说，则谓人人具有恶性。桀纣为率性之极，而尧舜则佛性之功。故曰：“人之性恶，其善者伪也（伪与为同）。”于是孟、荀二子之言，相背而驰。孟子持性善说，而于恶之所由起，不能自圆其说；荀子持性恶说，则于善之所由起，亦不免为困难之点。荀子乃以心理之状态解释之。曰：“夫薄则愿厚，恶则愿善，狭则愿广，贫则愿富，贱则愿贵，无于中则求于外。”然则善也者，不过恶之反射作

① 蔡元培（1868—1940），字鹤卿、仲申、民友、孑民，浙江绍兴山阴县人。从事哲学、文学、美学、心理学和文化史研究，著述丰富，有《蔡元培先生文集》《蔡元培全集》等。

用。而人之欲善，则犹是欲之动作而已。然其所谓善，要与意识之善有别。故其说尚不足以自立，而其依据学理之倾向，则已胜于孟子矣。

性论之矛盾 荀子虽持性恶说，而间有矛盾之说。彼既以人皆有欲为性恶之由，然又以欲为一种势力。欲之多寡，初与善恶无关。善恶之标准为理，视其欲之合理与否，而善恶由是判焉。曰："天下之所谓善者，正理乎治也；所谓恶者，偏险悖乱也。"是善恶之分也。又曰："心之所可，苟中理，欲虽多，奚伤治？心之所可，苟失理，欲虽寡，奚止乱？"是其欲与善恶无关之说也。又曰："心虚一而静。心未尝不臧，然而谓之虚；心未尝不满，然而谓之静；人生而有知，有知而后有志，有志者谓之臧。"又曰："圣人知心术之患，蔽塞之祸，故无欲无恶，无始无终，无近无远，无博无浅，无古无今，兼陈万物而悬衡于中。"是说也，与后世《淮南子》之说相似，均与其性恶说自相矛盾者也。

修为之方法 持性善说者，谓人性之善，如水之就下，循其性而存之、养之、扩充之，则自达于圣人之域。荀子既持性恶之说，则谓人之为善，如木之必待隐括矫揉而后直，苟非以人为矫其天性，则无以达于圣域。是其修为之方法，为消极主义，与性善论者之积极主义相反者也。

礼 何以矫性？曰礼。礼者不出于天性而全出于人为。故曰："积伪而化谓之圣。圣人者，伪之极也。"又曰："性伪合，然后有圣人之名。盖天性虽复常存，而积伪之极，则性与伪化。"故圣凡之别，即视其性伪化合之程度如何耳。积伪在于知礼，而知礼必由于学。故曰："学不可以已，其数，始于诵经，终于读礼。其义，始于士，终于圣人。学数有终，若其义则须臾不可舍。为之人也，舍之禽兽也。书者，政治之纪也。诗者，中声之止也。礼者，法之大分，群类之纲纪也。"故学至礼而止。

礼之本始 礼者，圣人所制。然圣人亦人耳，其性亦恶耳，何以能萌蘖至善之意识，而据之以为礼？荀子尝推本自然以解释之。曰："天地者，生之始也。礼义者，治之始也。君子者，礼义之始也。故天地生君子，君子理天地。君子者，天地之尽也，万物之总也，民之父母也。无君子则天地不理，礼义无统，上无君师，下无父子。"然则君子者，天地所特畀以创造礼义之人格，宁非与其天人无关之说相违与？荀子又尝推本人情以解说之。曰："三年之丧，称情而立文，所以为至痛之极也。"如其言，则不能不预想人类之本有善性，是又不合于人性皆恶之说矣。

礼之用 荀子之所谓礼，包法家之所谓法而言之，故由一身而推之于政治。故曰："隆礼贵义者，其国治；简礼贱义者，其国乱。"又曰："礼者，治辨之极也，强国之本也，威行之道也，功名之总也。王公由之，所以得天下；不由之，所以陨社稷。故坚甲利兵，不足以为胜；高城深池，不足以为固；严令繁刑，不足以为威。由其道则行，不出其道则废。”礼之用可谓大矣。

礼乐相济 有礼则不可无乐。礼者，以人定之法，节制其身心，消极者也。乐者，以自然之美，化感其性灵，积极者也。礼之德方而智，乐之德圆而神。无礼之乐，或流于纵恣而无纪；无乐之礼，又涉于枯寂而无趣。是以荀子曰：“夫音乐，入人也深，而化人也速，故先王谨为之文，乐中平则民和而不流，乐肃庄则民齐而不乱，民和齐则兵劲而城固。”

刑罚 礼以齐之，乐以化之，而尚有顽冥不灵之民，不师教化，则不得不继之以刑罚。刑罚者，非徒惩已著之恶，亦所以慑佥人之胆而遏恶于未然者也。故不可不强其力，而轻刑不如重刑。故曰：“凡刑人者，所以禁暴恶恶，且惩其末也。故刑重则世治，而刑轻则世乱。”

理想之君道 荀子知世界之进化，后胜于前，故其理想之太平世，不在太古而在后世。曰：“天地之始，今日是也。百王之道，后王是也。”故礼乐刑政，不可不与时变革，而为社会立法之圣人，不可不先后辈出。圣人者，知君人之大道者也。故曰：“道者何耶？曰君道。君道者何耶？曰能群。能群者何耶？曰善生养人者也，善班治人者也，善显役人者也，善藩饰人者也。”

结论 荀子学说，虽不免有矛盾之迹，然其思想多得之于经验，故其说较为切实。重形式之教育，揭法律之效力，超越三代以来之德政主义。而近接于法治主义之范围。故荀子之门有韩非、李斯诸人持激烈之法治论，此正其学说之倾向，而非如苏轼所谓由于人格之感化者也。荀子之性恶论虽为常识所震骇，然其思想之自由，论断之勇敢，不愧为学者云。

《荀卿论》

维周师儒，贤道得民，时无官表，名氏不彰。景敬之间，孔氏崛起，差等百王，译著六籍，揭日而行，亦世衷焉。七十二贤，颟若画一，绵褫六国，稍稍陵迟，邹峄老师，稷下祭酒，肇震董之，吾道干城，杰于华岱。孟纡救时之策，荀宏存古之烈，先后一揆，功足相埒，史公列传，各为题目，至精说矣。同门异户，偗于子云，择精语详，嗛于昌黎，孟书大明，而荀学绌焉。夫说诗逆志，丧礼末学，舜禹之事，理在不疑，班爵井田，闻其大略，孟氏所长，春秋而已，主于变文，从质为后，制作明经掌故，我则未暇乐正，孟仲厕名八儒，学派中辍。荀子极论礼乐，反复学修，大小戴记，资为邛厥，诗会韩毛，春秋左穀，推本兰陵，并有流别，赋篇成相，霡国风之附庸，脉京都之岷嶓，儒林文苑，是之自出，厥功巨矣。孟氏达情性之原，严义利之辨，操存梏，亡扩充，然达孔氏之门，功参殆庶。荀子以缮性为本，以隆礼为质，以积微为强，以解蔽为明，变化质气，克治私欲，有宋以来，儒先精语，多胎于是，说者谓陆王学派掇孟之真，程朱语录撷荀之粹，衡量功候，良非矫诬。而幡帑学案，拒陆之说，多于违朱。绳荀之篇，寂于申孟。乔抑无律，所未详也。诸子之原，推本官守，祖师著录，相生相成。及周之季，末流波靡，骜辟刻荡，蠭午并作，攻乎异端，先师所叹。孟氏立言，专辟杨墨，放豚入苙，归斯受之。荀子修儒效之本，推异家之长，正名议兵，富国天论，刑名从商，君子必辨，固已括囊名法，陶铸兵农，而非乐诘墨应宋，非十子，解六蔽，正论世俗之七略，所云舍短取长，荀子有焉。夫其张皇经教则如彼，发挥道术则如此。此诚六艺之大师，百虑之要归也。而论者或摘其片言指为巨创，岂知韩婴外传不著非孟之辞，董生察名未引性恶之说。流传别本，容有增加，韩非、李斯，固优为之。集矢本师，未为通论。若乃其父杀人报仇，其子行劫，苏子文致之辞，又其枝也，可无辨焉。

章太炎[①]《尊荀》

使文质兴废，若画丹之与墨，若大山之与深壑，虽骤变可矣。变不斗绝，故与之莎随以道古。荀子之道古：声则凡非雅声者举废；色则凡非旧文者举息；械用则凡非旧器者举毁，以是不过三代，不贰后王。法后王矣，何古之足道？曰：近古曰古，太古曰新，綦文理于新，不能无因近古。曰后王，所谓后王者，上非文武，下非始皇帝。何者？一栖七雄，共和之令废，秦虽得陈宝，六国未一，拱球未斠，郊号未称帝，彼天下之君安在？仲尼有言：夏德不亡，商德不作；商德不亡，周德不作；周德不亡，《春秋》不作。《春秋》之作，以黑绿不足代苍黄，故反夏政于鲁，为新王制，非为汉制也。其所规摹，则政令粲然示于禘矣。荀子所谓后王者，则素王是；所谓法后王者，则法《春秋》是。

《春秋》作新法，而讥上变古易常。使文质兴废，若画丹之与墨，若大山之与深壑，虽骤变可矣。变不斗绝，故与之莎随以道古。古也者，近古

① 章太炎（1869—1936），原名学乘，字枚叔，以纪念汉代辞赋家枚乘，后易名为炳麟。因反清意识浓厚，慕顾绛（顾炎武）的为人行事而改名为绛，号太炎，世人常称之为“太炎先生”。浙江余杭人，清末民初思想家、史学家、朴学大师，民族主义革命者，在文学、历史学、语言学等方面均有成就。一生著作颇多，约有400万字。著述除刊入《章氏丛书》《章氏丛书续编》外，遗稿刊入《章氏丛书三编》，后人编有《章太炎全集》。

也，可因者也。汉因于秦，唐因于周、隋，宋因于周，因之日以其法为金锡，而己形范之，或益而宜，或损而宜，损益曰变，因之曰不变，仲尼、荀卿之于周法视此矣。其傃古也，禔以便新也。自东周之季以至禹，《连山》息，《汩作》废，《九共》绝，绝政虽在，不能无小䶋，节奏无䶋，惟近古之周。荀作新法，而弃近古，专以夏为万夏，大古之属也。名不尔雅，政不乐易，其所谓新者，民无与为新矣。墨翟眩于是，故师禹瞀；李斯眩于是，涤荡周旧，而一从秦制，厉其唇吻以为法泰皇。夫泰皇，诚古也，畔周世之随俗雅化，而以殊瑰临民。其傃古也，其傃新也，其傃新也，禔以害新也。是以君子行政，若竘匠然，熔冶自京室，而丬埴自胜，国由是则治，不由是则乱，后有改作者，虽百世可知也。

《订孔》

荀卿以积伪俟化治身，以隆礼县群众。道不过三代，以绝殊瑰；法不贰后王，以綦纹理。始终以礼穿敹，故科条皆湜然无自戾。其正名也，与墨子相扶持。有所言缘，先于西来桑门之书。由斯道也，虽百里而民献比肩可也。其视孔子，长幼断可识矣。夫孟、荀道术，皆踊绝孔氏，惟才美弗能与等比，故终身无鲁相之政，三千之化。才与道术本异出，而流俗多视是崇堕之。故仲尼名独尊，其道术固未逮也。

《后圣》

自仲尼后，孰为后圣？曰：水精既绝，制作不绍，浸寻二百年，以踵相接者，惟荀卿足以称是。非侈其传经也，其微言通鬼神，彰明于人事，键牵六经，谟及后世，千年而不能闿明者，曰《正名》《礼论》。《礼论》未作，人以为祝史之事；作矣，人以为辟公之事。孟氏未习，不能窥其意。其他揖让之礼虽从，而戾于行事者，遇之则若焦熬矣。黄帝正名，仲尼以治卫，夏乱于施，西域乱于塞种，正之以后王之成名。纤及米盐，至于纬宙合，自一话一言，皆正其程度，解其玄纽，则析言破辞者无敢枭乱。惟举枢要，故闳于尔雅；惟参伍分际，故足以陷塞氏（佛氏目眚见病之说，推之色声香味触法，皆自我作，一人之私言也。荀子言："形体色理，以目异；声音清浊、调竽奇声，以耳异；甘苦咸淡辛酸奇味，以口异；香臭芬郁腥臊洒酸奇臭，以鼻异；疾养沧热滑铍轻重，以形体异；说、故、喜、怒、哀、乐、爱、恶、欲，以心异。"天下之公言也）。且由古者侗长佼好之民，以暨周秦，其年则巧历不能纪，自是无圻矣。其风之迁，其志也亦迁。必守故号，则不给于用，故曰有王者起，必将有循于旧名，有作于新名（互市以来，新理日出，近人多欲造作新字者）。呜呼！斯其制作也，则迴乎三统，竟乎文祖地祇之翍。是故《礼论》以键六经,《正名》以键《春秋》之隐义。其他《王制》之法,《富》《强》之论,《议兵》之略,得其枝叶,犹足以比成、康。尚乎,非后圣孰能不见素王而受其鬲翼铜瑁者乎!

而治孟学者惎之,以论性恶为敌逑。呜呼!性恶者,非同人性于禽豸也,而异人性于圣王之制礼。有善不善,斯谓之恶已。是故咳童因心,曰顺德之始。啼笑于食饮之有亡,曰贪戾之始。贪戾情乎?荀子固云:"性之好恶喜怒哀乐谓之情。"(亦见《正名篇》)情之恶,其柢则在性矣。或曰:"征讨之义,首恶之诛,自大庭以来弗能废。荀子辨等礼,其视君臣也严,未尝闻于良贵之义,故其持世□者不及孟。"呜呼!世俗之说者,以桀、纣有天下,汤、武篡而夺之。荀子以为伛巫跛匡之智,载在《正论》,驳辨几千言,孰谓其术之异于孟氏也?

夫治孟学以惎荀氏者,始宋程、苏。苏与程相敌逑,其惎荀氏则合从。彼苏氏尤昌狂妄言(近人或谓苏诋荀卿,乃借以诋荆公,大谬。忿疾荀卿,自是宋世习俗。即如子云文人,偶有撰述,特与徐幹等耳,于学术何足轻重。自唐韩氏以扬拟荀,宋人遂以"才高多过""才短少过"并讥,要只为揭橥孟学,并忘荀、扬之绝非伦比。若谓苏以诋荀卿者诋荆公,然则诋扬雄者亦可云借以诋温公邪),推其用意,且曰死而操金椎以葬,下见荀卿,将敲其头矣。利禄小生,不可与道古。其文学以程、苏为宝祐,从而和之,使后圣之学,终于闭锢伏匿;仲尼之志,自是不得见。悲夫!并世之儒者,诵说六艺,不能相统一。章炳麟订之曰:"同乎荀卿者与孔子同,异乎荀卿者与孔子异。"

《论诸子学》

所谓诸子学者,非专限于周、秦,后代诸家亦得列入,而必以周、秦为主。盖中国学说,其病多在汗漫。春秋以上,学说未兴;汉武以后,定一尊于孔子。虽欲放言高论,犹必以无碍孔氏为宗,强相援引,妄为皮傅,愈调和者愈失其本真,愈附会者愈违其解故,故中国之学,其失不在支离,而在汗漫。自宋以后,理学肇兴。明世推崇朱氏过于素王;阳明起而相抗,其言致良知也,犹云"朱子晚年定论"。孙奇逢辈遂以调和朱、陆为能,此皆汗漫之失也。……

彼(诸子)所学者,主观之学,要在寻求义理,不在考迹异同。既立一宗,则必自坚其说。一切载籍,可以供我之用,非束书不观也。虽异己者,亦必睹其文籍,知其义趣,惟往复辩论,不稍假借而已。是故言诸子必以周、秦为主。

古之学者，多出王官。世卿用事之时，百姓当家，则务农、商、畜、牧，无所谓学问也。其欲学者，不得不给事官府为之胥徒，或乃供洒扫为仆役焉。故《曲礼》云："宦学事师。""学"字本或作"御"。所谓宦者，谓为其宦寺也。所谓御者，谓为其仆御也。故事师者，以洒扫进退为职，而后车从者，才比于执鞭拊马之徒。观春秋时，世卿皆称夫子。夫子者，犹今言老爷耳。孔子为鲁大夫，故其徒尊曰"夫子"，犹是主仆相对之称也。《说文》云："仕，学也。""仕"何以得训为"学"？所谓宦于大夫，犹今之学习行走尔。是故非"仕"无学，非学无"仕"，二者是一，而非二也。……

一论儒家。《周礼·太宰》言"儒以道得民"，是儒之得称久矣。司徒之官，专主教化，所谓三物化民。三物者，六德、六行、六艺之谓。是故孔子博学多能，而教人以忠恕。

虽然，有商订历史之孔子，则删定六经是也。有从事教育之孔子，则《论语》《孝经》是也。由前之道，其流为经师；由后之道，其流为儒家。《汉书》以周、秦、汉初诸经学家，录入《儒林传》中；以《论语》《孝经》诸书，录入《六艺略》中。此由汉世专重经术，而儒家之荀卿又为《左氏》《穀梁》《毛诗》之祖。此所以不别经、儒也。若在周、秦，则固有别。且如儒家巨子李克、宁越、孟子、荀卿、鲁仲连辈，皆为当世显人，而《儒林传》所述传经之士，大都载籍无闻，莫详行事。

盖儒生以致用为功，经师以求是为职。虽今文、古文所持有异，而在周、秦之际，通经致用之说未兴，惟欲保残守缺，以贻子孙，顾于世事无与。故荀卿讥之曰：鄙夫"好其实，不恤其文，是以终身不免埤污庸俗。故《易》曰'括囊，无咎无誉'，腐儒之谓也"（见《非相篇》）。此云"腐儒"，即指当世之经师也。由今论之，则犹愈于汉世经师言"取青紫如拾芥"，较之战国儒家亦为少愈，以其淡于荣利云尔。

儒家之病，在以富贵利禄为心。盖孔子当春秋之季，世卿秉政，贤路壅塞，故其作《春秋》也，以非世卿见志（公羊家及左氏家张敞，皆有其说）。其教弟子也，惟欲成就吏材，可使从政。而世卿既难猝去，故但欲假借事权，便其行事。是故终身志望，不敢妄希帝王，惟以王佐自拟。观荀卿《儒效篇》云："大儒者，天子三公也（杨注：其才堪王者之佐也）；小儒者，诸侯大夫士也；众人者，工、农、商、贾也。"是则大儒之用，无过三公，其志亦云卑矣！孔子之讥丈人，谓之"不仕无义"。孟子、荀卿皆讥陈仲。一则以为无亲戚、君臣、上下；一则以为"盗名不如盗货"（见《荀子·不苟篇》）。而荀子复述太公诛华仕事（见《宥坐篇》），由其不臣天子，不友诸侯（见《韩非子·外储说右上》),是儒家之湛心荣利,较然可知。所以者何?苦心力学,约处穷身,必求得雠,而后意歉。故曰:“沽之哉,沽之哉!”不沽,则吾道穷矣!

《艺文志》说儒家云:“辟者,随时抑扬,违离道本,苟以哗众取宠。”不知哗众取宠,非始辟儒,即孔子固已如是。庄周述盗跖之言曰:“鲁国巧伪人孔丘,不耕而食,不织而衣,摇唇鼓舌,擅生是非,以迷天下之主,使天下学士不反其本,妄作孝弟,而侥幸于封侯富贵者也。”此犹曰道家诋毁之言也。而微生亩与孔子同时,已讥其佞,则儒者之真可见矣。

孔子干七十二君,已开游说之端。其后儒家率多兼纵横者。其自为说曰:“无可无不可。”又曰:“可与立,未可与权。”又曰:“君子之中庸也,君子而时中。”孟子曰:“孔子,圣之时者也。”荀子曰:“君子时绌则绌,时伸则伸也。”(见《仲尼篇》)然则孔子之教,惟在趋时,其行义从时而变。故曰:“言不必信,行不必果。”……

君子“时中”“时伸”“时绌”,故道德不必求其是,理想亦不必求其是,惟期便于行事则可矣。用儒家之道德,故艰苦卓厉者绝无,而冒没奔竞者皆是。俗谚有云:“书中自有千钟粟。”此儒家必至之弊。贯于征辟、科举,学校之世,而无乎不遍者也。用儒家之理想,故宗旨多在可否之间,论议止于函胡之地。彼耶稣教、天方教崇奉一尊,其害在堵塞人之思想;而儒术之害,则在淆乱人之思想。此程、朱、陆、王诸家所以有权而无实也。

虽然,孔氏之功则有矣。变机祥神怪之说而务人事,变畴人世官之学而及平民,此其功亦敻绝千古。二千年来,此事已同过去,独其热中竞进在耳。

案:章太炎尊荀子为“后圣”。他“博观诸子”,“历览前史,独于荀卿、韩非所说,谓不可易”。他治学崇实,对古代的典籍和事件,都主张审慎考订,尤其是把孔子看作是一位杰出的学者,注意从学术传承上考察他的地位,而不是奉作圣人,作为偶像顶礼膜拜。章太炎所作《后圣》《尊荀》诸篇大致考察了孔子与荀子之间的学术传承关系。佛学的素养和社会学的吸收又巩固了章太炎的尊荀思想。他说:“九流腾跃,以兰陵为宗;历史汗牛,以后王为法”,并以荀正孔。他还援引社会学的理论解释荀子的学说,《儒术真论》和《视天论》有集中的体现。他用西方自然科学的知识解释荀子天人相分的主张,结合西方社会学理论考察荀子的礼论,还通过和印度因明和西方逻辑的比较研究,解析了荀子的名学理论,将荀学与西方思想理论进行融和的尝试。

吴虞[1]《读荀子书后》

孔学之流传于后世，荀卿之力居多，孔教之遗祸于后世，亦荀卿之罪为大。汪中《荀子通论》曰：毛诗、鲁诗皆荀卿所传；《韩诗外传》引荀子以说诗者四十有四，则韩诗亦荀卿之别子。《左氏春秋》《穀梁春秋》皆荀卿所传。而荀子之学，本长于礼，曲台之礼，又皆荀卿之支与裔也。自七十之徒既没，汉诸儒未兴，中更战国暴秦之乱，六艺之传赖以不绝者，荀卿也。据《荀子·大略》篇，春秋贤穆公善胥命，则为《公羊春秋》之学。刘向又称荀卿善为《易》，此皆荀学出于孔氏之证。周公作之，孔子述之，荀卿传之，其揆一也（以上皆汪氏说）。夫人之生活，在其精神，学之成立，在其宗旨。精神既失，则形体如尸；宗旨既差，则枝叶无取矣。余就汪氏之说，以读荀卿之书，则其尊君卑臣愚民之宗旨，盖莫不与孔氏合。其《礼论篇》曰：礼有三本。天地者，生之本也。先祖者，类之本也。君师者，治之本也。无天地恶生？无先祖恶出？无君师恶治？三者偏亡焉，无安人。故上事天，下事地，尊先祖而隆君师，是礼之三本也。又曰：父能生之，不能养之，母能食之，不能教诲之。君者，已能食之，又善教诲之，丧三年毕矣哉。得之则治，失之则乱，文之至也；得之则安，失之则危，情之至也。两至者俱积焉，以三年事之，犹未足也，直无由进之耳。杨倞注云：君兼父母之恩（孔孟均以君父并尊），以三年之丧报，犹未足也（刘止唐先生亦主此说者），此实吾国天地君亲师五字牌之所由立。而君主既握政教之权，复兼家长之责，作之君、作之师且作民父母，于是家族制度与君主政体遂相依附而不可离。儒教徒之推崇君主直驾父母而上之，故儒教最为君主所凭藉而利用。此余所以谓政治改革，而儒教家庭制度不改革，则尚余此二大部专制，安能得真共和也?夫知政治当改革者，容纯父诸人也。知政治儒教当改革者，章太炎诸人也。知家族制度当改革者，秦瑞玠诸人也。知政治儒教家族制度三者之联结为一，而皆不可不改革者，严几道诸人也。而荀卿则三本并称，尊王尤甚，其不合于共和一也。《仲尼篇》曰：人臣处位可终身行之之术，曰持宠处位终身不厌之术云云。引诗媚兹一人，应侯顺德，永言孝思，昭哉嗣服以证之。又言擅宠于万乘之国，必无后患之术，莫若好同之。又云能而不耐任且恐失宠，则莫若早同之。夏曾佑论之曰：李斯本孔子专制之法，行荀卿性恶之旨，卒至具五刑，黄犬东门，父子相哭，

① 吴虞（1872—1949），原名姬传、永宽，字又陵，亦署幼陵，号黎明老人，四川新繁人。胡适称他为“中国思想界的清道夫”，“四川只手打倒孔家店的老英雄”。著有《吴虞文录·别录·日记》《秋水集》，编选有《国文选录》《骈文选读》。

千古为之增悲，皆荀卿以持宠固位终身不厌之术，为臣事君之宝之教害之也。夫尊君卑臣，患得患失，至于教之持宠固位，以顺为正，同于妾妇，终不免于祸国亡身，去公仆之义绝远，其不合于共和二也。孔氏言民可使由之，不可使知之，为秦始皇愚黔首政策之所本，而实李斯承荀卿之说以启之。《正名篇》曰：民易一以道，而不可与共故。郝懿行解云：故谓所以然也。夫民愚而难晓，故但可偕之大道，而不可与共明其所以然，所谓民可使由之，不可使知之。夫立宪之国务智其民，教育普及，富强之要。欧美恒言，欲民行之，必先智之。管子曰：智者知之，愚者不知，不可以教民（宋于庭曰：老子之学，出于管子。管子为黄帝之后，传其学，故汉志列管子于道家，而当时并称黄老）。荀卿之说，适得其反，此不合于共和三也。然则吾国专制之局，始皇成之，李斯助之，荀卿启之，孔子教之也。大本既拨，二千年来拘墟囿教，不能旧舍谋新，全国厌厌，困于宗法，甘为奴隶，老洫之讥，卑劣之诮，播于全球。廖季平曰：秦始皇尊孔行经。日本人曰：支那人盲目以崇儒教，真枯死之国民。合而观之，皆有昧乎其言也。韩退之曰：荀子大醇小疵。要其归，与孔子异者鲜。苏子瞻曰：荀卿喜为异说而不让，敢为高论而不顾，然后知李斯之所以事秦者，皆出于荀卿。故自韩苏之言观之，知荀学之归合于孔，与秦制之本出于荀，则于吾国政教学术法典礼俗之演成皆可以推明其得失。若陆桴亭之徒，仅以性恶礼伪之言，讥其纯粹不及孟子，力量不及杨墨，则犹属道学家皮相之论也。

梁启超[①]《清代学术概论》

孔门之学，后衍为孟子、荀卿两派，荀传小康，孟传大同。汉代经师，不问今文家、古文家，皆出荀卿（汪中说）。二千年间，宗派屡变，壹皆盘旋荀学肘下，孟学绝而孔学亦衰。于是专以绌荀申孟为标识，引《孟子》中诛责“民贼”“独夫”“善战服上刑”“授田制产”诸义，谓为大同精意所寄，日倡道之。

《论中国学术思想变迁之势》

盖荀卿实儒家中最狭隘者也。非徒崇本师以拒外道，亦且尊小宗而忘大宗。虽谓李斯坑儒之祸发于荀卿，亦非过言也。（李斯坑儒所以排异己者，实荀卿狭隘主义之教也。）故其所是非，殆不足采。

---

① 梁启超（1873—1929），字卓如、任甫，号任公，又号饮冰室主人、饮冰子、哀时客、中国之新民、自由斋主人。清朝光绪年间举人，中国近代思想家、政治家、教育家、史学家、文学家。其著作合编为《饮冰室合集》。

《读〈孟子〉界说》

荀子之学在传经，孟子之学在经世。荀子为孔门文学之科，孟子为孔门政事之科。汉兴，诸经皆传自荀卿(其日略见汪容甫《述学》)。其功最高不可诬，然所传微言大义不及孟子。孟子专提孔门欲立立人，“欲达达人，天下有道，某不与易”之宗旨，日日以救天下为心，实孔学之正派也。

孟子言性善，为大同之极效。孔子之言性也，有三义。据乱世之民性恶，升平世之民性有善有恶，亦可以为善可以为恶，太平世之民性善。荀子传其据乱世之言，宓子、漆雕子、世子传其升平世之言。孟子传其太平世之言。各尊所闻，因而相争，荀通于三世之义，可以了无窒阂矣。太平之世，《礼运》所谓谋闭而不兴，盗窃乱贼而不作。《春秋》所谓人人有士君子之行，故曰性善。西人近倡进种改良之学，他日此学极盛，则孔子性善之教大成矣。不明于此，则孟子断断之致辩，诚无谓也。

汉兴，群经皆传自荀子，十四博士，大半属荀子之学。东汉以后，又遭窜乱。六朝及唐，日益破碎。无论是非得失，皆从荀学中之一派讨生活矣。二千年以来，无有知尊孟子者。自昌黎倡之，宋贤和之，孟学似光大矣。然与孟子经世大义，无一能言者，其所持论，无一不与孟子相反，实则拔荀学吐弃之余而已。惟有不动心之学，间有讲之者，然非其至也。故自宋以来，有尊孟子之名，无行孟学之实。以孔门嫡派，二千年昏霾湮没，不显于世，斯亦圣教之大不幸也。今二三子既有志于大道，因孟学实入德之门，学圣之基也。持此界说以读《孟子》，必有以异于畴昔之所见者，勿以为习见之书而忽之也。

《论支那宗教改革》

大同教派之大师，庄子、孟子也。小康教派之大师，荀子也。而自秦汉以后，政治学术皆出于荀子，故二千年皆行小康之学，而大同之统治殆绝之所由也。今先将《荀子》全书，提其纲领，凡有四大端：一尊君权。其徒李斯传其宗旨，行之于秦，为定法制。自汉以后，均相因而损益之，二千年所行，实秦制也。此为荀子政治之派。二排异说。荀子有《非十二子》篇，专以攘斥异说为事。汉初传经之儒，皆出荀子，故袭用其法，日以门户水火为事。三谨礼仪。荀子之学，不讲大义，而惟以礼仪为重，束身寡过，拘牵小节。自宋以后，儒者皆蹈袭之。四重考据。荀子之学，专以名物制度训诂为重。汉兴，群经皆其所传，断断考据，寖成马融、郑康成一派，至本朝(清)而大受其毒。此三者为荀子学问之派。

由是观之，二千年政治，既皆出荀子矣；而所谓学术者，不外汉学、宋学两大派，而实皆出于荀子。然则二千年来，只能谓为荀学世界，不能谓之为孔学世界也。

《中国法理学发达史》

荀子社会学之巨擘也，其示人类在众生界之位置，先别有生物与无生物，次别有知物与无知物，次别有理性物与无理性物。谓人类者，其外延最狭，而其内包最广，与欧西学者之分类正同。彼之所谓理性，荀子所谓义也，亦谓之普通性，亦谓之大我。（附注：義从我从羊，会意字也。董子云，義者，我也，其从羊者，所以别于小我。羊能群者，善也。義从我从羊，所以示我之结集体，即所谓大我也。）此大我之普通性，即人类所以能结为团体之原因也。（小野冢博士言，国家所由起，根于人类之普通性。而览博士言，国家社会之最高原固根于自我之自由活动。其所谓自我者，谓人类共通之大我也，与佛学之华严性海相合。他日更详细介绍之。）荀子以义为能群之本原，洵批却导窾之论矣。其《富国篇》所论，由经济的（生计的）现象，进而说明法治的现象，尤为博深切明。谓离居不相待则穷，故经济的社会，为社会之成始。谓群而无分则争，故国家的社会，为社会之成终。其言争之所由起，谓欲恶同物，欲多而物寡。欲者，经济学所谓欲望。（德语之 Begiede，英语之 desire）欲多而物寡，即所谓欠乏之感觉（德语 Empfindung des Mangels）。而久乏之感觉，由于欲恶同物，人类欲望之目的物，如食住等，大略相同故也。荀子此论，实可为经济学、社会学、国家学等之共同根本观念也。

《先秦政治思想史》

荀子性恶，故注重物质上之调剂。荀子论社会起源最为精审。其言曰："水火有气而无生，草木有生而无知，禽兽有知而无义，人有生有气有知亦且有义，故最为天下贵也。力不若牛，走不若马，而牛马为用，何也？曰：人能群，彼不能群也。人何以能群，曰分。分何以能行，曰义。故义以分则和，和则一，一则多力，多力则强，强则胜物。"（《王制》）此言人之所以贵于万物者，以其能组织社会，社会成立则和而一，故能强有力以制服自然，社会何以能成立，在有分际。

盖荀子政治之全部出发点，今分数层研究之。第一层，从纯物质方面说，人类不能离物质而生活，而物质不能无限量的增加，故常不足以充压人类之欲望（欲多物寡物不能瞻）。第二层，从人性方面说。孟子言："辞让之心，人皆有之。"荀子正与相反，谓争夺之心，人皆有之（纵欲而不穷不能不争）。第三层，从社会组织动机说。既不能不为社会的生活（离居不相待则穷），然生活自由的相接触，争端必起（群而无分则争）。第四层，从社会组织理法说。惟有使各人在某种限度内为相当的享用，庶物质分配不至竭蹶（以度量分界养人之欲，给人之求）。第五层，从社会组织实际说。承认社会不平等（有贫富贵贱之等维齐非齐），谓只能于不平等中求秩序。

《读〈荀子〉法》

读《荀子》有两种目的：第一，为修养应用；第二，为学术的研究。

为修养应用起见，读《荀子》最能唤起吾辈之自治力，常检束自己，不至松弛堕落。又资质稍驽下之人，读之得"人定胜天"的信仰，能增加其勇气。又其理论之剖析刻入处，读之能令思虑缜密遇事能断。是故读《孟子》之益处在发扬志气，读《荀子》之益处在锻炼心能。二者不可偏废。为此目的而读《荀子》，宜将心赏之格言，分类摘抄。——如有益于修身者，有益于应事者，有益于治学方法者。——常常熟讽牢记，随时参证于己身。庶几荀子所谓"博学而日参己，则知明而行无过矣"。

为学术的研究起见，其目的在求了解荀子学术之全系统及其在学术史上之位置。此种读法，宜特别注重数篇——最初读《劝学篇》观其大概。次读《性恶篇》观其思想根核所在。次读《解蔽》《正名》《天论》三篇，观其所衍之条理。次读《礼论》《乐论》两篇，观其应用于社会所操之工具如何。次读《正论篇》《非十二子篇》观其对于异派之攻难及辩护，如是则可以了解荀子之哲学及其教育。次读《富国》《君道》《王制》三篇，则可以了解荀子之政治学及其政术。更次则《荣辱》《非相》两篇。间有极精之语，但不名一类，宜撷取为补助。以上诸篇，极须精读。余篇涉览足矣。

凡欲彻底了解一家学说，最好标举若干问题为纲领，将全书中关涉此问题之语句，悉数抄录，比较钩稽以求其真意之所存。例如《荀子》之所谓性伪，所谓积，所谓习与化，所谓名，所谓礼，所谓蔽，等等，皆其主要问题也，各篇皆有论及，类抄而比观之，始能得其全豹。

凡立言总带有几分时代特色，故孟子贵"知人论世"。荀子生今二千余年前，其言有专为当时之社会而发者，自当分别观之，不可盲从以责效于今日，但亦不可以今日眼光绳之，遂抹杀其在当日之价值也。至于其学说之含有永久性者——即并非对于时代问题而发言者，则无论何时皆可以咨其严刻之评骘也。

《荀子》书多古训，其语法亦多与近代文不同，且脱误之字颇不少，故有时非藉注释不能了解。旧注惟唐杨倞一家。前清乾嘉以降，校释者复数家。最先者为谢墉、卢文弨合校本,浙刻《二十二子》所采是也。次则郝懿行之《荀子补注》,王念孙之《读荀子杂志》,俞樾之《荀子平议》。自有此诸书,而《荀子》始可读矣。近人王先谦裒诸家所释,间下己意,为《荀子集解》,现行《荀子》注释书,无出其右,读者宜置一本也。

案:梁启超的荀学研究随着时代的发展而改变,开始他受康有为、谭嗣同、夏曾佑等人思想的影响,主张"绌荀申孟",指斥荀子为"儒家中最狭隘者",继则称赞荀子是"社会学之巨擘也",晚年明确认定"荀子受墨家的影响而创为儒家的知识论"。他发表了《儒家哲学》一文,其中对荀子的思想学说进行了比较系统的讨论,充分肯定了荀子在儒家思想发展中的地位。他认为产生荀子的时代,道、墨盛行,儒家江河日下,所以他不得不提倡改革。梁启超认为,墨家长处,在以知识为立脚点。荀子很受他们的影响,对于知识,以有条理、有系统为必要。他的《解蔽》《正名》诸篇,所讨论都是知识的问题。梁启超认为荀子创为儒家的知识论系统大致有三个方面构成:第一是性善恶的问题的讨论,第二是天命的问题的关注,第三是心体问题的研究。荀子对于这三个方面的研究都做出了相当重要的贡献。

王国维[①]《荀子之学说》

第一章 传及其著书

荀卿名况,赵人也,后孟子数十年。年十五,始游学于齐。当是时,齐田骈之属皆已死。齐襄王之时,荀卿最为老师。先是齐(致)天下之士于稷下,淳于髡、邹奭、田骈之徒皆来,齐王以为列大夫,置第康庄之衢,尊宠之。齐修列大夫之缺,而荀卿三为祭酒焉。齐人或谗荀卿,荀卿乃适楚,春申君以为兰陵令。复去适赵。游秦,说秦昭王,不能用。春申君复,固谢荀卿,乃行,复为兰陵令。春申君废,乃述仲尼之意,论礼义之治,卑五伯之业,阐明微理,排击异学,著书三十三篇。叹曰:

嗟我何人,独不遇时当乱世。欲衷对,言不从,恐为子胥身离凶,进谏不听,刭而独鹿弃之江。观往事,以自戒,治乱是非亦可识,托于成相以寓[喻]意。

---

① 王国维(1877—1927),初名国桢,字静安、伯隅,初号礼堂,晚号观堂,又号永观,谥忠悫。平生学无专师,自辟户牖,成就卓越,贡献突出,在教育、哲学、文学、戏曲、美学、史学等方面均有深诣和创新。生前著作60余种,他自编定《静安文集》《观堂集林》刊行于世。

第二章 伦理论

第一节 人之性恶也

既如孟子学说中所论，性恶之论以生欲为根柢而立论者也。荀子谓："今人之性生而有好利焉，顺是，故争夺生而辞让亡焉；生而有疾恶焉，顺是，故残贼生而忠信亡焉；生而有耳目之欲，有好声色焉，顺是，故淫乱生而礼义文理亡焉。然则从人之性，顺人之情，必出于争夺……然则人之性恶明矣。"又曰："今人饥，见长而不敢先食者，将有所让也；劳而不敢求息者，将有所代也。夫子之让乎父，弟之让乎兄，子之代乎父，弟之代乎兄：此二行者皆反于性而悖于情也……故顺情性则不辞让矣，辞让则悖于情性矣。用此观之，然则人之性恶明矣. 其善者伪也。"此求人性之所以恶者于生活之欲，易言以明之，人若放任其性，则各逞啮噬之欲，社会在生存竞争之里者也。

荀子又以为性者，抽象普遍的名称也，不可无具体的方面。此具体的方面，荀子以为生活之欲也。然则其抽象的方面有如何之意义乎？荀子曰："凡性者，天之就也，不可学，不可事。"又曰："性者吾所不能为也。"又曰："生之所以然者谓之性。"又曰："不事而自然谓之性。"故自其抽象的方面观之，则生之自然，无善不善之可言。若自具体的方面观之，则生活之欲常破坏社会之调和，故断言性恶也。

第二节 礼

人性既恶，则社会之自然的状态，生存竞争之状态也。而檃栝此人性之活动，不使有争乱之患者，礼是也。苟行礼，小足以治身，大足以治天下，此礼之二用也。

然礼自外束缚人者也。故人之所视为苦痛，而非自然的也，故名之曰"伪"，伪者人为之义也。圣人，伪之成功者也。荀子曰：伪积而化之谓圣。圣人积伪之所化，然则圣人与凡人之别，只程度之差而非性质之差也。

抑修为之问题，自子思孟子之立脚地观之，到底不能视为必要，即令认之，亦不过有消极的意味耳。然及荀子，始认积极的修为之必要。

礼者修为之唯一工夫也。是不独于个人为然，国家亦有之。故曰："隆礼贵义者其国治，简礼贱义者其国乱。"（《议兵》篇）又曰："礼者，治辨之极也，强国之本也，威行之道也，功名之总也，王公由之所以得天下也，不由所以陨社稷也。故坚甲利兵不足以为胜，高城深池不足以为固，严令繁刑不足以为威，由其道则行，不由其道则废。"（同上）所谓社会者，人民之簇聚也。社会之调和与否，则治乱之所以分也。故曰："天行有常，不为尧存，不为桀亡。应之以治则吉，应之以乱则凶。强本而节用，则天不能贫；养备而动时，则天不能病；修道而不贰，则天不能祸。”（《天论》篇）此与墨子之“非命”，其意相同。以上实自人性上论礼之必要者也。更进而自社会生存上论之，曰：“人力不若牛，走不若马，而牛马为用，何也?曰：人能群，彼不能群也。人何以能群?曰：分。分何以能行?曰：义。故义以分则和，和则一，一则多力，多力则强，强则胜物，故宫室可得丽居也。故序四时，裁万物，兼利天下，无他故也[焉]，得之分义也。”（《王制》篇）荀子以礼为治天下之大法，痛击墨子之非乐、节葬、节用之说，以使果如此说，则使天下贫弱，且震荡人心者也，曰：“我以墨子之非乐也，则使天下乱；墨子之节用也，则使天下贫。非将堕之也，说不免焉。墨子大有天下，小有一国，将蹙然衣粗食恶，忧戚而非乐。若是则瘠，瘠则不足欲，不足欲则赏不行。墨子大有天下，小有一国，将少人徒，省官职，上功劳苦，与百姓均事业，齐功劳，若是则不威，不威则罚不行。”（《富国》篇）荀子虽未知墨子之真意，然于《正论》篇非难当今之骄奢，又与墨子同意也。

第三节 礼之所本

人性恶也，礼外也，然则礼何所本乎？此当研究之问题也。然荀子对此问题，非有积密之解答，唯曰：“人生而有欲。欲而不得则不能无求，求而无度量分界则不能不争，争则乱，乱则穷。先王恶其乱也，故制礼义以分之，以养人之欲，给人之求。使欲必不穷乎物，物必不屈于欲，两者相持而长，是礼之所起也。”然先王之制礼果何所本乎?《礼论》篇曰：“天地者，生之本也：先祖者，类之本也；君师者，治之本也。无天地，恶生?无先祖，恶出？无君师，恶治？三者偏亡，焉无安人。故礼，上事天，下事地，尊先祖而隆君师：是礼之三本也。”然此所谓“本”者乃报本追远之意，而非谓礼之所自出。考荀子之真意，宁以为(礼)生乎人情，故曰：“称情而立文。”又曰：“三年之丧，称情而立文，所以为至痛之极也。”荀子之礼论至此不得不与其性恶论相矛盾，盖其所谓“称情而立文”者实预想善良之人情故也。

第三章 政治论

第一节 国家系统

人民之归往者谓之王。王者即德之所在，故大功德之后，非必常为王。王非位也，故天子无禅让放伐。尧舜皆有德之人也。尧以有德之故而为天子，人民不以尧之人而以其德也。然舜之德又与尧无异。尧之死也，舜继而为天子，是以尧代尧也，以德代德也。人虽有尧舜之别，而德则无异，同为人民之所归往，何禅让之有？故曰：“天下厌然，与乡无以异也，以尧易尧，夫又何变之有矣！”桀纣失其德，邦家分崩，人民离散，是已无天下矣。汤武修其道，行其义，兴天下之同利，除天下之同害，而天下归之。故汤武非夺天下，而桀纣非被夺。故曰：“天下归之之谓王，天下去之之谓亡。故桀纣无天下，而汤武不弑君，由此效之也。”（《正论》）盖以为天下[子]非位也，非自人而授之，而自己得之者也。身无功德者不能为天子，曰：“以桀纣为常有天下之籍则然，亲有天下之籍则不然。”是亦与孟子“一夫纣”之意同也。

诸侯则不然。诸侯位也，避诸侯之位与否，在天子之命。故诸侯之本质，非德而在命。天子命甲为诸侯，及致仕，更命乙为诸侯：此与天子异者也。故曰：“诸侯有老，天子无老。有擅国，无擅天下，古今一也。”此之谓也。

第二节　政治术

“君子之德风，小人之德草，草上之风必偃。”是孔子政治论之主意也。以身先天下，则天下无不化。《大学》之言治国平天下本于修身，可谓善得其意也。故此派之政治非政治术，而自己之人格为政治之中心。荀子亦谓政治在以身先天下，曰：“主者，民之唱也；上者，下之仪也。彼将听唱而应，视仪而动。唱默则民无应也，仪隐则下无动也……故上者下之本也：上宣明则下治辨矣，上端诚则下愿悫矣，上公正则下易直矣。”（《正论》）所谓政治术者道也，曰：“道者古今之正权也。”（《正名》）道者何？礼乐刑政是也。荀子以礼乐为致治平唯一之道，如上所论，并用刑政，先王然也，孔子亦然，唯欲其刑之中耳。荀子亦曰：“刑称罪则治，不称罪则乱。”（《正论》）

然荀子亦斥小惠而主信赏必罚，曰：“人或触罪矣，而直轻其刑，然则是杀人者不死，而伤人者不刑也。罪至重而刑至轻，庸人不知恶矣，乱莫大焉。”（《正论》）荀子又信法所以制之于既发之末，而严刑所以束民心，曰：“凡刑人之本，禁暴恶恶，且惩其末[未]也。”（《正论》）又曰：“故治则刑重，乱则刑轻。”

第三节　正名

惠施公孙龙之徒，驰辩弄文以混乱真伪。荀子疾之而作《正名》篇，曰：“王者之制名，名定而实辨。”先就人类述“性、情、虑、伪、为、事、行、（知）、智、能、病、命”等字之定义。次言名实之乱，使思想混杂，事务纷错。更进而谓人之辨同异，由于天官。天官者何？耳目口鼻心体是也。此六官各有所思[司]，而各有辨别。同者同名，别者别名。

第四章 结论

荀子之非子思、孟子也,曰:“犹然而材剧志大……幽隐而无说. 闭约而无解。”于是关穷理之事,则唾而不顾,唯先王之礼是由。其言曰:“其于天地万物也,不务说其所以然,而致善用其材。”其主义可见也。又曰:“道不过三代,法不贰后王。”故其所言,止于经验界,且但关于礼耳。是故责荀子以哲学,非得其正鹄者也。然其思想之精密正确,实从来儒家中所未尝有,而开韩非子法家之论者也。

刘师培[①]《荀子补释》序

注《荀子》者始于唐人杨倞,近儒卢(绍弓)、郝(兰皋)、汪(容甫)、王(怀祖伯申父子)、段(若膺)、俞(荫甫)咸有诠释,刘(端临)、顾(涧蘋)、陈(硕甫)、郭(嵩焘)亦治荀子,虽甄明古训,间足补杨氏之缺。然王俞而外,鲜有可称。自长沙王氏(先谦)作《集解》,始集众说之大成,惟奥义隐词未克阐发。夫左氏毛诗均传自荀子,古文家言荀为鼻祖。惟取毛左之说与荀书互证,然后荀书之义明。师培自垂发省以来,窃有志于此。及旅东京,乃取平昔所订正者诠而录之,胪列众说以己意为折衷,得二百八十条,名曰《荀子补释》。虽刊落陈言,间呈臆说,然古学堕绪,或即此而可窥,此则区区之志也。

《周末学术史序·心理学史序》

夏商以还,学者始言心理,《商书·汤诰》之言曰:“惟皇上帝降衷于下民,若有恒性。”(此即天命为性之说。)是为孟子“性善”说之祖。《商书·仲虺之诰》曰:“天生民有欲,无主乃乱,惟天生聪明使乂。”(盖谓生民之初,其性不必皆善。善者,由于圣人之教化所致也。)是为荀卿“性恶”说之祖。(《仲虺之诰》又言:“以义制事,以礼制心。”后世克己正心之说,全基于此。则仲虺乃中国心性学发明之初祖也。)殷周之交,性学渐明(见阮云台先生《性命古训》)。东周学者,言性各殊,惟孔子“性近习远”之旨,立说最精。盖孔子之意为以人生有性,大抵差同,因习染而生差别。(此意最合于佛家无差别论。予读《大乘无差别论》,其曰:“无差别者,即性相近也。”又言:“为外物所蔽,即习相远也。”)荀孟二家,皆治孔氏之言,然一倡性善,

① 刘师培(1884—1919),字申叔,号左盦,江苏仪征人。著有《左盦集》8卷、《左盦外集》20卷、《左盦诗录》4卷、《词录》1卷,及论经学(以小学、左传学为主)、史学(开创近代中国学术史体)、文学(主张“六朝文”,维护扬州学派骈文之文统)专著74种,收入中华民国23年(1934)宁武南氏刊本《刘申叔先生遗书》。

一言性恶。(《大学》曰:"大学之道,在明明德。"子思继之作《中庸》一书,首言"天命之谓性,率性之谓道"。即本于《大学》明明德之说,亦即卢梭《民约论》天赋人权之说也。其后,遂为《孟子》性善说之一派。由性善之说,而倡良知良能。又以本性虽善,不加扩充,即流于恶,故又有扩充之说。然皆以性善为主。荀子反之,倡性恶说。立说之由,盖目击世人之多欲,必待圣王之教,学然后能归于善。故其言曰:"人性皆恶,其善者伪也。"伪与为同。言性善由于人为耳。厥后儒多言性善,力斥荀子之说。)儒家立说,自昔已歧然,其论皆稍偏矣。(孟子指既进化之后言,故言性善。荀子指未进化以前,故言性恶。盖人生之性,皆由恶而日进于善。孟子以为本性皆善,则立说似非。荀子以为本性皆恶,亦未足该进化以后之民。近儒皆主孟子性善说,殆习而不察其非耳。)告子治名家言,以食色为性,颇近荀卿,又言生之为性,言性无善无不善,则立说不背于孔子。(生之为性,性无善无不善,即孔子"性相近"之说也。)盖告子此说,指体言非指用言,故明代余姚巨儒,隐窃斯旨。……

近世泰西巨儒倡名学,析为二派,一曰归纳,一曰演绎。荀子著书殆明斯意。归纳者,即荀子所谓大共也。(《荀子·正名篇》云,物也者,大共名也。推而共之,至于无共而后止,共即公名。)故立名以为界。(西儒以界说为解析名义之词,所以标一名所涵之义也,凡公名必有多涵。)演绎者,即荀子所谓大别也。(《正名篇》云,鸟兽者,大别名也,推而别之,至于无别然后止,别即专名。)故立名以为标(即亚氏所谓五种标名以为徽识者也)。立名为界则易于询事考言(一名有一名之实义,书一名之实义而考之,名与实符,则其名不正)。立名为标,则便于辨族类物。

吕思勉[①]《吕思勉讲国学·荀子》

儒家孟荀并称,然荀子书予极疑之。予疑荀子书,自读其非象刑之论始。盖儒家论刑,止有二义:(一)曰五刑,是为肉刑,见《书·吕刑篇》;(二)曰象州,见《尧典》。今本分为《舜典》。象刑之说,见《书大传》,谓不残贼人之肢体,徒谬辱之而已。汉文《废肉刑诏》:"盖闻有虞氏之时,画衣冠异章服以为戮而民弗犯。"即今文《书》说也。皆《书》说也。"非象刑"之论,与儒家之尚德化,根本不相

---

① 吕思勉(1884—1957),字诚之,笔名驽牛、程芸、芸等。江苏常州人。近代历史学家、国学大师,与钱穆、陈垣、陈寅恪并称为"现代中国四大史学家"(严耕望语)。作品有《白话本国史》《吕著中国通史》《秦汉史》《先秦史》《两晋南北朝史》《隋唐五代史》《吕思勉读史札记》《宋代文学》《先秦学术概论》《中国民族史》《中国制度史》《文字学四种》《吕思勉读史札记》等。

容。及读《汉书·刑法志》,《荀子》之论具在,乃恍然有悟。盖汉时地方豪族,以及游侠之士,汉时去封建近,此等乃前此贵族及武士之遗也。势力极大,上捍国法,下凌小民,狱犴不平。职是之故,仁人君子,蒿目时艰,乃欲以峻法严刑,裁抑一切。此自救时之论,有激而云,而实行之者则王莽也。夫莽固事事托之于古者也,然则非象刑之论,盖亦不知何人所造,而托之荀子者矣。本此以推,则见其"性恶"之论,"法后王"之言,亦皆与儒家之义,不能并立。其论礼也,谓"人生不能无群,群而无分则争,争则乱,乱则离,离则弱,弱则不能胜物",见《王制篇》。亦法家论法之语也。夫如后世之论,则诸经皆出荀卿。汪中《荀卿子通论》。按此篇所引诸经传源流,多不可信。董仲舒作书美荀卿,说出今所传《荀子》刘向叙;他无征验。此序之伪,亦显而易见也。今姑不必深求。但使战国之末,儒家大师荀卿,其议论果如今《荀子》书所云,则在儒家中实为异军苍头:安得历先汉二百年,迄无祖述之书,亦无反驳之论哉?今《荀子》书同《韩诗外传》《二戴记》《说苑》《新序》处最多,亦有同《书大传》《春秋繁露》《公羊》《穀梁》《左氏》《国语》《楚辞》《礼纬》《诗毛氏传》《孔子家语》者;又有同《管》《韩》《庄》《列》诸子,《晏子春秋》《淮南王书》者。夫其同《说苑》《新序》,诚可诿为刘向校书中秘,已见是书。《大戴记》晚出,无传授,昔人即不之信;《小戴记》亦今古文杂;《穀梁》《左氏》《毛诗》皆晚出,姑勿论。其同《韩诗外传》《书大传》《公羊》《繁露》,何说之辞?谓诸儒袭《荀子》,则诸儒早见《荀子》书矣,何待刘向?谓其各不相袭,所本者同,又无解于《荀子》书中,与儒家持义根本不相容之处,他家皆无此论也。然则《荀子》者,乃较早出之《孔子家语》耳。其与诸书同处,正足证其书由抄袭而成;而较《荀子》晚出之书,则又转袭《荀子》者也。予之意见如此,当否诚不敢自信。至于《荀子》之书当读,则初不因其真伪而异;因其书有甚精处,要必为先秦之传,固不必问其集自何人,题为何子也。

《荀子》书多精论,然颇凌杂无条理,今为料拣之。按《荀子》书宗旨,荦荦大者,凡有八端:曰:"法后王",见《不苟》《非相》《儒效》《王制》诸篇;曰主人治,见《王制》《君道》《致士》诸篇;曰:"群必有分",见《王制》《富国》诸篇;曰阶级不能无,见《荣辱》《富国》诸篇;曰"性恶",见《荣辱》《性恶》诸篇;曰:"法自然",见《天论》《解蔽》诸篇;曰正名,见《正名》篇。此外攻击儒、墨、名、法,与权谋诸家之语,散见《非十二子》《儒效》《王霸》《君道》《议兵》《强国》《正论》《乐论》诸篇。

要之《荀子》书于诸家皆有诘难;语其宗旨,实与法家最近,而又蒙儒家之面目者也。全书中最精者,为《天论》《正论》《解蔽》《正名》四篇。

《荀子》书,《汉志》三十二篇。今《汉志》作三十三,乃误字。隋、唐《志》皆十二卷。唐杨倞为之注,分为二十卷,于篇第颇有升降。今世通行者,为嘉善谢氏刻本,其校勘实出卢文弨。又有宋台州刻本,黎庶昌得之日本,刻入《古逸丛书》中。王先谦更取王念孙、俞樾诸家校释,又以台州本及卢氏取之未尽之虞、王合校本,与谢本相校,成《荀子集解》一书,采摭颇备,甚便观览。

《劝学》第一《修身》第二《不苟》第三　以上三篇,皆儒家通常之论。《不苟篇》"君子养心莫善于诚"一节,义与《礼记·中庸》篇通。又"君子位尊而志恭"一节,论"法后王"之义。

《荣辱》第四　此篇义亦主于修为,与前数篇同。"凡人有所一同"一节,谓人之行为,为生理所限,而生理受制于自然律,实性恶之说所本也。

《非相》第五　此篇只首节非相,盖以首节之义名篇也。与《论衡·看相》等篇参看,可见古者对于相人之术,迷信颇甚。

《非十二子》第六　此篇亦见《韩诗外传》,而止十子,无子思、孟轲。《荀子》书吾颇疑其为西汉末人所集。然其所取资,固不能尽伪。凡古伪书皆然。墨子学于孔子,说似不诬。(见后。)今其书《非儒》《公孟》《耕柱》诸篇,攻击儒家最烈。其中固有由宗旨不同处,然讥儒者贪于饮食,惰于作务,徒古其服及言而实无可取;颇与此篇所攻子张氏、子夏氏之贱儒合。此不得谓非儒者之病。盖儒者固自有其真,然徒党既多,不能无徒窃其名而无其实者。《礼记·儒行》记孔子之言曰:"今众人之命儒也妄常,以儒相诟病。"篇末又记哀公闻孔子之言,"终没吾世,不敢以儒为戏"。则当时耳儒之名而不知其义,以儒相诟病、以儒为戏者甚多;皆"贪于饮食,饰其衣冠"之贱儒,有以自取之也。颇疑此篇中攻子思、孟轲之语,为后人所造;详见鄙著《辨梁任公阴阳五行说之来历》(见《东方杂志》第二十卷第二十号)。而其非子张、子夏氏之贱儒之语则真。但为先秦旧说耳,不必定出荀卿其人,且不必定出儒家。此义亦前已及之矣。

《仲尼》第七　此篇言"仲尼之门,五尺之竖子,羞称五霸",与《春秋繁露·封胶西王篇》合。《汉书·董仲舒传》亦同。是今文家义也。夫董子者,"正其义,不谋其利,明其道,不计其功"者也;而此篇下文论擅宠于万乘之国,而无后患之术,几于鄙夫之谈,亦可见《荀子》书之杂矣。

《儒效》第八　此篇中有辟名家之论,亦及法后王之义。

《王制》第九　此篇中有述制度处,颇足与群经相考证。此外有论人治之语,有言法后王之义,又其言有群乃能胜物而群不可无分,则为法家重度数之意,可与下篇参看。

《富国》第十 此篇言群不可无分,有分为富国之道,辟墨子之徒以不足为患,陈义颇精。

《王霸》第十一 此篇斥权谋。“礼之所以正国也”一节,与《礼记·经解》篇同。《礼论篇》“取绳墨诚陈”,云云亦然。此数语法家论法,亦恒用之:亦可见《荀子》与法家相近也。《礼记》亦汉人集诸经之传及儒家诸子而成。见前。

《君道》第十二 此篇言人治,辟权谋。此篇《杨注》亡。

《臣道》第十三 此篇为儒家通常之义。

《致士》第十四 此篇论人治数语,与《王制》篇复。“得众动天”十六字,文体及意义,并与上下文不相象;下文论刑赏及师术,亦与致士无涉。盖多他篇错简,或本篇本杂凑而成,而取其一端以名篇也。

《议兵》第十五 此篇论用兵之理极精。《韩诗外传》《新序》《史记·礼书》《汉书·刑法志》皆载之。

《强国》第十六 此篇亦通常之论。

《天论》第十七 此篇言“吉凶由人不由天”,“事非人力所能为者,不以措意”,“人当利用自然”,“怪异不足畏”,“合众事乃能求得公例,徒据一偏则不能得”,乃《荀子》书中最精之论也。此篇驳老子、慎到、墨翟、宋钘。

《正论》第十八 此篇皆诘难当时诸家之论。第一节即驳法家。然第二节论汤、武非篡,义不如《孟子》之精,而持论实与法家相近。第三节驳象刑,则弥与儒家反矣。要之此书虽驳法家,然其思想实与法家近也。篇末驳子宋子,颇可借考宋钘学说。

《礼论》第十九 此篇有精语。然大体与《大戴礼·礼三本》《史记·礼书》同。又有同《穀梁》及《礼记·经解》三年问处。

《乐论》第二十 此篇同《礼记·乐记》,而多增入辟墨子语。《史记·礼书》亦同。按《史记》八书皆亡,盖后又取他书补之。可见《荀子》书中辟他家之语,有后来增入者。亦足为《非十二子》中辟子思、孟轲之语,为后人增入之一证也。又一段同《礼记·乡饮酒》义。此篇注亦亡。

《解蔽》第二十一 此亦《荀子》书极精者,足与《天论篇》媲美。《伪古文尚书》“人心唯危,道心唯微,唯精唯一,允执厥中”十六字,原出此篇。

《正名》第二十二 此篇论名学哲学极精。

《性恶》第二十三 按荀子“性恶”之论,为后人所訾。然此篇首句曰:“人之性恶,其善者伪也。”《杨注》曰:“伪,为也,矫也,矫其本性也。凡非天性而人作为之者,皆谓之伪。故为字人旁为,亦会意字也。”则伪非伪饰，其义瞰然。《礼论篇》："故曰：性者，本始材朴也；伪者，文礼隆盛也。无性则伪之无所加，无伪则性不能自美。"《正名篇》："心虑而能为之动，谓之伪；虑积焉、能习焉而后成，谓之伪。"尤不啻自下界说。以为真伪之伪，而妄肆诋谟，真不必复辩矣。"为"之本义为母猴。盖动物之举动，有出于有意者，有不待加意者。其不待加意者，则今心理学家所谓"本能"也；其必待加意者，则《荀子》书所谓"心虑而能为之动，虑积焉、能习焉而后成"，杨注所谓"非天性而人作为之"者也。动物举动，多出本能。唯猿猴知识最高，出乎本能以外之行动最多，故名母猴曰："为"。其后遂以为人之非本能之动作之称。故"为"字之本义，本指有意之行动言之，既不该本能之动作，亦不涵伪饰之意也。古用字但主声，为、伪初无区别。其后名母猴曰。"为"之语亡，"为"为母猴之义亦隐，乃以"为"为"作为"之为，"伪"为"伪饰"之伪。此自用字后起之分别，及字义之迁变尔。若拘六书之例言之，则既有伪字之后，非为伪饰，皆当作伪，其作为者，乃传形成声耳。然性恶之论，究与法家相近，而非儒家尚德化之义，则亦不容曲辨也。此篇本二十六，杨升。

《君子》第二十四 此篇言人君之事，无甚精义。本第三十一，杨升。

《成相》第二十五 此篇大体多以三七言成文。俞樾谓"相"即《礼记·曲礼》"邻有丧舂不相"之相，为古人乐曲之名，盖是也。《汉志》赋分四家，《成相杂辞》十一篇，与《隐书》并附于杂赋之末。此篇盖即所谓成相。而下《赋篇》，每先云"爰有大物""有物于此"，极陈其物，然后举其名，盖即所谓隐书矣。或谓后世弹词文体，实出《成相》。此篇本第二十八，杨降。

《赋篇》第二十六 此篇之体，颇类《汉志》所谓隐书，已见前。然《汉志》亦有《孙卿赋》，不知其究谁指也。"天下不治，请陈佹诗"一节，文体与前不同。然末节文体与此同，《战国策·楚策》载之，亦谓之赋。盖"不歌而诵"，则皆谓之赋也。此篇本第二十二，杨降。

《大略》第二十七 此篇杂，杨云"弟子杂录荀卿之语"。按以下诸篇，多与他传记诸子同。

《宥坐》第二十八《子道》第二十九《法行》第三十《哀公》第三十一《尧问》第三十二 杨云："此以下皆荀卿及弟子所引记传杂事，故总推之于末。"《尧问篇》末一段，为他人论荀子之语，杨云："荀卿弟子之辞。"

陈大齐[①]《荀子的心理学说》

综上所陈，孟荀二子同以善为成自先天因素与后天因素的结合，不是单纯地出于先天或出于后天。两家所说人们有关道德的意境

① 陈大齐(1886—1983)，字百年，海盐人。心理学家。曾任浙江高等学校校长，北京大学教授、系主任、代理校长。去台后，任台湾大学校长等。著有《心理学大纲》《现代心理学》等。

及善的由来，可用一浅显的譬喻为之说明。孟子所见的道德意境，原是善的，经不起“旦旦而伐之”，早已丧失无余，要设法重新恢复，好像一片园地，本来花木茂盛，甚为美丽，现在则久经荒废，杂草丛生，乱石成堆，亦必待整理乱石，种植花木，始可逐渐美化。荀子所见的道德意境，原是恶的，有待于改造，好像一片园地，本来是荒废的，杂草丛生，乱石成堆，必待整理与种植后，始有逐渐美化的可能。这两片园地，其现状的荒芜，是相同的；其有待于整理与种植，亦是相同的。所不同者，孟子构想其原属美丽，荀子则未作此构想而已。在此一点上，两家所见，诚可谓为相异，乃至可谓为相反。但此一细微的相反，不足以影响两家学说之可以谓为大体相同。

钟泰[①]《荀注订补·序》

荀子为儒学大宗，而其书自唐杨倞外，别无注本。盖由宋以来，学者既推尊孟子以为得孔氏之正传。荀书于孟子不无龃龉，故治之者少也。然黄东发有校正杨注两则见于日钞：一曰注于“驽马十驾”之下云，有缺文。愚案：“驽马十驾，功在不舍”，此二句正相联属，若曰马驽而能致十驾之远者功在于行而不止耳。一曰以狐父之戈钃牛矢注云，喻以贵用贱，其说未闻。愚案：此章戒斗，谓好斗者不足与之较也。狐父之戈良器也，牛矢至贱也，而钃之，是自亵其良也。君子与小人斗之譬也，若曰千钧之弩为鼷鼠发机云尔，何未闻之有。其论皆颇精审，则杨注之未尽当，宋人固有议之者矣。

迨于有清，校书之风大盛，又经师于穷经之余，率好兼及丙部，于是如卢抱经、顾涧蘋、刘端临、汪容甫、郝兰皋、王念孙父子下逮俞荫甫、郭筠仙之伦，于荀书注释并有所订正发明，先后殆不下十数家。王益吾乃裒而辑之，时附己意，以为《荀子集解》一书焉。至是读荀子者无不庆，以为得善本。前数年，蜀有《荀子考证》之刻，于《集解》诸家外，更益以孙仲容、刘申叔、章太炎三家，盖视《集解》又加密矣。

然间尝取二书而读之，诸家喜纠发杨氏之误，即亦有杨本不误而自说实误者，亦有虽能正杨之误而所诠仍未当于荀旨者。大抵书有疑义，所以

① 钟泰(1888—1979年)，字斋，号钟山，别号待庵。江苏南京人。精于周秦诸子，治学主宋学。著有《中国哲学史》《国学概论》《荀注订补》《庄子发微》《春秋正言断词三传参》《顾诗笺校订》等。

决之不出四端：一曰训诂之相通；二曰他书之所引；三曰文势之相接；四曰义理之所安。诸家既屏斥义理不欲言，而于文章衔接与否，又往往忽不经意，则其不能无失，固势有必然者矣。

如《不苟》篇："不诚则不独，不独则不形。"俞荫甫曰：上文云致诚则无他事矣。所谓独者，即无他事之谓。解独为无他事，此古所未闻也。且上文方言顺命以慎其独，慎独可谓之慎其无他事乎？

《天论》篇："君子敬其在己者。"俞荫甫曰：敬当为苟，说文苟自急敕也。经典通作亟，若是则易之敬以直内，论语之修己以敬，亦当谓亟以直内修己以亟乎？此无他，不欲如宋儒之言慎独，言持敬，故持论不复顾夫义理之安否也。

《非相》篇："观人以言美于黼黻文章。"王怀祖曰：观当作劝。劝人以言，谓以善言劝人也。不知下文曰"听人以言乐于钟鼓琴瑟"，观人听人，文正相对，且惟言观。故曰：美于黼黻文章。若言劝人，则何为以黼黻文章相喻乎？

《正论》篇："是非以圣王为师。"王伯申曰：是非当作莫非。不知上文言"无隆正则是非不分"。又言"天下之大降是非之分界"。此云是非，即承上文而言，谓是与非必以圣王为师也，岂得率尔改字乎。推此所由以致误，则又于前后文势承接不加细考之过也。夫不考文势，其失易见，即误人亦浅。若夫逞其私臆，变易义理，学者不察，或乐其浅易，或喜其新奇，则不独有违一书本意，亦且贻害于心术，此其误人之深，君子不得不为之惧焉。

泰何人，岂敢与诸老先生争一日短长哉？顾愚妄所见，考之于文，揆之于理，觉实有非此不能安者，讲论之余，辄复制而记之，积以时日，不觉盈帙，二三朋好以为是未可以自私也，怂恿以付剞劂，因述其所以不能苟同前贤之故，以弁于端，而名其书曰《荀注订补》云。

中华民国二十有五年春三月，江宁钟泰自序于秦望山麓露桃烟竹之轩。

案：钟泰对《荀子》全部32篇的部分字句的校注进行了订补，考之于文、揆之于理是《荀注订补》的主要特点。订正杨倞的《荀子注》是钟泰《荀注订补》的基本出发点，对此他在自序中也有比较详细的说明，既指出了杨倞注出现的错误，又肯定了其正确的注解。钟泰还举出了许多杨本不误而后注者失误的例子。

江瑔[1]《读子卮言·孟子非拒杨墨、荀子非非思孟游夏》

（篇首引董仲舒“仁者安人，义者正我”之论，谓墨子兼爱契于孟子之言仁，杨子为我亦符于孟子之言义。略）……窃谓孟子所拒者为杨墨之徒，荀子所非者为学思孟游夏之人。学者未深味乎其言耳。孟子之言曰：“黑氏兼爱，是无父也；杨氏为我，是无君也。无父无君，是禽兽也。”荀子之言曰：“弟佗其冠，神禫其辞，禹行而舜趋，是子张氏之贱儒也；正其衣冠，齐其颜色，嗛义而终日不言，是子夏氏之贱儒也。偷儒惮事，无廉耻而耆饮食，必曰君子固不用力，是子游氏之贱儒。”今按其言，是孟子所拒者，墨氏杨氏耳，非墨子杨子也；荀子所非者，子张氏、子夏氏、子游氏耳，非子张、子游、子夏也。所谓子者，指其一人之身；所谓氏者，指其一家之学，未可混而一之也。……姓氏云者，非特指其一身，亦合其所出之子孙而言之……一家数人，亦可称“氏”。《左传》隐八年疏、宣十一年疏、襄九年疏、二十六年疏、昭二年疏，俱曰：“氏犹家也。”一家不只一人，故可合数人而同称一氏。……不特经学然，推之凡百学派亦莫不皆然。后世佛典西来，世亦称之曰佛氏之学或释氏之学，其理正同。然则孟子所云墨氏杨氏、荀子所云子张氏、子游氏、子夏氏，亦指其一家之学言之，非指其一人也。……杨墨之徒盈天下，子夏亦设教于西河，子游子张又各有其门人。学徒既众，流派遂歧，或如庄子所谓倍谲不同；或如韩子所谓取舍相反不同。又甚至自逞臆说，大背其师之旨，益变本而加厉，如墨家之有墨者夷之，儒家之有董无心。……各家之门人，不得子张之学，则徒弟佗其冠，神禫其辞，禹行而舜趋；不得子夏之学，则徒正其衣冠，齐其颜色，嗛义而终日不言；不得子游之学，则至于偷懦惮事，无廉耻而耆饮食。而墨子之徒，误解兼爱之义，而流于无父；杨子之徒，昧于为我之说，而流于无君。倘循兹弗救，将益溃裂而不可收拾。孟荀目击其弊，故不得不辞而辟之，而为充类至尽之言，盖恐不大声疾呼，力杀其焰，则益失此数家之真也。是可见孟子所拒者为墨者夷之之徒而非杨墨，荀子所非者为董无心之徒而非子张、子游、子夏。孟荀复起，不易吾言。

《读子卮言·论荀子之姓氏名字》

（前文引谢墉之说，略）……古人于音近音转之字，均可通用。故古人姓名，往往载籍互异。余昔撰《古书人名、地名异文释》，二书搜罗綦详，而

---

① 江瑔（1888—1917），字玉瑔、山渊，广东良垌人，肄业于广东高等学堂，后赴日深造，毕业于日本明治大学，曾任民国甫成立之国会众议院议员，参与抗袁运动，著有《经学讲义》《读子卮言》。

释其异同之故。荀孙二字，古音同部，故古书多通假。考《论语》“其于乡党，恂恂如也”，《刘修碑》作“逊逊如也”。荀之为孙，犹恂之为逊矣。近人胡元仪则不以刘说为然，以为荀、孙皆氏，其称孙者，盖公孙之后，以孙为氏者也。如陈完犇斋，《史记》称“田完”。“陈恒”见《论语》，《史记》作“田常”；陈仲子见孟子，荀卿书“陈仲”“田仲”互见；“田骈”见荀卿书，《吕览》作“陈骈”。陈、田皆氏，故两称之。推之荆卿之称庆卿亦然。若以二字同音，遂致移易，尚未达其所以然之故也云云，其说殊悖于理。古者姓之外有氏，氏，所以别子孙所从出。然未有一人同时有二氏者，而载籍传述之不同，则由于音近音转之字而移。陈田、荆庆亦皆古音同部者也。（原注：按庆音如疆，与荆音正相近。）若谓人有二氏，奚为二氏必为音近之字耶？荀卿之为孙卿，如管子之为莞子（原注：见《汉志》）、孟子之为黾子（按：赵岐作《孟子章句》，《后汉书》岐《传》作《要子章句》。后儒俱谓要字为黾字之讹。盖篆体相似也）。管莞、孟黾，音皆相近。若如胡说，将谓管子别氏为莞，孟子更氏为黾耶？胡氏知“浮邱伯”之为“包邱伯”，浮氏音同，而于荀孙则强分之，亦可谓好于立异者矣。至荀氏之所出，古无确据。林宝《元和姓纂》谓荀出于“郇”。“郇”，周文王十七子郇国之后，以国为氏，后去邑为荀。胡氏本宝之说，又以去邑为荀，为想当然之词，亦非确论。以为荀卿本为郇，凡所称述，皆宜作郇卿，以著受姓之源，是亦拘墟之见也。窃考郇国以前，已有荀氏。黄帝二十五子，得姓者十二，曰“姬酉祈已滕葴任荀僖姞儇依”，是荀姓之来已久。荀卿出于郇国，抑出于黄帝，今不可考见。若出于黄帝，则其字本为荀，自不能称为郇卿；出于郇国，则林宝“去邑为荀”之说亦非诬。古人姓氏，多有此法。如裴氏出于□，后去邑而为裴。正与郇去邑为荀同。不特荀卿姓名，古书无作郇卿者，即荀卿以前，若荀林父、荀息诸人皆作荀而不作郇，何况出于周末之荀卿，姓氏变更，为时已久，岂能尽复其旧？若欲变荀而为郇，则亦将凡裴氏皆称为□耶？荀卿名况，又称孙卿，其所以称为卿者，则载籍不明言其故，莫从考见。后儒多以为卿者，尊美之词，胡氏则以卿为官名，其言曰：“齐宣王尊宠稷下诸弟子，号曰列大夫，言爵比大夫也。孟子宣王时在齐，居列大夫之中，而孟子书言孟子为卿于齐。然不称列大夫而曰为卿，盖卿即列大夫之长，所谓荀卿三为祭酒是也。然则荀卿亦为卿于齐矣。《史记·虞卿传》：‘虞卿说赵孝成王，再见为赵上卿，故号虞卿。’荀卿亦为赵上卿，又从虞卿受《左氏春秋》荀卿之称卿，盖法虞卿矣。”此论似精确而实大谬不然。《史记·孟荀列传》、《汉书·艺文志》皆云荀卿名况，而不言其字。古人有名必有字。孟荀之字均不见于古籍。窃谓卿者即荀子之字也。古者名字相因。王引之作《春秋名字解诂》,搜录甚详,而证其相因之义。卿与况皆同部字,其义均为长为,故名况,字卿。(原注:按况字从兄,其义相同。古人每多通用。如《诗》“况也永叹”,《释文》:“况,本作兄。”又《修华岳碑》“兄乃盛德”,兄即况字。然《说文》训兄为长,《广雅》训兄为大,《释名》又训兄为荒。荒亦有大义。故况之义亦为长大。凡虚字中所用况字,皆有增益之义,即为加大之意。荀子书成名况乎诸侯,言其名之大,可比于诸侯也。近人谓庚青蒸同部诸字,均有长大之义,似奇而实确。)古人有二字之字,亦有一字之字。荀况之字卿,亦犹刘邦之字季也。然则有证乎?曰:有。刘向《叙》曰:“兰陵人,善为学,盖以孙卿也。长老至今称之,曰:兰陵人喜字为卿,盖以法孙卿也。”云云此为荀子字卿之确证。刘向不言兰陵人喜名为卿,而曰喜字为卿,则卿为荀子之字可知。盖荀子本字卿,兰陵人向往遗风,故争以荀子之字为字,以示不忘典刑之意,如孟卿之流是也。若以卿为卿大夫之称,则卿非荀子所固有,奚为效之?同如其说,必曾为卿,而后可称卿,兰陵人未曾为卿,何以侈然而卿大夫之号?兰陵人素知礼,断不若是之无耻也。况古有荆卿,亦称庆卿,岂亦曾为卿乎?(下略)

杜国庠[①]《论荀子的〈成相篇〉——介绍二千余年前的一篇通俗文学》

荀子为战国末叶儒家的大师,对于诗、书、礼、乐都很重视,而且尤长于诗。相传“毛诗”“鲁诗”都出于他的传授,但到了自己要用诗歌形式来抒写思想情感的时候,他却不去模仿《诗经》而是模仿民歌。这自然由于民歌的形式更富于变化,便于自由地抒写复杂的思想情感。同时,也许是有意利用着这通俗的民歌形式去传播他的主张、抱负。荀子的年代略后于屈原,屈原的《离骚》把民间文学扩大起来,代替了僵死的贵族文学——《诗经》式的诗,荀子《成相篇》也利用了民歌的形式音节去抒写自己的思想,不同于自己所专长熟悉的旧诗的形式:这些现象固然表现了一个人的文学眼光,但由此也可以看出社会的变革时代,多么适宜于文学的发展。荀子同时还创造了一种“赋”体。在先秦思想家中,他可以说是唯一喜爱文艺而且留下了作品的。可是不幸得很,他这一方面,向来没有受到人们的注意和赞扬。这是不公道的。

案:杜国庠写了《略论礼乐起源及中国礼学的发展》,对荀子的礼学进行了系

① 杜国庠(1889—1961),字守素,广东澄海人。他力图用马克思主义观点总结中国古代思想文化遗产,研究问题重视资料的占有、考证。著作主要有《杜国庠文集》《中国思想通史》等。

统的总结，认为荀子的时代，是周的奴隶社会快到没落、秦的统一政治近于完成的时代，因此荀子的礼学，虽然大体上继承着孔子的传统，但他具有反映当时社会的值得注意的特点：第一，着重礼乐的起源的说明；第二，扩大礼的范围并使它披上自然法则的外衣；第三，由调和礼法而达到承认法为“治之端”。他在《玄虚不是中国哲学的精神》一文充分肯定了荀子对先秦名学的重大贡献。从研究方法看，杜国庠的荀学研究自有其独特之处，他是从此前荀学研究者很少注意的《成相篇》入手，探索荀子思想学说的特点。他后来又专门写了一篇《从荀子的〈成相篇〉看他的法术思想》一文，分析了《成相篇》中包含的荀子的法、术、势的思想。此外，杜国庠还考察了荀子和黄老学派的关系，写了《荀子从宋尹黄老学派接受了什么》一文，认为荀子的天道观接受了宋尹黄老学派的思想，但其神秘的因素被扬弃，通过考察荀子与宋尹黄老学派的关系，促进了荀学研究的进一步深入。

胡适[①]《中国哲学史大纲》第十一篇“荀子”

《汉书·艺文志》：《孙卿子》32篇，又有赋10篇。今本《荀子》32篇，连赋5篇、诗2篇在内。大概今本乃系后人杂凑成的。其中有许多篇，如《大略》、《宥坐》、《子道》、《法行》等，全是东拉西扯拿来凑数的。还有许多篇的分段全无道理：如《非相》篇的后两章，全与“非相”无干；又如《天论》篇的末段，也和《天论》无干。又有许多篇，如今都在大戴小戴的书中（如《礼论》《乐论》《劝学）诸篇），或在《韩诗外传》之中，究竟不知是谁抄谁。大概《天论》《解蔽》《正名》《性恶》四篇全是荀卿的精华所在。其余的20余篇，即使真不是他的，也无关紧要了。

案：从《中国哲学史大纲》一书总体上看，胡适尊荀抑孟的倾向还是相当鲜明的。他把孟子放在荀子以前的儒家中去认识，而没有立成单篇进行讨论。另外在《古代哲学的终局》一篇中，胡适说：“中国古代哲学的中道断绝究竟是为了什么缘故呢？依我的愚见看来，约有四种真原因：（一）是怀疑主义的名学，（二）是狭义的功用主义，（三）是专制的一尊主义，（四）是方士派的迷信。”其中的第二、第三两条都与荀子存在密切的关系，所以说胡适是把荀子作为先秦哲学后期的核心人物来讨论的。胡适考订了有关荀子生平的年表，认定《荀子》一书大致是后人杂凑而成的，只有《天论》《解蔽》《正名》《性恶》是全书的精华。他以新思想的立场评论荀子学说，引进科学方法考察了荀子有关自然社会的理论主张，发现

① 胡适（1891—1962），字适之、洪骍，徽州绩溪人。曾任北京大学校长等，新文化运动的领袖之一，提倡白话文、新诗。兴趣广泛，著述丰富，在文学、哲学、史学、考据学、教育学、伦理学等诸多领域都有深入的研究。著有《白话文学史》《胡适文存》《尝试集》《中国哲学史大纲》等。

了荀子积极的自然主义宇宙观，还从教育学的角度审视了荀子的人性论，结合心理学理论考察荀子名学理论的特点。

郭沫若[1]《十批判书·"荀子的批判"》

荀子是先秦诸子中最后一位大师，他不仅集了儒家的大成，而且可以说是集了百家的大成的。……但公正地说来，他实在可以称为杂家的祖宗，他是把百家的学说差不多都融会贯通了。先秦诸子几乎没有一家没有经过他的批判。……

他以思想家而兼长于文艺，在先秦诸子中与孟轲、庄周可以鼎足而三；加上相传是他的弟子的韩非，也可以称之为四大台柱了。孟文的犀利，庄文的恣肆，荀文的浑厚，韩文的峻峭，单拿文章来讲，实在是各有千秋。……

大抵荀子这位大师和孟子一样，颇有些霸气。他急于想成立一家言，故每每标新立异，而很有些地方出于勉强。他这性恶说便是有意的和孟子的性善说对立的。……

性恶说之在荀子只是一种好胜的强辞，和他的心理说、教育说，都没有一定的有机的联系。……

荀子的思想相当驳杂，他的寿命长，阅历多、涉猎广、著述富，是使其驳杂的因素。书非成于一时，文非作于一地，适应环境与时代，自然不免有所参差。但他并不纯其为儒，而是吸取了百家的精华，确是无可否认的事实。因此我觉得他倒很像是一位杂家。杂家代表《吕氏春秋》一书，事实上是以荀子思想为其中心思想，也就是我这一断案的旁证了。但这种杂家的面貌也正是秦以后的儒家的面貌。汉武以后，学术思想虽统于一尊，儒家成了百家的总汇，而荀子实开其先河。"今之学者得孙卿之遗言余教，足以为天下法式表仪。……观其善行。孔子弗过。"(《尧问》)荀子门徒的这一番赞辞，可谓推崇备至了。然而文庙里的冷猪头肉才没有荀子的份，这怕就是那些言"术"的窜杂成分误了他吧！那些"术"本是后代的官僚社会的渡世梯航，尽管人人都在遵守，然而却是不好见天日的东西，于面子问题大有关碍。就这样，荀子便只能做狗肉，而不能做羊头了。

---

① 郭沫若(1892—1978)，字鼎堂、开贞，四川省乐山人。文学家、史学家、古文字学家。曾主编《中国史稿》和《甲骨文合集》，全部作品编成《郭沫若全集》38卷。

范文澜[1]《中国通史简编》第一编第六章第五节“孟子与荀子”

孔子礼乐学说至荀子得到适时的修正,通过韩非结合黄、老名法成一大学派。荀子在儒家中是和孟子有同等地位的大师,在诸子百家中也和孟子一样,善于评论异家,表彰儒学,是孟子以后最大的儒者。

荀子人胜天地万物说,是有进步意义的,由此造出专制主义的学说,在当时也是适合政治需要的。可是荀子否认命运,不敬天地,不信鬼神,不法先王,轻视仁义,人本性恶诸说,对统治阶级并不合用。因为统治阶级要利用命运、天地、鬼神来巩固自己的地位,要利用先王、仁义、性善来文饰自己的政治,赤裸裸地用刑法来实行专制主义,是和王霸杂用的统治术不合的。所以在形式上合用的还是孔、孟传统儒学,而荀子在儒学中地位不得不落后于孟子。后世孔子庙中没有荀子的位置,虽然专制主义是他倡导的。

荀子是儒家传经大师,秦汉儒生所传《诗》《礼》《易》《春秋》诸经说,多出荀子,因之在儒家传经事业上,荀子远高于孟子。

冯友兰[2]《中国哲学史》第十二章“荀子及儒家中之荀学”

孟子谓孔子为“集大成”,荀子所说亦此意。不过孟子较注重于孔子之德,荀子则较注重于孔子之学耳。

…………

西人谓人或生而为柏拉图,或生而为亚力士多德。詹姆士谓:哲学家,可依其气质,分为硬心的及软心的二派(见第一章第六节)。柏拉图即软心派之代表,亚力士多德即硬心派之代表也。孟子乃软心的哲学家,其哲学有唯心论的倾向。荀子为硬心的哲学家,其哲学有唯物论的倾向。今所传《中庸》,未必全为子思所作。即孟子观之,如尽性则知天,及“万物皆备于我”之言,由荀子之近于唯物论的观点视之,诚为“僻违而无类,幽隐而无说,闭约而无解”也。荀子攻孟子,盖二人之气质学说,本不同也。战国时儒家中有孟荀二学派之争,亦犹宋明时代新儒家中有程朱、陆王二学派之争也。

---

① 范文澜(1893—1969),字仲沄,浙江绍兴人。历史学家。著有《中国通史简编》《中国近代史》《捻军》等。

② 冯友兰(1895—1990),字芝生,河南南阳人,哲学家、教育家。著有《中国哲学史》《中国哲学简史》《中国哲学史新编》《贞元六书》等,集为《三松堂全集》。

熊公哲[①]《荀卿学案》后序

盖道有一隆，礼义是崇，毋蔽一隅，圣王是衷。作道隅第一。学在由行，行之为止。作学行第二。物生在天，成之在人，以人成物，天用乃完。作天人第三。鬼异难穷，止诸圣王。作止足第四。搜奇乱制(王制)，无益人事。作中事中说第五。法礼匪隆，要于贯通，应变以类，斯为全粹。作伦类第六。百家异趣，言各有据，有合有验，乃学之。作言论第七。是非莫定，必定隆正。作隆正第八。人为曰伪，天生曰性，以人全天，用成尧舜。作性伪第九。全天匪异，化性起伪。作化性第十。化性有权，心与道迁。作心权第十一。礼以正身，师以正礼；人有师法，斯隆积矣。作师法第十二。人惟好利，故曰善伪；亦惟好利，可道为义。作义利第十三。善非性生，用守以诚。作诚守第十四。孔子贵仁，人道之美；荀子述之，归之于礼。作隆仁第十五。文久节褫，于何法圣；观之后王，王迹可论。作后王第十六上下。奇辞搜作，正道乃亡；循旧作新，复归圣王。作正名第十七上下。礼以正身，亦以正国；由身及国，圣道斯极。作王政第十八。政以使群，群以礼安。作群分第十九。既钩其玄，既发其儌；考校得失，最其旨要，作旨要第二十。右凡论二十篇，合为六卷。总是以观，荀子之所谓道者，先王之道礼义是也。荀子之所谓先王者，治人道者也。以人全天，归本礼义，折衷圣王，斯乃所谓一隆之道欤。

《读〈荀子〉旧序》

(读《荀子》者，区区少日读荀子劄记也。)

周秦之际，诸子百家杂出，郁郁乎可谓盛矣。而儒家屹起于春秋之后，而私淑孔子者，则荀孟二子也。惜乎自宋而后，荀子之学，几于废耳！夫二子为学，各有所归，孟子称仁义，而归于“充”，以尽吾性之善。荀子隆礼义，而归于“伪”，以化吾性之恶。曷谓充？充者，扩也。弗求于外，而扩其所固有之谓也。曷谓伪？伪者，为也。为其所可为，而未必能之谓也。(《性恶篇》云：不可学，不可事之在天者，谓之性。可学而能，可事而成之在人者谓之伪。)孟以人性为善，人皆有良知良能：“仁义礼智，非由外铄我也；我固有之也。”故人皆可以为尧舜，顾在扩而充之而已。故曰：“人能充无欲害人之心，而仁不可胜用也。人能充无穿窬之心，而义不可胜用也。”又曰：“无恻隐之心，非人也。无羞恶之心，非人也。无辞让之心，非人

① 熊公哲(1895—1990)，字翰叔，江西奉新人。曾任台湾师范大学、台湾政治大学教授，台湾政治大学中国文学系及中国文学研究所主任。著有《荀卿学案》《王安石政略》《孔学发微》《果庭读书录》《果庭文录》等。

也。无是非之心，非人也。恻隐之心，仁之端也。羞恶之心，义之端也。辞让之心，礼之端也。是非之心，智之端也。”端之为言，始基之矣，顾在扩而充之而已。故曰：苟能充之，足以保四海。苟不充之，不足以事父母。虽然，人性之所固有者，仁义礼智之端也。端者，舍之则失者也，故充之有道。得其养，而充之基立；推其为，尽其才，而充之致备。故曰：苟得其养，无物不长。苟失其养，无物不消。又曰：“人有所不忍，达之于其所忍，仁也。人有所不为，达之于其所为，义也。”“圣人，人伦之至也。”达者，推之，至者，尽也。吾故曰：孟子之学其归在充之一字而已。荀以人之性为恶，“生而有好利疾恶有声色之好，耳目之欲”，“礼义者，生于圣人之伪，非故生于人之性也”。故“性不足以独立而治。然而可化也”。故人皆可以为尧禹而未必能也。顾在为之而后成而已。故曰：人之性恶，其善者伪也。虽然，伪，为礼义也；礼义固非生于性者也；故伪亦有道。“求之而后得，积之而后高，尽之而后圣。”积以移质，尽以全德，而求则“故无礼义，强学而求有。不知礼义，思虑而求知”，所以为也。故曰：“虑积焉，能习焉而后成；谓之伪。”“积善而全尽，谓之圣人。”又曰：“尧禹者，非生而具者也。夫起于变故，成于修为，待尽而后备者也。”故“礼者，所以正身也”。故曰：“无礼，何以正身。”“师者，所以正礼也。”故曰：“无师，吾安知礼之为是也。”故又曰：“人无师法，则隆性矣。有师法，则隆积矣。”法即以礼为法也。故师也，礼也，又皆所以化性而起伪者也。吾故曰：荀子之学，其归在伪之一字而已。夫充也者本于性善者也；始于养，而备于推与尽，所以尽人之性也。伪也者，原于性恶者也；始于求，而备于积与尽，所以饰人之性也。其言虽殊，其指一也。皆教人以善，所谓圣人之徒也，夫乌取雅郑朱紫其间哉！唐韩愈氏谓孟子醇乎醇，荀则大醇而小疵，似矣。抑吾又谓孟子其生当我国祸乱方殷之际；荀则当祸乱既稔之后。西哲或谓人类知识之递进，所以适变应时宜也。夫知之与学一也。孟子曰：孔子圣之时者也。又曰孔子之谓集大成。其所以能集大成者，正以其为圣之时也。学之为学，固不能无系乎时矣。然则荀之大醇小疵，而不能如孟之醇乎醇者，其失盖在有不能不以时胜道者欤？吾独怪宋儒之非荀，一若荀为鬼学妄说者；亦独何哉？夫荀孟之学，其大致同也。而其迹之似异者，亦特三端已耳：一、性善性恶之说也。二、遵先王法后王之说也。三、孟称仁义，荀隆礼义也。三者中最为宋儒所訾詈者，性善性恶之说耳，遵先王法后王之说耳。呜呼！宋儒之蔽于一面，而不知大理也，亦已甚矣！夫荀孟之言性，盖皆杂才与情言之，而不及知人之性者也。夫才有智愚，情有治乱（恻隐等等，是情之治者。好色等等，是情之乱者），曰善、曰恶，抑皆各执其一偏者也，然衷诸孔子相近之说，则过犹不及，固均不失为圣门大贤。呜呼！宋儒之蔽于一曲，而不知大理也。亦已甚矣！（宋儒如邵子之流，亦主生之谓性之说，然或以性有体用，因而分人物之异；亦非是。）若荀法后王之说，则又与孟遵先王，似异而同者也。夫荀子曷尝不法先王哉！故曰："儒者法先王，隆礼义。"惟隆礼义，故法先王。荀固以为礼莫大于圣王也。故法后王云者，以近知远，以微知明也；以一行万，以浅持博也；以类度类，以道观尽也。故曰：欲观圣王之迹，则于其粲然者矣，后王是也。又曰：君子审后王之道，而论于百王之前，若端拜（古拱字）而议；然则所谓法者，观与审也。"五帝之外，无传人，非无贤人也，久故也。五帝之中，无传政，非无善政也，久故也。禹汤有传政，而不若周之察也，非无善政也，久故也。故传者久，则俞略。近则俞（校正）详。"此其所以观圣王于粲然者也。为文久而息，节族久而绝也。"千人万人之情，一人是也。天地始者，今日是也。百王之道，后王是也。"此其所以若端拜而议者也。为古今一度也。是故荀与孟，皆欲行先王之道者也，孟言法之，荀更言所以法之之道，是则其异耳。孟子之言学，固执其端者也。荀子之言学，固察其究者也。呜呼！宋儒之蔽于一曲，而不知大理也，亦已甚矣！夫惟孟子之言学，执其端，荀子之言学，察其究也。故言先王也，孟言遵而过者未之有，荀则更言欲观圣王，则于后王；而言性也，孟言乃若其情，则可以为善，荀又更言，可以为，而未必能。可以为，此孟子之所以谓性善也。未必能，此荀子之所以谓性恶也。故其为学所归所以各异者，操术然也。然则称仁义，隆礼义又何缘而异也？曰：是则缘言性而异者也。孟固以性为善，性善，故称仁义。仁义者，自内出者也。荀固以性为恶，性恶，故隆礼义。礼义者，自外入者也。然虽一以为由仁义行，非行仁义，一以为无之中，必求于外；要其谓圣人者人之所可为？有待而后成，一也。夫乌取雅郑朱紫其间哉？（孟子亦有在为之之言。）且夫"道者体常而尽变，一隅不足以尽之"。荀孟之在战国，亦犹朱陆之在宋耳。又安在不可以相异哉。所贵乎好古者，亦假于古耳，非必守之而弗失也。如必守之而弗失而已，则宋儒固宗孔孟者也。顾其言乃多杂浮屠，又岂非悖圣也哉。

陶师承[①]《荀子研究》

1926年（民国十五年）11月，上海大东书局出版第1版。该书借鉴了西

① 陶师承，生卒事迹不详。

方近代的学科分类方法解析荀子的思想学说，共有六章组成。

第一章评传。对荀子的生卒年月及有关大事的系年进行了考证，大致裁定，为西元纪年，同时对《荀子》一书的篇次进行了简单的罗列。

第二章性恶论。经过反复讨论最后得一表以示结论，即性论：荀子—多经验的—耳口鼻各有其欲—故性恶；孟子—多直觉的—人皆有恻隐是非……—故性善。

第三章教育学。从教育之功用、教育之意义、教育之目的、教育之旨料、学科、教育之方法、教师之资格结语等方面分析了荀子教育哲学的内容。

第四章心理学说。从性、情、欲、心几方面叙述了荀子的心理学说。

第五章政治思想。重点介绍时代之背景、礼治之根据、礼治之方法、礼治之效能、荀子之礼治与法家之法治、礼治主义之批评，比较全面地解析了荀子的政治思想。

第六章结论。总结指出："大抵荀卿之学，皆与其性恶论相表里，并以此为教育政治之方针，谓礼义起于圣人之作为，当于性外求之，而与之同化，斯为善矣。故有劝学、修身、礼乐之论，皆自此推之者也。其贵王道，贱霸业，以修齐治平为修身之目的，固犹则儒教之遗训，然亦言诚为养心之要，与子思孟轲若何符节。"

陈登原[①]《荀子哲学》

1928年由商务印书馆出版。前有蒋维乔写的叙。主要内容包括：

第一章引言。介绍创作的缘起，指出：荀卿之言足以树一帜百家间，折儒法之衷，而有裨益于天下后世者也。故不量力，集其所言，求其真象，与天下宏达君子一商榷焉。

第二章荀子传略。试图避免王先谦有关考证虽详但无系统，胡适则过于简略之弊病。

第三章荀子之人格。从坚忍不拔、非命、从容中道、服从理性、实验主义几方面对荀子人格进行了探讨。

第四章荀子承受儒家之产业。从荀子与术士、好辩、六艺、孔子的关系入手考察他和儒家的传承关系。

第五章荀子之政治学说。分析荀子政治学说的基本内容，即重君、贵辅、尚能、人治主义、法治主义、法后王、臣道、民本主义、民生经济、礼教制

---

① 陈登原(1900—1975)，字登元、伯瀛，先后任教于东南大学、宁波女校。出版《中俄关系述略》《荀子哲学》。

裁、音乐陶冶等。

第六章荀子心理学说。主要包括各个心理名词之解释、荀子性恶论之研究、孟子性善论与荀子所谓之心、荀子性恶论又可怀疑之两点四个部分。

第七章荀子之论理学说。从何以有名、何以正名、正名之限度、演绎法四个方面进行了论述。

第八章荀子之教育学说。重点分析荀子之所论教育之重要、教育之目的、学科、教师、求学方法等方面的教育思想。

梁启雄[①]《荀子柬释》自序

孟子言性善，荀子言性恶；孟子重义轻利，荀子重义而不轻利；孟子专法先王，荀子兼法后王；孟子专尚王道，荀子兼尚霸道；二子持义虽殊，而同为儒家宗师，初无判轩轾也。汉文帝时，孟子列于学官，立博士传授，推崇有加，而荀子以与孟子微异其撰，既扬孟必抑荀，轩轾之判，自此始矣！且先秦旧籍，多赖汉儒笺注以行世；孟子有赵岐为之注，以是传诵者众，而荀子则阙如也。兼斯二因，遂使《荀子》弃置高阁，垂九百余载，延及中唐，乃有杨倞创为之注；惟杨去古既远，时或安其意以失其真，殊不足以餍人欲。益以宋明之间扬孟抑荀之风倍甚于前，故其书终以蒙世诟厉，湮抑沈薶，无法复其光焉。迄清中叶，注之者骤增，卢召弓、汪容甫、王怀祖、郝恂九、刘端临……诸硕儒均有雠释；光绪初，王益吾裒录诸家，间下己意，为《荀子集解》。见行注荀善本，当独推此矣！

虽然，时至今日，复宜有所致力于是书者三事：一、《荀子》以久晦之故，杨倞已谓"编简烂脱"，后世传钞转刻者，又多沿伪袭谬，更以奥谊艰辞，多难索解；清儒举正有所未逮，训诂有所未莹，每一检览，疑滞丛生；故赓续钻研，实不容已。二、王氏《集解》，搜集前说，虽云略备，但王子中说遗而未采，王畹馨《读书杂志》，孙仲容《札迻》并刊于《集解》后；而近儒校释，布在方策；东儒笺解，中土难遇；若辗转寻阅，旷时良多，故亟宜搜集以为《集解》增补。三、《集解》众说杂巨，多耗读者之时力；倘削繁就简，择善而从，使修学之士，得以含其英而咀其华，则时力既省，谊旨亦畅；故撮要钩玄，实为急务。窃不自揆，思集先儒《荀子》校释之总成绩，撷其菁英，芟其秽芜，而为《荀子简释》；管窥蠡测，间有一得，亦僭附于其末。搜罗撰集之劳，乌足以云述作，聊黾勉以图便省览焉尔！若夫发蕴阐精，仍期望于洪

---

① 梁启雄(1900—1965)，字述任，广东新会人，梁启超胞弟。主要著作有《荀子柬释》《二十四史传目引得》《荀子简释》《韩非子浅解》等。

哲；纠谬绳疏，实祷祈于俊彦。博雅君子，幸匡教之。

一九三四年夏梁启雄识

杨树达[①]遇夫《荀子柬释》序

一九二六年九月，余始教学于清华大学。于时先师新会梁先生方任清华研究院教授，余因得日侍先生，有所请益。又以是得识介弟启雄君。一日，君出所为《荀子简释》示余，命余校正；余既校竟，以归之君。又三年，君命为之序。乃作而言曰：善哉！君之为书也。其引诱后学之意，可谓至哉！盖余尝谓吾国先哲所留遗之书，吾辈后学者有阐明之责。其尝为先儒所整理者，则当循是而益求其精；其未经先儒整理者，则当起而整理之以求其真，令后人循是而求精焉，此深造之事也。深造之外，又当有普及之事焉。盖近日学课日繁，读先哲之书者，不必尽求深造于此者也。先儒所未及整理者无论矣，即其已整理者，大都诸说纷陈，辩讼断断，初学非专门之士乍睹焉，则望洋而叹，中卷而废，终不得卒读以一窥先哲之精神，是非吾辈治学者之责乎？《荀子》一书，固尝经前吾邑先辈王葵园先生所整理者也。君取其书，复为审校，益以王氏所漏采及近儒之说，旁及日本诸学者所为书。博观约取，其善者存之，不当者屏之；其先儒所未备，则自下己意。大抵精而能约，简而不陋。吾知初学者得此，必欣然卒读，决不至望洋而叹，中卷而废也。不惟于普及之益甚大，亦于深造有资焉。抑今世之需此类书也甚急，顾未有创为之者，然则君先导之功又不可没矣！先是君尝请序于先师，先师诺之，以病迁延未及为，而竟不得序君书。君以先师在日，于树达时有过誉之词，乃以命余，余既自愧不足任，又不得终辞，爰取平日所怀，僭列于简端。追念清华侍坐先师畅闻明论之时，又不禁掩卷长吁也！

一九二九年五月二十三日，长沙杨树达遇夫书于北平旧刑部街寓庐。

高亨[②]《荀子柬释》序

新会梁叔任氏，先师任公先生之介弟也。以《荀子》一书，渊懿博玮，王先谦《集解》虽称注荀善本；然近儒笺诂，散在方策，深文艰义，犹多滞

---

① 杨树达(1885—1956)，字遇夫，号积微，晚更号耐林翁。湖南长沙人。毕生从事汉语语法和文字学研究和教学。长于金石、甲骨和古文字训诂、音韵及汉语语法、修辞等。著述宏富，有《杨树达文集》。

② 高亨(1900—1986)，初名仙翘，字晋生，吉林双阳人，著名教授，古文字学家、先秦文化史研究和古籍校勘考据专家。有《诗经选注》《诗经今注》《楚辞选》《上古神话》《文字形义学概论》《古字通辞典》等著作。

疑;乃潜心奋志,有《荀子简释》之作。自民国十四年搦翰属稿,已八载于兹矣。十八年春亨与梁氏同客沈阳,旬日必相见,相见必论《荀子》,如是者三载。二十年秋国难猝作,亨与梁氏同莅燕都,亦旬日必相见,相见必论《荀子》,如是者又二载。梁氏以亨嗜周秦诸子书,复以校雠之役相属。故梁氏此书亨读之最早,知之最深,钦服之最笃,望其付梓亦最切也。扬榷论之,梁氏此书,厥有四善:诸家校释,《集解》所有,柬善而取,摭其精英,汰其粗芜,简而不疏,姶而佥当;有去考去频之功,无忘筌忘蹄之过,一也。《集解》所无,穷搜备列;洵王书之补遗,亦《荀子》之诂苑;众诠胥具,不劳旁寻;案裁攸加,独抒蓟见,二也。《荀子》正文,确乎伪者正之,窜者适之,挠者益之,衍者删之,作画识于字侧,注原文于句下,因而词理贯达,诵之绎然,三也。增训翔密;言有依据;名物制度,悉为考稽;大义微言,多所宣发;足以啓哲人之奥旨,瀹读者之浚思,四也。故梁氏此书,固初学之所棘求,亦鸿彦之所必取,其将风行海宇,嘉惠士林,亨敢决其必然也。荀卿曰:"慎子有见于后,无见于先。老子有见于诎,无见于信。墨子有见于齐,无见于畸。宋子有见于少,无见于多。"又曰:"墨子蔽于用而不知文。宋子蔽于欲而不知得。慎子蔽于法而不知贤。申子蔽于势而不知知。惠子蔽于辞而不知实。庄子蔽于天而不知人。"梁氏尝叹此达言,以为有见于此无见于彼而有所蔽,乃治学之大忌,则梁氏著书之忠实谨慎,更可知矣。今当剞劂伊始,书此以献梁氏并为读梁氏书者告。

一九三四年八月二十五日后学高亨拜撰

案:1934年,梁启雄撰成《荀子柬释》一书,1936年由商务印书馆出版。1956年更名《荀子简释》印行。《荀子简释》以王先谦的《荀子集解》为底本,又汲取了王先谦之后的诸家成果,如陶鸿庆、刘师培、杨树达、高亨、刘念亲、钟泰、于省吾等人的见解,包括梁启超生前给启雄讲《荀子》的看法。此外,还参阅了日本学者久保爱、猪饲颜博、物茂卿、冈本保孝、兼山、冢田虎、古屋鬲、桃源藏、太宰纯诸家的校释。对这些校释成果,梁启雄进行深入"考正补疏",对《荀子》原文"删其衍、补其夺、移其窜、改其伪"。所以,《荀子简释》的文字考据不乏新意。《荀子简释》做到了"博观约取""简而不陋",体现了"精"的特征。作者"博观约取",不列比较诸家校注的经过,只举简明结论,而结论都来自细致的比较研究。因而,全书能"简"中见"精"。另外,作者的注释不乏精当之处。此书辨驳文字很少,但并不苟同于前人校注。它在20世纪荀子研究中有重要影响。

曹聚仁[①]《孟荀》

我们该明白“孔孟”不能并称，这是常识；“孟荀”并称，以弘通而论，孟子实在不如荀子。荀子乃是儒家集大成的人，比孔子高明得多。这都是宋明理学家所不曾了解的。墨子批判孔子，他的思想中，有着孔氏的成分，上面已经说过了。孟子距杨墨，他的思想中，有着杨墨的成分，我们也看得十分清楚。荀子学说中，以儒家根底，吸收道、墨、名、法的成分，融会贯通，开了法家的路子。替秦朝开先路行新政的韩非、李斯，便是荀卿的大弟子。“百家争鸣”与“互相渗透”，正是一件事的两方面。这是我们研究先秦诸子的途径。

谈儒家的指出孔子尚“仁”，孟子重“仁义”，已经众所共知的。可是荀子有一要点，即是孔、孟法先王，尊尧舜，把黄唐之世，说得天花乱坠（墨子也是法先王的）。荀子却是法后王，认为时代进步，黄唐之世，并不怎么可爱的。《荀子·非相篇》云：“人道莫不有辨，辨莫大于分，分莫大于礼，礼莫大于圣王。圣王有百，吾孰法焉？……故曰：欲观圣王之迹，则于其粲然者矣，后王是也。彼后王者，天下之君也；舍后王而道上古，譬之是犹舍己之君而事人之君也。故曰：欲观千岁，则数今日；欲知亿万，则审一二；欲知上世，则审周道；欲知周道，则审其人所贵君子。”

荀子学说中，“礼”与“分”，乃是核心问题。他在《礼论》中说：“礼起于何也？曰：人生而有欲，欲而不得，则不能无求；求而无度量分界，则不能不争。争则乱，乱则穷。先王恶其乱也，故制礼义以分之，以养人之欲，给人之求，使欲必不穷乎物，物必不屈于欲，两者相持而长，是礼之所起也。”荀子较注重于人之行为之外部规范，较注重礼。他说：“学恶乎始?恶乎终？曰：其数则始乎诵经，终乎读礼。”又云：“凡用血气、志意、知虑，由礼则治通，不由礼则勃乱提侵。食饮、衣服、居处、动静，由礼则和节，不由礼则触陷生疾。容貌、态度、进退、趋行，由礼则雅，不由礼则夷固僻违，庸众而野。故人无礼则不生，事无礼则不成，国家无礼则不宁。”荀子以为“人之性恶，其善者伪也”，不能不注重礼以矫人之性。礼之用，除定分以节人之欲外，又为文以饰人之情。我们从荀子的观点来看“性恶”问题，并不是说“人性皆善”，便合乎事理，人性可以为善，可以为恶，也正是孔子所说的：“性相近也，习相远也。”荀子“性恶说”，比孟子精当得多。

冯友兰氏说：“西人谓人或生而为柏拉图，或生而为亚里士多德。詹姆

① 曹聚仁（1900—1972），著名记者、作家、编辑。著有《中国学术思想史随笔》《万里行记》《现代中国通鉴》等。

士谓哲学家,可依其气质,分为硬心的及软心的二派。柏拉图即软心派之代表,亚里士多德即硬心派之代表。孟子乃软心的哲学家,其哲学有唯心论的倾向。荀子为硬心的哲学家,其哲学有唯物论的倾向。荀子攻孟子,盖二人之气质学说本不相同。如战国时儒家有孟、荀二派之争,亦犹宋明时代新儒家中有程朱、陆王二学派之争。……"

冯友兰氏谈及儒家的"天与性",曾说:孔子所说的"天",为主宰之天;孟子所说的"天",有时为主宰之天,有时为运命之天,有时为义理之天;但荀卿所说的"天",乃是自然之天,这一方面,他是受了老庄哲学的影响。《庄子·天运篇》谓天地日月之运行,"其有机缄而不得已","其运转而不能止",这便是自然主义的宇宙观。荀子说:"天行有常,不为尧存,不为桀亡。应之以治则吉,应之以乱则凶。……故明于天人之分,则可谓至人矣。不为而成,不求而得,夫是之谓天职。如是者,虽深,其人不加虑焉。虽大,不加能焉。虽精,不加察焉。夫是之谓不与天争职。天有其时,地有其财,人有其治,夫是之谓能参。舍其所以参,而愿其所参,则惑矣。列星随旋,日月递熠,四时代御,阴阳大化,风雨博施。万物各得其和以生,各得其养以成。不见其事而见其功,夫是之谓神。皆知其所以成,莫知其无形,夫是之谓天。唯圣人为不求知天。"(《天论》)"列星随旋,日月递熠",皆自然之运行,其所以然之故,圣人不求知之也。"不求知天",而但尽人力以"自求多福",人力能"自求多福","能治天时地财而用之"(杨倞注),此人之所以能与天地参也。故曰:"大天而思之,孰与物畜而制之?从天而颂之,孰与制天命而用之?望时而待之,孰与应时而使之?因物而多之,孰与骋能而化之?思物而物之,孰与理物而勿失之也?愿于物之所以生,孰与有物之所以成?故错人而思天,则失万物之情。"(《天论》)这便是荀子的戡天主义。也正是达尔文派进化论家的"物竞天择"论点。

在这儿,我们再回想老子所说的"天地不仁,以万物为刍狗"的话,例如,一口大池塘,积了一潭清水,那儿就有蚂蟥、蚯蚓、水蛇、蛤蟆、蜈蚣……种种生物,你吃我,我吃你,乱成一大堆。它们或许召集联合国,也还是弱肉强食。它们诉之于老天,老天替它们来判定是非曲直吗?并不如此。老天爷只是晒了十天八天,把一潭水晒干来,把所有生物都晒完了。过了一些日子,又下了几天雨,又积了一潭水,又让它们你吃我,我吃你,再乱成一大堆。这便是自然主义的天道论。儒家的再传弟子,就受了自然主义的启发,对于"天道"有了进一步的了解了。

我时常劝年青学生不要好奇,如吕祖谦的《东莱博议》,只是他年青时的窗下课卷，故意立异，不足为法的。吕祖谦，乃是南宋浙东学派的大师，和朱熹、陆九渊，都是好友，他对陆朱两氏的理学，都有所批评。《东莱博议》不足以代表他的论点。(可惜腐儒们一直不曾弄明白来。)我在这儿推许荀子，说他是集儒、道、墨的大成，开法家之先路，并非做翻案文章。我在这儿，时常引用冯友兰氏的话，并非他的话很新颖，而是他说得最全面，也最平允。我们尊墨子，重视荀子，有着“古为今用”的时代新意义在其中。

张西堂[1]《〈荀子·劝学篇〉冤词》

现行的《荀子》三十二篇，有的是很杂乱地凑成的。杨倞的《荀子注》说《大略篇》是“弟子杂录荀卿之语”，《宥坐》，《子道》，《法行》，《哀公》，《尧问》，各篇是“荀卿及弟子所引记传杂事”，在《尧问篇》末更说“自‘为说者’以下，荀卿弟子之辞”。这是认定《大略》等六篇不是真的荀卿所作。在他以后，如宋濂的《诸子辨》，胡应麟的《四部正伪》，姚际恒的《古今伪书考》，都没有提出新的意见，其他校注《荀子》的人也没有对于《荀子》的真伪发出什么议论。近来对于《荀子》怀疑的人则比较多，例如胡适《中国哲学史大纲》说：

《汉书·孙卿子》三十二篇，又有赋十篇，今本《荀子》三十二篇，连《赋》五篇，《诗》两篇在内。大概今本乃系后人杂凑成的。其中有许多篇，如《大略》《宥坐》《子道》《法行》等，全是东拉西扯拿来凑数的，还有许多篇的分段全无道理：如《非相》后两章，全与《非相》无干；又如《天论篇》的末段，也和《天论》无干。又有许多篇，如今都在大戴小戴的书中(如《礼论》《乐论》《劝学》诸篇)，或在《韩诗外传》之中。究竟不知是谁抄谁。大概《天论》《解蔽》《正名》《性恶》四篇全是荀卿的精华所在。其余的二十篇，即使真不是他的，也无关紧要了。

这里只认《天论》《解蔽》《正名》《性恶》四篇是真的，实在是一种严格的主张，而说“其余的二十余篇，即使真不是他的”. 虽未尝即以为伪，而怀疑这些篇数，实在比较前人进步得多了。后来梁任公《要籍解题及其读法》也说：

今案读全书，其中大部分固可推定为卿自著，然如《儒效篇》《议兵篇》《强国篇》，皆称“孙卿子”，似出门弟子记录。内中如《尧问篇》末一段，纯属批评荀子之

---

① 张西堂(1901—1960)，本名张正，湖北武昌人，有《王船山学谱》《荀子真伪考》《公孙龙子研究》《周秦诸子论丛》《孙卿子考证》《汉晋传经表》《目录学四种》《〈文心雕龙〉笔记》等20多部作品。

语,其为他人所述,尤为显然。……然则非全书悉出卿手甚明。

一方面说"大部分固可推定为卿自著",一方面说"然则非全书悉出卿手甚明",然而没有详细的推定,则哪些是真是伪,当然还是疑莫能明。他对于《荀子》与《戴记》的关系则说:

凡此皆当认为《礼记》采《荀子》,不能谓《荀子》袭《礼记》,盖《礼记》本汉儒所裒集之丛编,杂采各家著述耳。然因此可推见两《戴记》中其摭拾《荀卿》绪论而不著其名者或尚不少。而《荀子》书中,亦难保无《荀卿》以外之著作搀入。盖《荀子》亦由汉儒各自传写,诸本共得三百余篇,未必本本从同,刘向将诸本冶为一炉但删其重复,其曾否悬何标准以鉴别真伪,则向所未言也。

这里虽说不能"谓《荀子》袭《礼记》",而说"亦难保无荀卿以外著作搀入"《荀子》一书,除了"《宥坐》以下六篇宜认为汉儒所杂录,非《荀子》之旧","其余二十六篇,有无窜乱或缺损,则尚待细勘"。《荀子》全书的真伪,确是有待于细勘的。我个人对于《荀子》的各篇,是以为当分为六组来看。

第一组:《劝学》《修身》《不苟》《非十二子》《王制》《富国》《王霸》《天论》《正论》《礼论》《乐论》《解蔽》《正名》《性恶》共十四篇。

这十四篇都可信为真荀子文,有的间有一段或由他篇错入。

第二组:《荣辱》《非相》《君道》《臣道》共四篇。

这四篇有几段可信为真荀子文,但在这四篇中却有几段很可疑为不是荀子所作的。

第三组:《儒效》《议兵》《强国》共三篇。

这三篇非荀子文,应是荀卿弟子所撰述的。

第四组:《仲尼》《致仕》《君子》共三篇。

这三篇非荀子文,其思想与文字都极可疑。

第五组:《成相》《赋》共二篇。

这两篇本与儒家的孙卿子无关。

第六组:《大略》以下六篇。

这六篇宜认汉儒所杂录之辞。

在第一组中,自然《天论》《解蔽》《正名》《性恶》最为可靠,其余十篇正可由此四篇推证其为真荀子所作。在第二组中的四篇大约只有一半可信,故与第一组稍觉不同。第三组三篇是从梁先生的意见。第四组三篇是我个人的假定。其余的两组则旧来有说。不过要证明以上的假定,对于《天论》《解蔽》《正名》《性恶》还需要作一番推证,以见其必为荀子之作,而且对于荀子与大小《戴记》与《韩诗外》相同的地方亦须略为比照而后才能判定其孰真孰伪。

贺麟[①]《王安石的哲学思想》

大凡一个政治家必有其哲学见解，必有其所服膺的哲学家。如王安石的哲学倾向，最接近孟子的心性之学，而他所最推尊的哲学家除孔子外，为孟子及扬雄。他所最反对的哲学家为荀子。这也有其政治思想的背景的。因孟子是理想主义者，他的政治思想，在儒家中是提倡大同的。而荀子则是政治上倾向小康的现实主义者。同时一个哲学家，亦必有其政治主张，有其所拥护的政治家。如孔子之尊周公，老庄之尊黄帝，墨子之尊大禹。在宋儒朱陆两派中，显然程朱比较拥护司马光，而象山则拥护温公的政敌王安石。象山是哲学家中第一个替王安石说公道话的人。王安石的新法被司马光推翻，他的政治理想迄未得真正实现。而陆象山的心学被程朱派压倒直至明之王阳明方始发扬光大。而政治家中也只有张居正才比较服膺陆王之学。总之，讲陆王之学的人多比较尊崇王安石、张居正式的有大气魄的政治家。同时王安石、张居正一流的政治家亦多比较喜欢陆王一路的思想。这也许是出于偶然，但亦多少可表明政治家与哲学家亦有其性情的投契，政治主张与哲学思想亦有其密切的关联。同时我也约略暗示了王安石的哲学思想，以得自孟子、扬雄为最多，而与陆王的思想最为接近。

侯外庐[②]《中国古代思想学说史》第十一章“中国古代思想底综合者荀子”

荀子的学说不但修正了儒学，而且在某种程度上清理了儒学。他批判了子游、子夏、子张、子思、孟轲的儒学，而且在“儒”之学派中，分析出贱儒、小儒、俗儒、瞀儒、愚儒与雅儒、大儒之对立。他所清理了的儒学，归之于前者；他所修正的儒学，归之后者。著者认荀子不仅在天论与性论上都修正了孔子，本来“言性与天道”，是孔子最后的根据，荀子以孔门大弟子“不可得而闻者”与子思、孟轲在这一方面扩大者，都加扬弃，他所修正者，

① 贺麟(1902—1992)，四川金堂人，中国著名的哲学家、哲学史家、黑格尔研究专家、教育家、翻译家，“新心学”的创建者，被尊为现代新儒学八大家之一。著有《近代唯心主义简释》《文化与人生》《当代中国哲学》等。

② 侯外庐(1903—1987)，字兆麟、玉枢，自号外庐，山西平遥人。中国历史学家、思想家、教育家，与郭沫若、范文澜、翦伯赞、吕振羽并称“马克思主义史学家五老”。著有《中国思想通史》《中国古代思想学说史》《中国古典社会史论》《中国思想史纲》等。

实在是根本精神。那么，荀子继承了儒家的传统是什么呢？答复这一问题甚简单，即先王思想的还原。……

荀子把儒学的理论形式都修正，而后把历史还原，这是可称为伟大的思想家。他在还原了的历史先王传统上，表示了他的主观的主张，继承了所谓"雅儒""大儒"之统绪，这是无疑的空想。在这里他是一个"因俗"不变论者。他说这是"以浅持博"，其主张亦甚朴素。他量人的尺度，实在是浅近的"习俗"。在一个大学者，而这样把自己的主张等于"习俗"的素描，我们认为和历史上曲解现实如中古儒学经师者大有距离。

徐复观[①]《荀子政治思想的解析》

一、荀子政治思想中的儒家通义

有人认为荀卿约死于秦始皇统一宇内之前十二年，有人认为他死于秦始皇完成统一大业以后，尚及见李斯之入相，两说尚不能完全论定。但其活动与著书的时期，适当七雄鼎立之势已竭，嬴秦统一之势已成，诸子百家亦由茁壮而衰老，惟法家一枝独秀，以适应此大一统的趋向，这是大家可以公认的。从学术方面说，他承孟子之后，为儒家开创期之殿军，儒家的人文精神，由他而更得到一明确的形态，形成人文精神骨干的礼、乐及由礼而来的"正名"，孔子只提出一个端绪，在他都有详细的发挥。在这一点上，他似乎可以说是儒学的完成者。西汉所结集的儒家典籍，几无一不受其影响(详见汪中《荀卿子通论》)。但从政治方面说，他面对兴(秦)亡(六国)转变的激流，并已感到暴秦气氛的重压，现实的政治问题，较其他任何问题，对于他更为迫切，于是儒家的人文精神，因他的太偏重在政治方面，不仅缩小了人文活动的范围，并且他所强调的人文的礼治，反而成为人文精神的桎梏。后世许多人以韩非、李斯系荀卿思想之转手，此固昧于当时情实，然儒家精神因荀子而受了一大曲折，则亦不容讳言。

我在这里，想先把荀子的政治思想与孔、孟相同的地方概略地举出来，不仅由此可以见荀子之所以为"大儒"，并且由此可以看出儒家在政治思想方面的通义，不容后人轻相假借。

---

① 徐复观(1903—1982)，原名秉常，字佛观，后由熊十力更名为复观，取义《老子》"万物并作，吾以观复"，湖北浠水人。40岁以后，才逐渐走上学术之路。是"现代新儒家"的代表人物之一。其一生中就儒家思想与中国传统文化问题，中国知识分子的性格及历史、命运问题发表大量论著，著书十余种，300多万字，主要有《两汉思想史》3卷、《学术与政治(甲、乙集)》、《徐复观杂文》6集、《中国艺术精神》、《中国思想史论集》及续集、《石涛之一研究》等。

第一,儒家继承"民本"的思想,以"天下"在政治中为一主体性之存在,天子或人君对此主体性而言,乃系一从属性的客体,因此,儒家认为天下不是天子或人君私人之可以"取"或"与"。孟子很清楚地说"子哙不得与人燕,子之不得受燕于子哙"(《公孙丑下》),又说"天子不能以天下与人"(《万章上》)。荀子继承此一思想,对于汤武、桀纣间政权的移转,认为"汤武非取天下也","桀纣非去天下也"(《正论》),并且否认尧、舜的擅(禅)让,因为"天子者势位至尊,无敌于天下,夫有谁与让矣","有擅国,无擅天下,古今一也"(同上)。这分明说天子之对于天下,不是私人"所有权"的关系,所以天下不是个人之所得而取或所得而与。决定天下的是人民的公意,人民才是天下的主人。所以孟子说:"得天下有道,得其民,斯得天下矣。得其民有道,得其心,斯得民矣。"(《离娄上》)又说:"得乎丘民而为天子。"(《尽心下》)荀子则说:"天下归之之谓王,天下去之之谓亡。"(《正论》)又说:"天之生民,非为君也。天之立君,以为民也。"(《大略》)天下不是私人可得而取或与,乃系决定于民心、民意,则人君的地位与人民对人君的服从,无形中是取得人民同意的一种契约的关系。契约说虽非历史上的事实,然实由神权、君权过渡到民权的重大枢纽。

第二,因为天子或人君不是天下的主体,天子或人君的存在乃基于人民的同意,等于是一种契约行为,则对于违反契约者自可加以取消,故儒家在比西方早二千年即正式承认"叛乱权",亦即承认人民的革命权。孔子以"汤武革命,顺乎天而应乎人"。董仲舒说孔子作《春秋》是"退天子、贬诸侯、讨大夫"。孟子说:"闻诛一夫纣矣,未闻弑君也。"(《梁惠王下》)又谓:"君有大过则谏。反复之而不听则易位。"(《万章下》)荀子也认为:"臣或弑其君,下或杀其上,……无它故焉,人主自取之也。"(《富国》)更进一步认为"夺然后义,杀然后仁,上下易位然后贞"(《臣道》)。

第三,因为天子或人君是应人民的需要而存在,人民最基本的需要是生存,所以人君最大的任务便是保障人民的生存,于是爱民养民便是儒家规定给人君的最大任务。近人萧公权氏在其《中国政治思想史》中谓"孔子教民重于养民,孟子养民重于教民"。孟子的所谓"王道",就是"制民之产","正经界","七十者衣帛食肉,黎民不饥不寒"(《梁惠王上》),固然都是养民,但孔子"道千乘之国,敬事而信,节用而爱人,使民以时"(《学而》),"子适卫,冉有仆。子曰,庶矣哉。冉有曰,既庶矣,又何加焉。子曰,富之",然后再说"教之"(《子路》),养先教后,孔、孟同揆。萧氏的误解,大概是来自"自古皆有死,民无信不立"(《颜渊》)的一段话。其实,这一段的“足食，足兵，民信之矣”的三件事，都是就在上位者的政治措施来说的，“民信之矣”是使民相信政府，“去食”而不去信，是要政府不可因财政困难，而轻作失信于民的措施。孔子断无民可以饥死而民之信不可放松的意思。“老者安之，少者怀之”(《公冶长》)，岂有丝毫轻养之意？《荀子》一书，教与学的意味特重。然荀子以礼为政治的骨干，再三谓“礼者养也”。可见养民以保障人民的生存权，在荀子的政治思想中，一样是人君所负的最大最基本的责任。

第四，因为要保障人民的生存，所以儒家特严“义利之辨”。“子罕言利”(《子罕》)，欲弟子鸣鼓而攻为季氏聚敛的冉有(《先进》)。《孟子》首章便说：“王何必曰利，亦有仁义而已矣。”(《梁惠王上》)儒家的所谓“利”，指的是统治者的利益；所谓“义”，在政治上说，指的是人民的权利。孟子上说得最清楚，好色好货，只要“与百姓同之”(《梁惠王下》)，和人民的权利合在一起，则色与货都是义而不是利。所以“义利之辨”，在政治上是抑制统治者的特别利益，以保障人民的一般权利的。这一点在荀子也说得非常清楚，如《王霸》《大略》篇……

统治者自身言利，用现代的语言来说，必产生官僚资本，使政府成为分赃的工具。美国现时艾森豪的商人政府，商人从政，必出卖彼所参加经营的股票。防微杜渐，吾先儒早提出于二千年之前。

第五，人君是由人民的需要而存在，则一切政治的活动，是为人民而非为人君，于是人臣之事君，并非为了人君个人之应当供奉，而实为了一种共同的任务，所以君臣、父子，同为人之大伦。但儒家却作不同的看法，父子是绝对的关系，君臣是相对的关系。自汉儒“三纲”之说出，于是君臣之伦也视为与父子同科。然“三纲”之说乃出自法家(《韩非子》有臣顺君、子顺父、妇顺夫之说)，为先秦儒家所未有。“父子主恩，君臣主敬”或“主义”，乃儒家的通说。孔子的“拜乎下”好像特别尊君，但这不过是尊重这种秩序。孔子对于当时人君的态度，都是采取教导而非顺从的态度。孟子特创为“不召之臣”(《公孙丑下》)，以提高人臣的地位。在“君之视臣如手足”一段(《离娄下》)，特强调人臣与人君是处于相对的关系。荀子思想中，臣的地位远不如孟子，但于臣之外特提出“傅”与“师”的观念以与君并立，且以谏、争、辅、拂为社稷之臣，而深以阿谀取容的“态臣”为可耻，并再度提出“从道不从君”之义(以上均见《臣道》篇)，则儒家于君臣之际，不容苟合，固彰彰甚明。

第六，儒家主张德治。德治的最基本意思是人君以身作则的“身教”，亦即是孔子的所谓“其身正,不令而行;其身不正,虽令不从”(《子路》)。因此,“正身”“修身”是德治的真正内容(孔、孟似乎都言“正身”,至荀子而始言“修身”)。孟子说:“其身正而天下归之。”(《离娄上》)又谓:“天下之本在国,国之本在家,家之本在身。”(同上)人君先修其身,一切道理先在自己的行为上实现,再推以及人,自然会成为“絜矩之道”(《礼记·大学》)。这才是德治的真正意义。所以荀子也特别提出“闻修身,未尝闻为国也”(《君道》)的话。

第七,儒家既不承认天下是人君的私产,更规定天子的任务是爱民、养民,所以爱民、养民是目的,而“得天下”只是一种手段。其次,儒家认为“自天子以至于庶人,壹是皆以修身为本”(《礼记·大学》),以求具备人之所以为人的德性,而德性乃“虽大行不加焉,虽穷居不损焉”(《尽心上》)的,有天下或没有天下,无关乎德性的增损,有天下不过是得到推广自己德性的一种工具,并非修身的目的。儒家的人格主义,决不肯把工具和手段混同于目的,更不肯为了工具、手段而牺牲目的。所以孔子说:“舜、禹之有天下也而不与焉。”(《泰伯》)孟子说:“非其义也,非其道也,禄之以天下弗顾也。”(《万章上》)因此,他认为“舜视弃天下犹弃敝屣”(《尽心上》)。他以伯夷为圣之清,伊尹为圣之任,孔子为圣之时(《万章下》),三个人在人格表现方面并不相同,但“行一不义,杀一不辜,而得天下,皆不为也,是则同”(《公孙丑上》)。荀子因政治的气味太重,几乎把人生一切都淹没于政治之中,于是人格自我完成的成分,似乎没有孔、孟来得深刻而显著。但他两次说“行一不义,杀一无罪,而得天下,不为也”(《儒效》《王霸》)。荀子是非难孟子的,由此一语言之相同,可知这是从孔子以来儒家相传的最根本的大义,这系说明儒家是把政权(天下)隶属于个人人格之下,使政权处于一极不重要的地位,不能因为追求政权而作稍有亏损人格及政权所要达到的目的的行为。必如此,一个人的人格才可以完成,政治才不致成为少数恣睢自喜者的窟宅。人格因此而可得到纯化,政治也可因此而得到纯化。这是儒家政治思想中的究竟义,也是儒家人格主义的最高峰。

以上是指出荀子之所以为儒家,是因为他在政治思想上继承了儒家的这些通义。但这并不是荀子之所以为荀子的特征。以下试就荀子不同于孔、孟的特征,略加申述。

二、荀子政治思想的特征

一般人提到孟、荀在政治上的异同,便容易想到一个是“法先王”,一个是“法后王”的问题。其实，荀子的所谓“后王”，不仅不是杨倞所说的“近时之王也”，不止他在《非相》篇所说的“周道”。他在《正名》篇分明说“刑名从商，爵名从周”，在《儒效》篇分明以“法先王，统礼义”为大儒。此外称“先王”或“尧舜”的地方也很多，而在《大略》一篇中，亦分明谓时君不如五伯，五伯不如三王，三王不如五帝，他所向往的何止周道。他之所以特别提出后王、周道，是基于其思想上的经验的性格及其重“统类”的思想。荀子思想的经验性格，随处可见，最显著的为“不求知天”，不求知“物之所以生”(《天论》)。他认为要了解过去的东西，应该从现在可以把握得到的地方下手，此即所谓“欲观圣王之迹，则于其粲然者矣”(《非相》)，而周道正是粲然可以把握得到的。其次，荀子的“统类”思想，是认为天下许多事物，假定以统相属，以类相推，便可“以一知万”“以近知远”(同上)。后王与先生是同统同类的，由后王——周道的粲然者的统类推了上去，即可以知道周以前的先王。所以他说，“千万人之情，一人之情是也；天地始者，今日是也；百王之道，后王是也。君子审后王之道，而论于百王之前，若端拜而议”(《不苟》)。又说：“欲观千岁则数今日，欲知亿万则审一二，欲知上世则审周道，欲知周道则审其人，所贵君子。故曰，以近知远，以一知万，以微知明，此之谓也。”(《非相》)固然，孟子特重政治的动机，所以特别重视尧、舜，因为尧、舜是“性之也”(《尽心上》)。荀子特重政治的敷设，所以特别重视周道，因为周是“郁郁乎文哉”。但这只是在历史中的着眼点的重点不同，并非孟子尚古而荀子从今的区别。荀子在政治思想上之异乎孔、孟，主要是在其礼治思想。

近人萧公权在其《中国政治思想史》中谓“孔子从周，而孟子泛言先王”。又谓“孔、荀说礼，皆从周道”，是其意，无宁谓荀较孟更近于孔，此实系一大误解。“郁郁乎文”是在文物制度上说，所以孔子说“吾从周”(《八佾》)。但《论语》中对尧、舜、禹之赞叹，其用心实远在从周之上。而“行夏之时，乘殷之辂，服周之冕，乐则韶舞”(《卫灵公》)，是孔子在文物制度上亦非完全从周。孟子的所谓“先王”，主要是指的“师文王”“法尧、舜”，亦决非泛指。荀子之“后王”，亦绝不止周道，已如前述。至于礼的问题，《论语》中提及礼者最多，并且有“道之以德，齐之以礼”的话(《为政》)，是礼在孔子的政治思想中，所占的分量相当重。而孟子则甚少言礼，其列为四德(仁义礼智)之礼，乃是不涉及形成的一种“心之德”。因此遂易引起萧氏上述的误解。其实，《论语》中言礼有三种态度，一是随顺已有的礼俗，一是扩大本系宗教性的仪节于日常生活起居之间(详见《乡党》)，一是由“礼之本"而赋与礼以新的意义，使礼"内在化"而成为一种心之德，或用以涵养心之德，这是孔子最基本的用意所在。孔子针对当时政治上的你争我夺而特别提倡让，他称泰伯"三以天下让"为"至德"(《泰伯》)，乃将让与礼连结在一起，而说"能以礼让为国乎，何有？不能以礼让为国，如礼何？"(《里仁》)，所以孔子在政治方面所说的礼，主要是内在化而为让德的礼。孟子继承此一内在化的倾向，更进一步直接将礼说为"恭敬之心""辞让之心"(《告子上》)，将礼与义连在一起，视礼与义为互辞，不再注重形式(节文)的一面，这是孔子思想的真正发展。到了荀子则一反孔、孟内在化的倾向，而完全把礼推到外面去，使其成为一种外在的东西，一种政治组织的原则与工具，这不仅是孟子所没有的思想，也是孔子所没有的思想。

荀子以"学至乎礼而止"(《劝学》)，又谓"礼者，人道之极"(《礼论》)，因此他便认为"国之命在礼"(《天论》《强国》)。然则礼为什么对于荀子有这样的重要性呢？这要先把荀子的基本意思条贯清楚，现分四点来说明。

首先，孔、孟以敬与让言礼，荀子则主要以"分"言礼，所谓"制礼义以分之"(《王制》《礼论》)。"分"是按着一种标准将各种人与事加以分类，于是因"分"而有"类"，"类"是"分"的结果，故荀子常称"知类""度类""通类"。分类之后，各以类相"统"，故又称"统类"。"分""类""统类"，这是荀子思想中最基本的三个概念。三个概念贴到人身上来说，总谓之"伦"，所谓"礼以定伦"(《致士》)，"圣也者，尽伦者也"(《解蔽》)。其实"伦"也是"类"，故有时又称"伦类"。就见之于设施上来说，称为"制"，所谓"王也者，尽制者也"(同上)。分类时必合于各人的情实，所谓"类以务象效其人"(《解蔽》)。这种"务象效其人"，泛名之日"正名"(正名更兼物之名而言)，专称之为"报"(报亦称"应")，或为"称"："爵列官职、赏庆刑罚皆报也，以类相从者也。一物失称，乱之端也。"(《正论》)

按照人与事的情实加以分类，而使其相应(报)相称，并按照类的等级加以标志，使其易于分别，并含有鼓励的作用，谓之"饰"，亦称"文饰""藩饰"："若夫重色而成文章，重味而成珍修，是所术也。圣王则术以明辨异，上以饰贤良而明贵贱，下以饰长幼而明亲疏。上在王公之朝，下在百姓之家，天下晓然皆知其非以为异也，将以明分达治而保万世也。"(《君道》)

饰系各就其分位以为等差，不相凌越，这种情形谓之"节"，所谓"礼，节也"(《大略》)。荀子认为"由士以上则必以礼乐节之，众庶百姓则必以法数制之"(《富国》)。所谓"法数"，亦称"械数"，亦简称"法"，是比礼低一级的东西。但所谓低一级，因为一是朝廷的，以安排爵、官、赏、罚等为主,一是社会的,以安排一般职业及人民之相互交往为主,因之,礼有饰而法无饰,礼较有融通性而法更多强制性。但法数也是以“分”“类”“称”为骨干,所以实际也包括在礼之内,众庶百姓也实际是包括在礼的分、类、称之内。他说:“礼者,贵贱有等,长幼有差,贫富轻重皆有称者也。”(《富国》)这当然把百姓也包括在内。

作为分与类的标准而使之相称的,首先是人伦的义务。人伦是天然的分类,所以重点不在分与类上,而是要各尽其本身的义务:

请问为人君,曰:以礼分施,均遍而不偏。请问为人臣,曰:以礼待君,忠顺而不懈。请问为人父,曰:宽恩而有礼。请问为人子,曰:敬爱而致文。请问为人兄,曰:慈爱而见友。请问为人弟,曰敬诎而不苟。请问为人夫,……此道也,偏立而乱,俱立而治。(《君道》)

所谓“偏立”,是片面义务;所谓“俱立”,是平等义务。

荀子的礼,更重要的是把人与事结合起来,作相称的分类。这种分类的标准是德、能、技、职等:

谪(商)德而定次,量能而授官,使贤不肖皆得其位,能不能皆得其官。万物得其宜,事变得其应,……言必当理,事必当务。(《儒效》)

无德不贵,无能不官,无功不赏,无罪不罚。朝无幸位,民无幸生。尚贤使能,而等位不遗。(《王制》)

量地而立国,计利而畜民,度人力而授事,使民必胜事,事必出利,利足以生民,……故自天子通于庶人,事无大小多少,由是推之。故曰,朝无幸位,民无幸生。(《富国》)

论德而定次,量能而授官,皆使其人载其事而各得其所宜。(《君道》)

明分职,序事业,材技官能,莫不治理,……人习其事而固。人之百事,如耳目鼻口之不可相借官也。故职分而民不探(王念孙以“不探”为“不慢”之误),次定而序不乱。……如是,则臣下百吏至于庶人,莫不修己而后敢安止,诚能而后敢受职。百姓易俗,小人变心,奸怪之属莫不反悫。夫是之谓政教之极。(同上)

《荀子》一书,这类的话最多。同时,他用作定位授官的标准的是德与能,而非由历史所形成的固定性的阶级,德能是每个人由自己的能力可以得到的,即是一个人能各以自己的力量,变更自己在礼的“分”中的地位,于是礼的“分”虽然定得很整齐,但社会各成员依然有自由上进的机会。所以他说:“虽王公士大夫之子孙,不能属于礼义(即德与能)则归之庶人。虽庶人之子孙也,积文学,正身行,能属于礼义则归之卿相士大夫。”(《王制》)因此,在他心目中的社会,是“朝无幸位,民无幸生”的理想社会,用现代的话说,是“各尽所能,各取所值(称)”的理想社会。而礼是通往此一社会的桥梁,并且即是此种社会的本身。此其一。

其次,他面对着快要统一的这样大的天下,便不能不构想到负政治总责的人君,必须无所不能,亦即是他所说的“兼能”,才可以统治得了。但人君如何可以兼能呢?在《君道》篇他从正面提出此一问题:“请问兼能之奈何?曰,审之礼也,古者先王审礼以方皇周浃于天下,动无不当也。”审礼何以能兼能?因为礼是由“分”而“类”,因“类”而“统”,由“统”而“一”。凡是事物的组织化,亦即事物的单纯化、统一化。所以礼之“分”,亦即是礼之“一”。因此,他除说“明礼义以分之”之外,更说“明礼义以一之”(《富国》)。他相信“类不悖,虽久同理”(《非相》),故可“以情度情,以类度类”(同上)。“类”与“一”在性质上是相同的,既可“以类度类”,则由类一直推下去,即可“以一知万”(同上)。礼是“类”,是“一”,人君审礼,即是“以类行杂,以一行万”(《王制》),这种“枢要”在人君手上,便很简易地把天下治理了。

推礼义之统,分是非之分,总天下之要,治海内之众若使一人,故操弥约而事弥大。五寸之矩,尽天下之方也。故君子不下室堂,而海内之情举积此者,则操术然也。(《不苟》)

法先王,统礼义,一制度,以浅持薄,以古持今,以一持万。苟仁义之类也,虽在鸟兽之中,若别黑白,倚(奇)物怪变,所未尝闻也,卒然起一方,则举统类而应,无所疑�,张法而度之,则晻(顺)然若合符节。(《儒效》)

以类行杂,以一行万,……故丧祭、朝聘、师旅,一也。贵贱、杀生、与夺,一也。君君、臣臣、父父、子子、兄兄、弟弟,一也。农农、工工、商商,一也。(《王制》)

这里的“一也”,大约是指属于一类,由一个原则贯通支配的意思。

主道治近不治远,治明不治幽,治一不治二,……故明主好要而暗主好详。主好要则百事详,主好详则百事荒。君者论一相,陈一法,明一指,以兼覆之,兼熠之,以观其盛者也。(《王霸》)

上面是人君能审礼便可以“兼能”的说明。人君兼能之后,“故天子不视而见,不听而聪,不虑而知,不动而功,块然独坐而天下从之如一体,如四职(肢)之从心,夫是之谓大形”(《君道》)。

由此可知,礼治在荀子是走向“无为而治”的统治术,此其二。这里要顺便一提的,“无为而治”是在君主专制下的各家共同的要求。孔子认为“其身正,不令而行”(《论语·子路》),所以归结到“无为而治”。老、庄尚自然,自然是有为的反面,亦即是无为。法家要使人君居于不可测之地,且怕人君随便动手动脚破坏了法，所以也要人君无为。荀子则由“礼义之统”而认为可以达到“块然独坐”。无为的形式一样，而无为的内容与达到无为的经路各不相同，胡适之先生硬要指《论语》上的“无为而治”是受了老子的影响，以证明《老子》一书，乃孔子曾经问过礼的老聃的著作，并把《论语》曾子所说的“昔者吾友尝从事于斯矣”（《泰伯》）的“吾友”，硬说指的即是老聃，把曾子说成一个认“太老师”作朋友的人，未免用心太苦了。

再其次，荀子从人类社会的起源上，证明礼的必要：

力不若牛，走不若马，而牛马为用，何也。曰，人能群，彼不能群也。人何以能群，曰分。分何以能行，曰义。故义以分则和，和则一，一则多力，多力则强。（《王制》）

彼此处之所谓“义”即是礼。“礼义”自孟子而始连用。连用者每可互用。群即是一种广义的社会组织。人之所以能战胜毒蛇猛兽，一是人善用工具，一是人能构成社会的群。而在荀子则认为群是人类战胜自然环境的惟一因素，礼是群的原理与方法，当然是支持人类社会生存的骨干，此其三。

最后，前面说的“兼能”是从治的方面说的。人君治的主要内容是“养”，即“兼能”是要能“兼足天下”。荀子认为“兼足天下之道在明分”（《富国》）。明分何以能兼足天下？荀子认为人的欲望是相同，而人的贤能不相同，“天地之生万物也固有余，足以食人矣”（《富国》），但不平均地满足人的欲望，所以只好按着“礼义之分”，由贤能技职所形成的分位之不同，而各与以和各人分位相称的待遇。这样一来，分配不决定于各人主观的欲望，而决定于客观的分位，大家便可以不争。其次，随分位之不同而分配数量亦因之不同，分位高者享受高而人数少，分位低者享受少而人数多，生产增加则分配量亦比例地增加，人既可以自力改变自己在礼中的分位，亦即可以自力改变自己物质的享受，而可鼓励社会的进步。这恰与近代“各取所值”的理想相符合。他说：

分均则不偏（遍），势齐则不一，众齐则不使。……势位齐而欲恶同，物不能澹则必争，争则必乱，乱则穷矣。先王恶其乱也，故制礼义以分之，使有贫富贵贱之等，足以相兼临者，是养天下之本也。《书》曰维齐非齐，此之谓也。（《王制》）

使有贵贱之等，长幼之差，知贤愚、能不能之分，皆使人载其事而各得其宜，然后使悫（縠）禄多少厚薄之称，是夫群居和一之道也。（《荣辱》）

礼起于何也，曰人生而有欲，欲而不得则不能无求，求而无度量分界则不能不争，争则乱，乱则穷。先王恶其乱也，故制礼义以分之，以养人之欲，给人之求。使欲必不穷乎物，物必不屈于欲，两者相持而长，是礼之所起也。故礼者，养也。……君子既得其养，又好其别。曷谓别，曰贵贱有等，长幼有差，贫富、轻重皆有称者也。(《礼论》)

这里，荀子以调节欲望与生产的关系来说明礼的起源，亦即是以经济来说明礼的起源，已经深入到荀子政治思想的核心，最足以看出其思想上的经验的功利的性格。儒家在财富分配上多主张“均”，而荀子的“礼义之分”，则是一种差别待遇。然这种差别待遇，是要称于“德”“能”“技”等的标准的，并且在差别待遇之下，还有一个共同的基数以作一般人民生活的保障。如“由天子至于庶人也，莫不骋其能，得其志，安乐其事，是所同也。衣暖而食充，居安而游乐，事时、制明而用足，是又所同也”(《君道》)，这种差别待遇，是“各取所值”的差别待遇。在理论上并不违反“均”的原则，此其四。还有，荀子以前，儒家无“抑末”的思想，至荀子而始有“工商众则国贫”(《富国》)及“省工贾，众农夫”(《君道》)的说法，此或系受有法家影响，或系至荀子时而“土著商业资本”之害始著。要之，“重本抑末”非儒家原有思想，特附带提出。

由上述四点说明荀子的礼治，虽角度不同，但都是互相贯通，互相关连。总括地说一句，即是以合理的组织原则与方法，把社会构成一套整齐的有机体，以达到“各尽所能，各取所值”的理想人群生活。于此，我们不能不惊叹其理论上构造之完整与严密，及其思想在古代的突出与奇特。

三、荀子政治思想对儒家精神之曲折

凡是抹煞道德的人格尊严，而想完全从具体的物质方面来解决人的问题的，必走向极端的个人主义。极端的个人主义，在自由的口号之下，“争必乱，乱必穷”，而在“争”的过程中，则如荀子所说强凌弱、众暴寡，出现许多以自由为借口的低级的小极权主义者。到了“穷”的阶段，常激出一个大的独裁。

这事应该先申述一下荀子与法家在思想上的关涉。首先应指出他与法家最不相同的地方。第一，法家反对历史文化，“明主之国，无书简之文，以法为教；无先王之语，以吏为师”(《韩非子·五蠹》篇)。因为人类是非曲直的价值观念，是由历史文化累积而来，反历史文化，即可不受这些价值观念的约束，而一切归之于现实政治权力的支配。荀子的礼，乃是生根于历史文化之上。他说：“故国者，重任也，不以积持之则不立。……故一朝之日也，一日之人也，然而厌焉有千岁之国，何也？曰，援夫千岁之信法以持之也，……以夫千岁之法自持者，是乃千岁之信士矣。故与积礼义之君子为之则王。"(《王霸》)可知荀子以礼乃千岁之积,故他以"法后王"为雅儒,以"法先王"为大儒(见《儒效》)。儒家本身即是代表中国的历史文化(孔子述而不作,信而好古),荀子是儒家,在这一基点上决不能同于法家。

第二,儒家是人本主义,以法的"械数"从属于人的本质,因而尚德、尚贤。法家是法本主义,不重视人的本质,使人从属于法,使法为主而人为客。中国过去之所谓法,根本没有由法以限制人君、限制政府的意思,所以荀子认为"有治人,无治法",理由是"合符节、别契券者,所以为信也,上好权谋,则臣下百吏、诞诈之人乘是而后欺。探筹投钩者,所以为公也,上好曲私,则臣下百吏乘是而后偏。衡石称县(悬),所以为平也,上好倾覆,则臣下百吏乘是而后险。……故械数者治之流也,非治之原也"(《君道》)。法家则认为"君人者能去贤巧之所不能,守中拙之所万不失,则人力尽而功名立"(《韩非子·用人》篇)。儒家的人治乃与德治是相关连的,这点是和法家截然不同。

第三,因为法家对人君的要求是"术"是"势"而不是德,所以人君的举动特别需要诡秘,这与近代的独裁者完全符合。"故明主之行制也天,其用人也鬼。天则不非,鬼则不困"(《韩非子·八经》篇)。荀子则恰与此相反。"故君人者周(密),则谗言至矣而直言反矣,小人迩而君子远矣。……君人者宣,则直言至矣,而谗言反矣,君子迩而小人远矣。"(《解蔽》)又说,"上周密则下疑玄矣,上幽险则下渐诈矣,上偏曲则下比周矣(犹今之所谓派系),……故主道利明不利幽,利宣不利周。故主道明则下安,主道幽则下危,……故上易知则下亲上矣,上难知则下畏上矣,……主道莫恶乎难知,莫危乎使下畏己"(《正论》)。荀子这一段话,好像是指着现代的各种独裁者来说的,当然与法家相反。

但是,在荀子的思想中,毕竟含着走向独裁政治的因素。这便牵涉到他的性恶问题。荀子与孟子的区别,有点像程、朱与陆象山的区别。孟子与陆象山是把心与性看作是一层的东西,而荀子与程、朱则分心与性为二,看作是两层的东西。不过程、朱把性看作是在心的上一层之理,而荀子则把性看作是比心下一层的本能的欲。荀子认为"生之所以然者谓之性","性之好恶喜怒哀乐谓之情"(《正名》),情是性的表现,情不是恶,然而恶由情出,所以他便说性恶。但他认为使情不至于恶的是心,所以他说"情然而心为之择谓之虑","欲(欲由情出)过之而动不及,心止之也。心之所可中理,则欲虽多,奚伤于治。欲不及而动过之,心使之也。心之所使失理,则欲虽寡,奚止于乱。故治乱在于心之所可,亡于情之所欲"。因此，他也认为"心也者道之工宰也"（以上皆见《正名》）。这与孟子"耳目之官不思而蔽于物，物交物则引之而已矣。心之官则思，思则得之，不思则不得也"（《告子上》）的意思正同。不过孟子对于心是从两方面去肯定，一是从认识方面（思），一是从道德方面（如恻隐之心）。而荀子则缺少道德这一方面的肯定，又把心与性分开，说性是恶，于是道德不能在人的本身生根，礼也不认其系出于人的内心的要求，而只是由于圣王、先王根据利害的比较。《正论》篇已经说明先王为了防止"争则乱，乱则穷"，因而为之起礼义。《性恶》篇又说："古者圣王以人之性恶，以为偏险丽不正，悖乱而不治，是以为之起礼义，制法度，以矫饰人之性情而正之，以扰化人之情性而道之也。"礼义既由先王、圣王防人之性恶而起，则礼义在各个人的本身没有实现的确实保障，只有求其保障于先王、圣王。先王、圣王如何能对万人予以此种保障，势必完全归之于带有强制性的政治。这样一来，在孔子主要是寻常生活中的礼，到荀子便完全成为政治化的礼，礼完全政治化以后，人对于礼，既失掉其自发性，复失掉其自主性，礼只成为一种外铄的、带有强制性的一套组织的机括。在此机括中，虽然有尚德、尚贤以为其标准，亦只操之于政治上的人君，结果也只会变成人君御用的一种口实。于是荀子的"朝无幸位，民无幸生"的理想社会，事实上只是政治干涉到人的一切，在政治强制之下，整齐划一，没有自由，没有人情温暖的社会。这与孔子的"老者安之，朋友信之，少者怀之"（《公冶长》），孟子的"老吾老以及人之老，幼吾幼以及人之幼"（《梁惠王上》），"出入相友，守望相助，疾病相扶持"（《滕文公上》）的社会，完全是两种性质的社会。

孟子因为相信人的性是善，所以信任人民的好恶，于是人君政治的设施，遂一要以人民的好恶为标准，这才能贯彻民本主义。他说："得天下有道，得其民，斯得天下矣。得其民有道，得其心，斯得民矣。得其心有道，所欲与之聚之，所恶勿施尔也。"（《离娄上》）在这种情形之下，统治者的眼睛要向下看。荀子认为性恶，于是人民的好恶不可靠，要靠人君拿礼来"扰化"，因为"人君者，所以管分之枢要"，于是人民一切不能自己作主，经常要把自己的眼睛向上看，弄得人民赖人君而存在。他说，百姓之力，待之（人君）而后功，"百姓之群，待之而后和；百姓之财，待之而后聚；百姓之势，待之而后安"（《富国》）。百姓不能生于政治组织机括之外，这与今日极权主义国家的情形，真有相似之处。

在荀子的礼治之下，人君是"管分（礼）之枢要"，百姓赖人君以生存，加以礼的"藩饰"是一级推上一级，推到人君那里，在荀子的描述中，真够堂皇伟大，于是人君的地位，至隆至高得神化起来了。他形容天子是“居如大神，动如天帝”（《正论》），活像希特勒的神气。

孔子“道之以德，齐之以礼”的礼，是与“道之以政，齐之以刑”的刑是相对的。所以在孔、孟的思想中，对于刑是采取一种谨慎的、无可奈何的态度，因为人性之善，能用德相感，可以不用刑，势至于非用刑不可，亦自觉这是治者的德化不够，自然会流露“哀矜而无喜”及“焉有仁人在位，罔民而可为也”（《梁惠王上》）的心情。但因荀子认为性恶，所以礼是成立于利害争夺比较之上，没有得到人道良心上的保障，于是为了推行礼治，礼与刑的关连便较孔、孟大为密切，罚在荀子的政治中较孔、孟远为重要。而人君之“势”，也几乎重于人君之德。他在《正论》中反对传说中的“象刑”（以象征性的方法来代替实际的刑），而认为“治则刑重，乱则刑轻”。又说：

夫民易一以道而不可与其故，故明君临之以势，道之以道，申之以命，章之以论，禁之以刑。（《正名》）

故古者圣人以人之性恶，以为偏险而不正，悖乱而不治，故为之立君上之势以临之，明礼义以化之，起法正以治之，重刑罚以禁之，……今当（尝）试去君上之势，无礼义之化，去法正之治，无刑罚之禁，倚（立）而观天下民人之相与也，若是，则夫强者害弱而夺之，众者暴寡而哗之，天下之悖乱而相亡，不待顷矣。（《性恶》）

荀子把礼外在化了，政治化了，而礼又是“人道之极”，其归结必至人只有政治生活，而无私人生活、社会生活，且必至以不合于现实政治者为罪大恶极。所以他说“才行反时者死无赦”（《王制》），而孔子诛少正卯的故事，亦堂皇出现于《宥坐》篇，此点与《管子·法法》篇主张诛戮“不牧之民”，及韩非子以隐者为“不令之民”（《说疑》），同出一辙。天下至于诛戮隐士，诛戮言行不合于现实政治之人，则真可谓生人之道绝。孔子对隐士的态度，由“虞仲、夷逸，隐居放育，身中清，废中权”（《微子》）的话表白得最清楚。由孔子称“隐居放言”为“中清”“中权”推之，可断其决无诛少正卯之事。此一故事之流传，形成了二千年正反两面对儒家的误解，实含有无穷的毒素。孔、孟不承认政治可以支配人的一切，所以孔子是“无道则隐”，处乱世是“危行言逊”（《宪问》），孟子是“穷则独善其身”（《尽心上》）。而荀子的处乱世则惟有“崇其（暴国）美，扬其善，违其恶，隐其败，言其所长，不称其所短，以为成俗”（《臣道》）。此种卑微屈辱的生活，真是知识分子的悲剧。这固然是他已嗅到暴秦气息的反映，实逼而处此，亦由其太重视政治，认为人无所逃于政治之间的思想有以致之。

荀子自认为继承仲尼、子弓，在政治思想上也有许多地方还是继承儒家的圭臬，已如第一节所述，所以他的理论构造虽甚为严密，然内容实含有不少的矛盾，彼亦赖此矛盾以在其思想上有一制衡作用，不致一往不返，大体上尚能与法家划一界线，以保持其儒家的规格。然因其对人性的根源自信不及，即是对人格尊严的根源自信不及，遂偏于在功利上、在利害上去求解决人的问题，差之毫厘，遂在其政治构想之归结点流于与孔子相反的方向而不自觉。今日浅薄偏激之徒，以道德为玄谈，辄欲驱逐道德于政治生活之外，此乃低级极权思想之变相，以此求自由民主，真可谓南辕北辙了。

案：荀子作为思想史叙事的一个环节，出现在徐复观的研究视野中，这一方面基于荀子在先秦思想家中的地位，另一方面则基于荀子传播经学的贡献。徐复观评价了荀子对"礼"所做的贡献：总结了礼乐精神，赋予了礼乐以理论根据；将"礼"的根源推广到经济生活的合理分配；把礼的"定分"推广到政治、社会上。不过，在具体内容上，他对荀子的"礼"论又有微辞，认为荀子将礼外在化、政治化，遂使礼逐渐具有强制性和机械化，并让人最终丧失自主性。它潜藏着走向独裁政治的可能性，其根源即在荀子的人性问题上。对于传经之功，徐复观予以充分肯定。在对荀子的总体评价上，徐复观认为荀子让儒家的伦理道德获得了客观化意义，突出了心灵中理性认知的地位。在超越诡辩学派的同时，为中国的逻辑学的形成，作出了开创性的理论贡献。但是，徐复观认为，荀子的兴趣在道德，不在知识，使得知识与道德互相牵制，两者都很难发展。而科学的进步，需要"知识地形而上学"。荀子囿于经验世界，乏有形而上学的兴趣，故而阻碍了对科学的追求。

杨筠如[①]《荀子研究》

1931年商务印书馆出版。由"前论""本论""后论"三章组成，其中"本论"是该书的重点。

第一章"前论"。第一节，关于荀子事迹的补订。第二节，关于《荀子》本书的考证。从前人对于《荀子》书的态度、《荀子》一书的伪证、《荀子》与《礼记》《诗》《传》的关系、荀子与刘向杨倞的关系四个方面展开讨论。

第二章"本论"。

第一节"荀子与古代哲学"。共分五个部分即古代哲学的产生和派别、

① 杨筠如(1903—1946)，字德昭，湖南常德人，荀子研究和魏晋南北朝史专家，著有《九品中正与六朝门阀》《荀子研究》《尚书覈诂》《朱子研究》等。

荀子性说与儒家、荀子的心理学与道家、荀子的名学与墨家、结论。主要讨论了荀子与儒道墨二家在哲学史上的关系。

第二节“荀子与古代宗教”。五部分组成,即古代宗教的起源与转变、荀子天论与道家的天道观念、荀子天论与墨家的天志主义、荀子天论与阴阳家的五行说、结论。主要考察了荀子的天论在中国古代宗教史上所占有的地位和价值。

第三节“荀子与古代政治”。包括古代政治的基础与阶段、荀子与礼治、荀子与法治三部分。认为古代政治存在神治、礼治、法治三个阶段,荀子是由礼治、法治过渡期间的一个代表人物。

第四节“荀子与古代经济”。包括三部分,即古代经济的组织与进展,荀子思想与当时商业的关系,荀子思想与当时农民的生活。

第三章“后论”。第一节“荀子与后儒心性的研究”,认为荀子学说影响儒家最大的是他讲的心性一部分。第二节“荀子与后代礼法的分化”。

刘子静[①]《荀子哲学纲要》

1938年(民国二十七年)7月,商务印书馆作为国学小丛书之一出版。该书前有作者写的“自序”,后有“参考书目”,中间共有十一部分组成:

(一)荀子传略,简要叙述了荀子一生的大事及年代,大致依据陈登原的有关成说,又略抱存疑态度。(二)荀子个性及其思想之发展,叙述了荀子的批评精神及不足之处。(三)荀子的宇宙论。参考墨、道、儒三家的宇宙论,讨论荀子宇宙论与诸家不同之处。(四)荀子对人的观念,主要叙述荀子的性论及和孟子的相异之点。(五)荀子之论学,叙述荀子对“学”和“教”的主张及其原则、方法与教学的效用。(六)荀子之论礼,叙述荀子“礼三本”之说,礼之用与礼之流弊。(七)荀子之论乐,叙述荀子对乐之功用的探讨。(八)荀子的名学,叙述荀子论名之种类,荀子的“正名”思想与孔子的“正名”思想不同之处。(九)荀子的辩学,叙述了荀子论辩学之规律与辩者应具之态度。(十)荀子的政治思想。(十一)荀子的社会国家之起源。

齐思和[②]《荀子引得》序

有为己之学,有为人之学。专门研究,一家著述,餍个人求知之欲,博

① 刘子静,生卒事迹不详。

② 齐思和(1907—1980),字致中,直隶宁津人。专于先秦史、中外关系史、世界古代中世纪史。著有《中国史探研》《匈奴西迁及其在欧洲的活动》等。

当世身后之名，此为己之学也。若夫辞书字汇，通检图谱，及一切所谓工具书者，学者资之为治学之利器，编者不能藉之以获名，此为人之学也。夫为人与为己，非特其功用之大小不相侔，抑其用心之公私，不亦相去悬远哉？顾工具书之编纂，费力多而得名难，且亦非一手一足之烈所克从事，学者率畏其难而不为，甚或引孔子"古之学者为己，今之学者为人"之言以相讥议焉。夫孔子所谓为人者，盖指当时之曲学阿世，哗众取宠，言行不相顾者言之耳。若工具书之纂辑，舍己为人，以学问为天下之公器，乃深符乎孔子勿我之旨，岂在其摈斥之列哉？

哈佛燕京学社引得编纂处，自成立迄今，历年十有九。所编刊之古籍引得都六十二种，四部要籍若群经诸子、前四史、各史艺文志、食货志、宋辽金元明清传记、《太平御览》、佛道藏子目、《文选》、杜诗，皆为通检，于学术界之贡献极大。既已风行海内外，承学之士，敬非安于拘瓮而汲之愚者，咸利其便而重其书。诚学林之宏举，不朽之盛业也。

迩者《荀子引得》，排印已就，主任聂筱珊先生命为缀言，余维太史公叙列诸子，以孟、荀同传，于二子未尝轩轾也。孟子之学，渊源于曾子、子思，为东方儒学之宗。荀子之学，上接子夏、仲弓之传，初为西方儒家之学，晚而之齐，三为祭酒，遂融汇东西两派之长，为六国末年儒家大师。孟子之学，长于诗书而短于礼。荀子则遍通六艺，又深明于质文之损益、礼乐之大原，故其学较孟子尤为博大宏深。汉初儒学，多出于荀卿。若张苍、毛亨，皆荀卿弟子也。若申培公、楚元王，皆荀子之再传弟子也。此外，《韩诗》，左氏、穀梁《春秋》，大小《戴记》，盖亦皆出于荀卿。则汉初儒学，实皆荀子一家之学也。清汪容甫注《荀卿通论》，以为"盖自七十子之徒既没，汉诸儒未兴，中更战国、暴秦之乱，六艺之传，赖以不绝者，荀子也"。荀学之行，于斯为盛。至唐，韩愈始以荀子之言为"大醇小疵"，自是学者不以荀子为醇儒。至宋，《孟子》大行，列之为《四书》，尊之为一经。尊孟则不得不抑荀，遂诋其言为异端之说，摈其学于道统之外，甚或举暴秦之罪，尽归之荀卿。虽通人雅士，于其书鲜寓目者，而荀学几绝矣。

原夫宋儒之所以排荀子者，以孟子法先王而荀子法后王，孟子道性善而荀子言性恶，两家取舍若不相同，是丹则非素，势则然也。然吾尝详究荀子之书，而后知昔人之诋谟，皆皮相之论也。孟子、荀子之所究章者，皆文王、周公之遗法，非有不同也。特自道家之说兴，托为伏羲、神农之说以重其术，古史之传说遂愈溯而愈古，昔日所谓先王者，至战国季年已成后王耳。钱大昕《十驾斋养新录》辨之究矣。至于性善性恶之辨，固属儒家一大公案。然孟子主尽其性以扩充其善端，荀子主修身以隐括其本性，其出发点若不相同。至其勉人为善，以期于圣人，则两家无不同也。故孟子曰："人皆可以为尧、舜。"荀子曰："涂之人皆可以为禹。"岂非所谓"一智而百虑，殊途而同归"者欤？当战国之世，杨、墨并兴，百家竞起，抑儒家之说以自鸣其术，二子起而与之争，辟诸子之杂言，阐仲尼之微旨，寻堕绪之茫茫，振宗风于叔末。儒家之不绝，谁之功邪？作者之谓圣，述者之谓明，若二子者可谓善述者矣。孟子之世，起而与儒家争者，杨、墨而已。至荀子之世，则九流百家，纷然并作，其人物学说，已多不可考，犹赖荀子之书以存其梗概。荀子北游燕而南仕楚，西入秦而东适齐，游踪所及，亦较孟子为广，各国之政术兵制，亦多由荀子书中可以考见焉。然则是书非惟为儒家之宝笈，抑亦周季之重要史料也。乌可以其立论偶与孟子不合而轻议之哉？

有清汉学昌明，经生由两汉而上溯其渊源，渐知重荀子。汪中首为《荀卿通论》，以彰其传经之功，世人始稍重其学。而其书自唐人杨倞为之注后，研习者寡，伪误窜夺，至不可句读。继汪氏而研治其书者，有段玉裁、赵曦明、吴槎、朱奂、卢文弨、谢墉，而谢氏综之为《荀子笺释》二十卷，《补遗》一卷，然后其书始稍稍可读。榛莽既辟，治者愈众。继卢、谢而起者则有王念孙、郝懿行、顾广圻、刘端临、陈奂、俞樾，至王先谦又汇合诸家之书为《荀子集解》二十卷，《考证》一卷，遂集清人研究《荀子》之大成，晦辞奥义，盖十得其七八矣。民国以来，治斯书者，又有数家，若刘师培之《荀子斠补》（四卷），于省吾之《荀子新证》（四卷），皆继清儒之后，续有所得，拾补匡正，厥功甚伟，皆斯学之名著，荀子之功臣也。训诂既明，遂可进而理其玄旨。迩来治荀子哲学者，亦有多家，或括于哲学通史，或著为论文专书。尘薶千载之绝学，至今乃大明于世，非惟荀子之幸，抑亦学术界之幸矣。

今引得编纂处依西洋"堪靠灯"①之例，将荀子一书，据长沙王氏《集解》本，逐字为通检，以利翻检。一字之数见，一辞之重出者，皆聚集于一

①"堪靠灯"是英文Concordance的译名，今译为"索引"。这个译名见于1932年燕京大学图书馆引得编纂处主任洪业所著《引得说》一书，但它并未被正式用于任何书名。Concordance一词来原于拉丁文Con Cordantiae，原意为"谐合"，作为"语词索引"的含义是假借的。1244年，Hugo de Santo Claro为拉丁文Vulgate版本的《圣经》作语词索引时第一次使用它。"堪靠灯"是书籍的一盏指示灯，它能将书籍中的重要语词或诗行通过字母顺序的排列使读者能在最短的时间中一检即得有关的线索。参见黄恩祝《"堪靠灯"与"串珠"小考》，《图书馆杂志》1982年第1期。

条之下。吾闻此书之成，编辑五六人，晨夕不辍，历时年余，始克茂事。然编者诚劳而用者则逸矣。不惟研究是书之音训哲理者得藉以比较翻检，而世之治古史古代语言者，亦必取径于是书。自来工具书之纂修，皆有赖于局馆之设立，众手之合作。若其他学术研究机关，闻风而起，不事声华，不逐虚誉，弃其为己之学，而亦利用其组织人力，致力于工具书之编纂，其便利于学术研究者，宁有既耶？

一九四九年十一月齐思和谨序

唐君毅[1]《荀子之成人文统类之道》

一 荀学简史

荀子之学自谓承孔子，而恒将孔子与周公并称，盖特有取于周之人文，故不同于孟子之承孔子而恒称尧舜之始创人伦之道者。荀子书有《尧问篇》，盖荀子门人所记，谓荀子之善行，孔子不过，而力辨荀子非不如孔子。汉世之传经之儒，多自谓遥出荀子之门。如鲁《诗》传自浮丘伯、韩《诗》传自韩婴、毛《诗》传自毛亨、《礼》传自后苍、《左氏传》传自张苍、《穀梁传》传自申公，皆可上溯至荀子之门。汪中《荀卿子通论》，已备言之。吾于论孟子时，已谓董仲舒尝非难孟子性善之论。刘向校书为《孙卿书录》称美荀子，并言董仲舒大儒，作书称美荀子（见严可均辑《全汉文》。王先谦《集解》亦载于书末），后王充更有疑孟之篇。则荀子之地位初在孟子上。唯扬雄尝自比于孟子之辟杨墨。又董子言性为天质之朴，亦兼通善恶。扬雄言性主善恶混，皆兼综孟荀为论。王充言性三品，谓人性或善、或恶、或居其中。亦是由综孟与荀，而更进之说。自汉至唐，儒者皆重五经。孟子注只赵岐注一种，亦如荀子只有杨倞注，其学皆未大显于世。韩愈《原道》文，乃谓孟子醇乎醇，荀与扬大醇而小疵，则称孟而稍抑荀。然韩愈言性之论，则略同王充之说。宋初学者，则多将孟荀与扬雄文中子并称。唯《宋元学案·

---

① 唐君毅（1909—1978），中国现代学者，哲学家、哲学史家，现代新儒家的代表人物之一，一生驰骋于东西哲学领域中，为建立一道德理想主义的人文世界而殚精竭思，埋头笔耕，留下了数量惊人的著作。他将自己的主要著作概括为四类：第一类为“泛论人生文化道德理性之关系之著”，如《人生之体验》《道德自我之建立》《心物与人生》及《文化意识与道德理性》等。第二类为“评论中西文化、重建人文精神人文学术，以疏通当前时代之社会政治问题之一般性论文”的合集，如《人文精神之重建》《中国人文精神之发展》《中华人文与当今世界》《中国文化之精神价值》。第三类为“专论中国哲学史中之哲学问题，如心、理、性命、天道、人道之著”，此即《中国哲学原论》（分为《导论篇》《原性篇》《原道篇》《原教篇》）。第四类为“表示个人对哲学信念之理解及对中西哲学之评论之著”，如《哲学概论》及《生命存在与心灵境界》等。

安定学案》，有安定门人徐积，评及荀子性恶之论。苏轼《荀卿论》更推李斯焚书坑儒之罪，至其师荀子之言性恶。程子更大责荀子言性恶之说，谓“其学极偏驳，只一句性恶，大本已失。”朱子编《近思录》，亦引其言。由宋及明，学者乃大皆以孟学为孔学之嫡传，荀学为杂学。爰及于清，戴东原言心知，凌廷堪言礼，其旨实多同于荀子，而皆未尝明宗荀。唯汪大绅《二录》《三录》，宗孟子而绳荀，然亦有取于荀。姚鼐著《李斯论》，驳苏轼将李斯之过，归罪荀子之说。钱大昕、郝懿行，并辩荀子之学，未尝大违孔孟。卢文弨、王念孙等，更对荀子文多所校注。汪中为《荀卿子通论》，既综述荀子传经学之功，又为荀子年表。清末王先谦，聚卢王等之校注，为《荀子集解》。其书前二卷为考证，其中亦备录钱、郝至汪中之文。清末章太炎为《国故论衡》，以佛家唯识宗义，论孟荀言性，则谓其各得性之一偏，颇类似汉之董扬于孟荀之言性之评论。然其时之谭嗣同《仁学》，则一方重孟子言民贵之义，一方责荀子之尊君，言君统，并以二千年之言君主专制皆荀学之流。此又非荀子之所及料者也。然民国以来，学者于荀子正名之论及其言心与天之义，恒持之与西方之哲学思想相比较，而渐见其价值，而孟荀之地位，又略等矣。此即中国荀学之简史也。

二 总述荀子之道之别于墨孟庄之道

吾人前论孔子立仁道，墨子立义道，孟子立人之兴起其心志之道。道家之流，则田骈、彭蒙、慎到，言顺应物势之道。老子由法地、法天以法道。庄子《内篇》则言人自调理其生命心知，以成为圣人、真人、神人、至人之道。荀子之言道，则属儒家之流，而又不同于孟子只重在别人于禽兽，而兼重在言人所以别于自然之天地万物者。故《王制篇》谓“水火有气而无生，草木有生而无知，禽兽有知而无义；人有气、有生、有知、且亦有义，故最为天下贵也”。则人之尊乃对一切自然之天地万物而见。而人所以尊，则不同孟子之自主观心性说，而是自其有客观之“义”说。荀子之义即礼义。礼义之道，即人文统类所以形成之道也。人文之统类成，而人在自然之世界之上，自开一人文之世界。此人文之世界，在人之自然生命与其心所知之其他自然物之间，亦在己与人间，同时为通贯古今，而自有其历史者。故言此人文统类如何形成之道，不同于只言己与人相处之伦理，亦不同于只言人如何自兴起其心志，以为贤圣之道；更非言人之当法地法天以为道；复非言人自调理其心知生命，以成真人至人之道。此必待于人之究心于种种人与自然之各类之物，及人与各类之人间之事之种种特殊关系，与古今历史之变，然后能知如何形成人文统类之道，以使人于自然世界外，实开出一人文世界。故此人文统类之形成，一方在建立各类之人伦关系以尽伦；一方在使各类之人所分别创造之人文，更相制限，以相配合、相统率，而皆得成就，以尽制。而尽制之事，即政治之事。尽伦者为圣，尽制者为王；尽伦尽制之道，即圣王之道也。墨子言圣与王，重其力为义，兴天下人民之利。孟子言大而化之谓圣，能保民兴民者为王。老子以圣人无常心，以百姓心为心，即是王。庄子以“游心于淡，合气于漠”之圣，“顺物自然，而无容私焉”为应帝王之道。其中唯墨子重在于事上见义以生利，余皆重在于心上言道。而荀子言圣王，则重在尽伦尽制，以成客观人文之统类，则非重在一一具体之事，亦非只重在心，而重心之知通统类，行成统类，使世由偏险悖乱，而致正理平治，以成就人文世界之一一具体事，使皆合于礼义，而后人得最为天下贵。故荀子礼论更谓“礼者人道之极也”，此即荀子言道之特质所在也。

（下录章节名，文略）

三　荀子言天与人分职之学

四　荀子言心与道之关系

五　荀子如何辨人心与道心

六　治心之道、与所知之事物之道、及知道与行道之关连

七　道、人道、圣王之道、贯于古今历史之道、及荀子何以非斥诸子所言之道

八　为学以“备圣心”、而“化道”之义

九　修身以学圣之道及荣辱之义

十　圣学与王道

十一　王者之政制、富国之道、及王道、霸道之分

十二　君道、臣道、致士之道、师术、及用兵强国之道

十三　荀子礼论、乐论大义及其论礼乐之要旨

案：唐君毅从“中国文化之价值精神”出发，着重对荀子思想的重要范畴进行探究。他认为荀子思想的核心是论“心”，而非论“性”，而且他提出荀子“性恶”只是为了反衬“向善”的紧迫性的观点，性恶论也并非荀子政治文化思想必然的逻辑前提。唐君毅承认荀子的心有“虚静心”的特点，却概括为具有纯粹理性色彩的“统类心”。

牟宗三的荀学研究，集中在他1953年《名家与荀子》一书中。他于《前序》透露了对荀学研究状况的不满：“荀子之学，历来无善解”，他试图给荀学以义理上的“善解”。他借用德国哲学家黑格尔的主观精神、客观精神与绝对精神的范畴

去分析孔、孟、荀思想，认为孔子默契天命天道，表现为主观精神与客观精神的合一，亦即绝对精神；孟子以“仁者，仁也”的主观精神透显绝对精神；荀子则以“礼义之统”显豁出纯粹的客观精神。然而，荀子不能洞彻绝对精神，其所论之天乏超越义，仅为自然被治之天，故“本原不足”；又因不解主观精神，仅识自然被治之性，故“礼义之统”又流于“义外”，故他断言：“荀子有客观精神，而其学不足以成之。”

蔡锦昌在《荀子的心是个明智心》一文中认为，牟、唐是以西方思想格局为底子诠释荀子的代表，不能清除而准确地掌握荀子之心的真义。他逆向而行，论定荀子的心乃是一个清明理智治乱心(明智心)。

蔡锦昌在《五十年来台湾地区的荀学研究》中认为牟宗三与陈大齐两人所开展出来的论法代表了台湾荀子研究的两大流派。牟宗三所代表的研究者可称为“道学派”，倾向于把荀子纳入所谓“内圣外王”的道学框架中讨论，着重其“性恶”之辨，贬多褒少，基本上延续了宋明理学以及德国观念论的精神；陈大齐所代表的研究者可称为“文学派”，倾向于把《荀子》当作一般思想文献来处理，顺其文义，寻其训解，着重其“礼义积学”之论，贬少褒多，基本上延续了五四新文化运动的精神。与牟氏同被认定为“新儒家”主将之一的徐复观以及众多牟氏的弟子都属于“道学派”这一路。与新儒家保持一定距离的韦政通、劳思光、张亨亦然。龙宇纯和熊公哲则属于“文学派”那一路。至于目前高校的一些辈分较低的荀子研究者则两种都有，各有半壁江山。大致而言，出身自哲学系者或者曾经亲炙于牟氏及牟氏弟子者属于“道学派”，而出身自中文系或者历史社会科学科系者属于“文学派”。

庞朴[①]《荀子发微》

荀子认为，自然界的一切变异现象都应有其发生的原因，即便有些原因可能当时尚得不到圆满的解释，也不应当以神秘主义对待之，更不应与人事相联系。他的名言是：“天行有常，不为尧存，不为桀亡。”这种对自然现象的人文主义解释，不仅与齐地儒者的天人之学有天壤之别，而且即便相对于早期儒家而言，也是对孔子思想观念的重大超越与发展。

荀子的见解是基于新的社会现实，以及洞察到孟子的理论漏洞而作出的修补和超越，是对儒学理论体系的完善和发展，并不是儒学与非儒学派之间的斗争。

他们之间在人性问题上的分歧就其本质而言并没有超出儒学的基本

① 庞朴(1928—2015)，字若木、声禄，江苏淮阴人，中国当代著名历史学家、文化史家、哲学史家、方以智研究专家，致力于中国哲学史、思想史、文化史以及出土简帛方面的研究，有《〈公孙龙子〉研究》《一分为三——中国传统思想考释》《竹帛〈五行〉篇校注及研究》等。

原则，只是在荀子看来，如果承认孟子的性善说，不仅无助于社会秩序的重建，而且必将严重削弱儒家素来看重的礼仪教化功能。因此从这个意义上说，荀子对孟子的批判并不是真的放弃儒学原则，而是超越孟子以便向早期儒学复归，以便重建儒学思想的新体系。从《荀子》一书尤其是其《非十二子》来看，荀子虽然处处与孟子立异，但其批判的锋芒所指并不是孟子一家，而是对诸子百家的思想资料进行了一次全面的清理和批判。……正如郭沫若在《荀子的批判》中所说的那样，荀子是先秦诸子中最后一位大师，他不仅集了儒家的大成，而且可以说是集了百家的大成。公正地说来，荀子实在可以称为杂家的祖宗，他是把百家的学说差不多都融汇贯通了。先秦诸子几乎没有一家没有经过他的批判。因此，我们可以说，儒学发展到荀子的阶段，不仅完成一次新的综合，而且实在意味着先秦诸子尤其是儒学的终结。

荀子虽然与孟子的时代相差不远，但他的儒学并不是接着孟子往下讲，他的立论虽然往往与孟子有异并每每试图超越，但他所凭借的智慧资源显然不是孟子一系，而是早期儒家的思想元典。而且，从孟荀二人的为学宗旨与方法来比较，孟子虽然一再信誓旦旦地宣称以接续儒家道统为己任，但其对儒家经典似乎并不屑一顾，对非儒学派的文献更是一概斥为异端邪说，大有“六经注我”“唯我独孔”的味道。而荀子则不然，他不仅系统传授儒家经典，而且旁及诸子百家；他不仅批判性地吸收诸子百家，而且对儒学内部的各种流派也进行了系统的清理与扬弃。所有这些，是二人为学宗旨不同使然，但是如果只是从荀子方面看，他之所以如此为学，恐怕仍与他洞察到孟子学术的问题与弱点而试图矫正有关。正是从这个意义上说，荀子学说之成立既意味着先秦儒学的终结，那么理所当然也是对孟子学说的批判继承与超越。

龙宇纯①《荀子思想研究》

根据本文所作分析，构成荀子思想整体的，可以说只有两个基本观点：其一属人性，以为人性中具有“可以知仁义法正之质”及“可以能仁义法正之具”；其一属人文，从孔子学说中认定礼是通向仁境的阶梯。由于有第一个观点，于是一切人文成为可能；由于有第二个观点，于是形成其以礼为中心的思想整体。

---

① 龙宇纯(1928—)，安徽望江人。文字学家、音韵学家。著有《韵镜校注》《全本王仁昫刊谬补缺切韵校笺》《广韵校记》《中国文字学》《荀子论集》等。

人性中除去上述之“质具”而外，荀子认为还具有爱亲之心，和属于五官及心的好恶欲之情。因为爱亲之心并非人类所独具，荀子从不强调此爱亲之心；也就是说，这爱亲之心不曾成为荀子思想上的基本观点。如果有人说，荀子所以不据人有爱亲之心而倡言性善，便是因为这爱亲之心并非人类所独具，也可以视为言之成理。但这绝非荀子不言性善的主因。孟子说“孩提之童无不知爱其亲者”，意思是与荀子言人具爱亲之心相同，因孟子并不同时说有血气之属皆知爱亲，所以孟子走向了性善说的途径，这一点则是可以肯定的。

五官及心具好恶欲之情，正是荀子性恶说之所从出。但据《性恶》篇所说：

人之性恶，其善者伪也。今人之性，生而有好利焉，顺是，故争夺生而辞让亡焉；生而有疾恶焉，顺是，故残贼生而忠信亡焉；生而有耳目之欲，有好声色焉，顺是，故淫乱生而礼义文理亡焉。然则从人之性，顺人之情，必出于争夺，合于犯分乱理，而归于暴；故必将有师法之化，礼义之道．然后出于辞让，合于文理，而归于治。用此观之，然则人之性恶明矣，其善者伪也。

可见荀子持性恶的主张，是有鉴于顺好恶欲之情，无限制地任其发展，其结果必归于暴乱，于是而倡言“性恶”，这好恶欲本身却并不能说是恶的。是故《非相》篇即以“饥而欲食，寒而欲暖，劳而欲息，好利而恶害”为人生而有“辨”的论证，便是明验。同一事而可以为此，可以为彼，自然显示出荀子的性恶说不是无可挑剔。但既如本文所说，荀子性恶说本是有为而发，其出发点并不在“性”，也便不足多责。至此我所要指出的是，五官及心具有好恶欲之情，当然是荀子对人性所持的基本看法，却不构成其思想整体上的基本观点。

是故荀子对于人性的看法，仅生而具“质具”之说，在其思想整体中具有无可比拟的重要地位。因为照荀子的理论，礼义乃是生于圣人之伪，而圣人之性与众人不异，圣人凭其不异于众人之恶性，何以独能化性起伪而制礼义，此说似诚不可通。故如劳思光兄之《中国哲学史》便说：“此乃荀子思想之真纠结所在，或十分糊涂之处。”接着又提出问题：“荀子承认常人皆有一种质与具，能知仁义法正，能行仁义法正。则此种质具属性乎？不属性乎？恶乎？善乎？何自而生乎？若此种质具非心灵所本有之能力，则将不能说明其何自来；若此种质具是心灵本有，则此固人之性矣，又何以维持性恶之说？”然而依据荀子“生之所以然者谓之性”的义界，此种质具为性中本有，自属无可怀疑，而圣王礼义何自而生的问题，也便有了着落；至于其何故仍要维持性恶之说，则本文已有详细说明。今更申其义，此实缘于其第二个基本观点之影响。盖荀子既从孔子学说中认定礼(或称礼义)是通向仁(或称仁义)的途径，所谓礼，用现代的话说，便是人类凭其智慧经验，在现实生活中，经长期的摸索，所流传下来为众人肯定的立身行事的客观规范。简单说，便是人类生活的文化结晶。荀子把这种结晶说为由圣王“积思虑，习伪故”而得，说法虽有不同，其为人所创造则初无二致。今若言人性善，则是性中自有礼义，只需率性而行，便造仁境，直是不需圣王，亦即无有礼义。何况性中无可否认有属于五官及心的好恶欲之情，“率性”的结果，必及于乱，这当是荀子不能同意说性善的原因。反之，言人之性恶，则人不能离乎圣王礼义，于是“克己复礼，天下归仁”，所以他终于选择了人性中好恶欲之情可致争乱的角度，提出了性恶之说。好恶欲之情本身既不得即谓之恶，且只是性的一端，如此而一言蔽之曰性恶，自不能谓其理论健全。然而请看主张性善的孟子所说：

口之于味也，目之于色也，耳之于声也，鼻之于臭也。四肢之于安佚也，性也；有命焉，君子不谓性也。仁之于父子也，义之于君臣也，礼之于宾主也，智之于贤者也，圣人之于天道也，命也：有性焉，君子不谓命也。(《尽心下》)

在欲人安命乐道、砥砺德行的意义上说，这是一段极为精彩的文字。然而天赋五官之所好，当然属于“性”；只因此“性”是“率”不得的，便不说它是“性”，而欲易之以“命”，以全其“性善”之说，又何尝不可说是“明知故犯”？其中究竟，我想是由于性善性恶虽同属学术理论，第恐淑世的精神多于学术的意义。研究荀孟的思想，疑不应忽略其原本取重遗轻的心态。则只需所说确然具有淑世的意义，便是饶有可取；斤斤于哲学逻辑的观点衡量品评，未必便为相宜。综观二人所论，于性之取舍角度相反，故表面上排斥，而实际可以互容。

至此有一点要加以补充，荀子《解蔽》《正名》两篇又提到“心”的观念。《解蔽》篇说：“人何以知道？曰心。”又说：“心知道，然后可道，可道，然后能守道以禁非道。”《正名》篇说：“情然而心为之择，谓之虑。心虑而能为之动，谓之伪。虑积焉能习焉而后成，谓之伪。”《荀子》书中所谓道，通常便是礼的别称。把这些文字与《性恶》篇“凡礼义者，是生于圣人之伪……圣人积思虑，习伪故，以生礼义而起法度”，以及前引“途之人可以为禹”一节合起来看，显然此“心”便是“可以知仁义法正之质”的“质”，故“心虑而能为之动”的“能”，也便是“可以能仁义法正之具”的“具”。学者对此也有误解的，如劳思光兄《中国哲学史》以为：荀子“质具”之解未精，故欲在“性”外求价值根源，以说明礼义之由来，于是乃提出“心”观念。然而此“心”既不得谓非“生之所以然者”，便不得在“性”之外，以见劳兄于此亦似有隔。又前文曾引《非相》篇及《王制》篇人生而有意有辨之说，所谓义与辨，实即此质此心作用之体现。此心与义辨的关系，正与孟子所说“是非之心”与“良知”的关系相同；是非之心是体，良知是用。

言荀子之思想，没有不说荀子重礼的。只要一读《荀子》之书，我想谁都会有此感受。实则荀子之于礼，不仅是强调其重要，其整个思想即以礼为中心。譬如学者误以为荀子基本观点的性恶一说，其实只为重礼而发，本文已论之綦详。即其以人性中具有“质具”的思想基本观点，亦因其主张性恶为阐明礼之所从来而形成。其余如他对天的看法，以天为自然的思想，无疑受到老庄的影响，可是终于回到了儒的本位，悟出了儒的宇宙观，则亦正是他言人事一切不离乎礼的思想的延伸。又如他的正名思想虽亦源于孔子，然其所以重视正名，仍不外以礼为出发点。所以《正名》篇说：“贵贱不明，同异不别，如是则志必有不喻之患，而事必有困废之祸。故知者为之分别制名以指实，上以明贵贱，下以辨同异，贵贱明，同异别，如是则志无不喻之患，事无困废之祸，此所为有名也。”明贵贱，别同异，正是礼的基本精神。至于他的有名的名学，当更由其正名思想所发展，则尤不待辞费。然而本文要强调的是，荀子言礼，或者说荀子重礼，这种思想正如前文所指出者，并非凭空兴起，实际只是孔子思想的发挥。不仅如此，荀子整体之思想，亦都不出发扬孔子儒学之意。性恶的主张，礼的宇宙本体的观念，似乎总该是荀子的创意，为孔所不尝言，然亦无一不是欲为儒学弥缝，无一不是欲为儒学张皇。所以知之者，《论语·公冶长》篇说：“夫子之文章，可得而闻也；夫子之言性与天道，不可得而闻也。”可见荀子之言性言天，正是要于夫子不可接闻处竭其心志，一点没有标新立异的念头。是故人言荀卿大醇小疵，我谓荀卿孟同乎其醇。

蔡仁厚[①]《荀学的新评价》

第一节 荀学的性格

荀子思想的线索及其理论的架构,可以从下见其概:

- 天生人成
  - 天(自然)—制天用天(裁万物以养人)
  - 人
    - 性(自然之性、性恶)—化性起伪、以心治性
    - 心(虚壹静)
      - 知虑思辨
      - 解蔽正名
      - 知类明统
      - → 礼义之统
        - 修养论
        - 礼乐论
        - 政治论
        - → 明分使群 人文化成

"天生人成"是荀子的基本原则。荀子视天为自然,亦视性为自然。凡属自然,皆不能自成,皆是负面的、被治的,必须加人为而后成。所以,荀子既主张制天用天,又主张化性起伪。由负面的"天"与"性",进到正面的"心",而后才显出荀子积极的理论,诸如解蔽、正名与礼义之统,以及礼乐、政治、修养之论,皆由此开出而建立。

在上文第一章[②],曾就"表现客观精神"与"透显知性主体",以略述荀子对儒学的贡献。本节拟就荀子主智的、经验的性格,分为六端,作一说明。

1. 从论天方面看

荀子天论所彰显的只是天之自然义,而完全不赋予天以价值的色彩。天当然生万物,但荀子却认为"生"是天地之德、天地之善,他只承认那是一个自然的事实。他是以理智主义的态度,来认识天之"真",而不是以理想主义的态度,来体认天之"善"(德)。所谓"天有常道,地有常数",是意指自然的法则,自然的秩序。而"天行有常"亦不过指说自然的天依循一个恒常的轨道,机械地周而复始地运行而已。即使有时天象会有变异,如"日月之有蚀,风雨之不时,怪星之傥见",以及水旱之灾,社木之鸣,亦全都是"天地之变,阴阳之化",并没有意志或目的存乎其间。可见荀子对于天的论点,纯是理智的、经验的,完全割离了儒家正宗形上天、德化天之天道、天德的意涵。

2. 从论性方面看

荀子论性,强调"辨合、符验"。辨,通别,是古时的卷据凭证,别之为

---

① 蔡仁厚(1930—),江西省雩都县人,现居于台湾台中市。1970年起历任台湾文化大学、东海大学哲学系教授,2000年退休,2004年特聘为东海大学首届荣誉教授。为新儒家第三代代表人物之一,师承牟宗三。著有《王阳明哲学》《孔孟荀哲学》《中国哲学史》《宋明理学》等。

② 此指作者所著《孔孟荀哲学》(台湾学生书局1984年版)卷下"荀子之部"的第一章第三节"荀子对儒学的贡献"。

两，各执其一以合验。符，亦是相合以征信之物。荀子认为一切言论，皆须合乎事实，就像“辨、符”之可以“合”，可以“验”。荀子在性恶篇所举述的例证，不外乎：(1)“感官本能”，如耳目口鼻之辨声色臭味与身体之感受寒暑疾痒；(2)“生理欲望”，如饥欲食、寒欲衣、劳欲息，以及耳目之欲等等；(3)“心理情绪”，如好利、欲得，以及争夺之心、好恶之情等等。在荀子看来，这些都是“有辨合”“有符验”的。但如此说性，只是对经验事实做理智的辨认，而不是就德性之善作自觉的反省体证。荀子既已判认先天自然之性为恶，便很自然地转向后天人事而主张“化性起伪”，以期成就行为之善。

3. 从论心方面看

心是一个极为重要的观念。大别而言，儒家讲心有二条进路。一是以仁识心，所识的是道德性的德性心，这是孟子以下儒家主流所讲述的通议。一是以智识心，所识的是理智性的认识心，这是荀子所彰显的独见。荀子所说的心，能知、能虑、能择、能辨，乃是以清明的思辨与认知为主的智心(理智心)。智心的明辨，不但可以“定是非、决嫌疑”，而且还可以“治性”。因此，“心知”乃成为荀子思想中“由恶向善”的通路。不过，以心来治性，并不是以智心本身来治性，而是通过礼义来治性。

4. 从论名方面看

荀子论名，有“刑名”“爵名”“文名”“散名”之分，他扩大了孔子的正名主义，使正名从伦理的政治意义而进到名理的意义。牟先生指出，析事正名有四义可说：(1)克就经验事物而为言，经验事物不可离，离则必漫荡而无足以核限之者。(2)心智必运用于经验事物以彰显其明理之用，若离思远游，则必落空而不足以正名辨实，亦且必琦辞诡辩而足以淆乱是非。(3)必将有循于旧名，有作于新名。(4)心智之运用固须限于经验，亦须遵守逻辑之法则。定名辨实，实物限之；而辩说道理，志达心通，则不能不守律则——同一律、矛盾律、排中律，是也。前三义为荀子所已具，第四义乃西方逻辑所提供，而为荀子所未及。就名理之为“学”而言，荀子虽有所未备，但从名理的本质来衡量，类族辨物，析事正名，定名辨实，稽实定数，荀子皆言之切实而有度。可知荀子的名数(逻辑)心灵，实较名家辩者之徒更为健康而正大。

5. 从论礼方面看

荀子论礼，亦显示其主智的经验的性格。依孟子，仁义礼智，我固有之，人皆有之，恭敬辞让之心显发为生活行事的规矩法度，便是礼。孔子所谓“人而不仁，如礼何”，亦表示仁义之心是礼的内在根据。而荀子论礼，则顺外在的经验事势而说。礼论篇首先从“礼起于何也”，而指出人生而有欲，欲而不得便有所求，求而无度量分界便有所争，争则乱，乱则穷。“先王恶其乱也，故制礼义以分之，以养人之欲，给人以求”。在性恶篇，荀子更指出圣人是见到人之性恶、人之偏险悖乱，所以才为之“起礼义，制法度，以矫饰人之情性而正之，以扰化人之情性而导之”。所以，礼义是“生于圣人之伪，非故生于人之性也。”而圣人之“生礼义而起法度”，乃由“积思虑，习伪故”而做成，“伪故”，正指累积而成的经验知识。顺荀子的意思说下去，礼是没有人性作基础的。所谓“隆礼义”亦只是尊崇一个外在的标准，而人之学礼义，行礼义，亦不是由于人之“性”内发自发地要求表现礼义之善，而只是人之“心”认知了礼义之善。然则，要使性恶之人顺心之认知而行善（行礼义），其可能性到底有多大呢？有必然性吗？这在荀子是难以作答的。

6. 从论学方面看

荀子论学，重视环境凭藉，重视师法积习，重视为学之程序及其效验，同时更重视闻、见、知、行。这些，都显示他重智重经验的性格。孟子认为人性善，所以说“学问之道无他，求其放心而已矣”。心不放失而存之养之，则“求则得之”，“反身而诚”。荀子认为人性恶，所以求之于外而重师法，隆积习，以为圣人是“人之所积而致”。孟子是把为学的重点放在先天德性的存养充扩上，荀子则把为学的重点放在后天的经验积习上。二人论学的差异，显然可见。

由以上六点说明，可以看出荀子主智的、经验的性格。即使作为治道或足以成就治道的“礼义之统”，亦是由百王累积而成，而不是立根于仁义心性，这仍然是依于荀子主智的经验的性格而建立的一个外在的标准。他本是顺孔子的外王礼宪而发展，但孔子是将礼内化于仁（孟子正是顺此而发展），而荀子则将礼外化于法。他对孟子顺孔子之仁而发展的文化学术之意义，忽而不察甚且全然不解，他透显“知性主体”，而贬斥“德性主体”，却不知二者实相辅而不相害。他驳斥孟子言性善，实无异于将客观的义道之根、礼义法度之根挥而去之。何以如此？归结地说，亦仍然是他主智的经验的性格所决定的。荀子于本源有不透，正是他最根本的限制所在。

第二节　荀子与朱子之比较

在儒学大家之中，先秦时期的荀子与南宋时代的朱子，心态实相近似。但荀子之学，沉晦二千年而无人传承；朱子之学，则自元明以来，奉为儒学之正宗。二人遭际何以如此不同？其最本质的关键，就是荀子讲性恶，而朱子倡性理。

荀子与朱子的性天之论，截然不同。荀子视天为自然，性亦为自然，"性、天"皆置于负面被治之列。朱子讲天道、性理，则纯为正面的意义。这是二家最大的差异。但从心性关系上考察，二人论性虽相反，论心则相类同。二人所说的心，皆不同于孔孟以下儒家主流所讲的实体性的道德的本心。荀子以智识心，他所讲的心，能知、能虑、能择、能辨，是以清明的思辨与认知为主的智心，是知性层的认知心，而不是德性层的道德心。朱子以心为"气之灵"，"气之精爽"，所以心之灵明知觉与发用流行，即是心气之灵的气化不息。他所谓能知觉、有动静的心，自亦是以智识心的认知心，而不是以仁识心的道德心。就荀子而言，心能"知"道，但心不即是道；就朱子而言，心能穷理明理，但心不即是理。由此可知，二人所说的心，在性质层次上正相类同；都是知性心，而非德性心（但朱子从未觉察到这一点，所以对荀子无所契知）。兹分二点，作一比较说明。

一、"以心治性"与"心统性情"

荀子认为"心居中虚，以治五官"，所以称心为"天君"。天君，意即自然感官的主宰。又说"心"是"形之君"，是"神明之主"，神明二字，略同于今语所谓精神、意识。依荀子看来，心不但是形体感官的主宰，而且亦是意识的主宰。这样的心，可以用来对治性之恶。因此，荀子思想中的心性关系，乃是"以心治性"。不过荀子所说的心，虽然"能知、能虑、能择、能辨"，足以"决疑"而"定然否"，但"心"却不是行为的标准，心所认知的"礼义"（道）才是行为的标准。因此，"以心治性"亦并不是直接以心来治性，而是通过心所认知的礼义之道来治性。

但话说到这里，问题仍然不算解决。因为荀子所说的心虽然能作选择判断，却不能发动行为；而心所认知的礼义，亦只是一个外在的标准（没有内在的仁义心性作基础），它虽然是行为规范，却不能使人就范。因此，在心作了选择判断，亦肯认了行为的准则之后，随即而发动行为的，则必须靠感官情性之能。然而，本无价值取向的感官与本恶的自然之情性，能依从心之判断而即遵行礼义之道以表现善的行为吗？在这里，实在没有必然的保证。[若是道德心，它就能依于不安不忍而自觉地"由仁义行"（顺由内在于道德本心的仁义之则——道德律而行），而"沛然莫之能御"，这才是无待于外而纯然内发自发的力量，这是有必然性的。]因此，在荀子思想系统中的"以心治性"，实有本质性的困难。这个困难，亦就是"他律道德”的困难。

至于朱子系统中的心性关系，则是“心性情三分”“心统性情”。依朱子的分解——

(1)“性”即是理，亦只是理。性理是静态的形上实有，是心气活动所当遵依的标准。

(2)“心”是气之灵，能知觉，有动静；而所以知觉所以动静的理，则是性。因此，心不是性，心性隔而为二；心亦不是理，心理隔而为二。心，只能合乎理，而不能即是理。

(3)“情”是心气之发或心气之变。

心性情既已三分，则此三者又将如何关联？朱子在此，乃提出“心统性情”之说。“心，统性情者也”，本是张横渠一句孤立的话，其意不易确切而知。依朱子义而说心统性情，这个“统”字，应该是统摄义、统贯义，而不是统属统帅之意。而心之统性与心之统情，又有不同。

甲、心统性，是认知地关联地统摄性而彰显之——因为性是静态的实有，是潜存的，所以必须因着心觉而彰显。但心的灵明知觉常为私意杂念所蔽，所以必须涵养。朱子所谓涵养，不是涵养本心性体，而是以肃整庄敬之心，汰滤私意杂念，以达到“镜明水止”“心静理明”之境。心静，则能复其灵明知觉，以认知性理，并与性理相近合，此时，心即统贯于未发之性。

乙、心统情，是行动地统摄情而敷施发用——情是从心上直接发出来，此时，心即统贯于已发之情。但已发之情未必合理中节，所以必须察识。朱子所谓察识，不是识仁之体，而是用“通过涵养而显现”的心知之明，来察识已发的情变(喜怒哀乐爱恶欲)，以期心之所发的情变，皆能合理中节。

朱子所谓“心统性情”，并不是一句很好了解的话，在此，还须作二点说明：(1)依朱子，性是理，属形而上；心与情是气，属形而下。据此而言，应该说“性统心情”才是。但在朱子系统中的性虽然是理，却亦只是理而已——是割离了“心义、神义”以及“寂感义”的静态的理则。这样的性理，只是一个所当遵依的标准，而不是能活动、能妙运气化生生的创造原理，所以“统”字不能落在性理上说。(2)心是气之灵，能知觉，能动静，因此在“心”上可以说“统”。不过，这个“统”字，对情而言是实说，对性而言则只是虚说。因为形下之心不能统形上之性。所以，心之统性，不过是认知的关联，这个统字是没有力量的。

以上是对荀朱二家心性关系的解析，兹作一简括之对照。

荀子	朱子
心	心
性	情
礼义	性理

1. 荀朱二人所说的心，同为认知心（并非实体性的道德的本心）。

2. 依荀子，“性、情、欲”三者同层同位，其所谓性，实相当于朱子所说的情。

3. 荀子所说的礼义，实即是道，其层位与朱子之性理相同。

如果将荀子的“礼义”换成“性理”，则其系统实与朱子相近似。“心”能知觉，能思虑，能选择，能判断，但心只能明理而不即是理，只能知道而不即是道。“情”（荀子所说之性，实即是情）可以概括生物本能、生理欲望、心理情绪，而气质之偏杂亦系于此，所以是负面的，必须察识对治而加以导化。“性”（荀子所说的礼义之道，与此相当）是理，是道，是行为活动所当遵依的标准。依与这一步比对疏导，可以进而说第二点。

二、“化性起伪”与“化气合理”

荀子说：“性者，本始材朴也。伪者，文理隆盛也。无性，则伪无所加；无伪，则性不能自美。”本始材朴的性，是施设人为的底子（无性，则伪无所加），而人事之伪，则是矫饰或美化性的工夫（无伪，则性不能自美）。性虽不能自美，但加上伪的工夫，则可以成就“文理隆盛”之美善。可见善不出于性，而出于伪，所以荀子主张“化性起伪”。

依朱子，善是从性理上说，在心上则不能直接说善，必须理寓于心以成德，而后才能说善。所以朱子有“心有善恶，性无不善”之言。而情的善恶，则看情之发是否顺性合理，而情本身并不能决定它是善或是恶。依朱子涵养察识之说，涵养是涵养心气之灵，这是对心而言；察识是察识心气之发，这是对情而言。心与情皆属于气，而涵养察识的目的，亦无非要使气（心、情）顺性合理以成就行为之善。如此，则以“化气合理”来说朱子的心性工夫，似乎亦无不可。（按，就心而言，是通过涵养工夫以澄化私意杂念，使之近合于理而具理；就情而言，是通过察识工夫以导化情在偏杂，使之发而中节合理。）

兹简括大意如下：

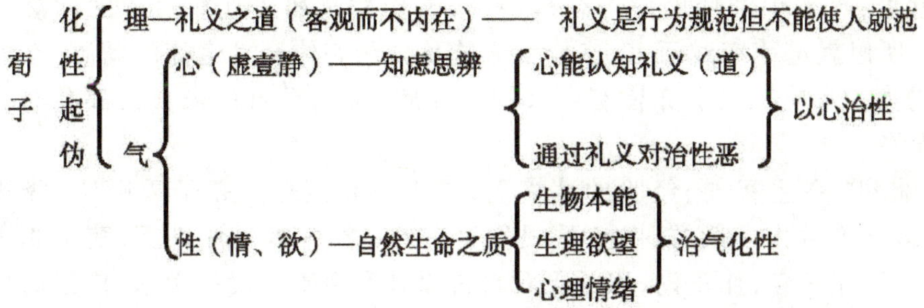

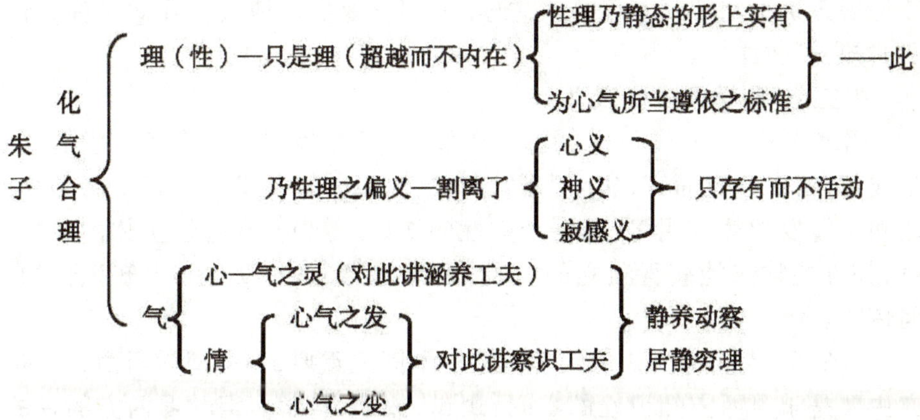

从“理”这一层看，荀子所讲的礼义乃圣人所创制，是人为的；但圣人“伪起而生礼义”，并不是系于他的德性，而是系于他的才能，在人（含圣人）的性分之中并没有礼义，所以礼义“客观而不内在”。而朱子的性理则通于天道，并非人为（就此而言，自与荀子之礼义不同）。但朱子义的性理，并不内在于心（与心相隔为二）；必须通过涵养摄取，而后心静理明，理寓于心而后乃可成德，故朱子所谓“心具众理”，实乃后天的当具，而不是先天的本具（若是先天本具，便应说“心即理”矣）。因此，直就朱子的性理而言，毕竟是“超越而不内在”。据此而论，荀子的礼义与朱子的性理，皆只是行为活动或心气活动所当遵依道德标准，而它本身并不含具活动意义，不能作为道德实践的动源。故荀子与朱子皆为他律道德（与如今主流的自律道德有着根本上的差异）。

在“气”这一层，荀子所说的心，与朱子所说的心，同属知性层（非德性层）的认知心；荀子就心而说的虚壹而静的工夫（虚壹而静谓之大清明），与朱子所说的涵养工夫（养得镜明水止、心静理明），亦实相通而不相异。荀子所说的性，与情、欲同层同位，自与朱子所说的情相当；而化性起伪以成就善，与察识情变而使之合理中节，亦同样是属于他律道德的助缘工夫。所以就道德实践而言，二家都未能从先天心体开发道德的动源，在内圣成德的本质工夫上亦皆有所欠缺。在此，可以看出荀朱二家都是渐教的性格。

此外，在主智的、经验的性格上，二人亦相近似。荀子重师法，隆积习，朱子亦致力于读书讲论，重视下学工夫。在学术批评方面，荀子非十二子，又作正名，作正论；朱子更对自古以来及南宋当代的学术，广泛而持续地展开讲论与评议。而二人之学，亦同显厚实而博大。凡此种种，皆人所共知，可勿详论。

第三节 荀学的时代意义

儒家之学，自孔子以来，便以"仁智双彰"为模型。但内圣之学的本质是成德，所以究竟而言，实为"摄智归仁，仁以养智"。这里的智，乃是德性之知所显发的德慧明智（不同于知性的知识之知）。在德性主体的笼罩之下，知性主体未能获得独立的发展，因此，儒家亦并没有开出知识性的学问传统。

在今天，人人都已认识到知识性的学问之重要，而所谓学习西方文化，亦主要是学习西方知识性的学问：逻辑、数学、科学。但学习西方的目的，是要使中国文化获得进一步的充实和发展，而不应该只是文化的移植；即是说是移植，亦必须落土生根，自力滋长。然则，中国文化的土壤，能不能产生科学知识？能不能开出知识性的学问传统？李约瑟主编的《中国科学文明史》，虽然足以证明中国民族有很高的科学心智，但我们还是愿意承认：中国并没有开出知识性的"学统"。以往所谓学统，是合道统而说的，那是内圣之学，成德之学，而不是知识之学。知识之学不能直接从德性主体开，而必须从"知性主体"开出来。

然则，在中国传统的学术思想中，哪一家的思想透显了"知性主体"？也许有人说是名家或墨家，其实，名家表现的逻辑心灵是不平正不健康的，琦辞诡辩的方式亦不足以透显知性主体。墨辩之中虽然讨论到科学知识的问题，但墨家所表现的乃属实测之知，其质朴实用的态度，亦不能透露清明的理智以开出名数之学。因此，从中国文化心灵中透显知性主体，仍当求之于儒家，而荀子即其选也。

荀子的思路，与儒家正宗的重仁系统似乎格格不入，反而与西方重智系统相接近。荀子之学，虽然不是面对逻辑而以逻辑名数为主题，但荀子实具逻辑名数之心灵。荀子用心的重点虽然不是落在知识性的问题上，但其基本精神与学术性格，则是主智的、经验的。居今日而谈中国文化之新开展，其首要之事即在调整民族文化心灵的表现形态，以透显知性主体，成立理解形态；而荀子正可提供这一个思想的线索。他的心论、名论与天论，亦都是顺这个线索而展现。因此，要在中国文化或儒家重仁的系统中，使知性主体充分透显出独立起用，以自本自根地开出知识之学，荀子的思路是必须郑重正视而加以疏导的。而荀学的时代意义，亦主要是落在这里说。

另外，荀子雅言知统类，一制度，明分使群，辨治群伦，对于作为"构成社会人群之法式"的礼宪，尤特为郑重，故能彰显"礼义之统"。荀子所表现的客观精神，不但对儒家有其重大的贡献，对当前国家之政治社会而言，亦有其重大的意义。

陶德麟[①]《孟荀论性平议》

读孟荀二子论性诸篇，未尝不以为淆乱纷纭，瞠乎不知所是也。斯二子者皆为一代通儒，孔门巨擘，各本所见，发为高论，宜乎使后之学者踟蹰歧道而无所适从。然读古人书贵能辨析精微，疏理棼乱。小子颂习之余，不敢不深思细析，以探底蕴。

性者何？生之质也。自古治国家者不可不察人之性，必察人之性而后可以定治世之大计。性善则因其善而诱之；性恶则抑其恶而教之。故孟荀性善性恶之争，非欲以诡辩逞其异能，盖欲穷究人性以为施政者之本耳。近世政治家亦须研究心理学，职是故也。

孟子主性善，以为仁义礼智非由外铄我，我固有之。今人之性恶者皆由不得其导，不得其养，或益以戕贼，故斫而丧之使然。若使天下人自得其性，更扩而充之，发扬而光大之，则人之向善也若火燃泉达，莫之能御，是以人皆可以为尧舜。又谓尽性之道，莫善于养浩然之气，以直养而无害则塞乎天地之间。荀子主性恶，以为目好色，耳好声，骨体肤理好愉佚，皆生于人性。顺人性则悖于礼义文理，存礼义文理则悖于人性。欲兴礼义文理，则必化性起伪，以教育强人为善。为学积善而人自可以为禹。

以余观之，二子之说皆失之一偏。何则？请论列之。

孟子谓人性无不善；人生而有恻隐、羞恶、辞让、是非之心，是为仁义礼智之端。此说即未必尽然。今人乍见孺子之将入于井而有怵惕恻隐之心，非所以内交于孺子之父母，非所以要誉于乡党朋友，亦非恶其声而然；

① 陶德麟（1931—　），湖北武汉人，武汉大学哲学教授。

故无恻隐、羞恶、辞让、是非之心则非人矣。余谓此事虽非思而得之，勉而中之者，然且未可视为无假于外力。夫人堕地以来，见闻何止千万。察其中不免有关于死者，关于落水者，关于丧子之痛者，遂于不知不觉中形成所谓潜意识而不自觉。及其乍见孺子之将人于井，乃蓦然触动此日就月将之潜意识，故恻然心动耳。倘有一毫无生活经验之孺子于此，彼不知死亡为何物，亦不知入井之后果，其自身入井尚不知其危，见他人将入于井则必更漠然无所动心矣。由是观之，所谓恻隐之心实生于潜意识，而潜意识者又构成于生活经验，假外力而成者也。谓其为人之本性，岂理也哉？至于羞恶辞让是非之心，则无之者多矣；即或有之，亦假外力而成。匝月婴儿有之乎？性善之说之未能得实也晓矣。

然而荀子性恶之说可谓得实乎？曰：否，不然也。荀子责孟子性善之说有若无懈可击，细究之亦不免破绽时生，罅隙屡见，特荀子气盛而不自知耳。如荀子《性恶》有云："今人之性，生而好利焉。"此一大前提即大不稳固。人性是否生而"好利"，未经证明之前，孰能必之？东邻之子好锦衣，果未受外界一丝一毫之影响乎？未可必也。苟已知凡人生而有好利、疾恶、残贼、声色之性，则虽愚人亦知高唱性恶矣，恶用荀子？无参验而必据之，大病也。又谓"凡礼义者，是生于圣人之伪，非故生于人之性也"，"故圣人之所以同于众其不异于众者，性也；所以异而过众者，伪也"，"散圣人化性而起伪"，则余惑滋甚。圣人亦人耳，既与众人同性，则人性既恶，圣人亦必性恶，将以何物化众人之性而起礼义之伪乎？试冥想上古蛮荒之世，人性俱恶，人人所思皆好利疾恶残贼声色之事，则圣人者恶乎生，何自出？天降之乎？礼义者何自起？天制之乎？兴言及此，则孟子杞柳桮棬之说不为无据。伪者必顺人之性；性之所无，虽欲伪而不可得也。子能戕贼杞柳之性以为栖椿乎？抑以水火为桮棬乎？

二子之偏则既言之矣。介乎二者之间者厥为告子之说。告子以为人性无善无不善，由水之无分于东西。斯说虽似平正，而亦未能得实，故孟子屡折之也。如生之谓性一说，无异谓知觉运动即是性，岂其然耶？朱子谓生乃人之所得于天之"气"，性乃人之所得于天之"理"，可知生与性非一物也。生而有性，不必生即是性。故犬牛与人同生而不与人同性，其理固昭然也。

以余度之，人之性善恶毕备，若琴瑟之具五音然。扬其善而抑其恶，斯为善矣；张其恶而扼其善，斯为恶矣。世之有善恶，由人性之有善恶。惟抑扬张扼之不同，斯善恶之互异焉。

荀细读孟荀之书，二子亦未尝无人性善恶皆备之意。孟子尝言形色皆天性，惟圣人可以践形，荀子亦非绝口不言性善，有例也，特未肯言之过明耳。然则二子何以各执一端乎？盖孟子惟恐人之自暴自弃，故以性善之说勉之；荀子惟恐人之故步自封，故以性恶之说警之。大贤之用心苦矣，岂如后世苏张之徒，先意旨，谋苟合，以口舌干人主，求万钟禄者为哉？

1948 年作

董治安[①]《荀卿书若干问题的探讨》

刘向的校书，除“去其重复”外，一般不会对原《孙卿书》作任意草率的修改，而只能力求保留旧有面目之本真。今本《荀子》三十二篇，应该大体就是西汉成帝时传世《孙卿书》诸本所见篇目的忠实“第录”。有的研究者轻易怀疑今本《荀子》系“东拉西扯”“杂凑而成”，难以令人信从。

需要指出的是，秦以前流传的《荀卿书》，除荀卿自著论文外，还应包括一些成于荀卿弟子之手的文字。晚周诸子，一般都有设教聚徒的活动；其思想学说的发表，有的最早也就带有讲义的性质，或者竟由弟子记录、整理而后写定。《荀卿书》可能亦是如此。

今传荀卿著作中，有几篇时见“孙卿子”之称，或仅以某类史料排列敷衍成文，极可能就是弟子接闻于老师之语，其中包括“难疑答问”之类的记录。这类篇章有的可能成文稍迟，但同样是荀卿书初始流传阶段的重要组成部分。

高正[②]《〈荀子〉版本源流考》“结语”

综上所述，得《荀子》版本源流脉络及流传概况如下：

西汉刘向校定《孙卿书》三十二篇，乃《荀子》成书之始。其后，有人将三十二篇分为十二卷，十二卷本遂取代三十二篇未分卷本。唐杨倞据十二卷本《孙卿书》作注，分为二十卷，并改书名为《荀子》。杨注《荀子》写本系统在流传中似分化出至少两种文字颇有出入之写本。其一乃北宋熙宁监本之祖本，其二乃南宋二浙西蜀本与监刻“四子纂图互注”本之祖本。熙宁本之翻刻本有台州本、浙北本、朝鲜古刊本。三本均有影抄或摹抄

---

① 董治安（1934—2012），江苏徐州人，著名文史学家，山东大学教授，著有《先秦文献与先秦文学》《荀子汇校汇注》等，主编有《两汉全书》等。

② 高正（1954—　），江苏泰州人，任职于中国社会科学院哲学研究所。著有《诸子百家研究》《〈荀子〉版本源流考》等。

本,台州本又有《古逸丛书》影刻本。监刻“四子纂图互注”本之翻刻本盖有龚士卨《五子纂图互注》本、纂图分门类题注本、删“纂图互注”巾箱本、建安书坊《纂图互注重言重意四子》本等,龚氏《音点大字荀子句解》盖亦由之出。其后,坊间合龚氏“五子”与建安“四子”,又增入《列子》,刊为《纂图互注重言重意六子》,此书元、明翻刻本甚多。明许宗鲁据其元翻刻本正文,刊成白文“六子书”。许本又有芸窗书院、耶山精舍翻刻本。明谢汝韶据元翻纂图互注重言重意本正文刊成白文“二十家子书”本,清崇文书局又刊有“子书百家”本。南宋钱佃本以熙宁监本为底本,取二浙西蜀诸本参校刊成。钱本又有摹抄本。明世德堂本盖取元纂图互注重言重意本与钱佃本合校而成。世德堂本之翻刻本众多,明虞九章、王震亨订正本、《四库全书》本等亦由之出。明吴勉学“二十子全书”本乃取世德堂本正文刊成。明季若干评注本正文亦多据世德堂本。清卢文弨、谢墉取摹抄浙北本、元纂图互注重言重意本、世德堂本、虞王订正本等合校而成谢刻本。日本久保爱《荀子增注》乃以日本平安书林翻刻世德堂本为底本,以台州本、元纂图互注重言重意本、谢刻本等参校而刊成。清王先谦《荀子集解》则以谢刻本为底本,参校台州本、虞王订正本而刊成。

诸刊本中,以熙宁系统本刊刻最精,误文亦较少。熙宁系统现存最古者为南宋浙北翻刻本,版本价值最高者为《古逸丛书》影刻台州本。另纂图分门类题注本、删“纂图互注”巾箱本版本价值亦极高。纂图互注系统本虽刊刻欠精,然正因其未经校改,故亦多有可补熙宁系统本误夺缺失之处。该系统现存最早版本为南宋坊刻元明递修本。赵子惠旧藏元刻明印本乃此系统之重要版本,其中补足递修本夺文多处,然亦增若干误字,其后翻刻者多以之为据。南宋钱佃本为最早之合校本。世德堂本乃以纂图互注系统本与钱佃本合校之重要版本,其刊刻尚佳,然误字亦多。其后,谢刻本、《荀子增注》本、《荀子集解》本更取诸本合校。合校本之流弊乃易取舍未精、谬从误文,此病校勘大师卢文弨辈亦未能免。《荀子增注》《荀子集解》乃合校本之稍佳者。取诸本合校,一时成为《荀子》版本发展之主流。

据《荀子》各版本之刊刻时代及书目著录,可推知其流传概况。北宋熙宁以前,《荀子》无刊本,藉写本以流传。熙宁监本流传于北宋熙宁元年以后至南宋前期。南宋前期又有二浙西蜀本、闽本等坊间俗本流传。台州本、钱佃本流传于南宋淳熙八年以后,光宗以后有纂图分门类题注本流传,宁宗以后又有浙北本流传。南宋中期又流传监刻“四子纂图互注”本、坊刻删“纂图互注”巾箱本、龚士卨“五子纂图互注”本、“音点大字荀子句解”本等。南宋后期历元代直至明初，纂图互注重言重意诸本大行。明中期以后，世德堂本及其诸翻刻本大行，直至清朝中期。明中后期同时流传数种白文诸子汇刻本及评注本。清中期以后，谢刻本及其翻刻本大行，直至清末为王先谦《荀子集解》所取代。由清末至今，通行本为《荀子集解》及其翻刻本，新注本亦多以之为据。

今统观现存《荀子》版本，此书之校勘，似宜取《古逸丛书》影刻南宋台州本为底本，而以南宋浙北刻本、南宋刊删“纂图互注”巾箱本、南宋刘旦校刻纂图分门类题注巾箱本及南宋坊刻元明递修本为主要参校本。得此五本，有校勘价值之《荀子》异文资料，则已略尽完备，其余诸本文字，纵偶有可取者，亦甚寡矣。

案：高正《〈荀子〉版本源流考》是全面调查研究《荀子》版本问题的一项重要成果。作者将《荀子》52种重要版本逐一考核校勘，详加分析比较，归纳为18个系统，指出每一系统的特征，主要是版式、行款、字体、讹误、衍夺、讳字等，探索其渊流及递变过程，考订其刊刻年代，评论其得失。所涉及的不同版本凡百多种。力求根据详实材料作出判断，遇有文献无征或材料不足的情况，则采取阙疑态度，表现出谨严的学风。又列有《〈荀子〉版本源流示意图》，表明各重要版本的纵向和横向关系，脉络清晰，一目了然。其附录的《〈荀子〉宋椠善本重要异文校勘记》，实即《荀子》善本异文集校。作者为我们阐述了各版本《荀子》的优劣，为深入研究提供了宝贵的资料。

附　录　荀学著述编目一览

中国内地荀学著述编目[1]

《孙卿新书》,十二卷,刘向
《孙卿子治要》,一卷,魏徵, 631 年,存于《群书治要》
《荀卿子要语》,马总, 786 年,见于《意林》
《荀子注》,二十卷,杨倞,818 年
《非荀》,二十八篇,吴申,1063 年,《国史志》著录
《荀子考异》,一卷,钱佃,1181 年
《荀子注》,赵汝谈,1184 年,《宋志》著录
《荀子法语》,一卷,洪迈,1188 年
《校勘荀子》,二十卷,黎錞,1193 年,《宋志》著录
《纂图分门类题注荀子》,二十卷,刘旦,1194 年
《荀杨问答外》,叶适,1222 年,《千顷堂书目》著录
《荀子注》,洪咨夔,1236 年,《宋志》著录
《纂图互注荀》,二十卷,龚士卨,1260 年
《音点大字荀子句解》,二十卷,龚士卨,1260 年
《削荀子疵》,一卷,陈之方,1267 年,《宋志》著录
《孔荀异同》,梅鹗,1521 年,《安徽通志·艺文志》著录
《读荀志》,梅鹗,1521 年
《荀子摘抄》,方鹏,1521,《传是楼书目》著录
《校刻荀子》,顾春,1530 年
《荀子类纂》,一卷,沈津,1567 年
《荀子辨》,徐绩,1571 年,《广说郛》第四十卷内
《荀子要语》,桂天祥,1576 年
《荀子要语》,陈文灵,1581 年,阮廷卓《荀子书录》著录
《荀子粹言》,陈继儒,1587 年,《国学现目》著录,在《古今精言》内
《荀子类语》,陈继儒、王衡,1639 年,在《诸子类语》内

[1] 1949 年后论文期刊网可查询,故不录。

《荀子玄言评苑》,陆可教、李廷机,1587年,一卷

《荀子品节》,二卷,陈深,1591年

《删注荀子》,二卷,王纳谏,1612年,《贩书偶记》著录

《订正荀子》,虞九章、王震亨,1615年

《评点荀子》,孙矿、月峰老人,1615年

《荀子评》,二十卷,孙矿,1615年

《荀子评注》,二十卷,孙矿、锺惺,1615年

《荀子嫏嬛》,一卷,锺惺,1625年

《荀子文归》,一卷,锺惺,1625年

《荀子品汇释评》,一卷,焦竑、翁正春、朱之蕃,1616年

《评点荀子》,归有光、文震孟,1625年

《荀子类编》,李元珍,1625年

《荀子奇赏》,二卷,陈仁锡,1626年

《校订荀子》,二十卷,钱受益、钟人杰,1626年

《评注荀子》,二十卷,王道焜、钟人杰,1626年,《文求堂展观书目》著录

《荀子》,一卷,归有光选评,1626年

《荀子拔萃》,李云翔,1627年

《荀子评》,金堡、范方,1642年,《尊经阁文库丛籍分类目录》著录

《荀子节阅》,薛宏绎,1644年

《荀子》,一卷,李檠,1644年

《荀子著书》,二卷,马骕,1677年

《荀子大醇》,胡具庆,1722年,《河北通志稿》著录

《荀子汇考》,陈梦雷、蒋廷锡,1726年,在《古今图书集成经籍典》内

《删定荀子》,一卷,方苞,1736年,在《抗希堂十六种》内

《荀子存校》,王懋竑,1742年,在《读书记疑》内

《荀子校本》,二十卷,葛应祯,1745年,《诸子要目》著录

《荀子微言》,一卷,惠栋,1758年,《铁琴铜剑楼藏书目录》著录

《校批荀子》,惠栋,1758年,《著砚楼书跋》著录

《荀子大义录》,薛炳,1775年,《粹芬阁珍藏善本书目》著录

《删录荀子》,刘大櫆,1779年,《海峰先生文集》著录

《荀子笺释》,二十卷,谢墉,1786年

《荀子校勘补遗》,一卷,谢墉,1786年

《荀卿子述记》，任兆麟，1787年
《荀子古韵》，姚文田，1804年
《荀子补注》，　卷，刘台拱，1806年
《荀子选》，二卷，张道绪，1811年
《荀子韵读》，江有诰，1814年
《荀卿子通论》，汪中，1815年
《荀子正误》，二卷，陈昌斋，1820年
《荀子丛录》，洪颐煊，1822年
《荀子补注》，二卷，郝懿行，1824年
《校本荀子》，王友光，1824年，《著砚楼书跋》著录
《荀子杂志》，八卷，王念孙，1829年
《荀子杂志补遗》，一卷，王念孙，1830年
《校荀子》，顾广圻，1829年
《手校荀子》，丁晏，1845年，《著砚楼书跋》著录
《荀子新书辑注》，四卷，顾宗伊，1848年
《荀子平议》，四卷，俞樾，1870年
《荀子诗说》，一卷，俞樾，1870年
《荀子诗说笺》，黄朝槐
《荀子续校》，徐树百，1884年，张元济《涉园序跋集录》著录
《荀子集注》，二十卷，胡元仪，1890年，未刊，李笠《三订国学用书撰要》著录
《荀卿别传》，胡元仪，1890年
《荀子集解》，二十卷，王先谦，1891年
《荀子集解考证》，二卷，王先谦，1891年
《荀子文粹》，五卷，李宾诠，1897年
《荀子钞》，蒋德钧，1899年
《读孙卿子札记》，二卷，陶鸿庆，1900年
《荀子点勘》，二十卷，吴汝纶，1903年
《荀子杨倞注札迻》，孙诒让，1905年
《荀子考异识误》，缪荃荪，1905年
《荀子枝语》，文廷式，1906年
《荀子词例举要》，刘师培，《国粹学报》3卷6—12期，1907年
《荀子名学发微》，刘师培，《国粹学报》3卷7期，1907年

《荀子补释》,刘师培,《国粹学报》4卷8期、5卷12期,1908年—1909年

《荀子校释》,八卷,孙师郑,1910年

《荀子续校笺》,二卷,于鬯,1911年

《荀子佚文》,一卷,王仁俊,1911年,《丛书综录》著录

《荀子微》,王黼炜,1911年,在《槐荫丛书》内

《荀子词例举要》,刘师培,1912年

《荀子补释》,刘师培,1912年

《荀子校补》,刘师培,1912年

《荀子佚文补辑》,刘师培,《中国学报》1期,1912年11月

《荀子东释》,作者不详,1912年

《荀子斠补》,刘师培,《中国学报》3—5期,1913年1—3月

《荀子札记》,杨守敬,1914年

《荀子精华》,无名氏,1914年

《荀子非十二子篇解》,廖平,《国学荟编》7卷8期,1914年

《读荀子》,陈三立,《东方杂志》13卷10期,1916年10月

《读荀子书后》,吴虞,《新青年》3卷1期,1917年3月

《荀子发微》,江瑔,1917年

《荀子菁华录》,张之纯,1918年,上海商务印书馆,《评注诸子精华录》本

《荀子议兵篇节评》,刘光赞,1919年

《荀子性善证》,三卷,姜忠奎,1920年

《荀子小笺》,邵瑞彭,《唯是》3期,1920年7月

《荀子性恶篇评议》,冯振,《学艺》2卷8期,1920年11月

《荀卿学案》,六卷,熊公哲,1922年

《荀子正名篇释诂》,刘念亲,1923年

《白话荀子读本》,叶玉麟,1923年

《荀卿考》,游国恩,《读书杂志》18期,1923年

《荀子论》,太虚,《华国》1卷4—7期,1924年

《荀子学说》,胡韫玉(朴安),1924年

《荀子传略》,陈登元,《国学丛刊》2卷1期,1924年

《孙卿子札记》,陶鸿庆,《国学丛刊》2卷2期,1924年

《荀子补释自序》,刘师培,《国学丛刊》2卷2期,1924年

《荀子正名篇诂释》,刘念亲,《华国》1卷10、11期,2卷1、3、5、7、9期,1924年6月—1925年10月

《荀子选粹》，刘永济，1925年

《新式标点荀子集解》，高岳岱，1925年

《荀子哲学》，陈登元，1925年

《读书示例——〈荀子〉》，梁启超，《清华周刊》24卷11—13期，25卷3、5期，1925年11月—1926年3月

《荀子选注》，叶绍钧，1926年

《荀子研究》，陶师承，大东书局，1926年

《荀子正名篇札记》，刘盼遂，《清华周刊》25卷10期，1926年4月

《荀子》二十卷，四部丛刊本(影古逸丛书本《荀子》)，上海商务印书馆，1926年

《荀子评诸子语汇释》，梁启超，1927年

《荀子正名篇》，梁启超，1927年

《读荀子》，马其昶，《民彝》1卷4期，1927年5月

《荀子治要》，张文治，1927年

《荀子非十二子篇释》，方光，1927年

《评荀子所言之尧舜禹汤文武周公孔子》，郑译，《语历所周刊》1卷9期，1927年12月

《读荀子》，姚永朴，《民彝》1卷10期，1928年3月

《荀子正名篇诂释补正》，刘威炘，1929年

《荀子书疏》，刘威炘，1929年

《读荀三论》，吴光韶，《学衡》69期，1929年5月

《荀子柬释》，梁启雄，1929年

《荀子学说研究》，杨大膺，1930年，上海中华书局1936年排印本

《荀子哲学的中心点》，魏世珍，《学艺》10卷1期，1930年2月

《荀子导言》，邱彬，《哲学月刊》2卷6期，1930年4月

《荀子名学之定义及现代伦理学之内容》，何兆清，《中央大学半月刊》1卷13期，1930年5月

《大学为荀学说》，冯友兰，《燕京学报》7期，1930年6月

《荀子性恶篇讲记》，冯振，《学艺》10卷9期，1930年11月

《荀子研究》，杨筠如，1931年，上海商务印书馆《国学小丛书》排印

《荀子解蔽篇札记》，冯振，《暨大文学院集刊》1卷，1931年1月

《荀子论礼通释》，罗根泽，《女师大学术季刊》2卷2期，1931年4月

《读荀笺记》，高亨，《东北丛刊》17期，1931年5月

《荀子校释遴纂(劝学篇)》,梁启雄,《重华》1卷1期,1931年5月
《荀卿学案》,熊公哲,中华书局,1931年
《荀子新笺》,高亨,1932年
《荀子札记》,李笠,1932年
《荀子政治学说》,周昶旦,《国专丛刊》1期,1932年1月
《荀子的认识论》,杨大膺,《世界旬刊》13期,1932年8月
《荀子注》,二十卷,孙德谦,1932年,未刊
《荀子哲学》,帅雄,《集美周刊》3卷2—9期,1933年3—5月
《荀子法后王说》,李桂生,《励学》1期,1933年12月
《荀子与霍布》,李俊,《珞珈》1卷4期,1934年2月
《荀卿的韵文》,张长弓,《岭南学报》3卷2期,1934年4月
《荀子政治思想的探讨》,吴实明,《政治月刊》16期,1934年9月
《荀子余论》,李源澄,《国风半月刊》5卷10、11期,1934年
《荀子札记》,邓戛鸣,1934年
《荀子教育学说》,余家菊,中华书局,1935年;首都师范大学出版社,2011年
《荀子集解补正》,陈柱,1935年
《荀子正名篇讲记》,谭戒甫,《东方杂志》32卷7期,1935年7月
《荀卿政治思想概论》,顾迈修,《国专月刊》1卷5期,1935年7月
《荀子札记》,邓戛鸣,《国学专刊》2卷2期,1935年9月
《荀子札记》,冯振,1935年
《自孟荀至闫戴之性论》,张君励,《新民月刊》1卷4、5期,1935年9—10月
《荀子哲学及其方法论》,陈召培,《仁爱月刊》1卷6—8期,1935年10月
《荀子的根本思想》,仲发,《文化与教育旬刊》77期,1936年1月
《荀子心理学研究》,王荣曾,《学术世界》1卷8期,1936年1月
《读王先谦荀子集解札记》,潘重规,《制言》12期,1936年3月
《荀墨政治哲学》,严挺,《学术世界》1卷10期,1936年4月
《荀子余义》,蒋礼鸿,《中国文学会集刊》3期,1936年8月
《荀注订补序》,钟泰,《中国文学会集刊》3期,1936年8月
《荀子订补》,钟泰,商务印书馆,1936年
《荀子的政治学说》,匡祝三,《读书青年》1卷3期,1936年8月
《荀子教育哲学》,杨俊,《周行半月刊》17、18期,1936年9月

《荀子札记》，王文蔚，《国专月刊》2卷1期，1936年9月

《荀子的哲学》，高名凯，《人生评论》1期，1936年10月

《荀子札记》，邓戛鸣，《国专月刊》2卷1、2、5期，1936年9月—1937年1月

《荀子哲学纲要》，刘子静，商务印书馆，1937年，1980年

《荀子乐论发微》，周策纵，《学术世界》2卷3、4期，1937年1月

《荀子哲学思想大要》，李麦麦，《文化建设》5卷10、11期，1937年2月

《荀子札记》，章书篇，《学风》7卷2期，1937年2月

《荀子真伪考》，张西堂，《史学集刊》3期，1937年4月

《荀子议兵篇书后》，王纬寰，《国学》1卷2期，1937年5月

《荀子名学试辑》，梁德舆，《清华月刊》1卷1期，1937年5月

《荀子管窥》，王文蔚，《国专月刊》5卷5期，1937年6月

《荀子新证》，四卷，于省吾，1937年

《新学伪经考驳谊（国学小丛书）》附荀子引诗同毛证，符定一，商务印书馆，1937年

《荀子书考》，张心澂，1939年

《读荀子小笺》，杨树达，1939年

《荀子的人生哲学及政治哲学》，罗根泽，《时代精神》2卷1期，1940年2月

《荀子学案》，王恩洋，四川内江：东方文教研究院，1945年

《荀子选注》，张默生，1947年

《荀子论心性》，姚翰园，《历史与文化》1期，1947年1月

《论荀学》，缪钺，《思想与时代》36期，1947年9月

《荀子从宋尹黄老学派接受了什么？》，杜守素，《中国建设》4卷3期，1947年10月

《荀子管见》，金其源，1948年

《荀子性恶说微实》，李循范，《东方杂志》47卷7期，1948年7月

《荀子读本》，谭正璧，1949年

《荀子引得》，哈佛燕京学社引得编纂处，上海古籍出版社，1949年，1986年

《十批判书》，郭沫若，东方出版社，1955年

《荀子简释》，梁启雄，北京古籍出版社，1957年；中华书局，1983年

《荀子选》，方孝博，人民文学出版社，1958年

《荀子：公元前三世纪中国唯物主义哲学家》，李德永，上海人民出版

社，1959年

《荀子》，朱砚夫，中华书局，1963年，1982年

《礼法之间：〈荀子〉》，朱岚、方克立，中国民主法制出版社，1970年

《荀子简注》，章诗同，上海人民出版社，1974年

《荀子选注》，吉林大学《荀子》注释组，吉林人民出版社，1974年

《从荀子思想看儒法的对立》，劲云戈等，山东人民出版社，1974年

《人定胜天是荀子的革命哲学》，吉林大学大批判组，海军北海舰队政治部印，1974年

《商鞅 荀况 韩非 音乐论述评注》，中央五七艺术大学音乐学院理论组，人民音乐出版社，1975年

《荀子选注》，天津《荀子选注》三结合注释组，天津人民出版社，1975年

《〈荀子·天论〉评注》，首都钢铁公司炼钢厂白云石车间工人理论小组，中华书局，1975年

《论荀子的哲学思想》，夏甄陶，上海人民出版社，1979年

《荀子新注》，北京大学《荀子》注释组，中华书局，1979年

《荀况思想研究》（增订本），胡玉衡、李玉安，中州古籍出版社，1983年

《孔子 孟子 荀子 乐论》，吉联抗，人民音乐出版社，1983年

《荀子诂译》，杨柳桥，齐鲁书社，1985年

《荀子》（附校勘补遗），丛书集成初编影抱经堂丛书本，卢文弨、谢墉校，中华书局，1985年

《荀子通论》，向仍旦，福建教育出版社，1987年

《荀况天人系统哲学探索》，汪国栋，广西人民出版社，1987年

《孔孟荀比较研究》，赵宗正等编，山东大学出版社，1989年

《景印宋本音点大字荀子句解》，杨倞注，国立故宫博物院，1990年

《傅山〈荀子〉〈淮南子〉评注》，傅山评注，吴连城释文，上海古籍出版社，1990年

《荀子选译》，雪克、王云璐，巴蜀书社，1991年；凤凰出版社，2011年

《白话荀子》，杨任之，岳麓书社，1991年

《荀子全译》，邬恩波、吴文亮，三环出版社，1991年

《荀学论稿》，郭志坤，上海三联书店，1991年

《荀子的智慧》，廖名春，延边大学出版社，1992

《荀子白话今译》，王森，中国书店，1992年

《荀韩语录》，杜敏军，中州古籍出版社，1992年

《荀子箴言录》,北京广播学院出版社,1992年

《〈荀子〉:警世之书》,蒋旺,春风文艺出版社,1992年

《人性的批判——荀子》,陈修武,海南出版社、三环出版社,1992年繁体字本,1998年简体字本,2005年;中国友谊出版社2013年

《〈荀子〉版本源流考》,高正,中国社会科学出版社,1992年;中华书局,2010年

《荀子新论》,方尔加,中国和平出版社,1993年

《荀子》,高正,新蕾出版社,1993年

《荀子绎评》,邓汉卿,岳麓书社,1994年

《荀子》,上海古籍出版社,1994年

《孔孟荀之比较——中、日、韩、越学者论儒学》,中国孔子基金会编,社会科学文献出版社,1994年

《荀子集解》,王先谦,山东友谊书社,1994年

《荀子全译》,蒋南华等,贵州人民出版社,1995年

《荀子传》,刘志轩、刘如心,花山文艺出版社,1995年

《荀子语录》,吕健,上海古籍出版社,1995年

《荀了译注》,张觉,上海古籍出版社,1995年,2012年

《〈荀子〉与现代社会》,熊良智、庄剑,四川人民出版社,1995年

《荀子——进取人生》,彭万荣,长江文艺出版社,1996年

《荀子与中国文化》,惠吉星,贵州人民出版社,1996年

《理性之光——荀子》,彭邦本,四川教育出版社,1996年

《治国名儒——荀子》,唐淑云,中国华侨出版社,1996年

《荀子补正》,骆瑞鹤,武汉大学出版社,1997年

《荀子》,廖名春等点校,辽宁教育出版社,1997年

《隆礼至法:荀子谋略纵横》,沈永宏、苏静编著,蓝天出版社,1997年

《合璧儒法:荀子的故事》,安家正,华文出版社,1997年

《荀子答客问》,王延洽,上海人民出版社,1997年

《荀子汇校汇注》,董治安、郑杰文汇撰,齐鲁书社,1997年

《荀子的故事》,安家正,东方出版社,1997年

《译注荀子》,方飞,人民日报出版社,1998年

《白话荀子》,孙安邦,三秦出版社,1998年

《荀子全译》,孙晓春,辽宁民族出版社,1998年

《大中华文库汉英对照:荀子》,约翰·诺布洛克、张觉,湖南人民出版

社/外文出版社，1999年
《荀学源流》，马积高，上海古籍出版社，2000年
《荀子校诂丛稿》，李中生，广东高等教育出版社，2001年
《旷世大儒——荀况》，郭志坤，河北人民出版社，2001年
《荀子治国之道简论》，吴雪玲，齐鲁书社，2001年
《后圣荀子》，刘庭尧主编，济南出版社，2001年
《荀子与儒家的社会理想》，韩德民，齐鲁书社，2001年
《荀子：注释本》，王杰、唐镜，华夏出版社，2001年
《荀子新注》，王其俊，西苑出版社，2001年
《宋浙北本〈荀子〉》（中华再造善本），北京图书馆出版社，2002年
《诠释学与先秦儒家之意义生成——〈论语〉〈孟子〉〈荀子〉对古代传统的解释》，刘耘华，上海译文出版社，2002年
《荀子韩非子的社会历史哲学》，周炽成，中山大学出版社，2002年
《荀子我言》，彭基博，长江文艺出版社，2003年
《荀子评传》，孔繁，南京大学出版社，2003年
《荀子与先秦学术的终结》，高专诚，山西人民出版社，2003年
《〈荀子〉单音节形容词同义关系研究》，黄晓冬，巴蜀书社，2003年
《荀子直解》，王云路、史光辉，浙江文艺出版社，2004年
《荀子礼学研究》，陆建华，安徽大学出版社，2004年
《荀子与〈荀子〉》，孙聚友，山东文艺出版社，2004年
《荀子礼学思想及其现代价值》，高春花，人民出版社，2004年
《荀子名言的智慧》，赖纯美、陈籽伶，岳麓书社，2004年
《荀子：王霸之道》，张国风，中国社会出版社，2004年
《20世纪前期的荀学研究》，江心力，中国社会科学出版社，2005年
《荀子校释》（上下），王天海，上海古籍出版社，2005年
《荀子虚词研究》，黄珊，河南大学出版社，2005年
《明分之道——从荀子看儒家文化与民主政道融通的可能性》，储昭华，商务印书馆，2005年
《〈荀子〉选评》，惠吉兴，上海古籍出版社，2006年
《荀子伦理思想研究》，王颖，黑龙江人民出版社，2006年
《荀子校注》，张觉，岳麓书社，2006年
《荀子名言》，齐鲁书社选编，齐鲁书社，2006年
《纂图互注〈荀子〉》（宋刻元明递修本），杨倞注，国家图书馆善本再

造，2006年

《荀子解故》，吴国泰，巴蜀书社，2006年

《荀子》，安继民注译，中州古籍出版社，2006年

《荀子故里话》，高剑峰，山西古籍出版社，2006年

《礼学视野中的荀子人学——以"知通统类"为核心》，吴树勤，齐鲁书社，2007年

《荀子思想的当代价值国际学术研讨会论文集》，山东大学、山东省临沂市人民政府编印，2007年

《荀子》，安小兰译注，中华书局，2007年

《荀子一百句》，东方朔（林宏星）解读，复旦大学出版社，2007年

《道德哲学之维——孟子荀子人性论比较研究》，李亚彬，人民出版社，2007年

《荀子》，杨朝明注说，河南大学出版社，2008年

《荀子王伯沆批注本》，王伯沆，广陵书社，2008年

《〈孟子〉〈荀子〉名句解读》，贺远宁，广东教育出版社，2008年

《〈荀子〉语法研究》，于峻嵘，河北教育出版社，2008年

《荀子的辩说》，陈文洁，华夏出版社，2008年

《荀子二十二讲》，梁启超等，华夏出版社，2009年

《荀子：治世的理想》，徐克谦，上海古籍出版社，2009年

《荀韩人性论与社会历史哲学》，周炽成，中山大学出版社，2009年

《荀子今注今译》，熊公哲，重庆出版社，2009年

《名家讲解荀子》，王天海，长春出版社，2009年

《荀子二十讲》，廖名春选编，华夏出版社，2009年

《荀子解说》（上下），张法祥、柯美成，华夏出版社，2009年

《名家与荀子》，牟宗三，吉林出版集团，2010年

《荀子评传》，郭志坤，中国社会出版社，2010年

《学不可以已：〈荀子〉重添注》，于峻嵘，科学出版社，2010年

《礼法之间：〈荀子〉》，朱岚，中国民主法制出版社，2010年

《荀子与儒家哲学》，路德斌，齐鲁书社，2010年

《先秦诸子经济思想的生态学阐释》，赵麦茹，社会科学文献出版社，2010年

《荀子》，杨倞注，东方朔（林宏星）导读，王鹏整理，上海古籍出版社，2010年

《重塑儒家之道：荀子思想再考察》，孙伟，人民出版社，2010年
《荀子思想研究：礼乐重构的视角》，王军，中国社会科学出版社，2010年
《影明世德堂本〈荀子〉》，顾春，吉林出版集团，2010年
《荀子》，方勇、李波译注，中华书局，2011年
《后圣荀子》，高剑峰，山西人民出版社，2011年
《荀子精粹》，王岩，中国时代经济出版社，2011年
《天然与修为——荀子道德哲学的精神》，王楷，北京大学出版社，2011年
《〈荀子〉精读》，林宏星，复旦大学出版社，2011年
《影宋刻本〈荀子〉》（翻印中华再造善本），黄山书社，2012年
《荀子思想与战国时期的礼学思潮》，李桂民，中国社会科学出版社，2012年
《荀子与战国学术思潮》，陈荣庆，中国社会科学出版社，2012年
《荀子新解》，司马志，中国纺织出版社，2012年
《荀学与西汉儒学之趋向》，余亚斐，安徽师范大学出版社，2012年
《荀子谋略》，沈永宏、苏静，蓝天出版社，2012年
《荀子精解》，刘建生，海潮出版社，2012年
《荀子原来这样说》，姜正成，中国华侨出版社，2012年
《西汉时期荀子思想接受研究》，刘桂荣，合肥工业大学出版社，2013年
《王者之道——〈荀子〉政治智囊》，李沈阳，海燕出版社，2013年
《荀子与兰陵文化研究》，卢永凤，山东人民出版社，2013年
《荀子分义研究》，陈光连，东南大学出版社，2013年
《荀子与当代中国》，侯廷生主编，武汉大学出版社，2013年
《荀子365：中英对照》，蔡洪波主编，武汉大学出版社，2013年
《荀子的故事——中国古代思想家的故事》，刘书刚著，袁辉绘，人民文学出版社，2014年
《荀子政治哲学思想研究》，谭绍江，华中科技大学出版社，2014年
《〈荀子〉新探》，廖名春，中国人民大学出版社，2014年
《荀子管理思想研究》，李慧芬，山东人民出版社，2014年
《直道而行：孟子和荀子》，张城，中州古籍出版社，2014年
《荀子思想研究》，康香阁、梁涛，人民出版社，2014年

中国港台地区荀学著述编目

《孟子性善说与荀子性恶说的比较研究》，陈大齐，台北"中央"文物供应社，1953 年

《荀子大略》，牟宗三，台北"中央"文物供应社，1953 年

《荀子学说》，陈大齐，中华文化出版事业委员会，1954 年；中国文化大学出版部，1989 年

《荀子集解补正》，龙宇纯，1955 年，《大陆杂志》第 11 卷第 8、9、13 期

《荀子斠证》，阮廷卓，越秀山房，1959 年

《荀子通论》，嵇哲，香港友联出版社，1959 年

《荀子集解》（排印本），谢墉、卢文弨校本，新兴书局，1959 年

《荀子校补》，赵海金，1959 年，《大陆杂志》第 21 卷第 3 期

《荀子书录》，阮廷卓，1961 年，《台湾师范大学国文研究所集刊》第 5 期

《读荀子札记》，张亨，1961 年，《大陆杂志》第 22 卷第 8、9 期

《宋本荀子考略》，阮廷卓，1961 年，《大陆杂志》第 22 卷第 11 期

《荀子校释》，赵海金，1961 年，《大陆杂志》第 23 卷第 9 期

《荀子补遗》，赵海金，1962 年，《大陆杂志》第 24 卷第 7 期

《荀子斠理》，王叔岷，1962 年，《历史语言研究所集刊》第 34 本，台湾世界书局 1964 年《诸子斠理》本

《荀子乐论》，吉联抗，1962 年，收《孔子 孟子 荀子 乐论》内，北平音乐出版社，1963 年

《荀子假借字谱》，张亨，1963 年，台湾大学文学院排印

《荀子讲义》，程兆熊，香港鹅湖书社，1963 年

《荀子非十二子篇辩证》，黄淑灌，油印，1966 年

《荀子思想体系》，姜尚贤，协益印刷厂油印，1966 年

《荀子研究》，杨筠如，台湾商务印书馆，1966 年

《荀子与古代哲学》，韦政通，台湾商务印书馆，1966 年，1997 年

《孔孟荀哲学》，吴康，台湾商务印书馆，1967 年

《荀卿学案》,熊公哲,台湾商务印书馆,1967年
《孟荀异同》,龚乐群,台湾凤山黄埔出版社,1968年
《荀子通段文字考证》,施铭灿,油印,1970年
《荀子解题及其读法》,叶衡,台湾商务印书馆,1970年
《荀子对人的认知及其问题》,张亨,《台大文史哲学报》第20期,1971年6月
《新译荀子读本》,王忠林,台湾三民书局,1971年
《荀子学说》,陈大齐,台湾华冈出版社,1971年
《荀子理论文研究》,杨连生,《台湾师范大学国文研究所集刊》第17号,1972年
《荀子读记》,严灵峰,《国学季刊》第4卷第1期,1973年
《荀子成圣成治思想研究》,刘文起,台湾师范大学国文研究所硕士论文,1973年
《荀子伦理学平议》,黄美贞,嘉新水泥文化基金会,1973年
《荀子的知识方法论》,赵文秀,学生书局,1974年
《荀子今注今译》,熊公哲,台湾商务印书馆,1975年
《孔孟荀哲学证义》,黄公伟,幼狮文化事业公司,1975年
《荀子书目》,严灵峰,在《周秦汉魏诸子知见书目》第3卷,正中书局,1977年
《无求备斋荀子集成》,严灵峰,成文出版社,1977年
《荀子要义》,周绍贤,台湾中华书局,1977年
《荀子疑义辑释》,饶彬,台湾兰台书局,1977年
《董仲舒与西汉学术》,李威熊,文史哲出版社,1978年
《荀子修身研究》,王孺松,新竹师范专科学校,1978年
《荀子集释》,李涤生,学生书局,1979年
《荀子之礼学研究》,陈飞龙,文史哲出版社,1979年,1991年
《荀子解蔽篇疏析》,郑力为,《鹅湖》5卷6、7期,1979年12月—1980年1月
《荀子训解补正》,毛子水,华正书局,1980年
《荀子简释》(附:荀子训解补正),梁启雄、毛子水,华正书局,1980年
《荀子天人关系之论旨析述》,周群振,《鹅湖》6卷4期,1980年10月
《论荀子的"知天"与"不求知天"之辨》,杨祖汉,《鹅湖》6卷5期,1980年11月

《荀子哲学纲要》,刘子静,台湾商务印书馆,1980年

《荀子天论篇以外的“天”论》,郑力为,《鹅湖》6卷7期,1981年1月

《荀子文论研究》,杨鸿铭,文史哲出版社,1981年

《人性的批判——荀子》,陈修武,时代文化出版事业有限公司,1981年

《荀子学说浅论》,吴茹寒,文津出版社,1982年

《孔孟荀礼学之研究》,陈飞龙,文史哲出版社,1982年

《孟子荀子性善性恶学说研究》,谢恒德,文源出版社,1982年

《论荀子的心性关系及其价值根源》,王邦雄,《鹅湖》8卷10期,1983年4月

《荀子哲学思想研究》,魏元珪,台湾东海大学出版社,1983年;谷风出版社,1987年

《荀子政治思想研究》,陈正雄,文津出版社,1983年

《荀子成圣成治思想研究》,刘文起,复文图书出版社,1983年

《孔孟荀哲学》,蔡仁厚,学生书局,1984年

《荀子今注今译》,熊公哲注译,台湾商务印书馆,1984年

《荀子学说析论》,鲍国顺,华正书局,1984年修订,1993年第3版

《荀子礼治思想之功用》,赖庆鸿,《东吴政治社会学报》第8期,1984年4月

《礼与法的层位及其效用》,蔡仁厚,《中国文化月刊》第59期,1984年

《从“天子不禅让”论荀子的政治思想》,蔡仁厚,《中国文化月刊》第61期,1984年11月

《荀子隆礼思想之分疏》,周群振,《鹅湖》10卷5、6、7期,1984年11月—1985年1月

《名家与荀子》,牟宗三,学生书局,1985年

《荀子的天人论及其人文理想》,曾春海,《鹅湖》11卷3期,1985年9月

《闽南话考证:荀子、史记、汉书例证》,黄敬安,文史哲出版社,1985年

《荀子集释》,李涤生,学生书局,1986年

《荀子论集》,龙宇纯,学生书局,1987年

《荀子诂释》,杨柳桥,台北仰哲出版社,1987年

《荀子思想研究》,周群振,文津出版社,1987年

《荀子之正名思想与理念间架析述》,周群振,《鹅湖》12卷9、10、11期,1987年3—5月

《孔孟荀学说》,陈大齐,台湾商务印书馆,1987年

《孟荀道德哲学》,魏元珪,谷风出版社,1987年

《孟荀道德实践理论之研究》,何淑静,文津出版社,1988年

《荀子集解》,王先谦,华正书局,1988年

《荀子礼法思想试论》,张亨,《台大中文学报》第2期,1988年

《荀子与两汉儒学》,徐平章,文津出版社,1988年

《荀子论人研究》,翁惠美,正中书局,1988年

《荀子天人思想研究》,周天令,南北出版社,1988年

《荀子性恶论析辩》,岑溢成,《鹅湖学志》3期,1989年9月

《从中国古代思想方式论较荀子思想之本色》,蔡锦昌,唐山出版社,1989年

《伦理论辩:荀子道德认识论之研究》,柯雄文著、赖显邦译,黎明文化事业股份有限公司,1990年

《荀子政治理论的宏观考察与时代》,张登及,《哲学与文化》第27卷第7期,1990年7月

《荀子非孟的思想史背景——论"思孟五行说"的思想内涵》,黄俊杰,《台湾大学历史学系学报》15期,1990年12月

《分的起源及其在荀子思想系统中的地位》,简淑惠,《孔孟月刊》第29卷第5期,1991年1月

《论荀子善从何来与价值根源的问题》,鲍国顺,《孔孟学报》第62期,1991年9月

《荀子乐论之研究》,吴文璋,联宝书局,1992年

《荀子的知识论初探》,萧楚珊,《鹅湖》18卷7、8期,1993年1—2月

《儒学的衍化与转向——荀子思想新论》,《孔孟学报》第66期,1993年9月

《荀子新探》,廖名春,文津出版社,1994年

《荀子学说评论》,谭宇权,文津出版社,1994年

《荀子的礼义之治与法治》,张才兴,《逢甲中文学报》,1994年4月

《荀子成德之学研究》,王毓琦,"中央"大学哲学研究所硕士论文,1994年

《荀子性恶论之意义及其价值》,陈德和,《鹅湖》20卷3期,1994年9月

《荀子之核心思想——"礼义之统"及其时代意义》,李哲贤,文津出版社,1994年

《〈荀子〉真伪考》,张西堂,明文书局股份有限公司,1994年

《荀子的音乐哲学》,吴文璋,文津出版社,1994年

《荀子“礼义之统”思想之理论依据》,李哲贤,《鹅湖》20卷7、8期,1995年1—2月

《荀子“礼”论与其政治思想的关联》,杨素珍,《孔孟月刊》第34卷第2期,1995年6月

《论荀子礼论的道德属性》,刘真伦,《孔孟月刊》第34卷第4期,1995年12月

《荀子政治理论与实践》,马国瑶,文史哲出版社,1996年

《荀子类的存有论研究》,杨长镇,文津出版社,1996年

《荀子政治理论与实践》,马国瑶,文史哲出版社,1996年

《荀子逐字索引》,何志华,香港商务印书馆,1996年

《拿捏分寸的思考——荀子与古代思想新论》,蔡锦昌,唐山出版社,1996年

《荀子的智慧》,廖名春,台北汉艺色研文化事业有限公司,1997年

《试论荀子“礼”的价值根源问题》,柳熙星,《鹅湖》22卷9期,1997年3月

《孔孟荀:儒家社会理想的历史形成》,韩德民,《孔孟学报》,1997年9月

《荀子性恶论的哲学透视》,韩德民,《孔孟学报》第76期,1998年9月

《墨荀的乐论及其中所描述的人之存在状态》,张靖亚,《鹅湖》24卷4期,1998年10月

《荀子思想新探》,吴复生,文史哲出版社,1998年

《荀子》(世界哲学家丛书),赵士林,东大图书出版公司,1999年

《孔孟荀礼法思想的演变与发展》,杨秀宫,文史哲出版社,2000年

《荀子天人观的哲学透视》,韩德民,《哲学与文化》,2000年2月

《天台宗与荀子“性恶”论之比较》,周德良,《鹅湖》26卷1期,2000年7月

《荀子的“身、礼一体”观——从“自然的身体”到“礼义的身体”》,伍振勋,《中国文哲研究集刊》19期,2001年9月

《“通”与“儒”:荀子的通变观与经典诠释问题》,陈昭瑛,《台大历史学报》28卷,2001年12月

《由老庄道家析论荀子的思想性格》,王邦雄,《鹅湖学志》27期,2001年12月

《儒学研究集》,鲍国顺,复文图书出版社,2002年

《孟子“法先王”与荀子“法后王”思想识析》,蔡忠道,《高雄师大学报》,2002年4月

《荀子礼以解“弊”的诸子批判论》,陆建华,《鹅湖》28卷4期,2002年10月

《论荀子“摄美归善”的美感价值判断及其审美观点》,赖欣阳,《鹅湖》29卷1、2期,2003年7/8月

《荀子经济思想之研究》,詹俞玉,逢甲大学中国文学研究所硕士论文,2003年

《荀子礼论思想研究》,徐佩茹,“中央”大学哲学研究所硕士论文,2003年

“国际荀子研究专号”《政治大学哲学学报》第11期(柯雄文《“国际荀子研究专号”序言》;王灵康《英语世界荀子研究概况》;佐藤将之《二十世纪日本荀子研究之回顾》;赤冢忠《荀子研究的若干的问题》;菅本大二《荀子对法家思想的接纳:由“礼”的结构来考察》;尤锐《荀子对春秋思想传统的重新诠释》;庄锦章《荀子与四种人性论观点》),政治大学哲学系,2003年12月

《荀子礼论思想之研究》,徐佩茹,“中央”大学哲学研究所硕士论文,2004年

《荀子性恶论的时代意义》,袁长瑞,《鹅湖》30卷9期,2005年3月

《荀子与先秦两汉典籍重见资料汇编》,何志华、朱国藩、樊善标,香港中文大学出版社,2005年

《荀子理想人格类型的三种境界及其意义:以士、君子、圣人为论述中心》,林建邦,政治大学硕士论文,2005年

《荀子人性论新诠——附〈荣辱〉篇23字衍之纠谬》,冯耀明,《政治大学哲学学报》第十四期,2005年

《稷下之风流》,蔡德贵,中国评论学术出版社,2005年

《荀子之名学析论》,李哲贤,文津出版社,2005年

《晚清“排荀”与“尊荀”》,成功大学中国文学研究所硕士论文,2005年

《近十年(1994—2003)来美国的荀子研究》,苏郁铭,云林科技大学汉学资料整理研究所硕士论文,2005年

《论荀子之名学与孔子学说之思想关联——一种思想史之考察》,李哲贤,《汉学研究集刊》第1期,2005年12月

《荀子的“类”观念及其通类之道》,陈平坤,《台湾大学哲学论评》31期,2006年3月

《儒学论文集:追求民主科学的新儒家》,吴文璋,复文图书出版社,

2006年

《〈荀子〉引〈诗〉用〈诗〉及其相关问题》，简泽峰，《兴大中文学报》第19期，2006年6月

《东汉三思想家对孝的批判与〈荀子〉的“孝”观念关系之研究》，佐野大介，《汉学研究集刊》第2期，2006年6月

《荀子研究专号》（《汉学研究集刊》第2期），云林科技大学汉学资料整理研所，2006年12月（李哲贤《论荀子约定俗成之制名原则及其衍生之问题》，林启屏《〈荀子·正论〉及其相关问题》，佐藤将之《汉学与哲学之邂逅：明治时期日本学者之〈荀子〉研究》，郑宰相《韩国荀子研究评述》，吴进安《荀子“明分使群”观念解析及其社会意义》，刘又铭《荀子的哲学典范及其在后代的变迁转移》，林素英《从“修六礼明七教”之角度论荀子礼教思想之限制》，廖名春《20世纪后期大陆荀子文献整理研究》）

《王先谦〈荀子集解〉研究》，黄圣旻，花木兰文化出版社，2006年

《五十年来台湾地区的荀学研究》，蔡锦昌，《中国思想史通讯》2006年第1辑

《“不若”说变成“基于”说——检讨台湾的荀子研究》，蔡锦昌，《荀子研究的回顾与开创国际学术研讨会》论文，云林科技人学汉学资料整理研究所，2006年

《荀子哲学纲要》，刘子静，台湾商务印书馆，2006年

《荀子的“类”观念及其通类之道》，陈平坤，《台大哲学论评》第36卷第2期，2006年

《教你看懂荀子：人之性恶，其善者伪也》，许丽雯编，高谈文化出版社，2006年

《人性善恶与天人分合——孟、荀心性论说之形态及其意义》，陈平坤，《清华学报》第36卷第2期，2006年

《中国哲学的人权观专题》，曾春海主编，《哲学与文化》第398期，2007年

《合中有分——荀子、董仲舒天人关系论新诠》，刘又铭，《台北大学中文学报》第2期，2007年3月

《荀子“心“析论》，许宗兴，《台北大学中文学报》第2期，2007年3月

《中国哲学天论专题》，陈福滨主编，《哲学与文化》第401期，2007年

《论荀子名学之本质及定位》，李哲贤，《汉学研究集刊》4期，2007年6月

《论〈荀子〉“虚壹而静”与老庄学说之思想关联》，曾佩琦，《问学集》第14期，2007年6月

《荀子心伪论之诠释与重建》，周德良，《中国文哲之当代诠释学术研讨会会前论文集》，2007年10月

《荀子哲学研究之解构与建构：以中日学者之尝试与“诚”概念之探讨为线索》，佐藤将之，《台湾大学哲学论评》34期，2007年10月

《人格教育的典范、方法与历程：柏拉图与荀子的对话》，张静如，《鹅湖》33卷5期，2007年11月

《论〈荀子·王制〉中礼、法、刑的意义》，江美华，《东华中文学报》2期，2007年12月

《荀子哲学中的知识与道德专题》，潘小慧，《哲学与文化》34卷12期，2007年12月

《从“解蔽心”到“是是非非”：荀子道德知识论的建构及其当代意义》，潘小慧，《哲学与文化》34卷12期，2007年12月

《荀子的教育思想及其价值》，陈福滨，《哲学与文化》34卷12期，2007年12月

《可以而不能——荀子论为善过程中的意志自由问题》，方旭东，《哲学与文化》34卷12期，2007年12月

《性恶与德性：荀子道德基础之建立——一种德行伦理学的视角》，王楷，《哲学与文化》34卷12期，2007年12月

《荀子哲学思想核心价值的建构》，王祥龄，《哲学与文化》34卷12期，2007年12月

《本于立人道之荀子“不求知天”与“知天”观之智德内涵》，张匀翔，《哲学与文化》34卷12期，2007年12月

《论荀子思想之矛盾》，李哲贤，《兴大中文学报》22期，2007年12月

《荀子人性论研究在美国》，李哲贤，《政大中文学报》8期，2007年12月

《朱子格物致知说荀学溯源》，张二平，《鹅湖》33卷第4期，2007年

《细柔的“一”与粗硬的“一”：评德国汉学界的两种荀子研究》，蔡锦昌，《汉学研究》第25卷第2期，2007年

《从解蔽心看荀子的知识论与方法学》，潘小慧，花木兰文化出版社，2008年

《从语言、社会面向解读荀子的“化性起伪”说》，伍振勋，《汉学研究》26卷1期，2008年3月

《荀子心伪论之诠释与重建》，周德良，《台北大学中文学报》4期，2008年3月

《荀子语言哲学思想探微》,彭传华,《鹅湖》33卷11期,2008年5月

《荀子对孔子礼论之转化》,吴芹蒂,《鹅湖》34卷3期,2008年9月

《荀子的礼论思想及其价值》,陈福滨,《哲学与文化》35卷10期,2008年10月

《礼义、礼情及礼文——荀子礼论哲学的特点》,潘小慧,《哲学与文化》35卷10期,2008年10月

《反思"礼"观念:论儒家之"礼"从"乐中礼"向"法中礼"转变之意义》,黄信二,《哲学与文化》35卷10期, 2008年10月

《〈荀子〉中"性"与"伪"的多重结构》,邓小虎,《台湾大学哲学论评》36期,2008年10月

《从"知者利人"到"仁者安仁"——荀子道德论证的两层结构》,王楷,《哲学与文化》35卷11期,2008年11月

《荀子社会思想研究》,袁信爱,花木兰文化出版社,2008年

《论荀子的"化性起伪"说》,陈宜屏,《问学集》第16期,2009年2月

《究辨礼义之统的外延架构——析论荀子"法后王"说》,李唯嘉,《问学集》16期,2009年2月

《郭店楚简〈性自命出〉性情观与〈荀子〉心性观比较初探》,吕学远,《问学集》16期,2009年2月

《语言、社会与历史意识——荀子思想探义》,伍振勋,花木兰文化出版社,2009年

《荀子哲学思想》,魏元珪,花木兰文化出版社,2009年

《〈荀子〉内圣外王思想研究》,李莹瑜,花木兰文化出版社,2009年

《荀子思想中的"身体观"与"知行观"》,林启屏,铭传大学应用中国文学系《中华文化的传承与拓新——经学的流衍与应用国际学术研讨会论文集》,2009年

《荀子论"学"研究 》,梁右典,"国立"政治大学中国文学研究所硕士论文,2009年

《荀子与周礼之关系——以威仪执持为考察中心》,陈一弘,《汉学研究》27卷2期,2009年6月

《〈荀子〉〈吕氏春秋〉"忠"论和"忠信"论之展开及其思想意义》,佐藤将之,《清华学报》39卷3期,2009年9月

《君子养心莫善于诚:荀子诚论的精神修持意蕴》,王楷,《哲学与文化》36卷11期,2009年11月

《论析牟宗三先生对荀子论尧舜禅让与汤武革命之解释》,杨自平,《当代儒学研究》7卷,2009年12月

《牟宗三先生论荀子礼义之统析辨》,杨自平,《鹅湖学志》43期,2009年12月

《略论魏晋荀学之发展》,林郁迢,《汉学研究集刊》2009年12月

《比较孟子与荀子的"性善说"》,何淑静,《鹅湖学志》43期,2009年12月

《掌握变化的道德——〈荀子〉"诚"概念的结构》,佐藤将之,《汉学研究》27卷4期,2009年12月

《荀子:性恶和道德自主〉,邓小虎,《求索之迹:香港中文大学哲学系六十周年系庆论文集·校友卷》,香港中文大学出版社,2009年

《荀子的教育哲学:以"成德理论"为进路》,陈静美,花木兰文化出版社,2010年

《荀子解故》,吴国杰,文听阁图书有限公司,2010年

《阮元人性论之荀学特色》,郭宝文,《鹅湖》36卷3期,2010年9月

《荀子"制天命"说的形成及思想内蕴》,姚彦淇,《先秦两汉学术》14期,2010年9月

《摄王于礼,摄礼于德:荀子之智德及伦理社会建构之意涵》,张匀翔,花木兰文化出版社,2010年

《荀子人性论及其实践研究》(《中国学术思想研究辑刊》11编16册),陈礼彰,花木兰文化出版社,2011年

《从性恶看荀子思想中的道家自然义》,刘荣贤,《先秦两汉学术》15期,2011年3月

《〈孟〉〈荀〉中孔子图像之延异》,郭梨华,《哲学与文化》38卷6期,2011年6月

《〈荀子〉知识理论的伦理规范与检证方式》,洪巳轩,《华梵人文学报》16卷,2011年7月

《论战国时期"情"概念的发展——以〈孟子〉〈庄子〉〈性自命出〉〈荀子〉为范围的考察》,王志楣,《先秦两汉学术》16期,2011年9月

《道统意识与德行论述:荀子非难思、孟的旨趣重探》,伍振勋,《台大中文学报》第35卷,2011年12月

《荀子乐论在其思想上之重要性》,吴文璋;《荀韩思想关系研究》,洪铭吉(《中国学术思想研究辑刊》11编17册),花木兰文化出版社,2011年

《合理性之寻求:荀子思想研究论集》,东方朔(林宏星),台湾大学出

版中心，2011年

《荀子思想理论与实践》，周德良，台湾学生书局，2011年

《清代荀子学研究》，田富美，花木兰文化出版社，2011年

《论荀子思想的宗教性面向》，梁右典，《当代儒学研究》第11期，2011年12月

《心知与心虑——兼论荀子的道德主体与人的概念》，东方朔，《"政治"大学哲学学报》27卷，2012年1月

《荀子哲学之价值规范根源问题：兼论孟荀之孔门承传之取向》，李瑞全，《"中央"大学人文学报》50期，2012年4月

《论荀子"圣人生礼义"所含藏的问题》，何淑静，《"中央"大学人文学报》50期，2012年4月

《郭店儒简〈性自命出〉与荀子心术观之对比》，谢君直，《哲学与文化》39卷4期，2012年4月

《〈荀子·大略篇〉杨倞注之探讨》，刘文起，《东吴中文学报》23期，2012年5月

《〈荀子〉词汇数据汇编》，何志华、朱国藩，香港中文大学出版社，2012年

《论荀子"积善成德"之所以可能与必要》，吴略余，《东华汉学》15期，2012年6月

《荀子与名、墨二家在"名理"方面论辨之商榷》，江干益，《汉学研究集刊》14期，2012年6月

《韩非对荀子思想之承与变》，凌超煌，《鹅湖》447期，2012年9月

《荀子"天"义诠解之反思》，曾瀚仪，《鹅湖》448期，2012年10月

《荀子言性恶，善如何可能?》，潘小慧，《哲学与文化》39卷10期，2012年10月

《由"成圣"看荀子的"为学步骤"》，何淑静，《鹅湖学志》49期，2012年12月

《〈荀子〉中的〈诗〉及其反映的伦理思想》，邓小虎，《东方诗话学第七届国际学术研讨会论文集》，香港大学中文学院主编，文昕阁图书有限公司，2012年

《"上以礼神明"：〈管子·君臣〉与〈荀子〉之礼治思想》，佐藤将之，《"中央"大学人文学报》53期，2013年1月

《荀子》，方世豪，中华书局(香港)有限公司，2013年1月

《论荀子"唯圣人为不求知天"》，李尚轩，《辅仁国文学报》36期，2013

年4月

《内圣与外王——荀子的人文化成之道》，夏春梅，辅仁大学中国文学系博士论文，2013年

《有待的身体——荀子身体思想研究》，姜志翰，成功大学中国文学系硕士论文，2013年

《从假物到自得——〈荀子〉由礼见理的学习向度》，陈景黼，清华大学中国文学系博士论文，2013年

《对存在感受之治——以〈荀子·礼论〉中丧、祭二礼的分析为例》，简良如，《政治与社会哲学评论》44期，2013年3月

《天人之间的帝王——〈庄子〉和〈荀子〉的"道德"观念探析》，佐藤将之，《汉学研究》31卷1期，2013年3月

《戴震与荀学关系析论——以人性善恶及成善工夫为中心》，郭宝文，《东吴中文学报》25期，2013年5月

《荀子之性恶说析论：从文本谈起》，李哲贤，《哲学与文化》40卷5期，2013年5月

《物类与伦类：荀学观念与近现代中国学术话语》，周志煌，洪叶文化事业有限公司，2013年

《"报应论"抑或"功利论"？——荀子刑罚观的哲学根据》，林宏星，《台湾东亚文明研究学刊》10卷1期，2013年6月

《〈荀子〉"理"概念探析：呈现人类文明的秩序》，佐藤将之，《哲学论集》46期，2013年7月

《论唐君毅先生对荀子"性恶善伪"的诠释》，韩晓华，《鹅湖》457、458期，2013年7—8月

《荀子以"君—群"为架构的政治哲学思考》，潘小慧，《哲学与文化》40卷9期，2013年9月

《刘师培〈毛诗荀子相通考〉析探》，吴声佑，《台北大学中文学报》14期，2013年9月

《"民之不牧者，非吾民也"：〈管子〉"经言"的礼论与〈荀子〉的礼治论》，佐藤将之，《政治科学论丛》57期，2013年9月

《论荀子"自然、人性与道德根源"的关系》，何淑静，《"中央"大学人文学报》2013年10月

《呈现人类文明的秩序：〈荀子〉"理"概念探析》，佐藤将之，《中国文哲之当代诠释学术研讨会会前论文集》6卷1期，2013年10月

《"杂家"和"综合"之思想意义——中日学者对〈吕氏春秋〉与〈吕〉〈荀〉关系之研究评述》，佐藤将之，《汉学研究集刊》17卷，2013年12月

《价值与秩序的抉择：荀子"礼"论于其法体系之功能与限制论析》，陈弘学，《淡江中文学报》29期，2013年12月

《刘师培"三〈传〉〈荀子〉相通考"探析》，吴声佑，《静宜中文学报》4期，2013年12月

《荀子：儒学主流真正的塑造者》，杨照，联经出版社，2014年

《荀子与德性知识论》，蔡政宏，《哲学与文化》41卷3期，2014年3月

《对情境主义挑战的可能响应：有关荀子"推类"与"虚壹而静"的考察》，王华，《哲学与文化》41卷3期，2014年3月

《论荀子非难子思、孟轲知"五行"》，李尚轩，《辅仁"国文"学报》38期，2014年4月

《荀子再探》，何淑静，学生书局，2014年

《"虚壹而静"只是认知工夫吗？——论荀子"虚壹静"对"天君"之"心"的作用与意义》，曾暐杰，《当代儒学研究》16期，2014年6月

《论荀子"为学"的"终始"问题》，曾暐杰，《鹅湖》470期，2014年8月

《荀子"天论"的旨趣："知天"论述的主题》，伍振勋，《台大中文学报》46期，2014年9月

《孟、荀人性论异同重探——由荀子对性善说的批评展开》，廖晓炜，《哲学与文化》41卷10期，2014年10月

《明代气学与荀子学之交涉——以王廷相、吴廷翰为例》，郭宝文，《淡江中文学报》32卷3期，2015年6月

日本荀学著述编目[①]

『荀子』四卷，荻生徂徠（物部茂卿），1738
『校訂荀子全書』十卷，伊藤道基，1755
『読荀子』四卷，荻生徂徠，1765
『荀子觽』二卷，岡白駒，1767
『談荀子補』，戸崎允明，1773
『荀子楊注正談』，片山兼山，1782
『荀子考』，片山兼山，1782
『荀子一適』，片山兼山，1782
『読荀子抹』，片山兼山，1782
『荀子注考』，梅沢惟艾，1783
『標箋荀子全書』十卷，千葉玄之，1783
『荀子篇旨』二卷，皆川愿，1787
『荀子斷』四卷，冢田虎，1795
『荀子考』二卷，猪飼彦博，1798
『荀子考』二卷，桃白鹿，1798
『荀子合解』二十二卷，西山元，1800
『荀子遺秉』二卷，桃白鹿，1800
『荀子考注』五冊，赤城山人，1800
『荀子考』六卷，岳融，1803
『標注訓点荀子』，小田煥章，1804
『荀子箋』六卷，諸葛蠡，1810
『荀子考』二卷，恩田維周，1813
『荀子管見』四卷，大菅集，1814
『荀子考』八卷，永井襲吉，1818
『荀子説』三卷，松下寿，1823

①本部分抄录原文献写法，以方便查找相关文献，进行学术交流。

『荀子增注』二十卷,久保愛,1824

『荀墨綱領』,藤原成粲,1825

『荀子考』,太田元貞,1825

『荀子楊注删補』二十卷,幡鎌穎,1825

『荀子增注.補遺』,猪飼彦博,1827

『荀子考』四卷,太田敦,1832

『荀子参考』,高橋政美,1832

『荀子解』,瀨谷晋,1833

『荀子解』,伴徒義,1834

『荀子謝校補正』二十卷,蒲坂圓,1834

『荀子(箋釈)』八卷,朝川鼎,1834

『読荀子』六卷,亀井昱,1836

『荀子樹説』,宮本鉉,1838

『荀子征文』一卷,諸葛晃,1844

『荀子考』十卷,岡本保孝,1845

『荀子考』,仁井好古,1847

『荀子標注』十卷,帆足万里,1847

『荀子考注』一卷,江忠貞,1847

『荀子述』一卷,朝川鼎,1849

『荀子辨解』二十卷,藤成粲,1850

『荀子標識』,東条弘,1852

『荀子非孟辨』一卷,座光寺為祥,1854

『荀子定義』,藍澤南城,1859

『荀子私録』一冊,平元重德,1866

『荀子考』一冊,平元重德,1866

『荀子考補』,岡本保孝,1878

『荀子考補遺』一卷,岡本保孝,1878

『荀子標注』,西島周道,1880

『增評荀子箋釋』二十卷,村岡良弼,博文館,1884

『洋人性ヲ論ズル荀子ニ似タルコトヲ論ズ』,細川潤次郎,『東京学士会院雜誌』第4編第8冊,1883:81-86

『荀子ヲ論ス』,瀧川亀太郎,『東洋学会雜誌』3編6号,1889:298-308

『解題荀子』,島田重禮,『哲学雜誌』7卷69号,1892:456-460

『荀子講義』,城井寿章,『支那文学全書』第10,14編,博文館,1892-1893

『性の説』,三島毅,『東京学士会院雜誌』第16編第1冊,1894:1-29

『荀子』,藤田豊八,『哲学雑誌』9巻93、94号、10巻95、96号,1894-1895

『荀子代考』,服部宇之吉,『哲学雑誌』11巻117号,1896:907-915

『上代儒教の根本的思想の変遷』,蟹江義丸,『哲学雑誌』10巻105号、106号、11巻109号,1896:864-872、957-968、212-221

『荀墨の異同』,西脇玉峰,『東洋哲学』3編7号、4編7号、11編8、9号,1896-1897

『荀子の学を論ず』,蟹江義丸,『太陽』3巻8、9、10号,1897

『孟荀二子の性論』,虎石恵実,『東亜学会雜誌』1編11号,1897:989-1014

『性善悪に就きて』,加藤弘之,『東京学士会院雜誌』20編6号,1898:249-261

『東洋西洋倫理学史』,木村鷹太郎・井上哲次郎,博文館,1898

『荀子』,池田精一,哲学館,1900

『荀子の論理説』,桑木厳翼,『早稲田叢書　哲学概論』特70-45,1900

『支那古代論理思想発達の概説』,桑木厳翼,『哲学雑誌』15巻163、164号,1900:742-748、803-815

『荀子点勘』,島田翰,民友社,1903

『荀子の学説の心理的基礎に就きて』,蟹江義丸,『東洋哲学』10編8号,1903

『支那思想発達史』,遠藤隆吉,富山房,1903

『荀子考』,本城賁,『東洋哲学』11編4号,1904

『荀子政治説の一斑』,浅井虎夫,『東洋哲学』11編1、3、4、5号,1904

『支那哲学史』,松本文三郎,早稲田大学出版部,1907

『荀子批注書類』,足利衍述,『東洋哲学』15編7号,1908

『東洋倫理学』,遠藤隆吉,弘道館,1909

『和訳荀子』,田岡佐代治訳注,玄黄社,1910

『支那哲学史』,高瀬武次郎,文盛堂,1910

『荀子新釈』二巻,久保天随,博文館,1910-1911

『荀子集解』,服部宇之吉校訂,富山房,1913

『荀子諸注私議』,桂五十郎,明治書院,1911

『漢籍国字解全書: 先哲遺著 . 第22巻 荀子国字解上』, 桂五十郎, 早稲田大学出版部, 1917

『漢籍国字解全書: 先哲遺著 . 第23巻 荀子国字解下(荀子考異)』, 桂五十郎, 早稲田大学出版部, 1917

『国訳漢文大成第2巻: 経子史部 第2輯 国訳荀子』, 笹川臨風, 国民文庫刊行会, 1920

『荀子:現代語譯』, 加藤常賢, 新光社, 1923

『支那哲学史概論』, 渡辺秀方, 早稲田大学出版部, 1924

『東洋思想十六講』, 高須芳次郎, 新潮社, 1925

『荀子鈔』, 宇野哲人, 東京開成館, 1930

『荀子勧学篇の文体について』, 木村英一,『立命館文学』第1巻第12号, 1934

『荀子の尭問篇について』, 木村英一,『立命館三十五周記念論文集文学篇』, 1935

『荀子三十二篇の構成について』, 木村英一,『支那学』第8巻, 1935: 15-45

『荀子生卒代及略伝考』, 北田数一,『漢学会雑誌』第3巻第2号, 東京帝国大学文学部支那哲学研究室汉学会, 1935: 306-334

『荀子正文稽疑正名篇稿』, 野村岳陽,『服部先生古稀祝賀記念論文集』, 富山房, 1936

『荀子哲学概説』, 堀内茂, 弘道館, 1938

『荀子』, 小林一郎, 平凡社, 1938-1939

『荀卿學案』, 安井小太郎,『漢学会雑誌』第7巻第2号, 1939: 1-12

『荀子新釋』, 山口察常, 弘道館, 1940

『支那哲学史講話』, 宇野哲人, 大同館書店, 1941

『荻生徂来読荀子解題叙説』, 北田数一, 審美書院, 1941

『儒教倫理概論』, 服部宇之吉, 冨山房, 1941

『荀子(東洋思想叢書第13)』, 石黒俊逸, 日本評論社, 1943

『老子・荘子・荀子・韓非子』, 大矢根文次郎, 学灯社, 1943

『周漢思想研究荀况研究』, 重沢俊郎, 弘文堂書房, 1943

『儒教道徳の特質と其の学説の変遷』, 北村沢吉, 森北書店, 1943

『荀子の思想ー特に天人の分について』, 板野長八,『史学雑誌』第56巻第8号, 1946

『荀子の礼節—儒教成立の前提として』,板野長八,『歴史学研究』第128号,1947:1-16

『荀子の文献学的研究』,金谷治,『日本学士院紀要』第9巻第1号,1950

『荀子作為説の形成』,友枝竜太郎,『東方学』第4号,1952:21-27

『荀子の詩説—特に三家詩説との関係』,杖下隆之,『東方学』第6号,1953:8-17

『荀子文献批判の一方法』,豊島睦,『広島哲学会　哲学』第5集,1955:59-71

『荀子研究の二三の問題』,赤塚忠,『斯文』第21号,1958:10-27

『孟子と荀子の天下説』,西順蔵,『一橋論叢』第39巻第1号,1958:22-38

『荀子の天下における物とその否定について』,西順蔵,『東京支那学報』第4号,1958:64-73

『荀子の楽論篇』,板野長八,『広島大学文学部紀要』第18集,1960

『荀子の抽象的人間観—荀子の人間学序説』,沢田多喜男,『集刊東洋学』第4号,1960:36-48

『荀子　上・下(岩波文庫)』,金谷治,岩波書店,1961-1962

『荀子之礼楽論』,藤井専英,大衆書房,1961

『荀子思想論考』,藤井専英,書籍文物流通会,1961

『世界古典文学全集19諸子百家　荀子』,常盤井賢十,筑摩書房,1965

『荀子抄訳』,常盤井賢十,筑摩書房,1966

『荀子平話』,常盤井賢十,黎明書房,1966

『世界の名著10諸子百家荀子』,沢田多喜男・小野四平,中央公論社,1966

『「荀子」における論理学的思考—その構造と本質と機能』,大室幹雄,『日本中国学会報』第18集,1966:102-118

『新釈漢文大系〈5・6〉荀子　上・下』,藤井専英,明治書院,1966-1969

『荀子』,杉本達夫,徳間書店,1967

『荀子の歴史意識—伝承的思惟における時間と出来事』,大室幹雄,『東京支那学報』第13号,1967:113-134

『荀子の論理』,小川晴久,『思想の研究』第1号,1967

『荀子における歷史的地平の概念:荀子の思想構造的研究』(上中下),大室幹雄,『思想の研究』第1-4号,1967-1969

『荀子のことば一性悪的人生観(中国の知恵〈6〉』,常盤井賢十,黎明書房,1968

『荀子の「天人の分」とその後』,板野長八,『广岛大学文学部纪要』第28集第1号,1968:113-134

『中国古典文学大系3巻「荀子」』,竹岡八雄・日原利国,平凡社,1970

『荀子の「天人の分」について-その自然観の特質-』,金谷治,『集刊東洋学』第24号,1970:1-14

『礼記楽記篇の成立について』,松元幸男,『立命馆文学論叢.國語漢文篇』第6号,1970:29-62

『中国古代における人間観の展開』,板野長八,岩波書店,1972

『荀子の天論篇に対する一考察』,原田種成,『東洋學論叢:鈴木博士古稀記念』,明德出版社,1972

『荀子性悪説の本質と機能』(上下),池田大作,『高知大国文』第3、4巻,1972-1973

『荀子(中国古典新書)』,木全德雄,明德出版社,1973

『荀子〈全釈漢文大系7・8〉』,金谷治・佐川修,集英社,1973-1974

『荀子の政治思想』,市川本太郎,『宇野哲人先生白壽祝賀記念東洋學論叢』,1974

『荀子・性朴説の提起一性偽之分に関する考察から』,児玉六郎,『日本中国学会報』第26集,1974:26-42

『漢文大系〈第15巻〉荀子』,富山房編集部,冨山房,1975

『荀子における儒家理念と天の思想的位置』,松田弘,『筑波大学哲学・思想学系論集』,1975:63-91

『荀子—古代思想家の肖像』,内山俊彦,評論社,1976

『荀子の政治観-儒者の政治進出の前提として-』,武田秀夫,『木村英一博士頌寿記念中国哲学史の展望と模索』,創文社,1976

『荀子の「類」』,真崎清博,『史学研究』第134号,1976:56-67

『荀子の本性論--その二重構造について』,島一,『集刊東洋学』第40号,1978:1-13

『荀子思想の分裂と統一:「天人之分」の思想』,片倉望,『集刊東洋学』

第40号,1978:14-27

『「性偽之分」と性悪説—荀子思想の分裂と統一』,片倉望,『日本中国学会報』第32集,1980:53-65

『荀子における対天の思想』,三浦吉明,『日本中国学会報』第32集,1980:41-52

『荀子楽論篇についての一考察』,久保田剛,『東洋学論集 池田末利博士古稀記念』,1980

『荀子注釈史上における邦儒の活動』,藤川正数,風間書房,1980

『中国哲学の探究』,木村英一,創文社,1981

『荀子の国家論』,渡辺信一郎,『史林』第66巻第1号,1984:1-32

『「管子」4篇と「荀子」正名篇とにおける「ことば」の問題』,石田秀実,『日本中国学会報』第37集,1985:47-60

『荀子の世界』,村瀬裕也,日中出版,1986

『荀子における天』,竹田健二,『待兼山論叢. 哲学篇』第23巻,1989:29-42

『荀子思想研究』,張才興,九州大学博士論文,1990

『荀子における法家思想の受容—「礼」の構造に即して』,菅本大二,『日本中国学会報』第43集,1991:15-29,2-3

『「分」の思想: 初期法家を中心に』,菅本大二,『中国文化: 研究と教育:漢文学会会報』第50号,1992:17-29

『『荀子』「礼論篇」における「大一」と楊[リヨウ]』,菅本大二,『筑波中国文化論叢』第12号,1992:1-17

『荀子の思想』,児玉六郎,風間書房,1992

『賞と罰の結合:法家における法の内容』,菅本大二,島根大学教育学部国文学会『国語教育論叢』第5号,1995:63-75

『荀子研究文献目録』,原誠士,広島大学『東洋古典学研究』第4集,1997:1-25

『天人論再考』,末永高康,『中国哲学研究』第11号,1998:1-67

『荀子(講談社学術文庫)』,内山俊彦,講談社,1999

『荀子の「無法者以類舉」—「礼」を支えた「類」』,菅本大二,『漢意とは何か　大久保隆郎退官紀念論集』,2001:155-174

『荀子の戦略としての礼治システム』,橋本敬司,『哲学』53集,2001:143-156

『日本近一百荀子研究之回顧與前景』,佐藤將之,『政治大學哲學學報』第11期,2003

『荀子における「理」·「類」そして「名」について－荀子に関する英語文献の検討－』,カーティス·ヘイゲン(Kurtis Hagen),日本大学文理学部人文科学研究所『研究纪要』一般第69号,2005:9-27

『漢學與哲學之邂逅:明治時期日本學者之<荀子>研究』,佐藤將之,『漢學研究集刊』第3期,2006:153-182

『荀子考』,大槻賢一,文芸社ビジュアルアート,2009

『「雜家」和「綜合」之思想意義:中日學者對『呂氏春秋』與『呂』、『荀』關係之研究評述』,佐藤將之,『漢學研究集刊』第17期,2013:61-89

『「荀子」「理」概念探析:呈現人類文明的秩序』,佐藤將之,『哲學論集』第46卷,2013:19-45

『「民之不牧者,非吾民也」:「管子」「經言」的禮論與「荀子」的禮治論』,佐藤將之,『「國立」臺灣大學政治科學論叢』第57期,2013:35-68

韩国荀学著述编目[1]

《荀子의 人心道心论》，李相殷，《高大新闻》50（9 月 6 日），高丽大学校新闻社，1954，收入《李相殷先生全集：中国哲学》，艺文书院，1998

《荀子의 性恶说과 自然法思想》，权宁百，《亚细亚研究》8（2），高丽大学校亚细亚问题研究所，1965

《荀子의 心学》，成乐熏，《哲学研究》1，哲学研究会，1966

《荀子의 教育思想의 研究》，李学澈，《成均馆大学校论文集》11，成均馆大学校，1966

《荀卿考》，洪淳昶，《（岭南大学校）论文集》1，岭南大学校，1967

《人性의 究明（1）：孟子 · 荀子의 性观》，宋兢燮，《哲学研究》9，大韩哲学会，1969

《荀子의 性恶说과 教育》，李学澈，《教育学研究》7（1），韩国教育学会，1969

《孟子와 荀子의 性论과 教育论에 对한 比较研究》，李学澈，《成均馆大学校论文集》14，成均馆大学校，1969

《荀子》，三卷，宋贞姬，明知大学出版部，1972

《荀子의 唯物论的社会观》，崔丞灏，《虚有河岐洛博士回甲记念论文集》，萤雪出版社，1972：291-319

《荀子의 思想研究考》，刘凡涨，《忠清》4（23），月刊忠清社，1972：69-71

《荀子의 思想研究》，刘凡涨，《忠清》4（24），月刊忠清社，1972：98-102

《孟子와 荀子에 있어서의 人间观의 比较研究》，金胜东，《釜山教育大学论文集》4，釜山教育大学，1974：183-200

《孟荀性说의 比较研究》，申东浩，《忠南大学校人文科学研究所论文集》2（5），忠南大学校人文科学研究所，1975：1253-1279

《荀子의 心理说》，李义喆，《韩国心理学会志》2（3），韩国心理学会，

[1]本部分抄录原文献写法，以方便查找相关文献，进行学术交流。

1979:119-131

《荀子政治思想의 近代的构造》,전병헌,《高大文化》19,高丽大学校,1979:308-319

《荀子小考:文献〈荀子〉를 中心으로》,宋贞姬,《中国文学报》4,檀国大学校中语中文学科,1980:87-106

《荀子의 知识论》,郑仁在,《榴轩李种厚博士华甲纪念论文集》,以文社,1981:353-387

《荀子人性论의 考察》,金东洙,《人文论丛》22,釜山大学校,1982:473-492

《荀子의 天에 对한 研究》,金炳采,《东洋学》12,檀国大学校东洋学研究所,1982:215-234

《荀子"礼"的根据》,金炳采,《檀国大学校论文集》16,檀国大学校,1982:133-159

《荀子의 正名论》,郑仁在,《哲学会志》9,岭南大哲学科研究室,1982:43-62

《荀子思想의 一考察》,李光虎,《民族文化》9,民族文化推进会,1983

《荀子思想의 埋解와 그의 人性论에 关한 研究》,李相珦,《(春川教育大学)论文集》23,春川教育大学,1983:163-179

《荀子의 礼治主义에 对한 一考察》,崔成哲,《韩国学论集》3,汉阳大学校韩国学研究所,1983:163-192

《荀卿考》,洪淳昶,《历史와 人间의 对应:高柄翊先生回甲纪念史学论丛》,한울,1984:475-493

《荀卿学统考》,洪淳昶,《蓝史郑宰觉博士古稀纪念东洋学论丛》,高丽苑,1984:707-723

《荀卿著作考:三十二篇各篇의 性质·成立过程·著者问题를 中心으로》,洪淳昶,《全硕在总长古稀纪念论丛》,1985:191-210

《荀子》成立에 对한 一考察》,洪淳昶,《峤南史学》1,岭南大学校国史学会,1985:505-519

《荀子의 政治思想에 关한 研究》,李奂九,《现代理念研究》1,群山大学校现代理念研究所,1986:55-75

《荀子思想의 社会哲学的意味》,李基东,《大东文化研究》21,成均馆大学校大东文化研究院,1987:25-52

《荀子의 认识论》,张安那,《哲学探求》7,中央大学校附设中央哲学研

究所，1987：44-60

《〈荀子〉에 있어서 心에 关한 小考》，严连锡，《哲学论究》16，서울(Seoul)大学校哲学科，1988：229-247

《现代의 视角에서 본 荀子의 自然法思想》，延正悦，《法史学研究》9，韩国法史学会，1988：179-188

《心性论·礼论과의 关联아래서 본 荀子의 修养论：孔子·孟子와의 比较를바탕으로》，成泰镛，《泰东古典研究》5，翰林大学校泰东古典研究所，1989：181-226

《荀子의 诸家批判에 关하여：三惑을 中心으로》，尹武学，《东洋哲学研究》10，东洋哲学研究会，1989：111-132

《中国思想에 있어서의 社会的不平等：荀子의 礼论을 中心으로》，郑仁在，《哲学》32，韩国哲学会，1989：83-103(《人文研究论集》21 再收，西江大学校人文科学研究所，1992：49-74)

《孔子人间论에 对한 荀子의 礼论的解释》，金胜惠，《原始儒教》第 6 章，民音社，1990：217-271

《荀子의 正名论과 天人观》，金胜惠，《原始儒教》第 7 章，民音社，1990：273-305

《荀子의 礼治论에 关한 研究》，李奂九，《政治外交论丛》4，圆光大学校政治外交学科，1990：115-1371

《孟子와 荀子의 哲学思想：哲学的思惟의 두 源泉》，金炯孝，三知院，1990

《荀子의 天에 对한 考察》，金学权，《历史·社会·哲学》5，国际文化学会，1991：185-202

《荀子의 名学思想：〈正名篇〉을 中心으로》，李在权，《东西哲学研究》8 (1)，韩国东西哲学会，1991：181-199

《性善说과 性恶说의 教育的意味：孟子와 荀子의 性说比较研究》，张圣模，《初等教育研究》9，春川教育大学，1991：71-87

《荀子의 心性论》，金炳采，《东洋哲学》3，韩国东洋哲学会，1992

《〈荀子〉〈乐论〉의 艺术思想史的意味》，朴骆圭，《东亚文化》30，서울(Seoul)大学校东亚文化研究所，1992：243-264

《孟子와 荀子의 天观》，郭信焕，《思索》10，崇实大学校哲学科，1993：23-42

《荀子의 知识论》，金炳采，《中国学报》33，서울(Seoul)大学校文理科

大学中国学会,1993:153-163

《荀子의 人性论》,金炳采,《泰东古典研究》10,翰林大学校泰东古典研究所,1993:749-777

《孟子的인 것과 荀子的인 것:孟子와 荀子의 仁·义·礼에 对한 解释》,金炯孝,《精神文化研究》51,韩国精神文化研究院,1993:23-46,收于《物学心学实学》,清溪出版社,2003:605-644)

《荀子의 人性论에서의 恶의 问题》,李康大,《庆山大学校论文集》11,庆山大学校,1993:201-215

《孟子와 荀子의 经济思想》,李承焕,《大学院论文集》18,东亚大学校,1993:31-46

《荀子政治思想에 있어서 礼의 机能》,张铉根,《韩国政治学会报》26(3),韩国政治学会,1993:23-45

《荀子의 社会思想》,高在旭,《退溪学研究》8,檀国大学校退溪学研究所,1994:45-67

《荀子心의 认识과 实践:道德实践의 问题를 中心으로》,金哲运,《哲学研究》18,高丽大学校哲学会,1994:27-61

《荀子의 名学에 关한 考察》,金明锡,《哲学论究》22,서울(Seoul)大学校哲学科,1994:21-58

《荀子의 化性起伪的德育思想》,朴再柱,《初等教育研究》5,清州大学校初等教育研究所,1994

《荀子의 社会哲学과 人本主义思想》,宋荣培,《诸子百家의 思想》(13章),玄音社,1994:402-457

《荀子에 나타난 心理学的含意(1):天人关系论에 基础한 研究方向의 定础》,赵兢镐,《韩国心理学会志:社会》8(2),韩国心理学会,1994:34-52

《人间의 本性에 关한 论争:告子와 孟子·孟子와 荀子间의 论争》,洪元植,《中国哲学》4,中国哲学会,1994:41-70

《荀子礼思想에 关한 研究》,黄圭宣,东国大学校,1994,博士学位论文

《荀子의 礼学研究》,梁龙焕,岭南大学校,1995,博士学位论文

《荀子의 天观研究》,刘胜种,《大眞论丛》3,大眞大学校,1995:309-320

《荀子의 孟子性论批判에 关한 考究》,吴善均,《富川大学论文集》16,富川大学校,1995

《荀子에 나타난 心理学的含意(2):人性论을 中心으로》,赵兢镐,《韩国心理学会志:社会》9(1),韩国心理学会,1995

《荀子의 人性论과 礼论》,赵骏河,《儒学研究》3,忠南大学校儒学研究所,1995

《荀子의 人间观》,崔道熙,《人文科学论丛》27,建国大学校人文科学研究所,1995:123-139

《荀子의 孟子批判》,金炳采,《东洋哲学研究》15,东洋哲学研究会,1996:103-125

《荀子의 人性论》,林秀茂,《启明哲学》5,启明大学校哲学科,1996

《荀子의 人性论》,成泰镛,《东洋哲学研究》15,东洋哲学研究会,1996:63-82

《荀子와 法家:礼·法关系의 变化를 中心으로》,尹武学,《东洋哲学研究》15,东洋哲学研究会,1996:127-158

《荀子와 宋明理学:荀子와 朱子와의 比较를 中心으로》,李东熙,《东洋哲学研究》15,东洋哲学研究会,1996:123-139

《荀子의 正名论》,李在权,《东洋哲学研究》15,东洋哲学研究会,1996:83-102

《荀子의 礼教论》,张澕互,《教育史学研究》6-7,서울(Seoul)大学校教育史学会,1996:117-149

《荀子의 政治思想研究》,全世营,《初等教育研究》8,釜山教育大学校初等教育研究所,1996

《荀子의 美에 关한 小考:社会教化의 意义를 中心으로》,金哲运,《江原人文论丛》4,江原大学校人文科学研究所,1997:163-192

《星湖李瀷의 人间观과 政治改革论:朝鲜后期荀子学说受容의 一端》,元在麟,《学林》18,延世大学校史学研究会,1997:55-101

《荀子礼의 性格에 关한 考察》,이상진,《延世哲学》7,延世大学校哲学科,1997:46-70

《荀子에 나타난 心理学的含意(3):礼论을 中心으로》,赵兢镐,《韩国心理学会志:社会및性格》11(2),韩国心理学会,1997

《荀子礼治思想의 社会伦理学的研究》,权美淑,韩国精神文化研究院韩国学大学院,1997,博士学位论文

《荀子哲学思想의 展开过程에 나타난 方法论的特征에 关한 研究》,郑在权,釜山大学校,1997,博士学位论文

《荀子의 诸子批判에 关한 研究:荀子의 墨子批判을 中心으로》,赵贤淑,成均馆大学校,1998,博士学位论文

《荀子伦理学体系에서 情概念의 意味와 机能》,金明锡,《哲学论究》26,서울(Seoul)大学校哲学科,1998:71-92

《荀子의 礼论研究》,林秀茂,《哲学研究》65,大韩哲学会,1998:157-184

《荀子의 性说》,孙世济,《哲学研究》43,哲学研究会,1998:23-45

《性恶说의 흐름》,孙英植,《东洋古典研究》10,东洋古典学会,1998:351-386

《孟子·荀子의 心论과 庄子의 心论对比研究》,张元泰,《哲学论究》26,서울(Seoul)大学校哲学科,1998:45-69

《荀子의 天과 人间에 关한 研究》,郑在权,《人文研究论集》3,东义大学校人文科学研究所,1998:145-182

《荀子의 君主论》,赵广洙,《釜山政治学会报》8(2),釜山政治学会,1998:27-46

《荀子에 나타난 心理学的含意(4):修养论을 中心으로》,赵兢镐,《韩国心理学会志:社会및 性格》12(2),韩国心理学会,1998:9-37

《荀子의 历史意识과 传统意识:〈荀子〉礼义之统(统儒)의 理论的根据》,金哲运,《中国学论丛》12,高丽大学校中国学研究所,1999:149-176

《〈荀子〉劝学篇研究》,梁熙龙,《泛韩哲学》20(1),泛韩哲学会,1999:151-181

《荀子哲学思想의 展开过程에 나타난 方法论的特征에 关한 研究》,郑在权,《哲学论丛》17,새한哲学会,1999:241-259

《荀子의 宗教观》,郑在权,《人文研究论集》4,东义大学校人文科学研究所,1999:317-346

《荀子道德哲学의 特性과 问题点:化性起伪에서 心의 役割을 中心으로》,黄甲渊,《阳明学》3,韩国阳明学会,1999:389-421

《荀子礼义之统의 理论的根据》,金哲运,《东洋哲学》12,韩国东洋哲学会,2000:149-174

《荀子의 心理思想에 비춰진 學習心理思想》,김충기 박인숙,《建國大學校教育研究所論文集》24,建國大學校教育研究所,2000:69-90

《荀子의 道德的动机论》,朴再柱,《清州教育大学校论文集》37,清州教育大学校,2000

《荀子哲学에서 道德性은 무엇에 根据하는가》,刘熙星,《东洋哲学》13,韩国东洋哲学会,2000:251-272

《荀子积伪说의 哲学的体系》,박태옥,大田大学校,2000,博士学位

论文

《先秦名辩论과 荀子의 正名论》,林秀茂,《哲学研究》74,大韩哲学会,2000:253-272

《名·实·名实论》,尹武学,《东亚细亚文化와 思想》5,悦话堂,2000:282-286

《东西洋의 法理解:칸트(Kant)의 法과 荀子의 礼를 中心으로》,秦熙权,《东洋社会思想》3,东洋社会思想学会,2000:73-94

《孟子의 性善說과 荀子의 性惡說에 對한 現代的照明》,김기현,《哲學研究》79,大韓哲學會,2001:47-68

《荀子의 富国论》,金哲运,《东洋哲学》14,韩国东洋哲学会,2001:253-282

《荀子에서 欲望의 规制와 保障》,金哲运,《哲学》68,韩国哲学会,2001:57-79

《孟荀哲学分岐의 思想史的脉络》,朴元在,《中国哲学》8,中国哲学会,2001:5-32

《荀子哲学의 理想社会论》,刘熙星,《社会와 哲学》2,社会와 哲学研究会,2001:310-337

《荀子哲学의 理想社会》,刘熙星,《东亚研究》40,西江大学校东亚研究所,2001:141-166

《荀子의 乐论에 对한 分析的考察》,이은주,《泛韩哲学》24(1),泛韩哲学会,2001:169-192

《荀子心性论에 关한 小考:心의 自律性을 中心으로》,李漳熙,《孔子学》8,韩国孔子学会,2001:85-118

《칸트(Kant)와 荀子》,李漳熙,《时代와 哲学》12(2),韩国哲学思想研究会,2001:207-235

《先秦儒家의 法意识, 그 渊源과 展开过程:诸家와의 相互批判을 中心으로》,尹武学,《儒教文化研究》4,成均馆大学校东亚细亚学术院儒教文化研究所,2002:65-92

《中国哲学史의 荀子评价에 对한 研究》,李漳熙,《东西哲学研究》23,韩国东西哲学研究会,2002:57-73

《〈荀子〉中第一人称代词의 比较分析》,金大焕,《中国语文学志》14,梨花中国语文学会,2003:403-424

《类의 论理哲学研究:荀子의 统类와 韩非의 知类를 中心으로》,李相

洙，延世大学校，2003

《〈荀子〉：青出於藍을 기다리는 古典翻譯》，劉熙星，《오늘의 東洋思想》8，藝文東洋思想研究院，2003：258-273

《荀子에서의 自然과 人间의 统一：先行儒家·墨家와의 比较를 中心으로》，尹武学，《东洋哲学研究》33，东洋哲学研究会，2003：239-271

《正名论의 名实关系에 对한 考察》，李漳熙，《哲学论丛》2(32)，새한哲学会，2003：73-88

《物学心学实学：孟子와 荀子를 통해서 본 儒学의 思惟》，金炯孝，清溪出版社，2003

《荀子와 人文世界》，金哲运，曙光社，2003

《礼治具现을 为한 荀子의 哲学的指向》，金学权，《泛韩哲学》35，泛韩哲学会，2004：215-240

《荀子哲学과 共同体主义》，刘熙星，《阳明学》11，韩国阳明学会，2004：153-181

《荀子：统一帝国을 为한 批判哲学者》，尹武学，成均馆大学出版部，2004

《荀子의 欲望论》，徐镛浩，《韩国民族文化》24，釜山大学校韩国民族文化研究所，2004：265-291

《荀子의 欲望概念分析：欲望概念의 外延的含意에 对한 分析》，李和钟，《中国哲学》12，中国哲学会，2004：81-109

《荀子의 人间理解와 修养论》，정덕희，《韩国教育史学》26(1)，韩国教育史学会，2004：81-102

《荀子音乐论에 나타난 音乐의 意义와 作用》，赵贞恩，《东亚文化》42，서울大学校东亚文化研究所，2004：66-95

《荀子의 礼治와 韩非子의 法治》，秦熙权，《法哲学研究》7(2)，韩国法哲学会，2004：189-208

《荀子의 政治思想에 对한 小考》，安秉喆，《东洋哲学研究》43，东洋哲学研究会，2005：289-317

《〈荀子〉〈正名〉篇의 共名과 别名에 对한 考察》，李权，《中国学报》52，韩国中国学会，2005：415-436

《荀子性恶说의 意味》，李漳熙，《社会와 哲学》9，社会와 哲学研究会，2005

《荀子의 名实论：单名과 兼名에 对한 分析을 中心으로》，郑宰相，《东

洋哲学의 世界》,艺文书院,2005:147-189

《朝鲜知识人들의 诸子书 读书와 受容样相》,金喆凡,《汉文学报》17,2007:111-142

《朝鲜后期知性史와 诸子百家》,沈庆昊,《韩国实学研究》13,2007:365-405

《朝鲜儒者之荀子观——以性恶说批判为中心》,郑宰相,《邯郸学院学报》4,2012:50-56

欧美地区荀学著述编目①

James Legge, That the Nature is Evil, in Chinese Classics: with a translation, critical and exegetical notes, prolegomena, and copious indexes, Vol. II, Ch. II, Appendix I(Oxford: Clarendon Press, 1893),79-88.

J.J.L. Duynendak,Hsun-tzu: On the Rectification of Names, T'oung Pao,23(1924), 221-254.

Homer H. Dubs(德效骞), Hsuntze: Moulder of Ancient Confucianism, London: Arthur Probsthain(1927); CH'ENG WEN Publishing Co. TaiPei TaiWan, 1966.

Homer H. Dubs, The works of Hsuntze, London: Arthur Probsthain(1928); CH'ENG WEN Publishing Co. TaiPei TaiWan, 1966.

Cheng,Andrew Chih-yi, Hsun-tzu's Theory of Human Nature and Its Influence on Chinese Thought, PH.D.dissertation(Columbia University), 1928.

Homer H. Dubs, The Failure of the Chinese To Produce Philosophical Systems, T'oung Pao, 26(1929), 98-109.

J.J.L. Duynendak, The Chronology of Hsüntzu, T'oung Pao, 26(1929), 73-95.

Creel.Herrlee G.,Confucius and Hsün- tzu,Journal of the American Oriental Society 51, 1931, 23-32.

J.J.L. Duynendak, notes on Dub's Translation of Hsun-tzu, T'oung Pao, 29(1932), 1-42.

E.R.Hughes, "Hsun Ch'ing and His Spiritual Philosophy", in Chinese Philosophy in Classical Times(Dent: Everyman's Library, 1942), 226-253.

Creel.Herrlee G,Confucius,the Man and the Myth,Westport:Greenwood Press, 1949.

Y.P.Mei,Hsun-Tzu on Terminology, Philosophy East and West, I. No.2, (July,

①本部分抄录原文献写法,以方便查找相关文献,进行学术交流。

1951), 51-66.

Derk Bodde, trans., "Hsün Tzu and His School of Confucianism", in A History of Chinese Philosophy: Volume I—the Period of the Philosophers (Princeton: Princeton University Press, 1952), 279-311.(翻译冯友兰的《荀子及儒家中的荀学》)

Herrlee G. Creel(顾立雅), The Authoritarianism of Hsün Tzu, Chapter 7 in Chinese Thought from Confucius to Mao Tse-tung ; Chicago: University of Chicago Press,1953), 115-134.

D. C. Lau (刘殿爵), "Theories of Human Nature in Mencius and Shyuntzyy", Bulletin of the School of Oriental and African Studies 15, 1953, 541-565.; Virtue, Nature, and Moral Agency in the Xunzi, edited by T. C. Kline III and Philip J. Ivanhoe (Indianapolis/Cambridge: Hackett, 2000).

H Kòśter, Ein Chinesischer Beamterspiegel aus dem 2. Jahrhundert v. Chr., Chr., Hsun - tzi Abschnitt.13. tr. by H. Kòśter Oriens Extremus.3,No.1 (1956), 18-27.

Homer H.Dubs, Mencius and Sün- dz on Human Nature, Philosophy East and West 6:3, 1956, 213-222.

Bodde.Derk, "Hsün Tzu",Encyclopaedia Britannica 11, 1960, 854-855.

Y.P.Mei,Hsün Tzu's Theory of Education (with an English Translation of the Hsun Tzu. Chapter I, An Exhortation to Learning), Tsing Hua Journal of Chinese Studies, n.s.z, No.2.1961, 361-377.

Wing- tsit Chan, Naturalistic Confucianism: Hsün Tzu, A Source Book in Chinese Philosophy, Princeton: Princeton University Press, 1963, 115-135.

Burton Watson, Hsün Tzu: Basic Writings ;New York: Columbia University Press, 1963.

Vincent Yu-chung Shih, Hsün Tzu's Positivism, Tsing Hua Journal of Chinese Studies, New Series 4, No.2, 1964, 162-174.

Burton Waston, Basic Writing of Hsun Tzu, New York and London, 1967.

A. C.Graham, The Background of Mencian Theory of Human Nature, Tsing Hua Journal of Chinese Studies, New Series 7 No.1 and 2, 1967.

Hermann Köster(柯斯妥), Hsün-Tsu, Kaldenkirchen: Steyler Verlag, 1967.

Donald J. Munro(孟旦), "Hsün Tzu":in the Concept of Man in Early China, Stanford: Stanford University Press, 1969, 77-81.

Y.P.Mei（梅贻宝）, Hsün Tzu's Theory of Government, with an English Translation of the Hsün Tzu,Chapter 9, Tsing Hua Journal of Chinese Studies 8:1-2, 1970, 36-83.

Henry Rosemont Jr.（罗思文）, "State and Society in the Hsün Tzu: A Philosophical Commentary", Monumenta Serica 29, 1970-1,38-78.;Virtue,Nature, and Moral Agency in the Xunzi, edited by T. C. Kline III and Philip J.Ivanhoe（Indianapolis/Cambridge: Hackett, 2000）, 1-38.

Noah E.Fehl, Li: Rites and Propriety in Literature and Life—A Perspective for a Cultural History of Ancient China, Hong Kong, Chinese University of Hong Kong, 1971.

Göran Malmquist, Cherng shian, Bulletin of the Museum of Far Eastern Antiquities 45, 1973, 63-91.

Göran Malmquist, A Note on the Cherng Shian Ballad in the Shyun Tzu, Bulletin of the Schools for Oriental and African Studies 36, 1973, 352-358.

Janet A. H. Kuller, Early Confucian Resistance to Taoist Thought:A Study of Anti-Taoism in the Hsün Tzu.Doctoral Dissertation, University of Chicago, 1974.

Janet A. H. Kuller, The "F" ' of the Hsün Tzu as an Anti-Taoist Polemic, Monumenta Serica 31, 1974, 205-218.

Stephen R. Kenzig, Ritual versus Law in Hsün Tzu: a discussion, Journal of Chinese Philosophy 3, 1975, 57-66.

Edward Machle, Hsün Tzŭ: A Revisionist View, Iliff Review 32:3, 1975, 19-31.

Edward Machle, Hsün Tzu as a Religious Philosopher, Philosophy East and West 26:4, 1976, 443-461.

Antonio S. Cua（柯雄文）, The Conceptual Aspect of Hsün Tzu's Philosophy of Human Nature, Philosophy East and West 27:4, 1977, 373-389.

Janet A. H. Kuller, Anti-Taoist Elemengts in Hsün Tzu's Thought and Their Social Relevance, Asian Thought and Society 3:7, 1978, 53-67.

Bayerleova, Ema, "A New Introduction to the Thinking of Hsün Tzu", Arthun Oriental No.46, 1978, 174-179.

Antonio S. Cua, The Quasi-empirical Aspect of Hsün Tzu's Philosophy of Human Nature, Philosophy East and West 28:1, 1978, 3-19.

Antonio S. Cua, Dimensions of li（propriety）: Reflections on an Aspect of

Hsün Tzu's Ethics, Philosophy East and West 29:4, 1979, 373-394.

Chang,Pei,Exploring Hsun K'uang's Logical Thought,Chinese Studies in Philosophy No.3, 1979, 28-40.

Shan-yuan Hsieh, Hsün Tzu's Political Philosophy, Journal of Chinese Philosophy 6, 1979, 69-90.

Hermann Köster, "Zur Philosophie des Hsün Ch'ing: Eine Parallele Chinesischen und Westlichen Denkens" in Joseph Huppertz und Hermann Köster, (hg.) Kleine China-Beiträge, München: Siebenberg, 1979.

Lee H. Yearley, "Hsün Tzu on the Mind: His Attempted Synthesis on Confucianism and Taoism", Journal of Asian Studies 39:3, 1980, 465-480.

John Knoblock, The Chronology of Xunzi's Works, Early China 98, 1982, 28-52.

Antonio S. Cua, Morality and Human Nature, Philosophy East and West, 32: 3, 1982, 279-294.

Antonio S. Cua, Hsün Tzu's Theory of Argumentation: A Reconstruction, Review of Metaphysics 36:2, 1983, 867-894.

Chad Hansen, Language and Logic in Ancient China. Ann Arbor: University of Michigan Press, 1983.

Heiner Roetz(罗哲海), Mensch und Natur in Alten China: Zur Subjekt-Objekt-Gegensatz in der Klassischen Chinesischen Philosophie, Zugleich eine Kritik der Klischees vom "Chinesischen Universismus" (Frankfurt am Main: Verlag Peter Lang, 1984).

Antonio S. Cua, Ethical Argumentation: A Study in Hsün Tzu's Moral Epistemology (Honolulu: University of Hawaii Press), 1985.

Antonio S. Cua, Ethical Uses of History in Early Confucianism:The Case of Hsün Tzu, Philosophy East and West 35.2, 1985, 133-156. Also in Virtue, Nature, and Moral Agency in the Xunzi, edited by T. C. Kline III and Philip J. Ivanhoe. Indianapolis/Cambridge: Hackett, 2000, 39-68.

Benjamin I. Schwartz(史华慈), Hsün Tzu: The Defense of Faith, The World of Thought in Ancient China, Combridge Mass.: Harvard University Press, 1985, 290-320.

Bungkil Chung, Feature Review: A.S.Cua, Ethical Argumentation: A Study in Hsün Tzu's Moral Epistemology, Journal of Chinese Philosophy 13:4, 1986, 459-

470.

Antonio S.Cua, Hsün Tzu and the Unity of Virtues, Journal of Chinese Philosophy 14:4, 1987, 381-400.

Antonio S.Cua, Some Aspects of Ethical Argumentation: A Reply to Daniel Dahlstrom and John Marshall, Journal of Chinese Philosophy 14:4, 1987, 501-516.

Daniel Dahlstrom, Tao and Ethical Argumentation, Journal of Chinese Philosophy 14:4, 1987, 475-485.

John Marshall, Hsün Tzu's Moral Epistemology, Journal of Chinese Philosophy 14:4, 1987, 487-500.

John Knoblock,Xunzi: A Translation and Study of the Complete Works, Vol1-3,Stanford: Stanford University Press, 1988-1994.

Robert E. Allinson, ed., Understanding the Chinese Mind: The Philosophy Roots. Hong Kong: Oxford University Press, 1989.

Antonio S.Cua, The Problem of Conceptual Unity in Hsün Tzu and Li Kou's Solution", Philosophy East and West 39:2, 1989, 115-134.

Antonio S.Cua, The Concept of Li in Confucian Moral Theory, in Understanding the Chinese Mind: The Philosophy Roots, edited by Robert Allinson. Hong Kong: Oxford University Press,1989, 209-235.

Angus C. Graham(葛瑞汉),Hsün Tzu's Confucianism: Morality and Man's Invention to Control His Nature, in Disputers of the Tao: Philosophical Argument in Ancient China,(Chicago: Open Court, 1989), 235-265.

Robert Eno, "Ritual as a Natural Art: The Role of T'ien in the Hsun Tzu", in The Confucian Creation of Heaven: Philosophy and Defense of Ritual Mastery (New York: SUNY Press, 1990), 131-170.

Philip J. Ivanhoe, Thinking and Learning in Early Confucianism. Journal of Chinese Philosophy 17, 1990, 473-493.

Antonio S.Cua, Review of Xunzi: A Translation and Study of the Complete Works, Vol. 1, Books 1-6, John Knoblock, Philosophy East and West 41:2, 1991, 215-227.

Phillip J.Ivanhoe, A Happy Symmetry: Xunzi's Ethical Thought, Journal of the American Academy of Religion 59:2, 1991, 309-322.

David S. Nivison(倪德卫), Hsün Tzu and Chuang Tzu, in Chinese Text and Philosophical Contexts: Essays Dedicated to Angus C. Graham. H. Rosemont, ed.,(Chicago: Open Court, 1991) 129-142. Also in Virtue, Nature, and Moral Agency in the Xunzi, edited by T. C. Kline III and Philip J. Ivanhoe,(Indianapolis/Cambridge: Hackett, 2000) 176-187.

Philip J. Ivanhoe, "A Happy Symmetry: Xunzi's Ethical Thought", Journal of the American Academy of Religion 59:2, 1991, 309-322.

Kwong-loi Shun, Review of Ethical Argumentation by A. S.Cua, Philosophy East and West 41:1, 1991, 111-117.

Robert F. Campany, Xunzi and Durkheim as Theories of Ritual Practices, in Discourse and Practices, edited by Frank Reynolds and David Tracy. Albany: SUNY Press, 1992, 197-231.

Antonio S.Cua, Hsün Tzu, in Encyclopedia of Ethics Vol. 2, edited by Lawrence C. Becker. New York: Garland, 1992, 556-558.

Antonio S.Cua, The Idea of Confucian Tradition, Review of Metaphysics 45: 4, 1992, 803-840.

Antonio S.Cua, Competence ,Concern, and the Role of Paradigmatic Individuals(Chün Tzu) in Moral Education, Philosophy East and West 42:2, 1992, 215-227.

Chad, Hansen(陈汉生), Xunzi: Pragmatic Confucianism, in A Daoist Theory of Chinese Thought: A Philosophical Interpretation. Oxford: Oxford University Press, 1992, 307-334.

Edward Machle, The Mind and the Shen-ming in the Xunzi, Journal of Chinese Philosophy 19, 1992, 361-386.

Bryan Van Norden(万白安), Mengzi and Xunzi: Two Views of Human Agency, International Philosophical Quarterly 32:2, No. 126, June 1992,161-184. Also in Virtue, Nature, and Moral Agency in the Xunzi, edited by T. C. Kline III and Philip J. Ivanhoe. Indianapolis/Cambridge: Hackett, 2000, 103-134.

Antonio S.Cua, The Possibility of Ethical Knowledge: Reflections on a Theme in the Hsün Tzu, in Epistemological Issues in Classical Chinese Philosophy, edited by Hans Lenk and Gregor Paul. Albany: SUNY Press, 1993, 159-184.

Edward Machle, Nature and Heaven in the Xunzi: A Study of the Tian Lun (Albany: SUNY Press, 1993).

Heiner, Roetz, Xunzi's Rationalism, in Confucian Ethics of the Axial Age: A Reconstruction under the Aspect of the Breakthrough Toward Postconventional

Thinking. New York: SUNY Press, 1993, 213-226.

Jonathan W., Schofer, Virtue in Xunzi' s Thought, Journal of Religious Ethics 21:1, 1993,117-136. Also in Virtue, Nature, and Moral Agency in the Xunzi, edited by T. C. Kline III and Philip J. Ivanhoe. Indianapolis/Cambridge: Hackett, 2000, 69-88.

Michael, Twohey, Xunzi and Ancient Chinese Authority, in Authority and Welfare in China: Modern Debates in Historical Perspective. New York: St. Martin' s Press, 1993, 13-28.

Chan.Keung-lap,Confucian Politics and Christian Politics：A Comparison Between Xunzi and Augustine, in:Beatrice Leung and John D.Young eds.,Christianity in China:Foundations for Dialogue（Hong Kong: Center of Asian Studies,University of Hong Kong）, 1999, 155-178.

Bryan Van Norden, Hansen on Hsün Tzu, Journal of Chinese Philosophy 20：3, 1993, 365-382.

Philip J. Ivanhoe（艾文贺）, Human Nature and Moral Undersanding, International Philophical Quarterly 34.2, 1994, 167-175, also in Virtue, Nature, and Moral Agency in the Xunzi, edited by T. C. Kline III and Philip J. Ivanhoe. Indianapolis/Cambridge: Hackett, 2000, 237-250.

John Makeham, Nominalist Theories of Naming in the Meo-Mohist Summa and Xun Zi, in Name and Actuality in Early Chinese Thought. Albany: SUNY Press, 1994, 51-64.

Michael Martin, Ritual Action（Li）in Confucius and Hsün Tzu, Australian Journal of Philosophy 73:1, 1995, 13-30.

Robert Nivelle, Ritual and Normative Culture, in Normative Cultures. Albany: SUNY Press, 1995, 163-195.

Lee H.Yearley, Facing Our Frailty: Comparative Religious Ethics and the Confucian Death Rituals, in Gross Memorial Lectures. Valparaiso University, 1995.

Cook Scott. "Xunzi",Unity and Diversity in the Musical Thought of Warring States China, Ph.D. dissertation（the University of Michigan）, 1995, 372-456.

Antonio S.Cua, A Confucian Perspective on Self-Deception, in Self and Deception, edited by Roger Ames and Wimal Dissanayake. Albany: SUNY Press, 1996, 177-199.

Jane Geaney, Xunzi: Eye/Action and Ear/Speech, in Language and Sense Discrimination in Ancient China. Doctoral Dissertation, University of Chicago, 1996, 103-143.

Paul R. Goldin, The Philosophy of Xunzi. Doctoral. Dissertation, Harvard University, 1996.

Donald J. Munro, "A Villain in the Xunzi", in Chinese Language, Thought, and Culture: Nivison and His Critics, edited by Philip Ivanhoe（Chicago: Open Court, 1996）, 194.

David S. Nivison, "Xunzi on Human Nature", in The Ways of Confucianism: Investigations in Chinese Philosophy, edited by Bryan W. Van Norden（Chicago: Open Court, 1996）, 123-141.

David B. Wong, Xunzi on Moral Motivation, in Chinese Language, Thought, and Culture—Nivison and His Critics, edited by Philip Ivanhoe. Chicago: Open Court, 1996,202-223. Also in Virtue, Nature, and Moral Agency in the Xunzi, edited by T. C. Kline III and Philip J. Ivanhoe. Indianapolis/Cambridge: Hackett, 2000, 135-154.

Scott B. Cook（顾史考）, Xun Zi on Ritual and Music, Monumenta Serica 45, 1997, 1-38.

Antonio S. Cua, Reason and Principle in Chinese Philosophy, in A Companion to World Philosophies, edited by Eliot Deutsch and Ron Bontekoe. Oxford: Blackwell, 1997, 210-213.

Robert E. Allinson, The Debate Between Mencius and Hsün-Tzu: Contemporary Applications, Journal of Chinese Philosophy 25:1, 1998, 31-49.

Antonio S. Cua, Moral Vision and Tradition. Washington: The Catholic University of America Press, 1998.

Antonio S. Cua, Xunzi, in Routledge Encyclopedia of Antonio S. Cua, Philosophy, Vol. 10. London: Routledge, 1998, 818-820.

Thoenton C. Kline III, Ethics and Tradition in the Xunzi. Doctoral Dissertation, Stanford University, 1998.

Edward G.Slingerland, Wu-wei in the Xunzi, in Effortless Action: Wu-wei as a Spiritual Ideal in Early China. Doctoral Dissertation, Stanford University, 1998, 345-411.

Paul R. Goldin, Rituals of the Way: The Philosophy of Xunzi. Chicago: Open Court, 1999.

Mark Berkson, "Death in the Xunzi", in Death and the Self in Ancient China Thought: A Comparative Perspective, PH.D.dissertation (Stanford University, 1999), 103-195.

David E.Soles. "The Nature and Grounds of Xunzi ' s Disagreement with Mencius, Asian Philosophy 9.2 (1999), 123-133.

Michael Twohey, "Xunzi and Ancient Chinese Authority", in Authority and Welfare in China? Modern Debates in Historical Perspective (New York: St. Martin ' s Press,1999), 13-28.

Berkson,Mark, "Death in xunzi", Death and the Self in Ancient Thought: A Comparative Perspective, PH.D.dissertation (Stanford University,1999),103-195.

Antonio S. Cua, Problems of Chinese Moral Philosophy, Joural of Chinese Philosophy 27:3, 2000, 269-285.

Kurtis Hagen, A Critical Review of Ivanhoe on Xunzi, Journal of Chinese Philosophy 27:3, 2000, 361-373.

Eric Hutton, Does Xunzi Have a Consistent Theory of Human Nature? in Virtue, Nature, and Moral Agency in the Xunzi, edited by T. C. Kline III and Philip J. Ivanhoe. Indianapolis/ Cambridge: Hackett, 2000, 220-236.

Eric Hutton, Xunzi: Introduction and Translation, in Readings in Classical Chinese Philosophy, edited by Philip J. Ivanhoe and Bryan W. Van Norden. New York: Seven Bridges Press, 2000, 247-295.

Philip J.Ivanhoe, Xunzi, in Confucian Moral Self Cultivation. Indianapolis / Cambridge: Hackett, 2000, 29-42.

T. C. Kline III and Philip J. Ivanhoe, eds., Virtue, Nature, and Moral Agency in the Xunzi, Indianapolis/Cambridge: Hackett, 2000.

T. C. Kline III, Moral Agency and Motivation in the Xunzi, in Virtue, Nature, and Moral Agency in the Xunzi, edited by T. C. Kline III and Philip J. Ivanhoe. Indianapolis/Cambridge: Hackett, 2000, 155-175.

Joel J.Kupperman, Morality as Psychological Constraint, in Virtue, Nature, and Moral Agency in the Xunzi, edited by T. C. Kline III and Philip J. Ivanhoe. Indianapolis/Cambridge: Hackett, 2000, 89-102.

Paul R.Goldin, "Xunzi in the Light of the Guodian Manuscripts",Early China 2005 (2000), 113-146.

Steve Angle, Review of Moral Vision and Tradition by A. S.Cua, Journal of

Asian Studies 60:4, 2001, 1149-1150.

Leo K.C. Cheung, The Way of Xunzi, Journal of Chinese Philosophy 28:3, 2001, 301-320.

Antonio S. Cua, Hsün Tzu, in Encyclopedia of Ethics, 2nd Edition, vol 3, edited by Lawrence C. Becker and Charlotte. New York and London: Routledge, 2001, 1294-1296.

Kurtis Hagen, The Concepts of Li and Lei in the Xunzi: Constructive Patterning of Categories, International Philosophical Quarterly 41:2, 2001, 183-197.

Eric Hutton, Virtue and Reason in Xunzi. Ph.D. dissertation, Sanford University, 2001.

Eric Hutton, Chapter Six: Xunzi", in Readings in Classical Chinese Philosophy, edited by Philip J. Ivanhoe and Bryan W. Van Norden (New York: Seven Bridges Press, 2001), 247-294.

Masayuki Sato, Confucian State and Society of Li: A Study on the Political Thought of Xun Zi, Doctoral Dissertation, Leiden University, 2001.

Janghee Lee(李长熙), "The Autonomy of Xin and Ethical Theory in Xunzi", Ph.D. dissertation (University of Hawaii, 2001).

Aaron D. Stalnaker, "Overcoming Our Evil: Spiritual Exercises and Personhood in Xunzi and Augustine", PH.D.dissertation (Brown University, 2001).

Dan Robins(罗丹), "The Development of Xunzi's Theory of Xing, Reconstructed On the Basis of a Textual Analysis of Xunzi 23. 'Xing e' 性恶 (Xing is Bad)". Early China 26 (2001-2002), 99-158.

Antonio S. Cua, On the Ethical Significance of the Ti-Yong Distinction, Journal of Chinese Philosophy 29:2, 2002, 163-170.

Antonio S. Cua, The Ethical and the Religious Dimensions of Li (Rites), The Review of Metaphysics 55: 3, 2002, 471-519.

Kurtis Hagen, Xunzi's Use of Zhengming: Naming as a Constructive Project, Asian Philosophy 12.1, 2002, 35-51.

Eric Hutton, Moral Reasoning in Aristotle and Xunzi, Journal of Chinese Philosophy 29:3, 2002, 355-384.

Kim-chong Chong, Xunzi's Systematic Critique of Mencius, Philosophy East and West 53:2, 2003, 215-233.

Antonio S. Cua, Xunzi, in Encyclopedia of Chinese Philosophy, edited by A.

S.Cua. New York and London: Routledge, 2003, 821-829.

Antonio S. Cua, The Ethical Significance of Shame: Insights of Arestotle and Xunzi, Philosophy East and West 53:2, 2003, 147-202.

Antonio S. Cua, The Ethical and Religious Dimensions of Li, in Confucian Spirituality, edited by Tu Wei-ming and Mary Evelyn Tucker. New York: Crossroads, 2003, 252-280.

Kurtis Hagen, Xunzi and the Nature of Confucian Ritual, Journal of the American Academy of Religion 71: 2, 2003, 371-403.

Pual R. Goldin, "Xunzi ' s Piety" , in Tu, Weiming and Tucker,Mary Evelyn eds, Confucian Spirituality vol.1 (New York:The Crossroad Publishing Company, 2003), 287-303.

Masayuki Sato, The Confucian Quest for Order: The Origin and Formation of the Political Thought of Xun Zi. Leiden: Brill Academic Publishers, 2003.

Maurizio Scarpari, The Debate on Human Nature in Early Confucian Literature, Philosophy East and West 53:3, 2003, 323-339.

Aaron Stalnaker, Aspects of Xunzi ' s Engagement with Early Daoism, Philosophy East and West 53:1, 2003, 87-129.

Lee H.Yearley, Hsün Tzu: Ritualization as Humanization, in Confucian Spirituality, edited by Tu Wei-ming and Mary Evelyn Tucker. New York: Crossroads, 2003.

Antonio S. Cua, Human Nature, Ritual, and History Studies in Xunzi and Chinese Philosophy. Washington: The Catholic University of America Press, 2004.

Antonio S. Cua, Xunzi, in Encyclopedia of Philosophy, 2nd edition. New York: Macmillan, 2004.

后　记

荀子是先秦时期诸子学说的集大成者，他构筑了新的儒家思想体系，在中国思想史上占有重要地位，但他的思想学说在后世评价轩轾甚大。学术界目前关注的重心是对荀子著作的训诂注疏和思想学说的义理阐释，对于荀学研究的历史还不够重视。学术界对孔子、孟子、老子、墨子、朱熹、王阳明等人思想学说在后世影响、传播的历史都有梳理、研究，已出版有《中国孔学史》（罗安宪）、《中国孟学诠释史论》（黄俊杰）、《中国老学史》（熊铁基、马良怀、刘韶军）、《中国墨学史》（郑杰文）、《王学编年》（俞樟华）、《王学通论》（杨国荣）、《宋明理学史》（侯外庐等）、《清代理学史》（史革新等）等，但除了江心力的《20世纪前期的荀学研究》这样的断代研究外，至今还未见有完整的荀学史问世。而荀学史的研究，需要对秦汉以后历代学者评价、研究荀子学说的论述有详尽的搜集、整理。

历代学者论荀、释荀、非荀、尊荀的材料多是点评、札记、序跋，散见于文集、别集、选集中，很少有系统论述，更无专著。学术界也曾有论文、专著中提到相关评论，如马积高《荀学源流》、郭志坤《荀学论稿》、惠吉星《荀子与中国文化》、刘庭尧《后圣荀子》等，但是未有系统、完备的收集。王灵康、佐藤将之、郑宰相等也曾撰文概述国外相关地区荀子研究成果。中国台湾地区的严灵峰撰写的《周秦汉魏诸子知见书目》中收集了很多荀学研究书目，但缺少1976年后的资料。

荀学资料的搜集、整理存在三个方面的困难：第一是秦汉至民国时期学者评论、研究荀子的材料大多以札记、序跋、书信等形式，散见于浩如烟海之文集中，搜罗整理耗时费力，披沙拣金而无遗漏者难；第二是自1949年之后，研究荀子的专著、论文数量繁多，难以尽计；第三，对于韩国、日本、欧美地区学者研究荀子的成果也难以穷尽。

本书整理本人在研究荀子的过程中搜集的历代学者对荀子以及《荀子》一书的评论性材料，并汇编中国、日本、韩国和欧美研究荀子的著作论文目录,方便研究荀子的学者查阅引用。学者齐思和所谓有“为己之学”,有“为人之学”。此项研究编纂参考资料,乃是为人之学,以学问为天下之公器,便利学术研究。

本书吸收了一些前贤收集的成果,尤其是严灵峰、佐藤将之、郑宰相、苏郁铭等人,感谢其所作的辛劳工作。感谢安徽师范大学历史与社会学院刘丽老师搜集、辑注了部分论述材料。感谢安徽师范大学马克思主义学院高正礼教授和姚宏志教授、安徽师范大学科研处戴兆国教授、安徽师范大学出版社总编辑张奇才教授等对本书出版的支持和资助。我的先生叶子,利用到台湾访学的机会,搜集、补充了一些资料。因所见有限,必有阙漏;另有些文献材料在古籍中未有句读,姑试标点,如有舛误,还仰望学界前辈、友人纠之、告之,充实荀学研究史料。

刘桂荣

二〇一五年十月二十日